總編輯的楚學歲緣

劉玉堂 著

总编辑的法学情缘

周国均（君）/著

ZONGBIANJI DE FAXUE QINGYUAN

中国检察出版社

图书在版编目（CIP）数据

总编辑的法学情缘/周国均著. —北京：中国检察出版社，2020.7
ISBN 978–7–5102–2416–4

Ⅰ.①总… Ⅱ.①周… Ⅲ.①法学–中国–文集 Ⅳ.①D920.0–53

中国版本图书馆 CIP 数据核字（2020）第 044892 号

总编辑的法学情缘
周国均（君） 著

出版发行：中国检察出版社
社　　址：北京市石景山区香山南路 109 号（100144）
网　　址：中国检察出版社（www.zgjccbs.com）
编辑电话：(010) 86423704
发行电话：(010) 86423726　86423727　86423728
　　　　　(010) 86423730　68650016
经　　销：新华书店
印　　刷：北京玺城印务有限公司
开　　本：710 mm×960 mm　16 开
印　　张：20.75　插页 10
字　　数：390 千字
版　　次：2020 年 7 月第一版　2020 年 7 月第一次印刷
书　　号：ISBN 978–7–5102–2416–4
定　　价：70.00 元

检察版图书，版权所有，侵权必究
如遇图书印装质量问题本社负责调换

中国法学会第四届理事会会长任建新发表题为《团结奋进,继往开来,努力开创法学研究工作新局面》的讲话(曾任:中共中央书记处书记、最高人民法院院长)

时任会长韩杼滨代表中国法学会第五届理事会致闭幕词(曾任:最高人民检察院检察长)

中国法学会第四届理事会常务副会长佘孟孝作工作报告(曾任:司法部副部长)

中国法学会第四届理事会常务副会长孙琬钟作修改章程的说明(曾任:国务院法制局局长)

时任中国法学会党组书记、常务副会长刘飏主持中国法学会第五次全国会员代表大会闭幕式并发表讲话(曾任:司法部副部长)

(2002年1月15日编委会部分成员)

罗豪才（中）：时任全国政协副主席、北京大学法学院教授、著名行政法学家、《中国法学》编委

宋树涛（左二）：时任中国法学会副会长、秘书长

周国均（右一）：时任《中国法学》总编辑，教授

白岫云（左一）：《中国法学》编审

与山东大学法学院合作举办全国法学期刊主编研讨会

Symposium of law journal editors-in-chief jointly held by the *China Legal Science* and Shandong University School of Law

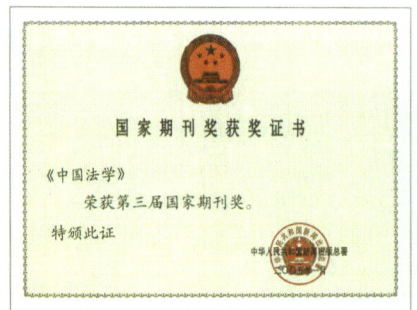

获奖鸣谢

国家期刊奖是经中共中央宣传部批准，由国家新闻出版总署主办的我国期刊界的最高奖项。国家期刊奖包括国家期刊奖、国家期刊奖提名奖、国家期刊奖百种重点期刊三个等级。《中国法学》在前两届获奖的基础上，荣获第三届国家期刊奖（即一等奖），成为法学期刊中唯一获此殊荣者。谨此向长期关心、支持本刊的法律机构、新闻出版管理机构、广大作者与读者表示衷心的感谢和崇高的敬意！

我们的目标是"一流的作者，一流的论文，一流的期刊"。我们愿在《中国法学》的嫁衣坊里勤勉劳作，与法学界、法律界广大的同仁携手并肩，砥砺进步，再创佳绩！

为了进一步促进期刊出版事业的发展，鼓励优秀期刊树立精品意识，2002年9-12月，国家新闻出版总署举办了第二届国家期刊奖评选活动。在这次全国范围的期刊评选中，我刊荣获国家期刊奖提名奖（法学类期刊中唯一的最高奖），这是我刊全体编辑人员在中宣部、国家新闻出版总署、中国法学会的正确领导下，在广大法学、法律工作者的大力支持下取得的成绩。在此，我们向你们表示诚挚的感谢！

今后，我们要继续高举邓小平理论伟大旗帜，全面贯彻"三个代表"重要思想，在党的十六大精神指引下，坚持正确的舆论导向，与时俱进，锐意进取，不断开拓，为推进依法治国，繁荣法学研究而继续努力！

前 言

全书分为三个部分,上篇为"总编辑的学术创新观",中篇、下篇为两大专题研究。主要涉及以下内容:

一、总编辑的学术创新观

(一)总编辑的全局观

编辑,就词义学而言,有二义:一指对资料或现成作品进行整理、加工;二指做编辑工作的人员。本书则取后者。总编辑,指编辑人员的领导、负责人。总编辑的法学情缘,则指对法学的情好与缘分。就我而言,就是在主编《中国法学》双月刊的同时,怀有无法割舍研究刑事诉讼法学和律师法学的情感和专业偏好。

总编辑的首要任务,就是在党组织的统领下,做好编辑部的政治宣教和业务管理等全面工作。

概而言之,除自己以身作则以外,还要领导、组织全体同仁,共同学习、领会马列主义、毛泽东思想和邓小平理论、江泽民的三个代表、胡锦涛的科学发展观、习近平新时代中国特色社会主义思想以及党的路线、方针和政策等,并以此指导一切。

另外,就是领导和组织全部编辑人员不断学习、提高编辑业务水准,逐渐铸造编辑能力,年年有新的、更大的成果等。

就红与专而言,首要部分指的是"红",次要部分指的是"专","红"统帅于"专","专"服务于"红",二者对立统一,缺一不可。我作为总编辑和全体编辑人员均以此为准则,甚至是戒律。

总编的大局观,就是统观全局、大局,在"寄语新千年"和"纪念《中国法学》杂志创刊 20 周年"中向社会各界乃至全世宣示,我刊力主奉行六点主张:(1)以邓小平理论为指导,开展法学研究;(2)牢固树立服务和服从大局的思想;(3)做到理论联系实际;(4)坚持"古为今用、洋为中用"的原则;(5)坚决执行"百花齐放、百家争鸣"的方针;(6)立足中国,放眼世界,面向未来。在"纪念《中国法学》创刊 20 周年"一文结尾处写道:

"……人生道路刚刚起步,前面的路还很长,我们会把今天作为起点,毫不松懈地继续努力,牢记我们的责任,履行我们的义务,为繁荣法学研究之鲜花浇水施肥,为构建依法治国之大厦添砖加瓦。"

(二) 法学期刊编辑的创新观

首先阐述了"法学、法律期刊发展趋势"有七点:(1)多样化;(2)个性化;(3)规范化;(4)精品化;(5)市场化;(6)现代化;(7)世界化。

其次,"关于法学、法律期刊特色的几个问题"一文中指出:"(1)何谓期刊特色;(2)期刊特色的地位和作用(三点);(3)如何把本期刊办出特色(四点);(4)期刊特色形成的保障条件(四点)。"

关于"法学期刊编辑工作创新的几个问题"一文指出,应该力求做到:(1)创新的必要性和重要性;(2)创新的内容(四个方面);(3)大胆探索创新的方法(四个方面),此四个方面创新系个人之愚见。

"试谈期刊编辑的几个问题",在此拙作中坦言:(1)期刊编辑应当具备的条件(四个);(2)期刊编辑应当具备的五种心理素质;(3)编辑人员应当具备的五种本领;(4)编辑人员选稿的"五要"。这四点纯属个人浅见。

以上均系笔者作为总编辑对编辑学的初步研究和实践探寻!

(三) 学术理论创新与论文写作

"论学术理论的创新"一文概述了学术理论文章创新的基本问题包括:(1)学术理论文章的主要特点(五点);(2)学术理论文章体现创新的内容(四点);(3)创新的几种方法(五种)等。

"提高投稿命中率应注意的问题"一文提出提高投稿命中率应注意以下几点:(1)常学不懈,创造亮点;(2)了解行情,适销对路;(3)关于"一稿多投"问题;(4)注意经常研究刊物的特色,以便有针对性地投稿;(5)注意针对某刊刊登的约稿专栏投稿;(6)注意按征文内容和要求投稿;(7)注意"投稿须知"的内容;(8)需要注意的其他问题。

"关于撰写法学博士、硕士学位论文的几个问题"一文中发表了如下见解:(1)博士、硕士生选题应当掌握的六项原则;(2)博士、硕士学位论文的标准与尺度;(3)博士学位论文的性质属于学术论文;(4)学位论文的构成;(5)博士、硕士学位论文的观点或者内容的优质等级;(6)博士、硕士导师的"传""帮""带";(7)在校一年的博士生须知。

二、侦查程序研究

（一）关于"侦查程序研究"的地位

在整个刑事诉讼程序中，侦查处于何种地位？学界不同的观点主要有重心说、核心说、中心说。从词义而言，我的理解是：重心，指一件事情的重要部分或多种工作中的重要工作等。核心，指两个或两个以上事物之间起决定性作用的那部分人或事物，如领导中国人民的核心力量是中国共产党。中心，其义有二：其一，跟四周的周边的距离相等的位置；其二，事物、物体、事情等主要部分或主要地位等。我认为，在整个刑事诉讼中"侦查破案"处于重要地位或者说是刑事诉讼的重心，但不能成为中心，审判（阶段）属于中心。对此论述如汗牛充栋，不再赘述。

（二）"侦查破案"是重心

谓"侦查破案"是重心，其理由是：国家把承担国内安全的重任交由他们（公安、国家安全、武装警察、军队保卫部、海关缉私警、狱警等）；把他们置于国家的军队、外交之后第三个重要地位；全国的公有、私有财产安全和广大人民群众生命、财产安全都由他们保护和保障，对国外敌人的打击和制裁均依靠他们完成等。

肩负"侦查破案"的各类人民警察（刑事诉讼主体）是党、国家和人民群众最信赖的人，是公安司法人员中最劳苦功高的人，是保卫和保护人民群众最亲近的人，是勇于同犯罪分子最直接面对面作斗争的人，是为党、国家和人民群众利益英勇斗争、流血流汗、受伤和牺牲最多的人，是他们的家属、子女、亲属等为革命奉献最多的人等。

（三）《侦查程序论》是我国最早出版的唯一专著

《侦查程序论》（中国政法大学出版社 1994 年版），可以毫不夸张地说，此著作是"侦查程序研究"的开山之作，自此以后，才有《侦查程序》（中国人民公安大学出版社 2000 年版），后冠以"侦查"之书籍如雨后春笋出现。

拙作《总编辑的法学情缘》，择取《侦查程序论》在当时看来是热点、重点、难点、疑点问题进行研究和探讨的 14 个专题，确属东鳞西爪、蜻蜓点水、浮光掠影，后生之研究确系全面、深刻得多，这是后辈超前辈的必然！

随着时代的发展，高科技的进步，新技术的运用，人类聪明的更高水准；加上犯罪者更狡猾，大量利用高科技作案等，这就紧逼侦查人员比他们更强，我们预测"侦查研究"水平也将大大提高，这是毫无疑问的预见！

(四) 侦查程序研究的主要内容

侦查程序研究的内容比较多，本书只提供当时认为是热点、重点、难点、疑点问题进行的研究和论述的文章。例如侦查与侦察之研究，被告人如实回答与拒绝回答，询问证人，贿赂犯罪案件污点证人权利，扣押，侦查实验，退回补充侦查，逻辑，辨认，侦查监督等。

例如，在"被告人如实回答与拒绝回答探讨"一文中，关于被告人如实回答，探讨了两个问题：一是侦查人员提问的内容是哪些；二是被告人如实回答中的"如实"和"回答"应如何理解等。关于被告人拒绝回答问题中，探讨的问题有：一是与本案无关的问题是哪些，拒绝回答行不行？哪些行，哪些不行等。二是什么叫拒绝回答，一言不发算什么？点头或摇头算什么？沉默不语是不是应享有的权利？拒不回答的应该如何对待等。

又如，侦查程序中应完善的主要内容，当时认为的九个方面，现在看来有无针对性、必要性和可行性等，预测性又如何等。

(五)《侦查程序论》的出版背景

《侦查程序论》的出版有着较长时期的知识积淀，同时与专家、教授的培养和鼓励是分不开的。(1) 在广西地区公安局（处）锤炼过近10年（见拙作《攀爬的足迹》一书）；(2) 读研究生并获硕士学位；(3) 被评上副研究员、研究员受到鼓励；(4) 参与终身教授陈光中领导立法工作；(5) 参考1957年5月28日《中华人民共和国刑事诉讼法草案》共六稿的"侦查"部分（第一节至第十一节）的规定；(6) 参与陈光中主编的《外国刑事诉讼法过程比较研究》"第三章侦查"内容的工作；参加陈光中终身领衔的《刑事诉讼法》修改"国家社会基金'八五'重点科研项目"，1982年版《中华人民共和国刑事诉讼法》修改。(7) 应邀在中国政法大学研究生院和全国23所高校（首都师范大学法学院、浙江大学法学院等）进行学术讲座。

以上事实表明，我作为《中国法学》总编辑无法割舍与刑事诉讼法学研究结缘的深情！

三、刑事辩护研究

80年代初律师制度刚刚恢复、起步，以后逐步发展。十一届三中全会以后，各地开始有律师事务所，包括国办所、合作所、合伙所、私人开办所等，律师队伍逐渐壮大起来，全国的律师数达十万人左右，辩护律师也随之增多，业务发展也趋广泛，宣传、学术研究活跃。

我也正是在这样的大环境、大形势下办了一些刑事案件，写了较多刑事辩护文章、书籍和《律师辩护论》专著。我先后发表刑事辩护和代表论文21篇[①]。

出版《律师辩护论》《律师制度理论与实务技巧》[②]《律师制度与实务》《实用律师学教程》。

我还应早稻田大学等教授之约,写了《中国辩护士制度和辩护士实务》一书,并由日本株式会社成文堂出版。

本书《刑事辩护研究》部分只选择15个问题的文章。共从四个方面进行了研究和阐述:(1)刑事诉讼法与律师辩护的司法解释;(2)律师与被告人的关系;(3)辩护中律师举证责任、逻辑法运用、辩护技巧等;(4)几种类型的辩护,即作无罪、减轻、从轻、免除处罚和指定等辩护。[③]

[①] 参见《当代中国法学名家》(第四卷),人民法院出版社2005年版。
[②] 中国人民公安大学出版社2003年版。
[③] 在"周国均(君)教授主要作品"中有刑事辩护的内容。(一)"书籍"中的顺序号是:12、18、24、25、26、27。(二)"论文"中的顺序号是:2、10、49、59、67、68、70、71、79、80、81、82、88、89、102、102、104、105、111、112、113、114。(三)新增补的论文(第二份)顺序号是:130、132。(总共30篇文章)。

目　　录

前　言 ……………………………………………………………（ 1 ）

上篇　总编辑的学术创新观

第一章　总编辑的全局观 …………………………………（ 3 ）
寄语新千年 ………………………………………………（ 3 ）
纪念《中国法学》杂志创刊20周年 ……………………（ 6 ）

第二章　法学期刊编辑的创新观 …………………………（ 10 ）
法学、法律期刊发展趋势 ………………………………（ 10 ）
关于法学、法律期刊特色的几个问题 …………………（ 13 ）
法学期刊编辑工作创新的几个问题 ……………………（ 19 ）
试谈期刊编辑的几个问题 ………………………………（ 28 ）

第三章　学术理论创新与论文写作 ………………………（ 34 ）
论学术理论的创新 ………………………………………（ 34 ）
提高投稿命中率应注意的问题 …………………………（ 47 ）
关于撰写法学博士、硕士学位论文的几个问题 ………（ 57 ）
法学学术论文写作之我见 ………………………………（ 62 ）

中篇　侦查程序研究

侦查程序应完善的主要内容 ………………………………（ 75 ）
关于侦查与侦察之研究 ……………………………………（ 80 ）

被告人如实回答与拒绝回答之探讨 …………………………（93）
询问证人若干问题探讨 ………………………………………（101）
贿赂犯罪案件污点证人权利之保护
　　——以《联合国反腐败公约》为视角 ………………（109）
犯罪现场勘验中的几个问题 …………………………………（126）
关于侦查中实行扣押之研讨 …………………………………（132）
关于侦查实验之探讨 …………………………………………（143）
关于退回补充侦查之研讨 ……………………………………（151）
关于刑事鉴定之研究 …………………………………………（158）
关于通缉之研究 ………………………………………………（167）
关于刑事辨认之研究 …………………………………………（176）
刑事侦查终结研究 ……………………………………………（184）
关于侦查监督之探讨 …………………………………………（192）

下篇　刑事辩护研究

正确认识刑事诉讼法与司法解释的关系，保障律师的诉讼
　　权利 ……………………………………………………（203）
正确认识控、辩平衡关系，保障律师的诉讼权利 …………（218）
正确认识律师与被追诉者的关系，保障律师的诉讼权利 …（232）
试谈刑事辩护与刑事证据 ……………………………………（244）
浅论律师应负举证责任 ………………………………………（248）
浅谈辩护律师在刑事诉讼中的法律关系 ……………………（252）
关于辩护中的逻辑运用 ………………………………………（255）
试谈律师论辩的技巧 …………………………………………（259）
关于拒绝辩护之研究 …………………………………………（263）
关于无罪辩护的几个问题 ……………………………………（267）
关于指定辩护之研究 …………………………………………（272）
关于从轻、减轻、免除刑罚的辩护问题 ……………………（274）
新《律师法》之亮点 …………………………………………（279）
律师如何适应风云突变的法庭辩论
　　——律师应变能力探索 ………………………………（282）

完善刑事诉讼法，强化辩护权 …………………………………………（286）

附　录 ……………………………………………………………………（299）
 跃上葱茏几多旋
  ——记中国政法大学《政法论坛》（学报）前主编、
   编辑学家周国均 ………………………………………………（299）
 《中国法学家辞典》收录的法学家之一 ……………………………（304）
 电话采访记录 …………………………………………………………（307）
 心中有颗"定盘星"
  ——记鄂州籍中国当代法学名家周国均 ……………………（312）

参考文献 …………………………………………………………………（316）

上篇　总编辑的学术创新观

第一章 总编辑的全局观

寄语新千年[*]

自今年1月1日起,人类迎来了一个新千年,也跨进了一个新世纪。新千年、新世纪既是人类走向新生活的春天,也是人类崇尚法治、走向法治,开创法学研究新局面的春天。

21世纪是中国伟大复兴的世纪,创造辉煌的世纪,我国的社会主义经济建设和经济体制改革、政治体制改革将进入新阶段。在21世纪,政治多极化和经济全球化将继续发展,信息资源网络化、环境保护世界化等进程将大大加快。所有这些都将大大推进法制的改革,向法学界提出众多的、前所未有的新课题。我国各族人民与全世界各国人民同住在一个地球上,同生活在一个新世纪中。今后,由于政治交流、商贸合作、环境保护等需要,必然会越来越多地与世界各国发生往来或者合作。在开展这些活动中,必然会出现众多法律问题,也会接触到不同的学派或理论,因此,法学理论研究工作者,应当根据我国的政治制度、经济体制、历史文化传统、人们的思想观念等国情进行法学学术理论探讨,为依法治国的进程作出应有的贡献。

为此,我们试述几点见解,与广大作者、读者共勉:

一、以邓小平理论为指导,开展法学研究

邓小平理论是马克思列宁主义、毛泽东思想的继承和发展,依法治国是邓小平理论中关于民主与法制思想的重要组成部分。只有以邓小平理论为指导,用辩证唯物主义和历史唯物主义的立场观点和方法去认识和解决研究中碰到的问题,才能坚持正确方向,才能少走弯路或者不犯错误。而这样就必须从建设有中国特色的社会主义高度出发,认清我国社会主义制度的本质和特征,运用辩证唯物主义的立场、观点和方法来研究法学理论中的问题和回答民主与法制

---

[*] 本文刊载于《中国法学》2000年第1期。

建设中的种种问题，并逐步建立起屹立于世界之林的具有中国特色的法学理论体系。

二、牢固树立服务和服从大局的思想

法学如同自然科学一样，也是科学。法学，是与政治学、社会学联系十分密切的学科。在我国，法学研究是探讨治国的学问，涉及的是国家政权建设的大事，是事关改革、发展、稳定的大事，是关乎全国人民根本利益、长远利益的大事。在政治多极化、经济全球化等国际背景下，法学研究工作者应当坚持四项基本原则，从有利于政治稳定、社会安定、经济发展的大局出发，进行发扬社会主义民主，健全社会主义法制，保障公民的合法权利和利益，正确处理人民内部矛盾，加强民族团结，完善社会法律保障体系等方面的理论研究，从而使研究成果为全党全国的中心工作服务。

三、做到理论联系实际

理论来源于实践。理论又是实践的先导。没有实践为基础的理论，是空洞的理论；没有理论指导的实践，是盲目的实践。无论是从事学科研究，还是从事部门法学研究，都应当做到理论联系实际，做到有的放矢、矢至的中。必须摒弃空洞调侃、人云亦云。建设有中国特色的社会主义，是本世纪我国最大的实际，讲法学研究理论联系实际，首先就要联系这个最大的实际，贯彻实施依法治国、建设社会主义法治国家方略中的诸多问题，更是法学研究中的重中之重。在近期，要联系逐步建立起适合中国国情的社会主义市场经济法制，制定具有中国特色的民法典、物权法、婚姻家庭法等。

四、坚持"古为今用、洋为中用"的原则

法学理论是人类文明的积淀。从事法学研究工作，必须熟知并占有中国古代和国外法律、法制的史料或者资料。应当坚持"古为今用，洋为中用"的原则，处理好继承与创新、借鉴与发展的关系，吸纳为今所用、为我所用等精华。大胆探索、勇于创新，创立起介于并优于两大法系的中华法系，建立起集古今中外优秀成果，适合中国特点并对世界法学研究有所贡献、有所影响的法学理论。

五、坚决执行"百花齐放、百家争鸣"的方针

进行法学研究，必然有不同的观点、不同的见解的探讨。真知在争鸣中获得，真伪经过争辩分明。为了求得真知、分辨真伪，必须进一步解放思想，增

强理论勇气，大胆探索，贯彻"百花齐放、百家争鸣"的方针。要在坚持四项基本原则的前提下，努力营造各种不同的观点平等探讨、相互切磋、认真争辩的学术气氛。通过争鸣树立新观点，构建新学说，创立新流派，使法学研究呈现出百花争奇斗艳、满园春色持久的景象。

六、立足中国，放眼世界，面向未来

在政治多极化、经济全球化、信息网络化、环境保护世界化的国际环境下，法学研究工作者应当放眼世界，面向未来，加强对外法学交流，了解世界各国法学研究动向以及立法和法制状况，占有第一手资料，为进行有效的法学研究打好基础。例如，为了帮助国家在参加世贸组织后如何应对，首先要了解各国及世贸组织的经济贸易法规、协议等，再根据我国国情，提出相应的法律对策；对本世纪在经济、商贸、信息网络、环境保护、高新科技以及与他国共同开发合作利用南极资源、月球资源等可能出现的问题，从法律角度作前瞻性的理论探讨研究等。所有这些，都是法学界面临的新课题，都需要开展深入的研究。

纪念《中国法学》杂志创刊 20 周年[*]

各位领导、各位学者、各位来宾：

首先，我代表《中国法学》杂志的全体编辑和编务人员，向在百忙之中挤出宝贵时间参加这个纪念会的你们表示衷心的感谢！

《中国法学》杂志是响应党的十一届三中全会提出的"发扬社会主义民主，健全社会主义法制"的号召应运而生的。彭真同志为《中国法学》题写了刊名，并在刊号上发表了重要文章。自 1982 年创刊以来，在学会党组的领导下和国家新闻出版部门的指导下，在广大专家、教授、学者的关心和支持下，本刊由季刊发展到双月刊；由小十六开本发展到国际标准的大十六开本；由每期 64 页（9.2 万字）逐步扩版为 128 页（19.4 万字）、160 页（23 万字）直至目前的 192 页（36.4 万字）。并于 2001 年起向海外发行英文版。20 年来，本刊共出版 116 期（统计至 2003 年底），发表论文 2800 余篇，总共字数 2500 余万字。

经过历届总编、社长及全体编辑和行政人员的共同努力，《中国法学》杂志发行量稳中有升、质量不断提高，于 1995 年 7 月荣获国家新闻出版署颁发的"优秀社科学术理论期刊奖"，2003 年 1 月再次荣获国家新闻出版总署颁发的"国家期刊奖"。在此，我代表杂志社全体工作人员向曾经支持、帮助过我刊与时俱进、促进我刊健康发展的单位和个人表示衷心的感谢！

《中国法学》作为全国法学界、法律界创办的学术理论刊物，是广大从事法学理论研究工作者发表学术论文的园地，是学者为决策层、立法机关、司法机关提供立言献策的载体，是向国内外彰显中国法学研究成果和法制建设成绩的窗口，是促进法学研究繁荣和推进依法治国的助推器……20 年来，《中国法学》杂志始终坚持正确的办刊宗旨，突出理论联系实际、重在理论探讨的特色，贯彻"百花齐放、百家争鸣"的方针，坚持"古为今用、洋为中用"的原则，站在探讨法学理论研究和促进法制建设的前沿，组织选用并刊发了大量富有启迪和指导意义，以及许多密切联系实际、富有创新见解、理论深度和应

---

[*] 本文成稿于 2004 年 5 月 28 日。

用价值的学术论文,并对某些具有重要理论价值和现实意义的热点、难点、焦点问题等,组织专题探讨和争鸣,倡引了法学研究的正确方向,活跃了法学思想,扶持了学术新人,为繁荣法学研究、推进依法治国进程发挥了一定的作用。

"雄关漫道真如铁,而今迈步从头越"。20年来,《中国法学》杂志虽然取得了一定的成绩,但是,成绩只能说明过去,把刊物进一步办好、办出特色才是我们的根本目的。我们深知,繁荣法学研究、推进依法治国进程的道路很长、任务很光荣、责任很重大。在新的征程上,我们会继续努力,为争取更大的进步而不懈努力。

党的十六大提出:"我们要在本世纪头二十年,集中力量,全面建设惠及十几亿人口的更高水平的小康社会,使经济更加发展、民主更加健全、科教更加进步、文化更加繁荣、社会更加和谐、人民生活更加殷实。"全面建设小康社会的过程,必然是推进依法治国、建设社会主义法治国家的过程。在践行此项伟大的历史任务过程中,我们《中国法学》杂志将以创新的精神、务实的态度、积极的行动,紧跟时代发展的节拍,努力组织和发表广大法学理论研究工作者和法律工作者的研究成果,为全面建设法制健全的小康社会贡献智慧和力量。

20年来,经过不断的摸索和总结,我们有如下几点办刊体会和努力方向:

一、坚持正确的政治方向

法学理论研究是否坚持正确的政治方向,直接关系到我国民主法制建设的社会主义性质和前途,关系到促进改革发展稳定的大局,关系到能否自觉抵制各种错误理论和有害思潮等。基于此,我们始终注重按照党中央的要求,特别注重发表以马列主义、毛泽东思想、邓小平理论和"三个代表"重要思想,运用马克思主义的立场、观点和方法分析、解决问题的优秀文章。

二、理论联系实际

理论源自实践,理论又是实践之先导。无实践的理论是空洞的理论,无理论指导的实践,是盲目的实践。从事任何科学研究,都要求做到理论联系实际,做到有的放矢、矢至的中。我刊特别注意采用联系依法治国、建设社会主义法治国家基本方略中重大问题的实际的稿件;注重研究法学领域和法律实践中带有全面性、前瞻性、战略性的重大课题的稿件。

三、有创新精神

创新是国家和民族兴旺发达的不竭源泉，也是法学理论研究不断发展的内驱力。创新，需要理论源自实践并高于实践，需要研究领域的拓展和研究视角的转换，需要内容的原创性和研究方法的多样性，需要本学科与其兄弟法学科之间和其他人文社会科学知识的融合，需要不同学派、不同观点之间的探讨与争鸣等。我刊在组稿和选稿工作中，优先采用作者解放思想、实事求是、寻立新题、改进方法、敢为人先的创新稿件。

四、牢固树立服务和服从大局的思想

中共中央 2004 年第 3 号文件指出："在改革开放和社会主义现代化建设进程中，哲学社会科学与自然科学同样重要。"法学是哲学社会科学中的一个组成部分。法学是与政治学、社会学联系十分密切的学科。在我国，法学理论研究是探讨治国的学问，涉及的是国家政权建设的大事，是事关改革、发展、稳定的大事，是事关全国人民根本利益、长远利益的大事。基于此，我刊注重采用有利于政治稳定、社会安定、经济发展大局的稿件。

五、执行"百花齐放、百家争鸣"的方针

进行法学理论研究，必然出现不同观点、不同见解的争鸣。真知只有通过争鸣才能获得，真伪只有经过争辩才能分清。为了获得真知、分辨真伪，坚持"百花齐放、百家争鸣"的方针是情势所需。为此，我刊有选择地发表了一定数量的解放思想、实事求是、敢于倡言、敢于争鸣的稿件，以活跃学术气氛，推进学术研究的深入。

六、坚持"古为今用、洋为中用"的原则

法学理论是人类文明的积淀，从事法学理论研究需要熟知和掌握古今中外与本研究课题有关的资料。在过去发表的文章中，我刊发表了一些坚持"古为今用、洋为中用"原则、处理好鉴别与继承、借鉴与发展的关系，吸取精华为我用、超越精华图创新的稿件。对此，社会各界反映良好。

20 年即逝而过，新任务已在面前。今后，我刊将一如既往地听从时代发出的召唤，在学会党组的领导下，依靠本刊编委和法学界广大专家、学者，更加发奋工作、毫不松懈，也冀望一直关心、爱护我们的各界朋友一如既往地支持我们、帮助我们，群策群力，共铸辉煌。

光阴似箭，转瞬间 20 年过去了，如果把杂志人的生命作比量，那么我们

已经进入了风华正茂的年轻时代。人生道路刚刚起步,前面的路还很长。我们会把今天作为起点,毫不松懈地继续努力,牢记我们的责任,履行我们的义务。为繁荣法学研究之鲜花浇水施肥,为构建依法治国之大厦添砖加瓦。

第二章 法学期刊编辑的创新观

法学、法律期刊发展趋势[*]

法学、法律期刊的发展,不仅要研究现状,而且要探讨发展的趋势,以便立足现在,放眼世界,展望未来,不断推进它的繁荣昌盛。

我国正处在由计划经济向市场经济过渡的转型时期,人们的思想观念也在由保守性的传统型向开放性的发展型转变。在国际上,除了少数国家推行强权政治和霸权主义以外,绝大多数国家都主张政治多元化,相互尊重,优势互补。在经济全球化、环境保护世界化的形势下,各国均在争取立足本国,借鉴他国经济管理的方式发展本国经济。在司法领域,英美法系国家和大陆法系国家都在以国际司法文件为基本准则,呈现出相互取其所长,不断完善本国司法体系和制度的态势。在文化领域,各国也都在坚持本国传统文化文明的基础上,学习他国先进的文化成果。凡此种种,均决定了我国的各行各业、各个领域都必须立足本国,面向世界,面向未来,我们法学、法律期刊界,当然也不例外。

基于上述国际、国内的政治、经济、司法和文化的情况,作为法学、法律期刊的办刊人应当注意顺应世界历史发展的潮流,明确前进的方向,采取必要的措施,谋求所办刊物的进一步发展和繁荣。对于法学、法律期刊的发展趋势,在此我不揣冒昧,略陈如下观点:

一、多样化

多样化,是指法学、法律期刊的多元化。具体包括:刊物的页码、文章的篇幅、期刊的类型、刊物的风格、期刊的长短、出版的方式、期刊的主办单位等,都应当允许和坚持多元化。这样做,既能使刊物发挥在法学、法律学术理论方面的推进作用,也能发挥在立法、司法等方面的促进作用,还能发挥在培

---

[*] 本文刊载于《当代法官》2005 年第 5 期。

养法学、法律人才方面的扶持作用。

二、个性化

个性化，是指各种刊物应当具有鲜明的特色。既包括某些刊物具有理论联系实际、重在理论探讨的特色，又包括某些刊物发表的论文具有浓厚的学术理论性的特点；既包括某些刊物发表的论文具有短、平、快的特点，也包括某些刊物具有实践性很强的气息；既包括某些刊物具有只研究某个行业理论与实践问题的特有之处，也包括某些刊物具有重在研讨"洋为中用"的风格；等等。只有这样，才能收到克服百刊一面、各刊不可替代、内容丰富多彩、读者受益面广、发行不至滑坡的效果。

三、规范化

规范化，是指刊物的编排格式符合国家新闻出版部门或者某个系统的主管部门制定的编排规范的要求。它包括：刊期长短，开本大小，发行范围，题目、内容、摘要、关键词，参考文献，注释，排版格式，装帧规格等要求。

规范化，实质上是刊物出版的法制化、法规化。它对保障刊物的印刷和出版质量、吸引广大读者、扩大发行量、宣传和促进法治建设均能起到重要的保障作用。当然，我们也可以在实践中摸索规范化更合理的做法，以期使已有的编排规范不断充实和完善。

四、精品化

精品化，是指刊物的高质量化。主要包括：发表的文章政治方向正确，学术理论水平高，观点创新多，文风严谨朴实，对法治建设作用大等等。

刊物只有具备精品化，才能实现或者鹤立鸡群，或者独具一格，或者不断繁荣。

五、市场化

市场化，是指刊物的发展终究要走向市场，由市场调节，在期刊市场的竞争中稳步发展。法学、法律期刊中，有不少是依靠主办单位提供财力、人才、办公场所和设备办刊的。特别是法学学术理论期刊更是如此。有的期刊依靠主管机关下文指令下属机关征订，以求扩大发行量等。从发展的观点观之，这些都不是长久之计。长久之计是办刊单位要千方百计地采用包括提高刊物整体质量、办出特色、扩大发行渠道等在内的各种有效措施予以解决。至于可采取哪些良策，有待大家共同商探。

六、现代化

现代化，是指期刊的来稿登录、修改、排版、印刷、装帧、征订等要采用现代化设备，与国家科技发展水平相同步。现代科技发展日新月异。利用现代化的设备出版期刊，对加强期刊管理，确保排版规范，美化刊物装帧，提高刊物整体质量，扩展发行渠道，强化广告效果，增强刊物的竞争力都具有十分重要的作用。我们应当在现有的人力、财力、设备的条件下，依靠自我造血功能，不断增强出版的科技含量。

七、世界化

世界化，是指瞄准世界范围内的办刊先进潮流，紧跟时代步伐，实现办刊的理念和质量与外国同类期刊接轨。世界上的法学、法律类期刊在版面设计、编排格式、纸张质量、装帧效果、图表字号、印刷技术等方面都有许多值得我们学习之处。对此，我们必须虚心学习，不断提高自办刊物出版的整体水平。

我们应当创造条件，争取得到国家新闻出版部门的大力支持，公开出版英文版，向海外公开发行，以开拓国外市场，更直接、迅速地宣传中国法学、法律研究的成就。有条件的，亦可向兄弟期刊学习，在海外开辟市场，如《读者》采用在海外市场分印；《女友》采取出境外版等。

如果有可能，我们还可以采用组团方式同境外或者国外同类期刊的同仁进行互访，扩大办刊视野，共同探讨办好刊物的各种有效措施。

关于法学、法律期刊特色的几个问题[*]

法学、法律期刊特色（以下简称期刊特色），是指刊发法学学术论文、法律应用文章的综合性期刊和高等公安政法院校学报等单月、双月或者季刊的鲜明特点。这是上述各刊的主编、编辑需要经常思考和研究的一个重要理论和实践问题。据笔者管见，学界同仁对它的研究尚缺，故斗胆立论，略述己见，奉呈诸位，相互切磋，以求开拓。

一、何谓期刊特色

就一般事物而言，特色，是指事物表现的独特色彩、风格等。[①]特点，是指人或者事物所具有的独特的地方。[②]笔者认为，二者相同之处是"独特"，即具有独一无二的特别之处。二者不同之处在于：前者表示的是事物独具的耀眼光彩或者风范品格，后者显示的是人或者事物独有某一点或者几点与众不同的地方；前者涵盖的范围大，后者内含的范围窄；前者表示的内容抽象，后者释明的内容具体等。

目前，我国已有期刊8000余种，其特色众多。期刊具有与报纸不同的特色，即具有文章字数多、内容丰富、版面小、有注释、周期长、色彩淡等特色。期刊与报纸相比，有类刊特色，即以读者对象划分，有普及性期刊，只要识字的公民都可阅读；有学术理论性期刊，只有专业人士订阅。以封面、版式设计划分，有封面色彩纷呈、版式多变的期刊，也有封面设计严肃大方、版式简明的期刊。从内容上划分，有只刊登短小精悍、以事释理的一般期刊；也有刊登长篇大论、纵横论述理论观点的学术期刊；等等。就法学和法律期刊而论，也不外乎如此。

法学、法律期刊除具有包括宣传法制、研究法理、探讨司法实践等在内的

---

[*] 本文刊载于《河南政法警官干部学院学报》2003年第1期。
[①] 中国社会科学院语言研究所词典编辑室编：《现代汉语词典》，商务印书馆1997年版，第1235页。
[②] 中国社会科学院语言研究所词典编辑室编：《现代汉语词典》，商务印书馆1997年版，第1234页。

与其他期刊不同的特色以外，就某种期刊而言，还有其独自的特色。具体而言，有的期刊具有封面设计严肃大方、文章质量上乘、字数较多、理论性强、学术水平高等特色；有的学术期刊具有封面设计生动活泼、文章质量较好、字数较少、理论性较强、学术水平较高等特色；有的期刊具有封面设计多变、字数不多、应用性强、实用价值大等特色。笔者认为，无论具有哪种风格的法学、法律期刊，其特色似应有如下几个要素（标准）：(1) 封面设计一枝独秀；(2) 版式设计新颖；(3) 文章内容特点突出；(4) 文章字数适中；(5) 栏目设计与时俱进。有鉴于此，对于每种法学、法律期刊而言，其特色是指该刊与其他期刊相比，而具有的包含一种或者几种新颖特点在内的鲜明风格。例如，就学术理论期刊而言，可以办出包括学术理论性很强、理论联系实践紧密且重在理论探讨等在内的特色。就公安高等院校学报而论，除了大量刊登研究公安工作的文章以外，可采用开辟固定专栏，长期刊登研究犯罪学、刑事侦查学或者讯问策略学等文章，以形成与同类公安期刊不同的风格等。就公安法制应用性期刊而言，可在宣传公安法制建设的同时，长期大量刊登包括研究刑侦、策略、技巧或者其他专题等在内的经验总结性文章，以形成自己的特色；政法社会期刊，则可在广泛宣传社会主义法制的同时，长期大量地刊发包括迅速反映研究司法实践中出现的新问题及对策等在内的文章；等等。

二、期刊特色的地位和作用

期刊特色与特色期刊既有联系，又有区别。言联系者，是指都以期刊为载体，而与报纸无因缘。论其区别，"期刊特色"中，是以"期刊"修饰特色的，即期刊的特色；而特色期刊，是以"特色"修饰期刊的，即具有特色的期刊。期刊特色，是指期刊具有的特色，它体现某种期刊具有的个性和风格，而与报纸特色相区别。特色期刊，限指有特色的期刊，体现这种期刊具有某种或某几种特色，以区别没有特色的期刊。期刊特色的地位，是指某种期刊在同类期刊中所处的层次高低、影响大小的排序先后。某种期刊的特色突出，该刊的排位就优先或者靠前，否则就靠后。任何期刊的主编或者总编辑，均应认识到期刊特色在期刊排位中的极端重要性，其重要性主要表现在：

1. 期刊特色是推动该刊迅速发展的加速器。现有情况表明，在期刊生存和发展中，期刊与期刊之间竞争十分激烈，特别是依靠邮局发行或者自办发行而不靠主管或者主办单位指令下属各单位强制征订的期刊，尤为如此。如果某种期刊没有特色，读者就不会自愿订阅或者只有很少读者征阅，这样该期刊的社会地位就会下降，影响就会逐步缩小。相反，如果该期刊逐步办出具有独特的风格，那么其地位就会逐步上升，发行量就会增加，社会影响就会扩大。可见，期刊特色是在期刊发行竞争中的驱动力和加速器。

2. 期刊特色是帮助该刊拓宽发行市场的资本。某种期刊欲拓宽市场，必须要扩大发行量。而发行量的增加，要靠期刊特色吸引读者踊跃订购。当老读者感到自己订阅的期刊特色鲜明，阅读它能不断获得新知时，他们就会长订不断；当未订购只阅读过具有特色期刊的读者感到能大量获得新知时，就会主动通过邮局订购或者自行购买，从而使该刊的订户不断增加，自然会收到拓宽发行市场、增加经济收益的效果。可见，期刊特色是拓宽该刊发行量的资本。

3. 期刊特色是打造名牌期刊的基石。名牌期刊，必须在某方面具有鲜明特色才能闻名。这表现在：或者以理论研究深邃而著称；或者以理论结合实践相交融而见长；或者以理论指导实践作用大而为佳；或者以有效地为立法、司法部门解决现实问题迅速而突出；或者以大力宣传法制知识而高扬法制；或者以新颖幽默的法制故事而令公民喜读；等等。所有不同种类的期刊特色，是该刊逐渐打造名牌期刊的基石。否则，它就会成为海市蜃楼式的名牌期刊。

三、如何把本期刊办出特色

任何期刊刊发的文章都应当符合政治方向正确，学术理论高深或内容丰富，印刷质量好，编排规范精美，校对差错率低的要求，等等。关于期刊特色标准，也就是前文已述期刊特色的五个要素。

做任何事情都有一个方法是否恰当的问题。方法恰当，就能取得事半功倍的效果，否则，或者欲速则不达，或者成效不明显，甚至事倍功半。鉴于此，在打造期刊特色上，必须研究适当的方法。笔者认为，期刊特色实现的方法，应主要做到以下几点：

1. 优势利用法。各刊都是在自己单位领导下主办的，绝大多数期刊，特别是学报都立足于本校，面向全社会获取稿源。即使不是立足于学校，而是立足于全社会的期刊，也面临着找准本刊的读者对象（读者群）的问题。只有这样，才能有目的地将本刊办出特色。例如，就学报而言，各学校均设有不少学科，作为学报的主编和编辑，就要掌握本校某一个或者某几个学科的科研实力，即它们不仅在本校处于优势，而且在全国范围内占有相当高的地位，然后连续有针对性地向高水平的学者征得稿件刊发，以形成刊物的特色。对于无本单位作者的稿件为依托的学术理论刊物，也应当通过调查探底，在掌握全国范围内各学科科研骨干成员名单的同时，为突出本刊的一至两个高水平的学科特色经常组织约稿和选稿。对于面向全国而无本单位稿源依托的法律期刊，则应确定某一个或者某两个学科作为该刊发表文章的重点，有意识地从大量来稿中挑选相关的稿件予以发表，以形成自己的特色。有的学校虽然所依托的本单位科研力量不强,但可以与有关学会、研究会或者当地的司法实际部门研究室(处)合作,与它们共同选择高质量的稿件予以发表,也可以形成自己的特色。

2. 与时俱进法。我国正处在社会主义市场经济的始建阶段,经济建设中不断涌现出新情况、新问题,需要经济学界和法学界及时研究对策措施和办法。我国的社会主义法制建设起步较晚,各种法律制度急需健全和完善。近十年来,我国的法学研究理论的领域不断扩大,研究水平逐步上升,但是,还需要继续开拓。所有这些,决定了期刊编辑部既要通过征稿启事刊出引导作者研究新情况、新问题的专题,又要及时发表与时俱进的立法建议和具有新创见的学术理论文章,在读者中树立起订阅该刊就能紧跟时代、获得新知的信誉。这种做法,既可以在发表文长质高的学术理论期刊中采用,也可以在发表文短质高的期刊中刊出。这是因为,对新问题的研究,开始不可能很深,写出来的文章不可能太长,因此,只能在抓住新问题的同时提出新见解,用较少的字数表述或者略加论证。

3. 栏目创新法。综观法学、法律期刊,对栏目的设置,有明设法和暗分法两种。明设法,是指在目录中用文字标出栏目标题的做法,如立法研究、物权法研究、商法论坛、探讨与争鸣、国外法学与法制、域外法制、法官论坛(或者检察官论坛)、律师之窗、青年法学园地、刑侦研究、预审探讨,等等。暗分法,是指在目录中用横线或者在栏与栏之间相距一行的方法设置栏目。二者比较而言,笔者认为,明设法优于暗分法,因为它既醒目又明意。笔者还认为,每期设置栏目不宜太多,太多了就会使读者看时感到眼花缭乱、杂乱无章,有损整体效果。

为突出期刊特色,应以长期、固定的栏目为主,以临时设置栏目为辅。为此,就应当有计划地组约稿件,精心挑选相关的稿件,以保持固定栏目发表文章的稳定性、独特性和对读者的感染力。

4. 高酬约稿法。一般而言,法学理论工作者参评学术职称只需要提交学术论文,司法实际部门的警官、检察官和法官晋级需要提交论文作为考核的依据之一,研究生通过学位论文答辩需要以提交论文作为条件,甚至有的学校规定教授参评博士生导师亦要求提交在法学核心期刊上发表的学术理论文章等。所有这些,决定了各刊收到的稿件很多。但是,作为某家期刊要办出整体上或者在某方面具有高水平的特色,除了从投稿中精心挑选稿件之外,还应当有计划地适当采用付给知名作者高稿酬的办法,组织该刊急需的优质稿件,以弥补该刊所依托的稿源之不足。

高酬约稿之前,既要看准约稿对象是高水平的法学专家,又要考虑和看准他一贯注重自己的学术人品、声誉并能提交高质量的稿件,二者缺一不可。至于是他本人所著或者是与他人合著均可,但是,均应严把稿件质量关。高酬约稿可由编辑部与作者事前约定稿件的质量和酬金,也可约定对提交的稿件有权提出强化质量的意见并请其加工,直到符合编辑部的要求再采用;还可约定,一旦约稿不被采用,可付给他原定稿酬 1/3 的酬金并及时退稿,等等。只有这样,才能保障高酬约稿的高质量。

为了办好某专栏,可以在几期连续将高酬约来的稿件分别与其他稿件混合刊用,也可以将其刊发在临时开辟的专栏中与其他稿件搭配利用,还可以为提高该刊整体效应分别以黑体字标明是重点文章刊出等。

四、期刊特色形成的保障条件

某种期刊形成自己的特色,既需要有内在和外在的各种条件作保障,也需要编辑部全体人员长期坚持不懈的努力工作。前者,属于综合性的保障条件;后者,属于期刊特色形成的艰辛历程,因此,不可期待一蹴而就,也不可操之过急,而应当精心组织,扎实工作,持之以恒,稳步进取。笔者认为,期刊特色的形成,需要的保障条件主要有:

1. 高水平的主编(总编辑)。在一种期刊中,主编(挂名者除外)或者副主编(常务)是该刊的首领,他的政治素养、学术水平、业务能力如何直接决定着刊物的质量。常言道,"千军易得,良将难求",就说明了良将的难能可贵。高水平的主编或者副主编,必须是政治水平高,是非观念明,大局意识强,掌舵方向稳的领导;必须是学术著作比较多,学界能公认、进取不松懈的领导;必须是业务能力强、创新点子多、聚众力量大、指挥编辑灵、上下关系密、左右交际好的领导;必须是吃苦敢在前、得利乐于后、民主做在先、集中置于晚、助人不图报的领导;等等。高水平的主编或者副主编,重在有创新意识、精品意识、超前意识、团队意识;贵在有责任感、荣誉感、紧迫感、危机感。主编或者副主编的重任是:创建合理制度,建立竞争机制,落实责任到人,严格出版纪律;最佳聚凝编辑力量,恰当使用特长编辑,综合优用资源,精确掌握作者底数,准确组约稿件,广泛开辟稿源;谋划次年出刊的特色内容,确定每期特色重点栏目或者文章;抓好编排的质量,严防过多的错漏,确保按期出刊;采取得力措施,广开发行渠道,扩大社会影响,增加经济收入;等等。其中,知人善任、创新在先、打造名牌、扩大发行等,是重中之重。

2. 高素质的编辑队伍。每种期刊的编辑人员一般由 3~7 人组成,应当成为一个团结拼搏的集体。主编或者副主编制定规划,需靠他们全力建言;下达的指令,要靠他们执行;优质稿件的取得,依靠他们去组织或者精选;编排和校对的质量，全凭他们的努力等。有鉴于此，一种期刊要办出特色，就必须依靠全体编辑人员同心协力去实现。高素质的编辑必须具备的素质包括：政治觉悟高、创新目标明、专业思想稳、业务知识精、进取精神强、责任意识优、任务完成好等。有高素质的编辑在主编或者副主编的统领下，上下合一，左右同心，荣辱与共，竭力拼搏，才能把期刊办出特色。

3. 单位领导的高度重视。任何期刊都有主办单位，都有一名领导负责。在一定程度上，期刊特色的形成，主管领导的重视是一个关键。形成期刊特色，既离不开人，也离不开财。这两方面均需要主管领导给予支持和帮助。就人而言，既要依靠主管领导任命高水平的主编或者副主编充当期刊的统帅，又要依靠主管领导选调高素质的编辑到编辑部组成强力的团队。就财而论，既需要主管领导从单位中批拨足够的办刊资金、宽敞的办公场所和精良的编辑设备，还包括保障编辑人员的职称晋升和福利待遇略高于行政人员。

4. 强身固基。所谓强身固基，是指编辑部的人员素质增强和财力不断增加，以夯实办刊的基础。前文已述，欲使期刊办出特色，必须有高水平的主编或者副主编，还需要有一支素质精良的编辑队伍。而要使期刊的特色保持并不断发展，就不得不设法有计划地安排主编或者副主编和编辑人员在工作的同时，通过在职学习取得更高学历，或者通过参加专业培训提高编辑业务水平。这是一项长远之计，也是一项明智之举。

办刊离不开财力作保障。办刊的财力，除了本单位确保之外，笔者认为，还须寻求造血功能，即寻找自我创收的途径和办法。由于各刊所在的单位不同，所处的地位有别，因此，只能因地制宜、因情而定。当然，这只能在确保该刊高质量的前提之下而为之，但争取到新的财力，也是保障该刊办出特色不可缺少的措施之一。

简言之，笔者认为，期刊特色应当显现为"你无我有，你有我新，你新我精，你精我优"四项中的某项或某几项。

法学期刊编辑工作创新的几个问题*

法学期刊（包括法学学术期刊和法律专业期刊）包括研究法学理论和法律适用的单月刊、双月刊或者季刊。它的编辑工作创新，既包括编辑观念的创新，又包括用人机制的创新；既包括物质质量的创新，又包括经济收入的创新。现对与此有关的问题略述己见。

一、创新的必要性和重要性

何为创新？创新的含义之一是指有创造性、有新意。① 笔者认为，创新，既包括初创，又包括新颖，即指想出新方法、建立新理论或者做出新成绩等。

创新是一个民族的灵魂，创新是一个国家兴旺发达的不竭动力。马克思主义认为，世界上的一切都在运动着，"永恒的运动与永恒的破坏和创造——这就是生活的本质"。毛泽东同志指出："人类总是不断发展的，自然界也总是不断发展的，永远不会停留在一个水平上。""因此，人类总得不断地总结经验，有所发现，有所发明，有所创造，有所前进。"② 由此可知，创新是推动人类社会活动发展必备的重要条件和原动力，人类社会的发展和进步历来是通过人类创新活动实现的。

就人类社会发展而言，人类一开始只靠狩猎为生，后来学会使用石器、铁器，继而学会了钻石起火、刀耕火种；往后，人类学会制造并利用工具与自然作斗争，发明了蒸汽机和用电照明等。再往后，又通过科技发明推动社会的进步，如核电站、电子计算机、电脑、电脑网络等，使人类社会进入到经济全球化、信息网络化的时代。所有这些，都是由人类不断创新实现的。

社会主义社会发展的历史，是由无产阶级的伟人带领广大人民群众不断创新的历史。马克思长期研究资本主义社会不能解决的基本矛盾以后发现了劳动

---

* 本文刊载于《法学论坛》2005年第20卷。

① 中国社会科学院语言研究所词典编辑室编：《现代汉语词典》（修订本），商务印书馆1997年版，第198页。

② 转摘自《周恩来总理在第三届全国人民代表大会第一次会议上的政府工作报告》，载《人民日报》1964年12月31日。

剩余价值,创造性地提出了用社会主义社会和共产主义社会取代资本主义社会的英明论断,并指出无产阶级政党领导的社会主义革命可以首先在英、美、法、德等先进资本主义国家同时发生。

时代的发展和实践的新经验改变了马克思这个思路,列宁运用马克思主义的基本原理,提出了社会主义可以在经济落后的俄国率先胜利的英明论断,并率领俄国无产阶级采用城市包围农村的形式取得了社会主义革命的胜利。毛泽东同志将马克思、列宁主义的基本原理与中国的实际情况相结合,改变了列宁用城市包围农村的思路,创造性地采用农村包围城市武装夺取政权的形式,推翻了压在中国人民头上的三座大山,建立了由中国共产党领导的人民民主专政政权。邓小平同志为使中国更繁荣昌盛,创造性地制定了改革开放的路线,开创了建设有中国特色的社会主义道路,使中国的现代化事业日新月异。江泽民同志在世界多极化、经济全球化、信息网络化的国际环境下,为使中国共产党更光荣伟大,社会主义现代化建设迅猛发展,创造性总结出"三个代表"的理论,为中国共产党的强盛和社会主义事业的发展提供了理论武装。凡此种种,都是创新的成果。革命领袖的创新垂范,为我们做出了榜样。

虽然法学期刊编辑工作不是什么惊天动地的伟业,但是,作为我国社会主义现代化建设中不可缺少的一项重要工作和事业,根据创新既是推动人类社会发展和社会革命飞跃的源泉和动力的原理,也应当和必须进行创新,从而使法学期刊编辑工作迈出新步伐,求得新发展,登上新台阶,获得新飞跃。详言之,只有总编辑或者主编有创新意识,才会有创新的新思路、新措施。有了新措施,才能使刊物具有新质量、新面貌;继而才能扩大发行量,增加社会效益和经济效益,从而才能使刊物在前进中有新活力和新发展,甚至新飞跃。

二、创新的内容

创新有着丰富的内涵,涵盖了人类社会活动的各个方面、各种领域、各行各业、各条战线等。当今,人们所谈的创新,主要包括知识创新、科技创新、体制创新、理论创新。也有学者认为,一般地说,可以把创新分为三个基本类型:知识创新、技术创新、制度创新。[①] 那么,对于我们从事法学期刊编辑工作来说,提倡创新,努力创新,也是创新时代的必然要求。法学期刊编辑工作需要创新的内容甚多,笔者认为,主要应当注重编辑观念创新、用人机制创新、刊物质量创新和经济收入创新等四个方面。

---

① 俞可平:《创新在社会进步中的作用》,载《光明日报》2000年10月3日。

(一) 编辑观念创新

观念创新,就是有创新的观念。创新的观念,包括创新的观点和理念。

我们所处的时代是一个新世纪。在中国,新世纪将会带来许多新机遇,也会面临众多新挑战。在此情况下,各行各业的领导、各个单位的负责人,都应当有创新的观念,理出创新的思路,采取创新措施,实施创新的行动。只有这样,才能够抓住新机遇,应对新挑战,做出新成绩。

作为一个单位的主要领导,只有具有了创新的观念,才会有创新的思路。由于创新的思路是对工作作出创新筹划的先导和前提,因此,有了它,才能使创新筹划的内容具有新颖性、先进性、实效性。只有具有了创新的观念,才会有创造性的行动。发现、发明、创造与现有事物不同的新事物,是创新的本质特征。创新并不是原有事物落后的或者形式的翻新,而是一种实质性的变革和改进,因此,创新的过程,就是一个不断对原有事物进行革新的过程。创新是一种自觉的创造性活动。创新的源泉和动力,来自创新者对新事物的内心追求和冲动,具有深刻的进行创造性活动的自觉性。由于各行各业的任务性质不同,因此,创新的内容各异,如科学理论观念创新、企业管理观念创新、教育体制观念创新,等等。就法学期刊编辑工作而言,观念创新亦即创新的观念,是指具有将刊物办出独具特色的思路和理念。这种思路和理念的确立和实施,也应当遵循上述原则。除此之外,这种思路,应当是不同于以往编辑筹划和运作的思路;这种理念,应当是具有另辟蹊径的理念。既包含在年初制定选题计划方案之中,又要贯穿于约稿的全过程;既要体现突出不同时期的重点栏目方面,又要体现在不断改进版式设计和革新装帧方面;等等。

(二) 用人机制创新

大到一个机关、企业、事业单位,小到一个工作机构,都会有一个领导班子和成员构成形成问题。领导班子的创新思维和团结合作,是做好该单位各项工作的关键。而单位内部成员的合理配备,则是做好工作的基础。一个单位,如果建立起激励先进的用人机制,则是做出创新成绩的催化剂和动力。一个单位领导的最佳安排,这是上级人事、组织部门的职责,就领导班子而言,无能为力。但是,作为合理配备本单位的成员和如何建立起激励先进的用人机制来说,则是该单位领导班子或者主要领导的重任。

社会学认为,人类社会是由自然人和社会关系组成的总和。人的智慧是创造世界的最宝贵精神财富;人类的社会实践,是推动社会不断前进和发展的原动力。

人员的优化组合和采用激励每个人积极性、创造性的机制则是取得较好或者最佳工作成绩的有效措施。

用人机制的创新,主要包括优化人员的配置和建立激励人才发挥创造性的机制。现实中,每个人因年龄、阅历、经历、学历、智力、体力、性格等的不同而都有各自的优点和缺点,都有擅长和不擅长之分,也都有爱好不同之别。优化人员配备,就是由单位领导根据工作需要,选择某些具有突出优点和擅长某项工作的人员去做适合的工作,扬其所长,避其所短,以充分发挥他们聪明才智,力争取得最佳效果。建立激励人才发挥创造性的机制,就必须建立奖励制度,其中,对确有突出业绩者给予各种奖励和提拔重用。奖励既包括物质奖励,又包括精神奖励;重用既包括优先推荐评定专业技术职称,也包括任命为某项工作的负责人,使其感到荣誉在身、重担在肩,全心地去做创造性的工作。笔者认为,应采用上述措施,搞好本单位用人机制创新,包括物质和精神奖励方式的创新、提拔重用形式的创新等。

(三) 刊物质量创新

对于一个产品来说,优质是企业的生命,是获得最佳经济效益的唯一手段。因为,只有产品质量上乘,方能赢得顾客的青睐,方能拓宽广阔的销售市场,获得颇丰的经济效益。笔者认为,法学期刊也是一种产品。它既是物质产品,更是精神产品。就物质产品而言,刊物出版之后,是反映科研成果和实践经验内容的实实在在的载体;就精神产品来说,其内容既包括了作者的学术理论和观点,又包括了全体编辑人员在精选、修改、编排稿件和版式设计与装帧上所付的艰辛劳动而呈现出来的独具匠心的智慧内涵。刊物质量的创新,包括组稿措施的创新,精选稿件方法的创新和修改稿件手段的创新,栏目设置创新,版式设计的创新和装帧精美别致的创新等。上述创新,能使刊物在社会上赢得立法、司法机关的厚爱,能得到广大读者的欢迎和争相订购,从而扩大发行量,既能取得令人满意的社会效果,又能获得数额可观的经济收入。从这个角度来讲,刊物质量的创新,是刊物的立身之本,是刊物发展的动力。

(四) 经济收入创新

除了全额拨款的单位以外,凡是自收自支或者实行差额补贴的企业、事业单位,都不得不考虑经济收入问题。它是维护本单位正常生产、工作顺利进行和干部、职工工资、福利待遇等确有保障的基础,还是扩大再投入、再生产,推动事业发展的资本。正因为如此,自收自支单位或者实行差额补贴的单位领导,应特别重视采用各种创新措施来推动生产的发展或者促进事业的不断繁荣。

作为法学期刊编辑部、杂志社,有的是由主管部门给予大部分财政拨款,有的是给予少量财政补贴，还有的只负责发放编辑、编务人员的工资和拨给保障刊物正常出版的经费，而不承担编辑、编务人员的福利、补助、奖金或者医疗费等。在这种情况下，要使编辑、编务人员在物质待遇上与本单位干部、教师、研究人员、职工大体平衡甚至略高，要改善办公设施和提高刊物用纸、印刷质量，那么，通过采用经济收入创新的措施就是一条必经之道。经济收入创新的内容，主要包括经费收入创新、获得赠与办公场所和设备创新等。

三、大胆探索创新的方法

文前已简要阐述了法学期刊为何要创新以及创新的主要内容，现在再来探讨如何大胆探索创新的方法。研究和采用创新的方法，要注意的是，应当以严守中央规定的办刊原则和宗旨、遵守办刊纪律为前提条件。

（一）编辑观念创新

欲做到观念创新绝非易事，因此，必须采用不同的方法和途径来实现。笔者认为，应当注意做到以下几点：

1. 创新者应当有创新的勇气。创新是一件初创的工作，必然会碰到各种各样的困难，也会遭到来自传统旧势力和社会外界的干扰、抵抗，有时还会给创新者造成某种损失。欲正确面对这些难题，创新必须有求新的勇气。有了它，才会有创新的力量；有了它，才会有创新的行动，即想他人所未想，做他人所未做或者不敢做的事情；有了它，才能敢于破旧立新，标新立异；有了它，才能不畏艰难，不计得失，勇往直前。

2. 创新应当尊重客观规律。世界万事万物的发生、发展、成熟等都有一定的规律。人们做任何事情（包括做出任何决策、制定任何措施、实施任何活动等）必须遵循事物的客观规律。规律是客观存在的，是不以人们的主观意志为转移的。规律是约束人们行为的自然法则，任何人不得仅凭主观臆断违背客观规律，恣意妄为，否则就会碰壁、吃亏乃至失败。这是被无数客观事实证明的真理。鉴于此，创新者应当尊重客观规律，而不能凭主观臆断和凭感情办事。尊重客观规律不等于故步自封和因循守旧，而是在尊重客观规律的前提下，求新务实。尊重客观规律，就不允许超越现实，想入非非，做事不着边际。

3. 创新应当有正确的思想方法。正确的思想方法，即是指正确的思维方法。做任何一项工作，若思想方法正确就能事半功倍，否则，或者半途而废，或者终遭失败。笔者认为，在创新过程中，应当以辩证唯物主义为指导，在筹划创新计划和进行创新活动过程中，既要考虑到创新的有利条件，又要预测到创新过程中可能遇到的困难；既要想到可能取得成功，又要考虑到可能失败等。只有这样辩证地、发展地看问题,才能充分利用创新的有利条件,转化不利条件,克服可能遇到的困难,从而使创新工作立于不败之地。

对于法学期刊的总编辑和主编而言,观念创新,应当具备的条件和采用的方法很多,在这里只略述以上几点仅供参考。

(二)用人机制创新

按照相关规定,每一个法学期刊都应有一个编辑部或者编辑室,因季刊、双月刊和月刊出版的工作量不同,一般由3~7人组成。其成员有的全部是专职编辑,有的少数成员是专职编辑,还配有负责编务和发行的人员等。而在只有编辑室的单位,只有一定的编辑业务范围的分工。单位领导成员中,有的有总编辑或者主编1人,有的还配备有副职1~2人。那么,就一个编辑部或者杂志社而言,怎样进行创新?这是一个值得研究的重要问题。对此,略谈个人之见。

1. 吸收优秀人才到编辑部或者杂志社。欲办好一份法学期刊,除了必要的经费、良好的设施以外,更重要的是优秀人才。马克思主义人才学认为,人才是做好每一项工作的极为重要的资源。优秀的人才承担了他适合的工作,就能创造出优异的成绩。一名优秀的人才创造的成绩有时顶上几名普通人创造的成绩。常言道,"兵不在多,而在精"。这"精",就是人才中的"精英"。欲吸收优秀人才,应当注意做到以下几点:首先,根据编辑工作的需要确定需要具有什么样的高素质人才。其次,要对准备吸收进来的优秀人才进行考察,其内容包括学历、政治、业务、思想、特长、能力、身体等综合素质和已有的突出业绩等。再次,与人事部门配合做好审核工作,对符合吸收条件的,一定要尽一切力量吸收进来,并安排到急需岗位,用其所长,发挥他的突出作用。

2. 要求在职编辑人员增加才干。一般来说,编辑人员都有大学本科以上学历,有的是硕士学位。由于编辑审阅、修改的稿件绝大部分是专家、教授、学者的科研成果;而且随着法学教育的发展,投稿的人很多是硕士、博士等高学历人员。因此,客观上要求编辑人员具有很高的政治理论水平和扎实深厚的专业知识。为了提高审阅、修改稿件的质量,这就要求编辑人员的水平应当有所提高。有鉴于此,作为编辑部或者杂志社的主要领导,应当要求和安排编辑人员参加继续学习和培训,已有大学本科学位的争取取得硕士学位、博士学位;已有硕士学位的争取取得博士、博士后学位。只有这样,才能使整个编辑队伍素质得以提高,才能使本单位成为一个精兵强将汇集的群体。

3. 发现、重用优秀人才。物有其用,人有所长。根据创新的需要,法学期刊的主要领导应当适时安排有某种特长的编辑或者编务人员承担新的、重要的工作,实行承担到人、责任明确、鼓励创新的机制。要给他们出点子、压担子,要求他们出色完成任务,做出优异成绩。当他稍有成绩时,应当鼓励;当出现困难或者挫折时,应当帮助其排忧解难,并鼓励吸收教训,继续努力。对于出色完成任务的,应当给予适当的精神和物质奖励;对多次做出突出贡献的,应当优先推荐评定专业技术职称或者委以重任。只有这样,才能形成优秀人才脱颖而出、人人争当优秀的大好环境,编辑工作创新才能真正得以实现。

(三) 刊物质量创新

刊物质量创新包括:组稿工作创新、精选稿件方法创新、栏目设置创新、修改稿件手段创新、版式设计创新和装帧精美别致等,其中,最重要的是组稿工作创新、精选稿件方法创新和栏目设置创新。

1. 组稿工作创新。出于客观形势的急需,编辑部或者某杂志有时会向作者约稿。约稿通常采用借助朋友、熟人关系等向作者定题目、定内容、定时限的传统方法,但通过这种关系能约稿的对象十分有限,笔者建议还可以采用如下措施约稿:

(1) 采用付高稿酬的办法约稿。为了客观形势的需要,有时需要向作者约稿。稿酬的多少,直接关系到作者是否接受约稿和稿件质量的高低。为了争取到作者乐意接受并且写出高质量的稿件,根据本单位的财力,可以考虑在向作者提出约稿的题目、内容、字数、质量和交稿期限的同时,针对不同作者的学术理论水平,事先承诺付给1000元至2000元(8000至10000字以上)的稿酬,以争取到高质量的学术理论佳作。当然,这种高稿酬的稿件不可能过多采用,但可以一年约6至8篇,力争每期(双月刊)安排1、2篇。

(2) 采用给予高待遇的方法约稿。为了争取到作者乐意并提供佳作,可以考虑在约稿时,向作者讲明在提供一篇稿件后,再邀请他到该校、院或者编辑部作一次2~3小时的学术报告。至于约稿的篇数多少,可视本单位财力而定。

(3) 采用以稿带稿的方法约稿。有的教授、研究员、专家等名家承担有指导研究生(法学硕士、法律硕士、法学博士、法学博士后)的任务。在向他们约稿的同时,可以承诺安排他指导的研究生在本刊上发表优秀的学术论文,以激励他供稿的积极性。

(4) 采用适当物质奖励方法约稿。由本刊定期评奖并发给奖金、证书,或对在本刊上发表的论文获得省、厅、学会颁发的一、二等奖的作者给予适当奖励,激励广大优秀作者投稿。

2. 精选稿件方法的创新。稿件的来源一般有从自然来稿中选稿、约稿、从编辑参加的各种学术会议上选稿三种途径。除此之外,还可以考虑采用如下方法选稿:

（1）与有关本校、院、系联合召开学术理论研讨会，从已提供的参会稿件中选稿。与有关校、院、系联合召开学术研讨会，应当与他们共同商定供稿范围、重点题目等内容，以便使作者提供的学术论文内容相对集中，研讨的重点突出，提供的稿件质量较高。从这样的研讨会中，就可以发现并精选出好稿件。有的稿件可能内容不一定写得好，但是选题很新颖，对这类稿件可以先选出来，再与作者共同商讨如何提高，以达到发表的水平。

（2）广泛与最高或者省级公、检、法、司机关联系，从它们系统召开的学术研讨会上，发现和精选优秀稿件。最高或者省级公、检、法、司各机关每年都会有学术理论研讨会。会议召开前，各单位都会组织领导干部、理论研究室和业务部门有研究能力和水平的人员撰写稿件，其中不乏优秀之作。可以与各单位协商沟通，精选出其中的稿件予以刊登。

3. 栏目设置创新。综观国内现有的法学期刊，有的有明显的栏目设置；有的没有，但用空格形式表明归类。在有栏目设置的法学期刊中，有的栏目较少，有的则较多。此处对于栏目数量多少不做研究，笔者旨在对在栏目设置创新作简要探讨。

栏目设置创新，关系到期刊编辑样式的创新和刊物文章质量的创新，应当引起足够重视。笔者认为，要使栏目设置有创新效果，应当注意以下两点：

（1）栏目中的文章应是当时值得倡导或者在学界特别关注的问题。设置栏目的目的，旨在突出重点，突出新意，使读者翻开杂志就觉得醒目，从而引起他们的高度关注。其内容应包括学术理论研究中的重点、难点和热点问题等。

（2）栏目中的文章反映的内容应当是急需从理论与实践的结合上予以回答或者论证的问题。立法机关在经过全国人大或者人大常委会通过并颁布一项法律、法令之前，往往将讨论稿提供给法学理论界的专家、教授、学者和公安司法实际部门的干部讨论，有的甚至提供给各级政府部门组织广大公民讨论，并征求意见。笔者认为，对于在立法中碰到需要从学理上探讨如何解决和广大公民特别关注并寻找解答的问题，应当成为栏目设置下的文章。

（四）经济收入创新

笔者认为，增加经济收入，既包括采用降低成本和提高刊物质量，扩大发行数量实现，又包括依托期刊的地位，利用自己的优势采用刊登广告形式增加经济收入；既包括采用各种办刊方式（如与有关机关、部门合办、协办或者授办）争取到一定数额的经费，又包括按照相关规定，通过出版增刊方式增加收入。总之，法学期刊编辑工作的落脚点，就是要通过上述几项主要内容的创新，把刊物办出特色。

特色，就是特别的色彩，也可以说是其特点。法学期刊，就像一个大花园，应当是一个姹紫嫣红、争奇斗艳的大花园。大自然的大花园中，既有朵大色艳的牡丹，又有气雅清秀的菊花；既有香浓醉人的郁金香，又有秀丽高雅的荷花。我想，法学期刊也应当这样，每一种期刊，只要全体编辑人员经过不懈的努力，就可以成为期刊百花园中具有独特色艳浓香的花朵，为我国社会主义精神文明建设，为推进依法建设社会主义法治建设增光添彩。

试谈期刊编辑的几个问题[*]

"编辑"一词有两种含义。从行为方式上观之,编辑是人们对资料或者已有作品进行整理、加工,这是任何人为实现某种目的均可以做的工作。从特定主体方面来看,凡是在法定出版机构或者单位,从事资料或者对已有作品整理、加工的人,称为编辑。编辑是对从事编辑工作的编审、副编审、编辑、助理编辑的总称,正如教师是对教授、副教授的统称一样。

编辑种类繁多,其中从事书籍编辑、期刊编辑和报纸编辑的人数最多。

编辑任火在《编辑独语》和《名编辑论》中对"名编辑"从八个方面做了"画像":"名编辑是立于时代潮头的人""名编辑具有深厚的文化感""名编辑是某种文化人格的象征""名编辑是文化精品的助产士""名编辑是有历史感的人""名编辑是淡泊名利志存高远的人""名编辑是谦逊质朴、虚怀若谷的人""名编辑代表着时代的良知"。这是对编辑优秀品质和作用的刻画。

名编辑是编辑人员中的佼佼者。欲成为名编辑,首先要做好一般编辑的工作,并取得优异的成绩。笔者仅以自己22年来从事兼职、专职编辑工作的体会来看,认为欲成为名编辑应当注意以下几个问题。

一、期刊编辑应当具备的条件

(一)具有服务、服从党和国家大局的政治责任感

在我国,任何期刊,无论哲学社会科学期刊,包括哲学、政治学、经济学、法律学、学报等期刊,都属于上层建筑的一部分,均影响着公民政治思想、文化道德观念的形成和发展,同时,也属于为党和国家的政治、经济服务的载体。因此,期刊编辑作为编辑、出版期刊的主体,应当具有服从、服务大局的政治责任感。

(二)具有编辑学家甚至兼有某个学科专家的业务素质(编辑学者化)

编辑工作也是一门学问,具体表现为"编辑学"。由于编辑学有其自身的研究对象、研究范围、编辑流程等特定内容,欲成为一名合格的编辑,必须熟

---

[*] 本文刊载于《江苏警官学院学报》2008年第23期。

练掌握和运用它们。除此之外，编辑还应当从事某种学科的学术研究，并取得相应的成果和资格，同时还要体验学术创作、写稿之艰难。只有这样，才能更尊重作者，更慎重地决定和取舍稿件。

（三）具有筛选出优质稿件的基本功

编辑必然审阅大量文稿。来稿中既有精品之作，又有平庸之文，甚至更有极少数政治观点错误之糟粕。欲从良莠混杂的大量来稿中分辨良莠、选良弃莠、集良成册，只有具备了此种素质的编辑才能完成。

（四）具有甘为作者做嫁衣的高尚品德

作者来稿经编辑审查、鉴别、修改、定稿，甚至刊发出版，得利者是作者，扬名者是作者，而编辑恰似选拔体育英才的启蒙教练、为演员化妆的化妆师等。欲胜任编辑工作，就必须具有"只图为作者做嫁衣，不图作者予回报"的道德品质。

二、期刊编辑应当具备的五种心理素质

编辑工作是一项既平凡又高尚的工作，是一项具体又责任重大的工作，欲做好此项工作，笔者认为，编辑应当具有如下心理素质：

（一）敬业的荣誉感

敬业的荣誉感，是指编辑深感编辑工作之光荣和崇高，进而敬业如一的心理素质。编辑工作虽然是为作者做嫁衣，但是，对青年作者而言，却是他们不见面的老师。编辑对稿件提出的修改意见，就是对作者的提示或者指导，即使是对著名专家、学者的稿件提出修改意见或者建议，也是对他们的一种帮助。作者的稿件按编辑的意图、意见修改后再公开发表，为千百万读者提供优质的精神食粮，为各级国家机关提供深谋良策等，这就体现了编辑工作的荣耀和崇高。

（二）高度的责任感

高度的责任感，是指编辑人员以对国家、对人民、对作者负责的心理素质。公务人员的工作仅对上级负责，领导人作报告的内容仅影响听众，教师授课只能将知识传播给几十人或几百人。但是经过编辑人员审查、把关、修改并出版的期刊，其文章观点和内容不仅传播到国内，还传播到全世界；不仅仅像教师授课那样只是口头传播（必要时，可以及时收回自己的错误观点），而是白纸黑字的记载，发表后"覆水难收"。编辑人员编发出佳作，对读者来说，犹如精神食粮；若编发出内容错误甚至观点反对的文章，则犹如危害人们的精神毒品。凡此种种，均表明编辑人员编发的稿件。"质量高于一切，责任重于

泰山",不能有丝毫的疏忽大意。

(三) 强烈的使命感

为实现中华民族屹立于世界强国之林、国家长治久安和更兴旺发达的奋斗目标,各行各业和华夏儿女均应齐心协力,并以此为崇高使命,殚精竭虑,不遗余力,贡献自己的一切力量。编辑工作是千百万项工作中的一种,而且是以期刊为载体对广大读者进行社会主义精神文明、政治文明教育的高尚和重要工作。编辑人员理应同全国各族人民一道,胸怀大局,立足本职,放眼未来,呕心沥血,多出精品。与此同时,编辑人员亦应为把自己编辑出版的期刊办成名刊、大刊而尽职尽责,终身努力而不懈。这也是强烈的使命感之一。

(四) 敏捷的时代感

敏捷的时代感,是指编辑人员应当具有及时敏锐地了解和掌握所处时代的最新信息和与时俱进的心理素质。期刊作为反映当时学术研究最新成果的载体,编辑人员应当及时地选择内容与时代同频共振的稿件;选取反映学科前沿的稿件,编发前瞻未来的稿件等。

(五) 居安的危机感

居安的危机感,是指编辑人员应当具有居安思危的常忧感。期刊是一种传播知识面广、影响人数多的载体。办刊人应当时时刻刻警惕编发的稿件中的观点可能会出现政治局面错误,或者可能会造成重大社会危害等。由于社会的发展和进步,同行业或者同类别的期刊与日俱增,各种期刊占有市场的份额均在缩小;因电脑的广泛普及,读者通过电脑下载期刊中他们需要的文章而不购刊的人数也越来越多等,凡此种种,均属深感危机之事。只有编辑人员具有居安思危的危机感,才能想方设法地提高刊物质量(包括采用有目的的约稿、精心选出佳作、适时开辟专栏等);只有办刊人具有居安的危机感,才会人人动脑筋,大家办发行,专人总负责,齐心协力扩大发行量,以获得社会效益和经济效益双丰收。

三、编辑人员应当具备的五种本领

常言道,工作三百六十行,行行出状元。工厂千万家,厂厂有专家。他们都各自身怀本领和才艺。编辑人员是编辑行业的专业人员,理应成为编辑行业中的行家里手,也应当成为编辑学家。不仅如此,由于编辑工作的性质、范围和特点,决定了编辑人员不仅仅是编辑学家,还应当具有五种行业师傅的本领,并做好相类于他们的工作。

（一）品质师的本领

品质师的本领，是指编辑人员要能像品酒师采用口尝、鼻闻、眼观和其他科技方法辨别出各种酒的优劣质量那样，品味出初阅稿件质量的高低。在编辑人员初审的稿件中，字数有多有少，质量有高有低，观点有错有对，资料有老有新等。面对这种情况，编辑人员只有具备品质（酒）师那样的本领，才能分辨出稿件质量优劣，择取合用的精品。否则，只能是随意取稿，或者凭个人兴趣选稿，或者选用关系稿等。其结果必然毁坏刊物的名声，损害编辑人员的形象。

（二）检验师的本领

检验师的本领，是指编辑人员要能像工厂的质检员把好每一件产品的出厂规格那样，把好编发的每一篇稿件质量关。把好稿件的质量关，既包括把好稿件的政治导向正确、学术理论水平高之关，又包括把好稿件结构合理、论据充分、论证有力、资料可靠、行文流畅之关。只有这样，才能做到编发的文章数量精，质量高，无废品、次品。

（三）裁剪师的本领

裁剪师的本领，是指编辑人员要能像裁缝师傅将一块布料按照顾客的身高、体型和款式的要求，裁剪成符合顾客穿着得体的衣服那样，把一篇长达 1 万字甚至 2 万字的稿件，经过去芜存菁、变繁为简的制作工夫，使其既符合发表的字数要求，又言简意赅，理深感人。剪裁出来的稿件，应当既不误解或者曲解作者的观点，又能使作者的思想凝重突出，使作者深感编辑人员为其论文的修改和编发付出了他所意料不到和所为不能的辛劳。

（四）化妆师的本领

化妆师的本领，是指编辑人员要能像化妆师为演员整发饰面、容光焕发那样，对每一篇稿件从词语精当、编排合范、文理通顺、注释准确等进行加工、润色。古人云："文章不厌百回改。"常言道，文章多改出精品。这些哲理表明，修改文章十分必要和重要。作为责任编辑，对自己编发的稿件，就应当承担起对稿件加工、润色、纠错把关之责，使编发的稿件成为读者喜读不厌的精品。

（五）园艺师的本领

园艺师的本领，是指编辑人员要能像花园或者苗圃中的艺师通过对株株幼苗和含苞欲放的花木精心护理（剪枝、护蕾、浇水、施肥、除虫、增液等）那样，对众多的青年来稿，尽量多地选用和编发。对其稿件的内容，重在观点有创见, 不重论述很全面; 重在敢于畅言, 不重沉稳老道; 重在篇幅短小精悍, 不重长篇大论等。笔者认为, 编辑人员应当深知, 给名家编发一篇精品稿件, 对他来说是"锦上添花"; 发表青年学者一篇精品稿件, 对他而言是"雪中送炭"。在各界、各行、各业均把公开发表精品文章作为考核标准、晋职要件、评优条件的今天, 尤其如此。编辑人员应当通过自己辛勤的劳动, 使初次发表精品文章的青年学者深深感到, 编辑人员是培育他们的园艺师, 是帮助他们走上殿堂的领路人; 发表其佳作的期刊是孕育他们成长的沃土之园, 是展示他们才华风采的大舞台。

四、编辑人员选优稿的"五要"

选择优稿既是一件艰苦、细致的工作, 又是办好期刊的基础。只要择取的每篇稿件质量高或者比较高, 那么, 期刊的总体质量就会高或者比较高。编辑人员欲选择出优质稿件, 从个人角度而言, 必须做到"五要"。

(一) 视野要宽

视野要宽, 包括编辑人员的知识面要宽广。作者的来稿或者被约写的稿件, 虽然仅就某一学科中的某个专题进行研究和探讨, 但是, 有的稿件会涉及政治学、哲学、经济学、历史学等学科相关的知识, 特别是作者立足于本专业的理论又结合相邻学科的知识采用横向联合的方法写出来的稿件更是如此。编辑人员只有具有宽广的知识才能鉴别稿件中存在的某些问题和融合相关学科理论才能提高为论题服务的和谐程度。

(二) 信息要灵

信息要灵, 是指编辑人员要能及时、全面地掌握自己所分管学科的科研动态、前瞻观点等信息。期刊发表的文章贵在观点或者资料新颖。只有及时掌握并编发无人研究过的问题或者无人介绍过的最新资料, 才能给广大读者提供"新鲜可口"的精神食粮, 才不会浪费人力、财力和版面, 也不会浪费读者的时间甚至误导读者。在当前期刊甚多、极少数以旧充新或者一稿多投屡见不鲜的情况下, 编辑人员特别要时时处处了解和掌握有关信息, 防止和制止此类弊端的发生。为此, 必须尽可能多地参加学术理论研讨会, 经常阅读报刊杂志, 及时捕捉相关信息。

(三) 眼界要高

眼界要高, 是指编辑人员要根据所办期刊所处的地位和目标, 高质量、严要求地选择稿件或者主动约稿。编辑人员是编辑学家或者兼是另外学科的专家, 就学术理论水平而言, 可能写不出符合所办刊物要求并发表的文章, 但是,决不能由此降低选稿标准。这恰似购布者生产不出高质布料而不购买低质布料的道理一样。要能做到选取优稿,首先,应当掌握与所审稿件有关的科研情况;其次,将所审之稿与已发表或者已收到的同题稿件进行认真比较。常言道:"不怕不识货,就怕货比货。"这就是说,通过比较,就能够辨别出质量孰低孰高、孰优孰劣。在选稿问题上,笔者倒是认为,编辑人员选稿应当"眼高手低"。当然,如果编辑人员还是某一学科的专家,在审阅与自己同一专业的稿件时,既要"眼高",也要"手高"。但这只是一般原则的例外。

(四)识新要准

识新要准,是指编辑人员判定稿件的新观点、新资料要准确无误。根据此要求,应当阻止将"旧"误认为"新"。即使某篇稿件的选题是他人已经发表过的选题,但其内容的新意若超其70%,也属有新意。"识新要准"与"信息要灵"密不可分。只有信息灵通,才能分辨出哪些内容是"已有之旧",哪些内容是"未有之新"。稿件的新内容(含观点、资料)是读者之渴求,也是期刊之目标,亦是期刊存在和发展之生命,对此不可有丝毫疏忽,应当时时牢记于心,事事孜孜以求。

(五)选稿要公

选稿要公,是指编辑人员选取稿件要出以公心,不图个人私利。社会是人与人相依相存的社会,人与人之间既存在着公对公的关系,也存在着友情关系,还存在着利益互惠关系,亦存在着矛盾对立关系等,情况十分复杂。选择和编发稿件是编辑的职权,虽不属行使大权,但对作者而言,可以说编辑人员大权在握,寄希冀编辑人员以质取稿。基于此,编辑人员应当出以公心地用权,不应徇私滥选。出以公心选稿也是办好期刊和树立形象的需要。只有秉公选稿,才能把优稿选出来,刊发后才能提升刊物的整体质量,才能把该刊办成名刊、大刊。为此,应当杜绝使用"人情稿""关系稿""钱物稿""屈权稿""崇洋稿""凑合稿"。坚决坚持"以质取文""质优才用""佳作优先""精品必用""寻精求约""慎重约稿""约稿必用"等原则。

第三章 学术理论创新与论文写作

论学术理论的创新[*]

何为"学术"?《现代汉语词典》称,"学术"是指"有系统的、较专门的学问"。"学问"是指"正确反映客观事物的系统知识"。[①]《新华词典》称,"学术"是指"比较专门的有系统的学问"。"学问"是指"系统的知识"。[②]《辞海》称:"学术指较为专门、有系统的学问。"并引《旧唐书·杜传》中"素无学术;每当朝谈议,涉于浅近"几句为证。《辞源》中说:"凡事物因研究而得其纲领条目者谓之学,如学术、科学。"从上述情况看,虽然学界和辞(词)典对"学术"一词的解释和界定有所不同,但是,大致都认为"学术"一词包含的内容有知识,且这种知识是比较专门的而不是普通的;是比较系统的而不是零散的;是客观的,而不是主观的。从上述三个方面观之,笔者认为,"学术"似应理解为,"有专门的、比较系统的、能反映客观事物的知识"的总和。至于有的学者认为,"学术"简言之即"学问之术";"学问"是指研究学问上有一定专长;"所谓学问,应包括各类科学技术。"[③] 笔者认为,这是把"学术"理解为研究学问(专门、系统知识)的方法和技术了。这种解释和界定似有名不副实之嫌,很值得商榷。

关于学术理论中的"理论"一词,《辞海》称,"理论"是指"概念、原理的体系,是系统化了的理性知识"。"理性"则"一般指概论、判决、推理

---

[*] 本文成稿于 2004 年 6 月。

[①] 中国社会科学院语言研究所词典编辑室编:《现代汉语词典》,商务印书馆1997年版,第 1429~1430 页。

[②] 《新华词典》,商务印书馆2001年版,第 1117 页。

[③] 全国高校文科学报研究会编辑委员会编方集理:《论更新》,吉林大学出版社1993年版,第 254 页。

等思维方式或思维活动"。①《新华词典》的解释亦同。②《现代汉语词典》称,"理论"是指"人们由社会实践概括出来的关于自然和社会知识的系统的结论"。③ 有学者认为,"理论"是指对道理的论述或者论证。笔者认为,从字面上望词生义地理解,这种解释似无太大不妥。但是,从更高层次上理解,则应全面而深刻。有鉴于此,笔者以为,理论是指作者在口头或者言词表达自己观点中所含有的对某个问题所作的系统的论证的理性认识。

何谓"创新"?《现代汉语词典》称,"创新"有两种含义:其一,是指"抛开旧的,创造新的";其二,是指有"创造性或者新意"。④《新华词典》讲,"创新"是指"抛弃旧的,创造性的"。"创意"是指"新意"。将两本词典的解释对比观之,《现代汉语词典》认为"创新"不仅包括"抛开旧的,创造新的",还包括"创造性或者新意",而《新华词典》则认为,"创新"的内容,只包括"抛开旧的,创造新的",而不包括"新意",因为"新意"是指"创意"。《辞海》中没有"创新"一词,只有"创造"和"创见"二词。"创造"是指"首创前所未有的事物"。"创见",是指"独到的见解"。⑤ 由上可见,笔者认为,一般而言,"创新"是指某人对某个事情有前所未有的做法、成就等,或者对某个问题有不同于前人、他人的独到的见解、观点、看法、结论等。

在科学社会主义领域,革命领袖的理论创新推动了人类社会的不断发展,同时也为我们树立了光辉的榜样。

19世纪上半叶,工人反对资本家的斗争,从自发转向自觉,从个别转向有组织,从单纯为经济利益而斗争转向为政治解放而斗争,工人阶级作为独立的政治力量开始登上政治舞台。此时,需要从理论上正常回答什么是资本主义的基本矛盾,资本主义应不应该和能够不能够被社会主义所替代这个根本性问题。在这个大背景下,马克思、恩格斯以他们卓越的理论开拓精神和智慧,批判地改造和借鉴了德国古典哲学、英国古典经济学、英法两国空想社会主义的积极成果,总结了自然科学的最新成果,结合工人运动的实践经验,创立了具有划时代的马克思主义。1848年发表的《共产党宣言》就是马克思主义具有

---

① 《辞海》(中),上海辞书出版社1979年版,第2726页。
② 《新华词典》,商务印书馆2001年版,第600页。
③ 中国社会科学院语言研究所词典编辑室编:《现代汉语词典》,商务印书馆1997年版,第774页。
④ 中国社会科学院语言研究所词典编辑室编:《现代汉语词典》,商务印书馆1997年版,第198页。
⑤ 《辞海》,上海辞书出版社1979年版,第418页。

里程碑意义的创新成果。它揭示了资本主义社会的基本矛盾是生产的社会化和生产资料私人占有之间的矛盾；资本主义必然灭亡，社会主义必然胜利。这种重要的结论，鼓舞和指导全世界无产者联合起来，使反对资产阶级的社会主义运动朝气蓬勃地开展起来，开辟了人类社会的一个新时代。

19世纪末至20世纪初，资本主义发展到了垄断资本主义，即帝国主义阶段。此时，资产阶级同工人阶级和其他劳动群众之间的矛盾日益加深，帝国主义同殖民地人民的矛盾日益加剧，帝国主义国家之间瓜分世界的矛盾日益激化。而当时沙俄帝国是帝国主义各种矛盾的交汇点，俄国人民的革命斗争如火如荼，使沙皇专制处于风雨飘摇之中。此时，列宁继续了马克思关于社会主义必然胜利的革命思想，但又不拘泥于社会主义"将在一切文明国家里，至少在英国、美国、法国、德国同时发生革命"的观点，立足于俄国的国情，明确指出："社会主义可能首先在少数或者甚至在单独的一个资本主义国家内获得胜利。"方式是城市工人武装起义的暴力革命。这是对马克思主义创新的一个革命理论，为俄国十月社会主义革命指明了前进和胜利的方向。列宁1916年发表的《帝国主义是资本主义的最高阶段》一文就是列宁主义具有里程碑意义的创新成果。在它的指引下，俄国工人阶级采用城市工人武装暴力革命的途径取得了俄国十月社会主义革命的胜利。

十月社会主义革命在封建资本主义俄国取得了胜利，给全世界无产阶级和被压迫民族、被压迫的人民争取解放的斗争以巨大的鼓舞。此时，迫切需要从理论上解答像中国这样非常贫穷落后的半封建、半殖民地的东方大国，如何争取革命的胜利，如何走社会主义道路的问题，毛泽东同志继承马克思、列宁主义的革命思想，根据中国的国情，分析了中国阶级力量对比，为推翻"三座大山"并争取革命的胜利，排除左倾和右倾路线的障碍，勇敢而明智地制定了首先在国民党统治力量薄弱的农村武装建立根据地，以农村包围城市最后夺取全国胜利的正确路线。1928年发表的《中国社会主义各阶级的分析》、1930年发表的《星星之火，可以燎原》、1940年发表的《新民主主义论》等，都是具有里程碑意义的理论创新成果，确立了毛泽东思想。中国人民正是在毛泽东思想的指引下建立起了新中国。

从20世纪60年代开始，一度出现的"日暮西山，气息奄奄"的资本主义世界，通过自我调节和改善，包括学习社会主义的经验，缓和社会矛盾，显示出了继续发展、恢复的空间。与此同时，有些社会主义因自身的和国际社会的原因，造成优越性发挥不出来，严重阻碍了社会经济、政治、文化的健康发展。在世界范围内，社会主义运动陷入低潮时期。苏联解体、东欧剧变。我国发生了"文化大革命"，带来了全局性的错误，给党和国家的事业造成了巨大损失，使人民对马克思主义产生了困惑。邓小平同志把马克思主义基本原理与中国实际和时代特征相结合，继承和发展毛泽东思想，初步回答了"什么是社会主义和怎样建设社会主义"这个全国、全党十分关注的根本性的重大理论问题，创立了邓小平理论。1992年邓小平同志的南巡讲话，就是邓小平理论成熟的具有里程碑意义的创新成果。全党、全国人民和全军在邓小平理论的统率下，坚持一个中心、两个基本点（以经济建设为中心，坚持四项基本原则，坚持改革开放）的基本路线，夺取了社会主义革命和建设的一个又一个胜利。

20世纪末到21世纪初，苏联解体和东欧剧变十年后的世界社会主义运动虽有新起色，但还没有走出低谷。与此同时，以美国为首的霸权主义、中权政治又有新的发展，妄图阻挡世界要和平、人民要合作、国家要发展、社会要进步的时代潮流，不仅如此，西方敌对势力利用其自身强势，不断对我国实施"西化分化"战略，竭力阻挠中国的强大和统一。在国内，随着改革开放方针的深化，有中国特色社会主义事业蓬勃发展，成就巨大。但是，在这样大好的条件下，一些党员理想信念淡薄，甚至腐化；一些基层党组织软弱涣散，我们党所处在的社会环境更加复杂，改革任务更加艰苦。在这种情况下，为了使中国共产党起到"领导核心"和"主心骨"的作用，站在"时代前列"，率领全国人民、全军同心协力地建设社会主义，江泽民同志提出了以"巩固立党之本，强化执政之基，充实力量之源"的"三个代表"重要思想，即必须"代表中国先进生产力的发展要求，代表中国先进文化的发展方向，代表中国最广大人民的根本利益"。"三个代表"重要思想与马列主义、毛泽东思想和邓小平理论一脉相承，是发展了上述理论的重要理论思想。它是在美国实行霸权主义、竭力维持"单极世界"，社会主义亟待走出低谷关键时期，最具有里程碑意义的理论创新成果，解决了中国共产党应该把自己建设成一个什么样的党和怎样建设党的重大理论和现实问题。在"三个代表"重要思想的指引下，中国共产党的政治建设、组织建设越来越成熟，率领全国人民不断取得和继续取得各项事业的更大成就。

一、学术理论文章创新的基本问题

法学学术理论的创新，包括法学、学术、理论、创新几个概念。

法学，有的辞典称"法学"是指"法律学""法律科学"，以法律为研究对象的学科。法学是社会学中的一个学科，与政治学关系密切。[①] 法学起源很

---

① 李伟民主编：《法学辞源》，中国工人出版社1994年版，第793页。

早,是随着法的出现而出现的。① 恩格斯说:"随着立法发展为复杂和广泛的整体出现了新的社会分工的必要性,一个职业法学者层形成起来了,同时也就产生了法学。"② 还有的词典称,法学是"研究国家和法的学科"。③ 由上可见,笔者认为,法学是指以法律为研究对象的学科,是以法学学术理论为载体的学问。法学与政治学、经济学、社会学、哲学、历史学、逻辑学、论理学、心理学、金融学、统计学、会计学、人力学等学科关系密切。

(一)学术理论文章的主要特点

1. 或者观点具有原创性,即是作者首先提出来的理论。如前引法定、自由心证等。

2. 或者观点具有革新性,如法学论文绝大部分是这种。

3. 或者具有独立自主的主张性(重点),即有个人独立见解,且应当自圆其说。

4. 或者对已有理论或者观点进行商榷甚至辩驳性。

5. 无论正面论证自己的主张或者反驳别人观点,都应具有四性:(1)观点的明确性;(2)论据的真实性;(3)理论的充分性;(4)体系的完整性。一般是:是什么;为什么;怎么办;文风的朴实性、语言的精炼性等。

(二)学术理论文章体现创新的内容

有的学者认为,文章可以在"四大要素"中创造出创意来:

1. 论题可以出新,即别人未提出过的新理论。

2. 论点出新,即新观点。

3. 论据出新,即新的事实、数据等。

4. 论证方法出新,如用实证法、量化法等。④

笔者认为,上述观点有其可取之处。在笔者看来,学术论文的创新可从如下方面进行考虑:

1. 选题新。是指选择其他人未研究和未发表的选题。例如:早在1994年笔者就出版了一本20万字的侦查程序论专著。直到2002年才有博士写侦查程序价值论。

2. 观点新。是指就某个学术问题发表与已有共识的不同观点。例如,不

---

① 李伟民主编:《法学辞源》,中国工人出版社1994年版,第793页。
② 《马克思恩格斯选集》(第2卷),第539页。
③ 中国社会科学院语言研究所词典编辑室编:《现代汉语词典》,商务印书馆1997年版,第342页。
④ 张少瑜:《谈谈内容提要的写作》,载《法学评论》2001年第5期。

少学者将我国的刑事证据制度概括为"实事求是",有人概括为"客观验证"等。笔者在1994年提出,应当概括为"依法认定"。其一,依法是吸收法定证据制度合理内容;其二,认定是吸收自由心证的合理内容。此观点受到当时法学界的好评。

3. 立论新。是指针对已有传统通说论述,提出自己独立的新的立论,并建立一个新的学说。要做到这一点很不容易,也是我们一直努力的方向。

4. 新概括或新总结。是指对大家都在研究的内容,进行新的理论概括或者理论总结。例如,检察机关具有引导公安机关侦查的权力。

5. 新角度。是指对大家正在研究的问题,从新视角进行审视和研究。例如,对所教学和研究的学科,对某个专题从人权学、伦理学或者逻辑学等视角进行研究等。又如,有学者在探讨我国"法律制度的改革"时,就采用法律动力学和法律静力学的视角进行研究和论述。

6. 新主张。是指就实践中已出现的问题提出自己与他人不同的主张。例如,检察机关应当享有民事、行政公诉权的起诉权,以挽回国家经济损失,如环保问题、国有资产流失问题等。

7. 新质疑。是指对已有的理论或观点提出质疑,包括对前人立论的科学性、论点的准确性、论据的可靠性、概括的周延性、资料的周全性、结论的可信性等提出质疑。这种质疑,包括怀疑、否定或者排除等内容,并进行商榷。

8. 新资料。是指作者从阅读外文中了解到目前别人掌握的新资料或者通过阅读古代、近代资料,了解到别人尚未掌握的新资料,再确定某个题目,运用这些新资料构思文章并进行论证。

例如,对于刑事证据分类,笔者从俄文资料中得到新资料,运用它概括、提炼出一种新的证据分类,即证明力强的证据和证明力弱的证据。(相关文章于1994年在《法学研究》上发表,另还有《刑事责任豁免与证据强制》一文。)

9. 新方法。是指采用新的研究方法论证自己的观点。例如,在论文中除了采用传统逻辑学中的归纳法、演绎法、归谬法进行论证以外,还可以采用量化法、经济分析法、事实或者法律推理法等进行论证。

常言道:"读书破万卷,下笔如有神。"又有学者讲,熟读唐诗300首,不会作诗也会吟。这都充分说明了一个道理,即多读书、多学习就会积淀大量的知识,就能为做实法学研究打下坚实基础。

(三) 创新的几种方法

1. 勤于学习、恒之已恒、不断积淀丰富的专业知识。
2. 善于思考。在教学中、科研中、参加学术会议过程中,或者阅读他人文章、专著中，对已有的理论或者观点从正面、反面进行反复思考。对小的收获记录下来，不断积累，等到思考比较全面、成熟时，可以就某一问题作出初步总结或者概括。

3. 将自己研究的学科知识与相邻学科知识结合起来进行研究，或者在自己熟悉的学科知识以外，再学一门学科知识；若原来不是法律专业，如学经济、哲学或者伦理学，可以与现在从事的法学专业知识结合起进行研究；或者与不是学习法律而是学其他专业的学者一起将两门学科知识结合起来，共同进行综合研究，实现优势互补，以求新意。

4. 在所研究的学科当中选择一个新的小题目，作为一两年时间的前期研究。为此，就要广泛阅读有关专著、论文，收集实践资料，不断思考、总结，最终形成一篇有理论深度的学术论文。

5. 正在攻读博士或者硕士学位的同志，可以与导师一起确定一个好选题，然后广泛阅读相关论文，尽量多地收集国内外的理论和实践资料，在自己的论文中，特别将某一章、节的内容当作重点来进行攻关，把这部分学术问题写成一篇学术理论性强的、亮光四射的学术论文，然后投给适合发表的刊物。

二、运用各种资料为论文服务的问题

（一）借鉴新发现的国外资料

1. 吃透资料，熟悉内容。
2. 认真进行分析研究，区分利弊。
3. 我们可借鉴、学习哪些内容。
4. 我们为什么借鉴、如何学习借鉴。

（二）借鉴新发现的国外新观点

例如，原苏联证据法中提到的证据分类有优质证据与质量证据，可翻译成质量好的证据与质量差的证据。笔者就将其定名为证明力强的证据与证明力弱的证据。然后再详述之，分别论述：（1）二者划分标准及概念，即以证明作用大小为标准；（2）证明力强的证据的作用及应用规则；（3）证明力弱的证据的作用与应用规则；（4）对二者应注意的几个问题。

（三）充实和提升国内司法实践中的新经验资料

例如，对于青少年审判程序，介绍其特点和程序，包括讯问方式平和允许父母到庭旁听等。

（四）利用相邻学科知识进行研究和论述

例如，与哲学、社会学、伦理学、经济学、逻辑学、心理学和其他社会科学等的知识相结合进行研究。

三、引文和注释的规范性

（一）引文的基本规范

引文目的有二：为论文服务，表明作者行之有据；为读者服务，方便读者查对、阅读。引文，即引用"文字内容"。引文的数量不宜多，质量要经典。

引文的方法有：（1）明引，即有引号；（2）夹引，即夹在自己的引文之中；（3）意引，即用自己的话引用；（4）转引，即从原著以外作者已行的转引；等等。

引文上的标点要符合规范，需要注意两点：第一，一句话引完时，引号在全文左上角和右上角，句号在引号之内，注码在引号之外。第二，一句未引完，逗号或句号在引号之外，注码在标点之间。

（二）注释的基本规范

注有脚注和尾注之分，其要求是：注明人名、文章名、期刊名或书名、页码、出版年月日、出版年、期等。

注释的功能之一是对正文的解释。例如，文内仅概括而简要地写明某件事件、某个问题、某个观点等，在页脚可解释其内容。需要注意的是，注释不宜过多。

四、确定"关键词"问题

关键词是反映论文主题概念的词或者词组。关键词主要有以下两个作用：第一，有助于作者了解此篇学术论文内容的关键点，起到画龙点睛的作用。第二，有利于信息系统存储和作者点击关键词以尽快查阅到该论文。

关键词的规范要求：（1）每篇文章的关键词为3~8个；（2）关键词应是支撑全篇论文的闪亮点、顶梁柱；（3）关键词应当源自论文之中；（4）关键词应是读者易懂之词，而不是另造晦涩难懂之词；（5）关键词不应是标题；（6）关键词不应是主题词。主题词是对全文内容的统领和概括，而不仅仅是反映文章某部分或几部分内容的关键点的词或词组。

五、内容提要的撰写规范

（一）内容摘要概述

按照国家标准，学术论文提要是对"文献内容的准确、扼要而不加注解或评论的简略陈述"。内容提要有两个作用：一是节省读者的时间和精力；二是有助于信息系统的收集、存储和处理等。

摘要与提要有所不同,二者的区别主要体现在以下几个方面:(1)内容要求不同。前者是概念已讲,只作不加注释或评论的简略陈述;后者则是对文献内容进行简介或评论,有时还介绍有关背景情况。(2)编写目的不同。摘要的目的是为读者提供论文精华,使读者在短时间内能通览全文;提要的目的是为读者提供文献的好坏评价或产生背景。(3)适用范围不同。摘要主要适用于学术性或技术性较强的论文或文章;提要主要适用于文献、书籍,重点起介绍内容梗概、推荐的作用。

(二)摘要的规范要求

1. 中文摘要的编写

根据 GB6447-86《文摘编写规则》的要求,文前摘要是以提供文献内容梗概为目的,不加评论和补充解释,简明、确切地记述文献重要内容的短文。其内容应注意以下几点:(1)应是一篇200~300字的完整短文,具有独立性。(2)应包括与论文同等量的主要信息,具有自含性。(3)不应含有诸如"对……对……意义""对……有指导……""对……深远影响"之类的评述性内容。(4)应使用第三人称的写法,不应用"本文""作者"等主语,采用"无主语句陈述"。(5)学术论文的摘要篇幅可在200~300字之间或稍多一点。(6)英文摘要一般要与中文摘要相对应,以不超过250字为宜。(7)语句应精练、具体、明确、通顺、自成一体,结构严谨。

例如,"迁徙自由是《公民权利与政治权利国际公约》所规定的一项基本人权,我国于1998年签署了该公约,并从宪法立法的角度确认迁徙自由很有必要,我国其他法律在对迁徙自由进行具体规定时,应当把维护公民迁徙自由与国家安全、公共秩序、公共卫生道德、他人权利与自由结合起来,使迁徙自由得以正确运用"。

2. 摘要中常存在的问题

(1)加进编写者的主观见解、解释或评论。例如,题名为《罪刑法定原则再探》的摘要为:"本文深入探讨了我国刑法的罪刑法定原则,系统而全面,对于理论力量和实务界都有参考价值。"此摘要并未提供论文的内容摘要,主要是简述编写者的主观见解、解释和评论等,不符合规定。

(2)使用"本文""作者"等做主语。摘要必须使用第三人称,不能使用"本文""作者""我们"等第一人称做主语。例如,"本文主要论述了民主与法制的关系……""本文主要论述了"几个字应删去直接写为"民主与法制的关系……"就可以了。摘要要采用"分析了……问题""对……进行了研究""报告了……现状""进行了……调查"等记述方法,直接标明文献的性质和主题。

另外，还有一些常见问题：有的摘要是文章结构的介绍；有的摘要分段；有的摘要介绍本学科已成常识的内容；有的摘要简要重复题名中已有的信息或引用前言中的语句；有的摘要内容不全；有的用"内容提要"代替"摘要"；等等，这些都是不符合规定的。

六、关于社科论文的参考文献问题

把参考文献当作论文的一个组成部分，在社会科学领域的研究中还是新生事物。1999年1月12日，中华人民共和国新闻出版署印发了《中国学术期刊（光盘版）检索与评价数据规范》（以下简称《规范》），促进了学术期刊的标准化和规范化。《规范》明确指出："参考文献是对期刊论文引文进行统计和分析的重要信息源之一"，从学术角度出发，没有参考文献的论文是不完整的，或者说论文缺少了统计和分析这一部分信息源，其学术质量就会受到影响。为了提高社会科学论文的学术质量，许多编辑、作者做了不少努力，也取得了一定的成绩，但其效果尚不尽如人意，有些问题还有待深入研究。

（一）社会科学论文参考文献的作用

1. 区分作者自己的成果与他人的劳动成果，明确成果的归属，表示对他人劳动成果的尊重，同时，避免有抄袭和剽窃之嫌。

2. 便于读者更详尽地对论文所引用的内容的了解，给读者提供查阅原文献的可能性。

3. 提供真实、广泛的科学论据，为论文的审阅者、编者和读者评估论文价值和水平提供客观依据，标志着作者研究的深度和广度。

4. 简化论证过程，节省论文篇幅，对一些与论著相关的内容注明出处，供读者参阅原文献中已有的详细论述。

5. 便于科技情报工作者进行情报研究和文献计量研究。

上述即为学者们对参考文献作用之观点，鉴于这些提法，参考文献的内涵和外延都远远超过了"参考"和"文献"之和，在论著作和编辑过程中，只能把它当作一个记录项目来看待，严格按照这项记录的含义和要求使用。

（二）参考文献的使用原则

光盘版《规范》在参考文献项中明确了可作参考文献的文献范围极为广泛，包括专著、论文集、报纸文章、期刊文章、学位论文、报告、标准、专利；专著、论文集中的析出文章；数据库、计算机程序、电子公告；等等。从文献类型上看，似乎无所不至，在参考文献的内容上虽然没有明确规定，但在

编排格式上却作了明确的规定,摘录如下:

1. 按照编排格式的要求写明参考文献的内容。

(1) 专著、论文集、学位论文、报告

[序号] 主要责任者. 文献题名 [文献类型标识]. 出版地:出版者,出版年,起止页码(任选)。

(2) 期刊文章

[序号] 主要责任者. 文献题名 [J]. 刊名,年,卷(期):起止页码。

(3) 论文集中的析出文献

[序号] 析出文献主要责任者. 析出文献题名 [A]. 原文献主要责任者(任选). 原文献题名 [C]. 出版地:出版者,出版年,析出文献起止页码。

(4) 报纸文章

[序号] 主要责任者. 文献题名 [N]. 报纸名,出版日期(版次)。

(5) 国际、国家标准

[序号] 标准编号,标准名称 [S]。

(6) 专利

[序号] 专利所有者. 专利题名 [P]. 专利国别:专利号,出版日期。

(7) 电子文献

[序号] 主要责任者. 电子文献题名 [电子文献及载体类型标识]. 电子文献的出处或可获得地址,发表或更新日期/引用日期(任选)。

(8) 各种未定义类型的文献

[序号] 主要责任者. 文献题名 [Z]. 出版地:出版者,出版年。①

从这 8 项规范中,除了"国际、国家标准""电子文献"项,都离不开"出版"二字,事实上,国际标准和国家标准以及电子文献都是公开发行的文献。国际标准和国家标准是技术性很强的专业性文献,一般由政府机关的权威部门颁发,不一定通过出版单位出版,但是同样具有公开出版发行的意义。通过电子媒体传递的电子文献,其发生范围之广、受众之多是其他媒体所不能及,电子媒体也获得国家认可,具有出版单位同样的效力。

2. 参考文献应当写明的内容

(1) 参考文献必须是国内外公开出版发行的文献,这些文献必须在公众场合可以找到。还没有公开出版发行的文献不能用作参考文献。

---

① 参见《中国学术期刊(光盘版)》编辑委员会制定,中华人民共和国新闻出版署 1999 年 1 月 12 日印发的《中国学术期刊(光盘版)检索与评价数据规范》第 6~7 页。

（2）参考文献具有知识性和学术价值，必须是能够反映该研究领域现状、动态、发展方向的重要文献，它将对了解和进行研究课题具有很大帮助。从这个角度出发，注录作为参考文献的文献，必须是自己亲自阅读过的文献，自己没有认真研究过的文献不应注录为自己论文的参考文献。

（3）参考文献具有信息的传递性和快捷性，是该研究领域最新的信息。最新的成果文献是最有价值的文献，它不仅为课题研究提供了信息，而且证明了作者研究的起点。

（4）引用参考文献不得损害引用文献的著作权利益，注录项目必须准确，主要责任者、出版者、地址、出版日期都要清楚。按著作权法的有关规定，连续抄录不应超过50个字，更不能构成引用文献的主要部分。

参考文献是社会科学研究获得成果的起点，新的研究成果是当前研究成果的继续和发展。据此，带有指导性的或公众必须遵照执行的文献不应当作为参考文献。笔者认为，有些情况下文献的意义和作用已经超过了参考文献的含义，不能作为参考文献列在论文后面，需要引用原文的，必须准确无误，不能断章取义，同时要加以注释，说明出处，备读者查找认证。

3. 不应作为参考文献列在文后的情况

（1）我们是在马克思主义指导下开展社会科学研究的，毛泽东思想是马克思主义的一个组成部分，是我们进行社会科学研究的指南针和方向盘，其著作价值是用作指导而不是参考，其理论体系是领袖集体智慧的结晶，只能体现在课题的研究之中，绝对不能任意争鸣和节外生枝。所以，马克思、恩格斯、列宁、斯大林、毛泽东、邓小平、江泽民等领袖的著作不应列作参考文献，引用领袖的论断加以注释，标明出于哪篇文章、哪个版本。

（2）宪法、法律是代表广大群众意志的。宪法和法律是全国人民代表大会讨论通过后颁布实施，若有不完善的地方，其修改权仍属全国人民代表大会。在修订的宪法和法律出台之前，任何公民都要受现有法律条文的保护和约束，法具有至尊的权威，即使是法律研究论文，也不应该把宪法和法律列作参考文献。

（3）各级领导机关印发的文件是机关的部署，文件的解释权归发文单位，不能作为学术争鸣，不具备学术特征，不能作为参考文献使用。

（4）未公开出版的资料在一定程度上属于保密状态，它是一种社会生活的信息，只能当作社会生活知识的辅助，不具有公开讨论的价值，不能用作研究论文的参考文献。内参、内刊虽然在一定范围内流传，但索取的渠道是有限的，其在内容上尚有不成熟的地方，不宜宣传，也不具备争鸣意义，不能作为参考文献使用。

（5）自己的作品和自己以前的研究成果，是不能作为当前研究成果的参考文献的。参考文献的主要功能之一就是对了解进行该课题研究有帮助，这是对作者而言的。按中华民族的文化传统，自己的成就是不该由自己来宣传的。从读者角度看，作者参考自己的成果是一种孤芳自赏的表现，客观上显出作者的阅历浅薄、学术视野狭小，在一定程度上反倒影响了所得成果的学术价值。所以，作者若把自己过去的成果当作现在研究成果的参考文献，只能令人笑话。

提高投稿命中率应注意的问题[*]

如何把自己的稿件推销出去,从宏观上讲,应当注意以下几个问题:

一、常学不懈,创造亮点

创造亮点,即写出新意。这是提高投稿命中率的重要基础。

相关内容在前面法学学术论文写作如何创新部分已有阐述,此处不再赘述。

二、了解行情,适销对路

适销对路,即让亮点闪光,也就是被期刊采用,应注意以下几个问题:

1. 符合国家法治建设的需求。
2. 符合刊物关于投稿的综合要求。
3. 符合编辑提出修改意见的要求。
4. 要有广阔的投稿视野(详见各种报刊名称)。

三、关于"一稿多投"问题

1. "一稿多投"的含义

"一稿多投",是指作者将一篇内容相同的稿件在承诺期内投给两家或两家以上的出版单位的行为。通常情况下,从稿件发出之日起,超过承诺期限作者没收到稿件采用通知的,才可以将同一内容的稿件转投其他刊物。

2. 一稿多投的法律分析

《著作权法》第33条规定,著作权人向期刊社投稿的,自稿件发出之日起30日内未收到期刊社通知决定刊登的,可以将同一作品向其他期刊社投稿。双方另有约定除外。有的期刊社规定为3个月,有的规定为4个月,有的规定为6个月不等。这算不算另有约定?有的期刊社认为属"另有约定",但作者

---

[*] 本文成稿于2004年6月。

认为不是，由于期刊社处于强势地方，所以作者也只能默认。

3. 一稿多投的社会影响

（1）浪费了版面；

（2）影响刊物的声誉，降低了刊物阅读的价值，降低影响力；

（3）影响刊物的发行，因为读者不想买有相同文章的刊物。

4. 一稿多投的原因分析

（1）作者希望文章早发表；

（2）一稿多投能增加作者双丰收；

（3）一稿多投的作者受到的惩罚力度不够，一般只是扣稿费；

（4）编辑责任心不强，不能在约定期间将处理结果及时告知作者，作者长期得不到答复，为了尽快发表，就再转投他刊；

（5）决定采用稿件周期延长，如双月、季刊、年刊等，作者担心时间长稿件失去应有价值，故转投他刊；

（6）邮寄工作不顺利或失误。

5. 有效防止一稿多投的办法

（1）作者应增强治学道德，反省一稿多投对期刊社、对读者的负面影响；

（2）作者应明确各期刊的征稿对象及范围，如"投稿须知"和"稿约"说明等相关内容；

（3）加强对一稿多投的惩罚力度；

（4）完善编辑部的工作，具体包括：

①明确稿约，如可声明来稿期限或要求作者写明"专投某刊"；

②提高编辑的素质，做到快读、快审、快定；

③调整编辑部工作周期，如缩短审稿期、出版期、发行期；

④加强与相同或相邻专业学术期刊的沟通、经常交换收稿目录；

⑤建立完善的来稿档案制度，以便及时在电脑中检索收稿未用稿和已用稿的情况。

6. 作者应当了解有关反对"一稿多投"的信息

关于某种刊物是否允许一稿多投的问题，应当注意某刊的声明内容。归纳起来，主要有如下几种类型的声明：

（1）一般只规定反对一稿多投。例如，有的明确指出："本刊审稿期限为三个月，在此期限内请不要一稿多投，不接受此条件者，请在来稿中声明。"又如，《福建政法管理干部学院学报》（2003年第2期）规定："来稿超过六个月未见采用通知者可另行处理，切勿一稿多投。"

（2）只反对一稿多用，但不反对一稿多投。例如，《法学家》杂志（2003.3

在"封三"启事中声明:"本刊反对一稿多用,但不反对一稿多投,决定采用稿件时将在两个月内向作者发出用稿通知。"又如,《福建法学》2002年第3期声明:"二、投给本刊的稿件,本刊不反对同时投给其他报刊。但如果其他报刊已采用,作者应及时通知本刊不要采用,反之亦然。"

(3) 对一稿多投造成影响或后果的给予惩戒。例如,《法律科学》(2001.1) 在"封二"中声明:"对一稿多投本刊造成不良后果者,本刊将采取措施予以惩戒。"但是究竟采用什么措施予以惩罚并没有涉及。又如,《浙江公安高等专科学校学报》(2000年第5期"封三")声明:"对不遵守专投约定的作者,一稿多投者,有损本刊信誉者将不予继续合作并扣发稿酬。"再如,《洛阳师范学院学报》(2004年"封三")声明:"来稿须是未经发表的论文,初审期间(自登记之日起一个月之内,外稿书面通知作者,内稿口头答复,但不作正式发表依据)不得另投他刊。接到采用通知后,作者应保证本刊独发。由于作者责任造成重复发表或造成编辑出版浪费者,本刊追究作者责任,并在3年内不受理该作者的一切来稿。

在关于"一稿多投"问题上,笔者主张,"容忍一稿多投,但反对一稿多用"。主要理由是:对作者一稿多投比较理解,但反对一稿多用,因为这样会起到上述讲到的负面作用。

四、注意经常研究刊物的特色,以便有针对性地投稿

(一) 上海《法学》月刊办刊的变化

1. 2001年第1期封面上声明,该刊是站在理论和实践前沿,敢为天下先,勇于百家争鸣,密切联系实际。逐渐形成了该刊的特色:文章属于"短、平、快;麻、辣、烫"办刊风格,每篇文章5000字左右。

2. 2002年第11期封四中声明:该刊在坚持原来的风格基础上,一贯站在法学理论和司法实践的前沿,始终以思想解放、善于争鸣为其风格,并以及时反映、关注社会热点为其特色。2003年《法学》将对栏目进行调整,在原有栏目的基础上增添以下新的栏目:

"学术创新"栏目希冀的是:作者的大胆设想在尚未全面求证时,或其理论未能模式化时,就能通过我们月刊的快捷方式展现给读者,或者寻求读者与其共进。从而不至于使其学术思想因实证资料的匮乏或不能及时模式化表达而被扼杀。

"理论论坛"栏目希冀的是:基础理论研究能够从研究范式上有所突破,而非在西方论文堆里或者古文堆里寻找残余问题,胸无大志,不考虑如何解决中国现实问题的"研究成果"。

"司法实践"栏目希冀的是：理论前点、观点新颖。能够对法律实践中的疑难问题进行法理分析和探究，能够为司法实践提供理论支撑。

我们希望杂志栏目的创新能够大大刺激学者的激发，因为当前法学界最需要的是科学的激情。故而《法学》新栏目设置的本意是以尽可能多的空间容纳学者的激情，使其成为促进法学发展的一个好场所。我们的法治社会，需要一个思想活跃、充满想象力的法学界。这种令人羡慕的情景需要我们广大法学工作者的大胆设想与辛勤努力，而《法学》就是要为此搭建一个工作平台，以此丰富与发展当代中国社会主义法学。推进法学思想的进步与发展，是我们《法学》月刊一以贯之的特色。为此，我们希望《法学》新老读者和作者对栏目设置能够喜欢，同时欢迎富有激情的广大学者踊跃来稿。

3. 2003年第10期刊登2004年《法学》月刊的约稿、征订启事，该启事称：长期以来，《法学》以其"短、平、快""麻、辣、烫"的风格与倡导争鸣、贴近现实的宗旨得到广大读者的关注与认可，在中国法学领域据有一席之地。与此同时，该启事又称：为追求更大的进步，在秉承过去成功经验的基础上，我们的新思路是：《法学》的文章要注重长短搭配，该长随意，当短不冗；在文章的选稿标准方面，力求达到"高、新、尖"的要求。"高"就是要求文章的理论起点要高。文章的理论起点高，其立意必然要深。学术研究从本质上说是种创造性劳动，而不是重复生产，老是重复他人的研究，难以产生优秀作品。"新"就是要有创造性。起点高、立意深的作用并不当然决定其价值，起点高、立意深还必须要有新意、有创造性、有独立见解。"尖"就是要求文章的论点要鲜明。优秀的文章除了起点高、立意深之外，还必须通过作者独特的观察视角和创造性地加工表现出来。《法学》一向拒绝空疏浮论、虚实不侔的文章。

在这则启事中，特别强调该刊的新思路有两条：一是"长短搭配，该长则长，当短不冗"，后来发表的文章表明，"该长则长"的文章，一篇1万字甚至2万多字；"当短不冗"的文章3000~5000字不等；二是在文章的选稿标准方面，力求达到"高""新""尖"，并解释了"高""新""尖"各自的含义和要求。

（二）《河北法学》的变化

1. 该刊在2002年第1期封面上的"敬告作者"中声明："（1）本刊欢迎来稿回答社会现实中亟须解决的法学理论和立法、司法实践问题，强调百花齐放、百家争鸣，强调学术价值，强调理论联系实际，摈斥'经院式''讲义式'的文章；（2）在积极争取法学名家大力支持的同时，热心扶植中青年法学研究人员，'扶上马，再送一程'，长期坚持，以此作为本刊的特色之一。

本刊愿作中青年学子的一块'跳板',若干年后,跃上国家级大刊;(3)欢迎8000~20000字学术性较强的文章,6000字以下的稿件一般不采用。"

2. 该刊在2003年第1期封面上的"敬告作者、读者"中又声明:"(1)创新是法学研究的生命,只有与时俱进,坚持理论创新,法学研究才能繁荣和发展,才能为国家法治建设中的重大决策提供智力服务和理论支持。法学研究如果脱离了时代的变化,脱离了社会的发展,只是抄抄书写,照搬教条,或者简单重复别人说过的话,就无法正确回答和解决我们面临的问题。因此,理论创新是本刊择稿的首要标准。(2)欢迎8000~20000字学术性较强的文章,6000字以下的稿件一般不采用。(3)本刊在积极争取法学名家大力支持的同时,热心扶植中青年法学研究人员,'扶上马,再送一程',长期坚持,以此作为本刊的特色之一。(4)所有来稿均须认真执行《中国高等学校社会科学学报编排规范》(修订版)。"

在这则启事中增加了两点:一是强调所投稿件必须有创新内容;二是所有来稿均须认真执行《中国高等学校社会科学学报编排规范》(修订版),否则,将影响采用。

(三)河南司法警官职业学院学报

该刊在2003年创刊词中声明:"学报紧紧追踪国内热点学术研究动向,并结合我院实际,开设以下专栏:社科专论、法学论坛、监狱理论与实践、司法行政研究、警官论丛、高职探索等栏目。在这个浓缩的知识海洋里,您将欣赏到内容翔实、语言练达、理论功底扎实、观点独特鲜明的名篇佳作。同时,也为您提供了个发挥个性、展示才华的自由空间和机会。刊物的命脉是拥有读者,刊物的灵魂是改革创新。因此,在稿件内容的选择上,我们提出'新、深、广、趣、精'的原则。'新',即内容新颖超前;'深',即文章有一定学术深度;'广',即刊物的内容、稿件的来源都要广泛;'趣',即内容有趣,形式活泼,可读性强;'精',即文章要精选,文字要精练。竭诚欢迎各位同仁多多赐稿,我们将在大海般的情怀吸纳'百川',成其浩瀚。"可见该刊的风格强调"新、深、广、趣、精"。

(四)北京大学学报

1. 该刊在2001年第5期封三的"本刊重要启事"中声称:

"《北京大学学报》(哲学社会科学版)是北京大学主办的大型综合性学术理论刊物。办刊宗旨是:坚持正确人文导向,贯彻'双百'方针,继承北大优秀学术传统,走理论联系实际、学术结合时代之路,追踪社会思潮、理论前沿和学术热点,在重大理论问题上反映北大的声音,在学术探索和创新上体现

北大的水平,在编校质量、编排规范上坚持北大严谨的学风。辟有一系列有创意有特色的学术专栏:

一、本刊坚持学术探索和创新,注重论文的新理论、新观点、新方法、新材料,除系统研究某一个重大理论问题、重大学术问题的稿件可以篇幅长一些外,欢迎观点鲜明、材料充实、论证有力的篇幅简短的论文。

二、本刊只受理学术论文、书评、读书札记等,不受理不适合本刊发表的书稿、一般宣传报道性稿件、有关情况反映和工作咨询等。"

2. 该刊在 2002 年第 3 期封四的"投稿注意事项"中声明:"来稿以 10000 字左右为宜。欢迎简明扼要而又论证充分的短文。所论重大理论问题、重要学术问题的论文允许篇幅长一些。如果所投稿件是作者承担的科研基金项目,请注明项目名称和项目编号。"

以上情况表明,各种期刊都有自己的风格和特点,作者要经常了解其变化,并按照要求投稿,这样才能做到"适销对路",才能提高投稿命中率。

五、注意针对某刊刊登的约稿专栏投稿

(一) 湖南公安高等专科学报

该刊在 2002 年第 1 期封二中声明:

"湖南公安高等专科学校学报拟开辟'中国公安改革和发展'专栏:

中国加入 WTO,给公安工作提出了新的更高的要求。湖南公安高等专科学校学报特开辟'中国公安改革和发展'专栏,愿与广大热心于公安事业的专家学者以及政法工作人员一道,为中国公安的改革和发展而努力。

'中国公安改革和发展'专栏的研究内容主要有:

一、刑侦体制的改革和发展,如探长制等。

二、治安研究,如社区警务战略;群体性治安事件的防控尤其是现场处置;基层公安尤其是派出所的相应改革;基层农村治安体系的研究等。

三、刑事犯罪防控对待研究,如黑社会性质组织犯罪;网络犯罪;邪教等。

四、交叉研究,如刑侦、治安、巡警的合理配置协调;交警的治安防控观念及防控体系研究等。

来稿请寄本刊编辑部,并标明'中国公安改革和发展'专栏稿件。"

(二)《法律与社会》杂志

该刊在 2002 年第 1 期的"稿约"中声明:"现正进行'西部大开发与法治建设'和'WTO 与中国法治建设'专题征文。"希望作者及时向这两个征

文栏目投稿。

六、注意按征文内容和要求投稿

按征文内容和要求投稿，例如，2002年最高人民法院的《人民法院》与青岛市中级人民法院联合主办的"司法改革理论研讨会"征文；

2003年最高人民法院的《法律适用》举办的《三门峡杯》有奖征文；

2003年《安徽法学》举办的《十三省市区经济法研讨会征文》等。只要作者及时按征文内容和要求投稿，就具备了针对性和及时性，就会提高投稿命中率。

七、注意"投稿须知"的内容

（一）注意对投稿稿件编排规定的全面要求

例如，2001年《政法论坛》第5期封二刊登的关于执行教育部下发的《中国高等学校社会科学学报编辑规范》的启事。2003年《行政法学研究》第5期规定：凡投给该刊的稿件必须符合规范要求，否则不予刊用。2002年第6期《法学杂志》也声明："凡不符合（上述）要求的视为无效投稿。"由上可见，不按期刊的相关要求投稿，期刊不予采用，就等于失去了投稿命中率。

（二）注意特别事项的要求

1. 注意关于获知是否采用的规定

例如，《华东政法学院学报》2004年第1期封三中载明：来稿一般不退，请作者自留底稿，一个半月后可询问用稿情况，未获本刊通知的，可另行处理。

2. 注意关于不允许一稿多投的期限

例如，《北京航空航天大学学报（社会科学版）》规定，半年内未收到录用通知者，可自行处理稿件。有此种"半年期限"的还有《上海公安高等专科学校学报》（2003.6）。湖北省《鄂州大学学报》也是如此。

又如，《华东理工大学学报（社会科学版）》2003年第2期规定："文稿在投出后四个月内未见刊用通知，作者可另行处理。"《政法学刊（广东公安司法管理干部学院学报）》2003年第1期也规定了"四个月"期限。

3. 注意刊物对稿件字数的要求

例如，《中外法学》2001年第1期封二声明："编辑部在决定来稿是否刊用时只考虑稿件的学术水平，对论文篇幅没有限制。"就已表的文章看，一般每篇在 2~3 万字，最多可达 6~7 万字。《比较法学研究》2002 年第 1 期声明："篇幅原则上最多不超过 2.5 万字精粹简练的文稿优先录用。"《现代法学》2002 年第 1 期声明：允许 8000~20000 字。《中国法学》发表的论文一般为 1.5 万字左右，最长的可达 2 万字。《法学研究》与《中国法学》对稿件的字数要求基本差不多。绝大多数刊物，声明发表的论文在 1 万字左右，如湖南师范大学的《时代法学》规定为 8000 字。少数刊物规定在 5000 字至 1 万字。

4. 注意有的刊物声明予以奖励的条件

例如，《河南司法警官职业学院学报》2003 年第 2 期声明：在该刊发表后的论文，"论文如被转载、摘录，或者获省级以上科研成果奖，请作者务必函告本刊编辑部，本刊将予奖励"。至于奖励什么和多少都没有说明。《河南南阳师范学院学报》2003 年第 1 期声明："作者在本刊已发表文章转发于论文集、年鉴或以此文章获奖时，请及时通知本刊，我们将据此对优秀论文予以一定奖励。"该刊同样未说明是什么样的奖励和奖励多少。《山东公安高等专科学校学报》2002 年第 1 期声明："本刊面向全面高等院校、科研机构和公安机关征集优秀稿件。无论内外稿件，一律实行优稿优酬制度。对博士生导师、知名教授、专家、学者优秀稿件予以更优厚的稿酬。对权威数据库转载或摘发的我刊优先论文，本刊实行奖励政策。"《上海政法管理干部学院学报》2001 年第 2 期声明："本刊决定，对论文在我刊发表且被《报刊复印资料》全文转载的作者发给奖金 300 元/篇，并每年一次将奖励名单公布于众。"《福建法学》2002 年第 3 期声明："教授或博士在本刊发表文章，将奖赠全年刊物。特优稿的作者也有此礼遇。"

5. 注意有的刊物公开声明收取费用

例如，《编辑学报》2003 年第 5 期声明：本刊对来稿按 40 元/篇的标准收取稿件审稿费。对已决定刊用的稿件按 200 元/页的标准收取发表费。稿件刊登后，按国家有关规定酌致稿酬（含其他出版物转摘的稿酬），同时按作者数量赠送当期《编辑学报》数册。《华南理工大学学报（社会科学版）》2001 年第 2 期声明："本刊保留对某些文章收取版面费的权利。"这里指明只对"某些文章"收取版面费，而不是一律收取版面费。

6. 有的刊物对所投稿应当声明特别事项

例如，《浙江公安高等专科学校学报》2000 年第 5 期声明：作者向本刊编辑部投稿，可择用以下方式：（1）注明"专投"，即表示所投稿件未经发表，作者允许编辑部有三个月的处理期限（以稿件寄发日期起算），在此期限内，如果编辑部同意发表，则拥有对该稿件的专属出版权。（2）注明"试投"，即表示作者希望编辑部尽快回复处理意见，若编辑部同意发表该稿件，将在收到稿件3个月内通知作者。《人民检察》2001年第10期声明：投给本刊的稿件不得同时投给《检察日报》。若作者希望本刊不用即转投《检察日报》，请在稿件上注明，本刊将及时处理。《政法学刊》2002年第1期声明："欢迎赐稿！来稿请用电脑打印，随稿交软盘，并注明'专投'《政法学刊》字样。"

7. 注意有的刊物发表的文章不允许其他刊物转载或者摘录

例如，《中国法学》2001年第1期声明：凡来稿一经刊发，即视为作者授予本刊自文章发表之日起一年内享有文章的专有使用权。在此期间对该文任何形式的转载（包括网络传播）、摘录、翻译或结集出版，均须事先得到本刊的书面许可。《法学研究》也有上述类似规定。

八、需要注意的其他问题

（一）势需而作、及早投出

例如，在讨论法律修改过程中写稿、投稿，或者在法律修改之前写好稿件，一经公布就发表；针对国家急需解决的重大理论问题和国际国内立法、司法问题撰文，并及时投稿。

（二）针对行业刊物投稿

例如，有关民商法的稿件，优先考虑投给《法商研究》；有关刑事法学理论方面的稿件，优先考虑投给《中国刑事法杂志》《国家检察官学院学报》《人民检察》杂志等；有关行政法学理论的稿件，优先考虑投给《行政法学研究》；有关研究"洋为中用"的稿件，优先考虑投给《比较法研究》《环球法学》等。

（三）根据稿件的学术理论质量的效用长短决定投稿

例如，将学术理论性强、具有长期效用的前瞻性稿件优先投给《中国社会科学》《中国法学》《法学研究》等权威期刊。如果这些刊物不用，可再投其他刊物。因为，它是长效的，不会因短期过时而无出路。

最后，笔者对法学学术论文实现"革新"和"创新"各总结出十条建议，供大家参考：

法学学术论文实现"革新"的十条建议	法学学术论文实现"创新"的十条建议
（1）源流考析	（1）与时俱进
（2）深究背景	（2）科学立论
（3）精确观点	（3）独到超人
（4）正反评论	（4）多科融合
（5）古为今用	（5）另辟蹊径
（6）洋为中用	（6）勇于设想
（7）构想革新	（7）缜密求证
（8）充实原论	（8）重理概括
（9）多科结合	（9）剖析利弊
（10）充分论证	（10）重在立论

关于撰写法学博士、硕士学位论文的几个问题[*]

一、博士、硕士生选题应当掌握的六项原则

1. 选择本领域学术理论的新题目（尽量不选已有题目）；
2. 选择理论联系实际重在理论探讨的题目（有理论指导作用）；
3. 选择能发挥自己特长的题目（充分利用已有资源）；
4. 选择自己十分感兴趣的题目（有强烈的创作欲望）；
5. 选择难度大小适中的题目（能在规定的时间内完成）；
6. 选题以本人为主、以老师指导为辅（主、辅结合）。

二、博士、硕士学位论文的标准与尺度

1. 论文能反映出作者具有敏锐缜密的思维、独立思考的能力、敢于创新的精神、深厚的专业功底等基本素质（基本素质）；
2. 论文没有大量重复前人已有的研究成果，而是在他们研究成果的基础上提出了新问题，作出了新贡献（成果新颖）；
3. 论文的观点和材料统一、作者有驾驭资料的能力、论点建立在论据充分的基础之上且言之有据、分析得出的结论言之成理（论证要求）；
4. 论文的观点正确、资料翔实、层次清晰、结构严密、论证有力、表述准确、文字流畅（综合要求）；
5. 论文的题目、目录、内容摘要、正文（序论、本论、结论）、引文、注释、参考书目、后记等符合有关部门规定的规范要求（形式要件要求）。

三、博士学位论文的性质属于学术论文

博士、硕士学位论文应当能反映出对某领域有深邃广博的知识，并运用这些知识对本学科某一专题提供创造性的见解，对某学科的发展有重要的推动作

---

* 本文成稿于 2004 年 5 月。

用，或对某学科研究水平的提高有重要突破。

四、学位论文的构成

（一）题目（标题）

题目中有的是揭示论点的；有的是揭示课题的。不管是哪一种，都必须旗帜鲜明。

1. 题目必须直接、具体和醒目

直接，是指要求论文的标题必须直接揭示论点和课题，要朴实，不夸饰，要一目了然，不藏首露尾。

具体，要求它能使读者准确地把握论文基本论点或者论题，不故弄玄虚，不笼统空泛。

醒目，要求论文的题目能引起读者注目，能使读者一看题目就急于想阅读正文。题目要新颖，不落俗套。

2. 毕业论文的题目有时有正、副之分

一般说来，正标题字数不可过多，一般不可超过 15 个字，如果言犹未尽，可用副标题做补充。正标题与副标题应当分行书写。副标题，应当用破折号标记。

（二）目录

目录，要按论文先后顺序写清本论的各部分的名称和正文中的小标题，并在它们的后面标明页码，页码号一般用小括号标出，以便论文审查者或者读者阅读方便。

目录中的小标题，也应当直接、具体、醒目。

（三）内容摘要

按照国家标准，论文摘要是"对文献的准确、扼要而不加注释或者评论的简要陈述"。论文摘要的内容，应当包括与论文等量的主要信息，具有自含性。

写内容摘要，要求概括、简练、准确，表述有条不紊，文字明确流畅。

摘要中不应含有诸如"对……对……的意义""对……有指导……""对……产生深远影响"之类的评述性内容。

论文摘要应使用第三人称的写法，不应用"本文""作者"等主语，而采用"无主语陈述"。

(四) 正文

1. 序论

序论，或称"绪论""前言"，它是论文的开头语，要求讲明写此论文的动机、理由、欲达到的目的以及研究方法，或者对论文的主旨、内容作简要说明。

这一部分应当有提纲挈领的作用，旨在概括与引领全文。文字力求少而精，简而明。必要时，也可适当略长，但要避免啰唆。

2. 本论

本论是全文的核心部分。它要对所研究和探讨的问题提出观点，列出论据；运用分析、综合、归纳、演绎等方法进行严密论证。对此，需掌握如下几点：（1）或把握精神，全面剖析；（2）或抓住一点，重点阐发；（3）或针对论争，解疑诘难；（4）或选准"靶子"，批驳陈说；（5）其表现角度多种多样，应当因文而异，因题而别；（6）本论的结构要举纲张目，层次清楚，论述顺理成章。

3. 结论

结论部分是围绕本论内容所作的总结，是对本论部分的强调，但不是本论论点的重复，而是本论要旨的简明、扼要的总结。对此，需注意两点：（1）如果结论已提前在"序论"或"本论"部分作了提示，那么，这部分只作为论文的收尾。但不管是作为论文的结语或者收尾，都必须注意与论文的开头相照应，注意与论文的本论部分相关联。（2）结论的文字不可过长，要精当简练，要收得干脆，不可拖泥带水。

(五) 引文

引文，是指对法律或法规、他人的学术观点、名人的论述、法彦、历史或者现实资料等内容的援引。

引文，有原引、意引，重在原引。引文，有全句引或者全段引或者节引。原引时，句号在引号之内；节引时，句号在引号之外；原引时，若在引文后有删节号，删节号在引号之内。在采用此种方式时，应当在引文之后加注码。意引，是指将作者的一段话用本人的话语书写出来。意引应当在全面、准确研究原话的基础上，用简练的语言表达清楚，切忌意引的内容与原意不符，甚至矛盾，更不得曲解。在意引之后，或者加注码，或者用"笔者认为……"以示与意引区别开来，同时，也表明对意引的看法。

引文的目的主要有二：一是用引文的内容作为论点的论据；二是将引文的内容作为与其进行争鸣、探讨的"把子"，并与之作独立见解式的阐发。

引文应当注意引用经典或者引用有代表性的观点,或者引用重要的事实材料。切忌滥引,唬人凑数。引文应当少而精,力求准确无误。

(六) 注释

论文中,凡是引文都必须注明出处。给引文加注释,一是为了说明引文有根据;二是为了方便查考。

注释一般用于注明文献的出处。严格而论,"注"是标明出处;"释"是对某句话、某个词的解释。例如:"旧制,(死刑)皆于刑部详复……"(《唐六典·刑部》)此小括号中的《唐六典·刑部》属于"夹注"而不是用阿拉伯字母注。"释",是解释,如"刊印成'招册'(案卷材料)……"此句中"案卷材料"就是"释"。又如,隋朝"有司刑考……杖桃之属,楚毒备至,多所诬伏③"。此处阿拉伯字母③属于"注"(码),在文章页脚或者文末标明出处,属于注的解释,简称"释"。注码和解释合称"注释"。

注释的方式一般有夹注、脚注和尾注三种。夹注是写在论述与引文之后的注释,必须用小括号标明。脚注是写在引文下方的注释。尾注是附在全文末尾的注释。在以上三种注释中,一般以脚注为主。

"注",要求准确、完全,对引文部分的作者、书名或者论文题目、出版单位、出版年月日、页数等都应当逐一写明。"释",则要求简明、扼要、准确。

(七) 参考的学术论文目录

对于在准备和写作学术论文过程中阅读和研究过的学术论文,可采用在论文末尾按要求项目逐一列出。对外文的论文,按援引外文的要求逐一列出。列出的学术论文不宜过多,应当精而得当。

列出参考的学术论文,一则表明作者阅读和研究的广度和深度;二则便于审查者了解和查对。

(八) 参考书目

凡是自己阅读过或者研究过的与论文内容有密切联系的书目,称为参考书目或者参考文献。参考书目应列在论文的末尾。

列出参考书目,旨在一旦发现有误,便于查找核对,也便于审查者或者读者从参考书目中得知作者涉猎的资料范围,了解作者研究的深度和广度。

论文末尾所附参考书目,必须是主要的、学术性强的、与本论文密切相关的、确有参考价值的书目,不可轻重不分,列出过多。切忌把与论文少有关系甚至毫无关系的书目也列入其中,其结果一则冲淡了所列书目的重点范围,二则给审查者或者读者以"拉大旗作虎皮"、学术态度浮躁等不好的印象。

文后列出参考书目或曰参考文献，应当写明作者、书名、出版单位、出版年月、版次。

五、博士、硕士学位论文的观点或者内容的优质等级

1. 人无我有；
2. 人有我优；
3. 人优我精；
4. 人精我特。

六、博士、硕士导师的"传""帮""带"

1. 导：指导学生坚持正确的政治方向和正确的学术研究方向（导向）；
2. 授：传授本专业的专业知识和研究方法（授业）；
3. 解：解答学生提出的专业疑难问题和其他有关问题（解惑）；
4. 帮：帮助学生锻炼或者增强进行独立研究的能力（帮立）；
5. 带：带领学生从事创新研究或者革新研究的活动（带创）。

七、在校一年的博士生须知

1. 重点学完、学好校方规定的必修课程；
2. 倾听相关导师的学术讲座，既学习专业知识，又学习研究方法；
3. 广泛了解和掌握本专业的学术信息和前沿问题；
4. 与导师一起商定博士论文题目；
5. 收集（包括购买、复印等）与论文题目相关的大量资料；
6. 最好在离校前，与导师商定博士论文的提纲。

法学学术论文写作之我见*

法学学术论文的写作,虽然没有固定的模式,但有一定的规律可循。欲写出高水平的法学学术论文(亦称"法学学术理论文章"),必须既具有较高的思想理论水平和坚实的法学专业基础知识功底,又掌握并且能较熟练地运用写作技巧。现就与此有关的问题,阐述如下。

一、概述

学术论文,也称学术理论文章。它是指在自然科学或社会科学领域内用来进行科学研究和描述科学研究成果的论文。法学学术论文,是指在法学领域中对某个学术理论问题进行专门的系统的科学研究,并且表述某些研究成果的论文。"学术",是指有专门的、系统的学问和方术。"理论",是指科学的论点、论据及论证的体系。法学学术论文,就其功能而言,它既是探视法律科学问题,进行法律科学研究的一种手段;又是阐述法律科学研究成果、进行法学学术交流的一种工具。法学学术论文,一般包括:论点、论据、论证三个要素。

法学学术论文,就其性质而言,属于论文中高级别的具有创造性的论文。它要求作者对法学学术理论界的某个问题有新的发现,提出新的学说,新的构想;或对以往的法学理论、法学观点有较多的新发展或深入开拓;或对法学中的旧学说提出不同的独立见解;或论证法学旧学说错误、疏漏之处;或提出新的法学预见、构想,启迪后人研究等。凡法学学术论文,其要求均应如此。本文所言之法学学术论文的写作,仅指篇幅一万字左右的立论方式的法学论文(硕士论文、博士论文除外)的写作,至于驳论方式的法学论文的写作暂不涉及。

法学学术论文,一般说来应当具有如下几个特点:(1)学术性,即指论文对法学学术理论问题具有科学的论证性。(2)理论性,即指论文运用充分占有的材料,经过严密论证将法学中某个或某几个问题"升华"到理论高度,从而找出带规律性的东西的思辨性。(3)创造性,即指论文论述的法学问题

---

* 本文刊载于《山西大学学报(哲学社会科学版)》2001年第3期。

"发前人所未发"，探求法学中前人没有发现的规律或匡正通说的独创性。（4）专业性，即指论文对法学学科中的某个或某几个专门问题进行研究，并取得一定成果，具有供法学专家、教授、学者研讨和交流的专业性。

法学学术论文的主要要求是：（1）所研究和论述的法学问题，观点正确，对社会主义革命和法制建设有促进作用；（2）能推动法学领域学术理论的研究向前发展；（3）具有学术论文的诸特点；（4）全文观点与材料统一，层次分明，条理清楚；（5）论证中逻辑严密，推理正确；（6）所用的法学语言准确、概括、精练；（7）文风庄重，就事论理，据理立说，以理创新。

从总结前人的经验观之，要写出质量高的学术论文，论文的作者应当具备相当高的素质。择其要者是：（1）具有相当高的马列主义理论水平，并能用马列主义立场、观点和方法去研究实践中（如公安司法实践）出现的新情况、新问题或匡正旧说。在研究中能以辩证唯物主义作指导，用发展的、辩证的、全面的观点看问题，不犯或少犯形而上学的、机械的、片面的错误等。（2）具有深厚的法学专业功底，即在法律专业领域内发现新问题，经过调查研究和证明，能独立地做出超越前人的新结论。（3）具有经过严格科学训练的科研能力和智力，即观察问题思维敏捷，概括事理水平较高，论证问题逻辑严密，创造新见能力很强。（4）具有不畏艰难，坚持真理的精神，即不惧怕研究中碰到的任何困难，即使遇到困难，也能想方设法地去克服，为取得研究某个问题的成功而奋斗不止；在法学科研和写作中，不唯上、不唯书、不唯旧说，不畏权威，只唯实，只唯新；对于符合客观事实的真理敢于坚持，对于符合事物发展规律的结论敢于作出。由此可见，欲写出高质量的法学学术论文，必须加强上述素质的培养和训练。

要写出好的法学学术论文，作者应当具备某些条件。它们主要是：（1）充分了解法学学术界在自己的论文题目所含内容方面已有的成就。法学学术界已研究和争论的问题很多，对自己来说，应清楚地了解到自己研究的论文在法学学术界是否有人研究过？如果有人研究过，还应了解已取得哪些成果？如果对此有争论，应了解各种观点的论点及论据是哪些？如此等等，不一而足。只有在了解上述情况的条件下才能确定自己选择研究什么新问题（即选题），才能不再研究前人已经研究过的问题，不再作重复的劳动甚至是无效的劳动。（2）充分掌握与自己论文有关的主要资料。掌握必要的资料是写好法学学术论文的基础。所谓必要的资料，是指写作论文所必不可少的资料。欲掌握这些资料，首先应收集与论文有关的所有资料，经过筛选，择取主要资料，在写作论文时对它们妥帖地加以利用。这是一项艰苦、细致的备料工作，必须做好。否则，写出的论文就缺少坚实的根基，质量自然不高。（3）有充足的写作时间。写作法学学术论文,从选题、收集资料、编写提纲到行文写作、修改定稿等,需要很长的时间。关于法学学术论文的写作时间,且不说写博士、硕士论文需要一至两年,即使是写一篇一万字左右的法学学术论文,也必须花费几个月乃至一年的时间。既想写高水平的法学学术文章,又想在十天半月之内一举成功,即使是写出来了,质量也不会高,其结果,必然是欲速则不达。这是因为,写法学学术论文是一项长期的、艰苦的科研活动,在很短的时间内是无法取得高质量的科研成果的。(4)有充沛的写作精力。写作法学学术论文,既是一项艰苦的脑力劳动,又是一种创造性的思维活动。一旦写作提纲定型,从行文开始,就必须集中一段时间,夜以继日地将论文一气呵成。如果自己没有充沛的精力,是难以完成此任的。由此可见,充沛的精力也是写出高质量学术论文的一个重要条件。

二、选题

选题,有广狭二义之分。广义上的选题,是指学科研究中选定的课题。所谓课题,是指需要研究或讨论的法学学科领域中比重较大的项目。狭义上的选题,是指选定法学学术论文的题目。所谓题目,是指法学论文的标题(或称"名字")。本文所言之选题,特指后者而不是前者。

选题在论文中占有十分重要的地位。这是因为,论文的题目选得准、选得恰当,写作就能顺利进行。所谓论文题目选得好是"论文写作成功的一半"之说,就是这个道理。选题的作用主要有:(1)能确定研究方向。法学研究发展很快,门类繁多;法学中待研究的题目也不少。选定了某个题目,就确定了法学研究的方向和主攻目标。方向定得准,目标愈集中,写出来的法学学术论文成功的可能性就愈大。(2)能促进构思活动。法学学术论文写作是一种精神劳动。法学学术论文的写作是为获得法学研究成果而进行劳动的体现,也是客观事物在作者头脑中经过反复思考后反映出来的产物。它需要自己围绕学术论文的题目进行深思熟虑的和绞尽脑汁的构思和论证。选定一个好的法学论文题目,就能促进上述构思活动的深入顺利开展。(3)能指明写作思路。学术论文的题目选定之后能促使自己构思怎样开头,怎样发展,怎样深入,怎样完篇;考虑应当将哪些材料置于论文的前半部分,哪些材料置于论文的中间或后半部分;考虑怎样论证和运用哪些论据论证更有说服力等。

选题应当遵循一定的原则。其原则诸多,择其要者主要是:(1)有研究价值。它是指法学论文的题目有学术价值,即有助于法律专业和法学学科的发展。(2)有重要的现实意义。它是指对依法治国,建设社会主义法治国家有指导或促进作用。法学学术论文的题目,应当有助于立法司法和教育公民守法，对加强社会主义法制建设有推动作用。（3）有创新性。它是指该题是前人没有研究过，根据这个题目写出来的法学学术论文，能填补本专业的空白。（4）有深入研究的必要性。它是指自己选定的法学学术论文的题目虽然有人已经写过，但内容不深刻或不全面，或有疏漏甚至是谬误之处，自己选定的题目，角度比他们更新，写出来的内容有较多的创见和发展。（5）有强烈的创作欲。由于写作法学学术论文需要付出艰辛的脑力劳动，要克服重重困难，而要做到这些，就需要自己有主动的强烈创作欲望。实践表明，只有自己想写且非写出来不可的题目，经过一番努力研究之后创作出来的论文，才可能是高质量的论文。（6）符合自己擅长的法学专业。这是指选定的法学学术论文题目，是自己擅长的法学专业内的题目。法学学术论文，是法学专业性、学术性很强的文章。只有选定自己擅长的法学专业的题目，由于法学专业基础知识厚，造诣深，写作起来就会得心应手，左右逢源，论证严密，质量甚高。（7）吸收相关学科的知识，使法学专业知识与经济学、社会学、伦理学、逻辑学、生命科学、信息科学等知识相融合。只有这样，才能不断写出创新突出，紧跟时代发展潮流的学术论文。（8）本人力所能及。它是指根据自己的法学专业知识和理论水平能写出来的能力，因为具有能写出此题的能力，就会在较短或有限的时间内又快、又好地将法学学术论文写出来。如果某个选题很有学术价值，但因自己能力有限或不及，即使竭尽全力去写，其结果也写不出高质量的法学学术论文，这样就会事倍功半。（9）题目大小适中。它是指选定的法学学术论文的题目与所写出的内容要恰当。题目太大，由于篇幅或时间有限，就会草率成篇、面面俱到、蜻蜓点水，研究不会深刻；反之，题目过小，内容难以展开，说理不会透辟，因此，论文的质量也不会高。有鉴于此，必须注意所选择的题目大小应当适中。在是否选择大题目或者小题目的问题上，对于写出字数在一万字至二万字的学术论文而言，笔者主张小题大做。力争做到"题目小，内容新，挖掘深，论述精"。

  选题应当注意的几个问题：（1）选题应避免盲目性。所谓选题的盲目性，是指作者不考虑自己的主观条件和外界的客观条件，灵机一动就定下选题。其结果，要不是写不下去，就是无法展开，造成写作半途而废。（2）选题应避免随意性。所谓选题的随意性，是指作者不下苦功，轻易定题。这样做，因为没有经过深思熟虑，所选定的题目或者包括的内容太多或太少，或者写作难度太强或太易。题目包含的内容太多，写出来的论文会面面俱到没有重点；题目包含的内容太少，就深写不下去，写不出更多的深刻内容；题目太难，可能因为力不胜任写不下去；题目太易，即使写出了论文，其质量必定不合格，所述观点不会有创见。所有这些，都有碍于写出高质量的法学学术论文。（3）选题应避免偶然性。所谓偶然性，是指本人阅读了他人的文章或听了别人的发言后偶有所获，但认识不深，在缺乏准备的情况下就草率地选定题目，这样做，往往因考虑欠周，资料不多，因而也不可能写出高质量的学术论文。

三、做好写作的准备

欲写出高质量的法学学术论文，应当做好多方面的准备，其中，主要是如下三个方面：

（一）制订研究计划

研究计划，是指研究的方法、步骤和时间安排等方面的筹划。制订研究计划，包括预先自我规定从哪个方面入手进行研究，先研究什么，后研究什么；从哪些方面着手收集资料；再怎样合理地安排时间等。只有这样，研究起来就会重点明确，方法和步骤井然有序，防止研究时顾此失彼和做重复劳动等情况发生。

（二）广泛收集材料

广泛收集资料，是指广泛收集与法学学术论文题目有关的材料。充分占有丰富的材料是写出高质量论文的雄厚基础。这是因为：（1）充分占有资料，能了解到与论文有关的问题，学术理论界研究到何种程度；哪些问题没有研究过；哪些问题虽已有人研究过但不深刻；哪些问题虽有旧说但需要匡正等。这样，就能明确自己研究的重点和主攻方向。（2）充分占有了资料后，能拓宽研究问题的视野并提高认识问题的整体高度，为使自己站在前人已研究过的问题的更高层次，为写出更高水平的法学学术论文打下基础。

资料的来源，从大的方面观之，有直接从社会调查、访问、实验中获取，也有间接从书籍、报刊、文件、法规、电影电视、广播和其他文献中得到。收集资料的途径主要有：从校内外图书馆、资料室已有的资料中去查找；通过做实地调查、社会实践或实习等渠道获得；通过自己的平时观察和做实验获取。

收集资料的传统方法主要有：（1）自制资料卡片，上面写明资料的题目及简单内容，资料的出处、页码、年、月等；（2）自己抄录；（3）全部或部分复印；（4）剪下自己订阅的报刊上的有关材料等。在当今信息时代，收集资料的方法可购买有关资料的光盘，可从电脑上查阅或者下载，等等。所收集的材料内容包括：典型事例或案例、有关引文、法律条款、领袖的语录、国家领导人的讲话、历史资料、数字、至理名言或格言、对立观点的论点和论据等。

收集资料应当注意：（1）要全面地收集与自己的论文有关的材料；（2）对

资料进行整理、分类；（3）再选择出写论文所必需的典型资料，以备待用。只有这样，才不会使自己被浩瀚的资料所困扰，甚至被它们搞得头脑发蒙，良莠不辨，主次不明。

（三）编制论文提纲

编制论文提纲，是指在收集到了大量材料的基础上，根据论证论文主题的需要编写和制作该论文结构的框架和体系。实际上，它相当于由序码和词语所组成的一种逻辑图表。制作论文提纲十分必要。这是因为：（1）它能促使自己从宏观上对全文进行谋篇布局。由于编制提纲需要对材料进行选择；接着按论证主题的需要，对必用材料的使用按先后顺序进行安排和调整；对不必要的材料忍痛割爱等。因此，这就促使自己对全篇作合理的布局。（2）它能使论文的框架视觉化。好的论文提纲能使论文的中心论点、下属论点及论据安排得井然有序，层次分明，因而能使自己一看就一目了然，清清楚楚。（3）能帮助自己在写作时，按已定的论文框架沿着先后顺序行文和避免重复。由于写作法学学术论文需要比较长的一段时间才能完成，有了一份详细的、纲目分明的论文提纲，能使自己按图索骥，流畅成文。如果没有论文提纲，虽有腹稿，写作起来，由于写作时间较长，在论文写到中间或后半部时可能忘记前半部分已写的内容而又重复写上；或因时间长将应该写上的内容因遗忘而漏写，这样，就必定出现重复或漏写的情况，影响论文的质量。

编制论文提纲应当做好两方面的准备：（1）确定基本论点，就是确定全文的表达中心。在此之后，再确定下位论点，即阐发基本论点的若干个小的论点。下位论点最好写出论点句子，使其固定下来。确定下位论点时，应根据论证基本论点（上位论点）的需要选用与上位论点逻辑关系最密切、说服力最强的论据。（2）选定材料。选定材料，就是选定将要写入论文中的材料。此项工作应从收集到的大量材料中选出最能证明观点（上位论点、下位论点）的材料，并将它们作为立论的依据。这些材料，应当少而精。选择和整理材料应当分清主次。在选定材料的过程中，可采取如下几种办法：把选好的材料按问题分开，将证明每个问题的材料划分为一组；每一组的材料按使用的先后次序排列好。经过对材料作上述整理，又使其与论点连在一起，就便于下一步编制提纲。

编制提纲。要编制一份好的一万字左右的法学学术论文提纲，应当注意三个问题：（1）有合理的项目。一般在论文题目之下，编制出两个或三个层次的小项目。例如，写明：第一，题目（中心论点）；第二，三至四个分论点（下位论点）；第三，一至四个论据。第二项和第三项的写法，既可用标题写法，即用简要语言，以标题的形式把该部分内容概括出来；又可用句子的写法，即用一个比较能表达完整意思的句式把该部分的内容概括出来。两者各有所长，各人可视自己的需要择一。（2）采用有效的编制提纲的方法。其方法主要是：①拟定标题，即自己给论文起名字。它要求标题能传内容之种，名副其实，使读者看了一眼便知论文所概括的全文主要内容。②考虑构篇大小和顺序安排，既考虑全篇从哪几个方面，或按什么顺序展开、阐述基本论点（全文的逻辑结构框架）；又逐个安排每个下位论点，再依次考虑每个段的安排，把准备使用材料按构思的顺序标上序码并排列好，以备行文时使用。③全面、反复地检查提纲，作必要的增、减或调整。（3）编写内容详简适当的提纲。提纲分简单提纲和详细提纲两种。简单提纲的内容只包括论文题目、下位论点，详细提纲除此之外还包括论证下位论点的各种证据。一般来说，宜编制详细提纲。因为编制这种提纲，一则能帮助自己全面地进行谋篇布局，二则能帮助自己在写作过程中有条不紊地进行。

四、起草

起草，就是在已掌握的材料基础上，按照提纲的框架写成一篇法学学术论文初稿。起草，就是狭义上的写作，亦即论证论题。起草在整个写作过程中占有十分重要的地位。主要表现在：（1）起草，能把自己欲论证的问题，写成一篇法学学术论文草稿，并使其初步固定下来。（2）起草如同"一朝分娩"，能使科研工作草创初成。这比在收集资料、编制提纲那个"十月怀胎"阶段的工作又前进了关键性的一步。

（一）起草必须对论题进行充分、有力地论证

所谓论证，就是对论文的中心论点进行说理的证明。古人云："君子学以聚之，问以辨之。"做学问和写论文就是要"聚"、要"辨"。"聚"，就是收集资料；"辨"，就是分析、研究、起草的过程，就是提出论点、论据和运用论据进行论证的过程。提出的论点，应当符合正确、严密、鲜明、集中和深刻的要求。提出的论据，应当符合真实、典型、恰当、新鲜的要求。进行论证应当符合讲透道理和使"据"与"证"有机结合起来的要求。

（二）在进行论证过程中，可采用事实论证、事理论证、比较论证和因果论证等形式

1. 事实论证。所谓事实论证，就是运用客观事实资料作为论据而展开的论证。它是常用的、简便而又准确的论证方法之一。事实论证过程中，可采用夹叙夹议、纵横并举、点面结合、连续排比、优劣对比、有总有分等方法进行。事实论证的一般要求是：既可以用重大的客观事实、历史上的重大事件、

典型案例等，也可以用平凡的客观事实（如一般事例、案例、数据等）；应尽可能选择运用人们知晓的客观事实；事实材料应力求新颖，富有说服力。

2. 事理论证。所谓事理论证，是指运用经典著作中的基本原理、生活中的道理、哲理或名言等作为论据展开的论证。事理论证可用一般的事理论证（讲清道理）和引证（引证经典著作中的论述、格言、成语、警句等）两种方法。采用事理论证应当注意做到：思想敏捷，说理透辟；引证的内容准确、典型、恰当和自然，能点石成金。

3. 比较论证。所谓比较论证，是将甲事物与乙事物进行比较的一种论证方法。比较论证常用的有类比论证、对比论证和差比论证三种类型。（1）类比论证，是指把本质上有相同或相似点的同类事物进行比较，通过已知的甲事物的某种属性推导出乙事物亦具有这种属性的论证方法。采用类比论证的要求是：用以类比的事物必须同属一类事物；同类事物相比，必须有本质意义上的相同点或相似点。（2）对比论证，是通过对两种对立的事物的对照分析来进行说理的方法。它是人们经常采用的说理的方法之一。对比论证可采用横比和纵比两种。"横比"，就是横向比较，即将相互对立的这种事物与另一种事物或某一事物的这一方面与另一方面进行对照比较，以达到分辨是非、褒贬好坏、扬善抑恶的目的。"纵比"，即纵向比较，是通过对某一事物在不同历史发展阶段的情形的对比分析，以揭示事物现实与历史的矛盾的论证方法。横比和纵比可以单独使用，也可以结合使用。对比的着眼点，可以是一个，也可以是多个。在论证社会主义的法律或某种法律的优越性时，可以采用对比论证中的纵比方法。（3）差比论证，是通过具有差异的两种或两种以上事物进行比较分析，以论证论题的方法。采用差比论证时应当注意：既看到它们的相同点，又看到它们之间的不同点；在差异比较分析中，着重点放在不同点上；为充分揭示出差异点，应当善于从不同方面去发现差异点。在比较中国法律与外国法律、民法与刑法的差异时，可采用这种论证方法。

4. 因果论证。所谓因果论证，是指运用对客观事物本身或客观事物之间因果关系，分析、研究所得到的材料，对论文所确立的论点进行的论证。因果论证可采取并列、层递、转换、推论等方法。（1）并列法，是指运用两个以上各自独立的同类性质的因果分析来证明论点的方法。（2）层递法，是指通过逐层、连续地阐明事物的多方面的因果关系来证明论点的方法。采用此法，通过逐层地阐明因果关系，使人们由表及里、由浅入深地看到事物的本质。（3）转换法，是指通过阐明事物之间互为因果的关系来证明论点的方法。采用这种论证方法，必须首先弄清从一个角度看，此一事物是因，彼一事物是果；从另一个角度看，彼一事物是因，此一事物是果的这种因亦是果，果亦是因的复杂关系。(4) 推论法，是指凭据因果关系用已知推论出未知来证明论点的方法。采用这种方法应当注意：已知事实与未知事实已有因果关系；推论必须符合形式逻辑和辩证逻辑的要求。

除了运用上述方法以外，还可以采用逻辑上的演绎法和归纳法。所谓演绎，就是从一般到特殊；所谓归纳，就是从特殊到一般。它们亦是写作法学学术论文中运用证据证明论点的常用方法。

（三）写作法学学术论文，应当注意正确地使用法言法语

法学学术论文的法言法语，要求具有准确性、抽象性、逻辑性和论辩性。准确性应体现出用词贴切和造句恰当；抽象性应体现在概括、简洁和精要、深刻；逻辑性应体现出合乎逻辑合乎事理，严密有序；论辩性应体现在从正面论述和从反面辩驳两个方面。法学学术论文的法言法语，应用法律专业用语。例如，法的本质、国体、政体、犯罪、犯罪构成、罪责自负、证据确凿、定罪量刑、罪刑相应、畸轻畸重、法人、有独立请求的第三人、自然人、行为能力、责任能力、连带责任、事实婚姻、法定年龄、责任能力，等等。

（四）起草过程中，可以采用两种写作方法

1. 一气呵成法。所谓一气呵成法，就是根据已有的材料，按照提纲的先后次序，一鼓作气、从头至尾地把全文写出来。这时，不管在写作过程中发现什么问题，诸如观点不深刻，材料不充实，结构不严谨，以至某些文字不通顺等，一般不做修改，将它们留在全篇初稿完成之后再考虑。采用此法，能使自己思路不中断，集中一切精力和时间将论文的轮廓描绘出来，保证写作的进程。如果在写作过程中因为修改或增加观点，考虑如何遣词和造词等停顿下来，就会中断思路，分散精力，妨碍一气呵成。正因为如此，此法是一种最普遍的起草方法，为大多数人所采用。

2. 分块合成法。所谓分块合成法，是指作者按照先易后难的顺序先写提纲中自己已考虑得比较成熟的部分，然后写完其余部分，再排列组合成一篇完整论文的方法。采用此法，自己不受提纲中部分与部分之间先后次序的限制，对某一部分认识成熟就写那一部分，然后，再"养精蓄锐"，集中精力"击破"其他相对难度较大、初时考虑还未成熟的部分。上述两种起草方法各有优劣，至于自己采用哪一种，应根据本人的情况决定。

（五）在起草过程中，应当注意正确运用引文和加注这两个问题

一般而言，法学学术论文中都会或多或少地有引文和加注。对这两个问题，必须知晓。

1. 关于引文问题。所谓引文，是指在法学学术论文写作过程中，由于论

证上的需要，引用经典著作或文献中的内容、法律条款或其他内容的原文。引文的作用主要在于增强自己对论题的论证力。引文应当注意两点：引文在论文中应尽量少而精，切不可求多；引用经典著作、文献资料，不可断章取义，各取所需，而应当按原著的本意引用。引文有两种：第一种是直引，即直接引用经典著作、文献或法律条款中的字、句、段、条、款等，作为论证之根据。直引时应当注意：原则上，直引的内容须与原文相符，不能有任何差异；没有正式公布的文献资料、法律条款、内部文件等内容，一般不得引用。第二种是意引，即对经典文献、法律条款等原文经过作者加工、改写或概括之后引用其主要意思。意引时应当注意：意引写出的内容相对原文应当浓缩；意引的意思必须符合原文的意思，不得篡改或歪曲。法学学术论文引文的方式，常用段中引文而很少用提行引文。段中引文，是指将引文加写在论文之中。如果是直引，应在引文的首尾字之上加引号；如果是意引，可只在直引文前加冒号，也有的不加冒号而加逗号。无论直引或意引，均需注明引文的出处。

在引文问题上，当前有一种不好的倾向，即有的作者，既不考虑被引之文是不是经典之述，也不管是否与引文能质证相符，而大段大段地引用外国不知名的律师、法官等人的话语，以充自己论文的字数，简直是良莠不分，兼收并蓄。这不仅削弱了文章的论证性，而且使人感到有拼凑文章和外文资料汇编之感。其效果是十分不好的。对此，应当以此为戒。

2. 关于加注问题。所谓加注，就是注明出处。其作用在于使编辑和读者知道引文出自何处。加注有四种方法：段中注，即夹注，将引文用括号标明；脚注，即在有引文的页脚注明出处；章、节注，即注在一章一节之后；尾注，即把注附在全文末尾。

五、修改定稿

（一）修改

修改就是改正论文草稿中的缺点或错误。修改是一项艰苦的劳动，古人云："改章难于造篇"，其理就在于此。正因为如此，论文的作者应当把修改当作一项再创造。要有责任心和耐心，决不可有凑合和厌烦情绪。只有有了这种认识，才会有对论文草稿进行反复修改的决心和恒心，才能把论文修改好。

修改有重要意义：1. 能更加深刻地反映自己对客观事物的认识，经过修改，能促使自己一次或多次地讨论文中的某个或某几个问题，进行思索，使认识进一步深化。2. 能更准确地表达自己对事物的认识。因为，在修改过程中，自己对草稿中的某些字、句、段进行推敲和修改，使论文表达的意思更准确，亦即更准确地表达了自己对客观事物的认识。

修改包括两方面内容：（1）从内容方面应当考虑修改的是：写作的目的是否表达清楚；基本论点是否明确；下位论点与中心论点是否"合拍"；论据是否充分、有力。（2）从形式方面应当考虑：题目是否简明、贴切；论证是否深刻；详略是否得当；结构是否严谨；文字表达是否准确；文面是否合格。

修改的具体方法是：增、减、删、换、移。为了提高修改质量，还应当采用如下方法进行再修改：搁置一段时间再修改；深入调查研究之后再修改；查阅有关资料后再修改；听取同行意见后再修改。

（二）定稿

定稿，就是把已修改过的稿件，眷清定型。眷清应用稿纸，一般以用 20×20，每页 400 个格的稿纸为宜。眷写时，应用蓝色或蓝黑墨水眷写。眷文务必做到字迹工整。眷清时应当随手标上页码以免串页。眷清之后，再将全文检查两至三遍，对不当之处还可以更正，直到自己认为没有任何错、漏和自己感到满意为止。目前，已广泛用电脑打印。印成后，也应当反复校对。成文后，最好留有软盘。只有使论文达到这个程度，一篇高质量的法学学术论文才算最后完稿。

中篇　侦查程序研究

侦查程序应完善的主要内容[*]

侦查是刑事诉讼中一个十分重要的程序,这体现在:凡是查明犯罪嫌疑人应当承担刑事责任的证据,有 90% 以上是侦查人员依法收集的。鉴于这种情况,笔者认为,侦查程序所在编的法条在整个刑事诉讼法中应当占最多的条款,故在草拟法条时,第一稿设计出 68 条;讨论过程中,起草小组认为条数过多,建议删减,于是在第二稿中将 68 条压至 54 条。起草小组在对全法法条进行综合平衡后,将《修改草稿》(即呈送全国人大法工委的法律条文草稿)改定为 39 条;其中,将第二章规定为"侦查行为的实施",共计十节 36 条;将第三章规定为"侦查终结",共计 3 条(第一章"立案"除外)。现就侦查程序修改、补充的主要内容简述如下:

一、关于讯问嫌疑人问题

对讯问嫌疑人的时间,讨论中争论较多。笔者在草拟的法条中,曾规定:"讯问嫌疑人不得在夜间(二十二时至次日六时)进行,特殊情况除外。""特殊情况"是指因某次讯问在白天讯问不完或者侦查人员认为有特别需要等。作出这种规定,是为了防止对嫌疑人搞夜战、疲劳战、车轮战等。但有的学者提出,这样的规定实践中行不通。于是,《修改草稿》规定:"讯问嫌疑人的时间,每次不得超过四小时,前后两次相隔不得少于两小时。"

《修改草稿》吸收了笔者草拟的"对嫌疑人提出的辩解,应当认真调查"的内容。作此规定,旨在要求侦查人员必须调查核实嫌疑人提出的有利于己的各种证据,防止只收集有罪、罪重的证据。

二、关于询问证人问题

《修改草稿》采纳了笔者草拟的"询问证人,应当让他就所知道的情况作连续叙述,然后再提问"。作此规定,旨在先不打断证人原来的思路,让其作自然陈述,以便获取证言的概况,然后,由询问人就需进一步了解的情况,

---

[*] 本文摘自中国诉讼法学会年会 1994 年公开出版的论文集。

请证人作补充。这样，就可以防止询问人出于自己所需，断章取义地收集证言。尽管《修改草稿》采纳了上述规定，但是删去了该款后面"但是不得提示"几个字。笔者之所以在草拟的该款最后写有这几个字，意在防止侦查人员采用暗示的方法让证人顺竿爬，收集自己片面追求的证言内容。

《修改草稿》还采纳了笔者草拟的"询问证人，不得向证人泄露案情或者表示对案件的看法，严禁用威胁、引诱或者其他非法方法询问"。作此款规定，旨在要求侦查人员应当客观、公正地收集证人证言。在讨论中，有的学者提出，"其他非法方法"就包括了前述的"不得暗示"，故可以省略。笔者认为，"不得暗示"虽然也属于"其他非法方法"，但是，为了突出其属于严禁的取证方法之一，也应当同严禁"威胁、引诱"一样，对其作出明文规定，而不应当被"其他非法方法"这种弹性规定所隐含。

三、关于辨认问题

辨认是《修改草稿》中增补的一节，共5条。它规定了辨认的主体是侦查人员，也可以是嫌疑人、证人；辨认的对象是嫌疑人、物品、伤害情况等。还规定了组织辨认应当遵循的事先说明法律责任的原则、单独辨认（几名辨认人对人或物品进行）原则、混杂辨认（对受辨认人或物品进行）原则等。虽然《修改草稿》采纳了上述内容，但是，未采纳笔者草拟的如下规定，即"可以在人多的场所，在受辨认人不发觉的情况下，让辨认人从众多的人中辨认受辨认人。如果辨认人辨认出某人是嫌疑人，应当要求他讲出辨认的依据"。笔者认为，这种规定不可少，因为，它既是一种动态辨认形式，又是实践中经常采用的。为了规范这种辨认形式，理应在相关立法中增加这方面的规定。

四、关于侦查实验问题

1979年刑事诉讼法中，"侦查实验"只作为一款规定在勘验、检查一节的第78条之中。考虑到侦查实验是侦查中经常采用的措施之一，为了规范这种侦查行为，故笔者在草拟的法条中，将其单独规为一节，共计3条。《修改草案》采纳了增补的主要内容是：规定国家安全机关、人民检察院的侦查人员经本机关负责人批准，有权进行侦查实验。增补此内容，旨在赋予这些侦查人员享有进行侦查实验的权力。在该节中，还规定："侦查实验，在必要的时候，应当聘请专业人员参加，也可以要求嫌疑人、被害人、证人参加。"作此规定，旨在要求他们提供原来的情况或去帮助核实案情。在笔者草拟的法条中，规定"进行侦查实验，应当选择案发时的地点，与案发时相同的时间和在极其相似的条件下进行"。对此,《修改草稿》未采纳。但是,笔者认为,这个条文内容在实践中必须加以重视。因为,侦查实验必须选定在案发时的地点、与案发时相同的时间以及极其相似的条件(如天气、气候、阳光、风速等极其相似)的情况下进行。如果缺少这三个条件,获得的实验经过和结果就不能与案发时的情况相似或相同,也就起不到帮助侦查人员查明案件真实情况的作用。

五、关于搜查问题

在"搜查"一节中主要增补了两个内容:一是规定了"在执行逮捕、拘留时",遇到下列紧急情况之一的,不用搜查证也可以进行搜查:"(一)身带行凶、自杀器具的;(二)可能隐藏爆炸、剧毒或其他危险物品的;(三)可能毁弃、转移犯罪证据的。"此款被《修改草稿》采纳。作此款规定,是为了规范"紧急情况"包括哪几种,以此限定无证搜查的情形,增加可操作性。二是规定"搜查应当在白天进行,但是遇到紧急情况或者对特殊场所进行搜查时除外"。此款也被《修改草稿》所采纳。作此规定,是考虑到,在夜间搜查会惊动被搜查人的左邻右舍,打扰他们的休息,但有两种情况除外。笔者在草拟的法条中,把"夜间"限定为"二十二时至次日六时";把"紧急情况"限定为下列情况之一:(1)嫌疑人正在实施犯罪时;(2)嫌疑人犯罪后当即逃离现场时;(3)可能隐藏嫌疑人或者犯罪证据的处所不立即进行搜查会丧失获取证据的其他情形。把"特殊场所"限定为下列情形之一:(1)侦查人员已监视的处所;(2)秘密赌窟或者推定是卖淫嫖娼的处所;(3)认为藏有嫌疑人或者犯罪所得物品的车、船、歌舞厅和其他处所,等等。在笔者草拟的法条中,还规定:"对嫌疑人的人身进行搜查,无论白天或者夜间,均可进行。"《修改草稿》未采纳上述规定,其理由是,内容太具体,写入刑诉法会增多条文。笔者认为,为了增加操作性,可以在相关文件中增加上述规定。

六、关于扣押问题

现行刑诉法第五节规定扣押的范围仅限于物证、书证。《修改草稿》将"物证、书证"改为"扣押"。该节增补的主要内容有二:一是对于禁止流通的违禁品,无论与本案有无关系、都应当扣押。作此规定,主要是考虑到,违禁品虽然与本案无关,但很可能是其他治安案件或者刑事案件的证据。从诉讼经济原则出发,扣押时,应当顺便扣押。二是增补规定:"对嫌疑人犯罪所得的财产,应当扣押。扣押财产应当开列清单,记明财产的名称、数量、质量等情况。如果嫌疑人在银行有存款,应当通知暂时停止支付。"虽然《修改草稿》采纳了笔者的意见,但是,有的学者提出,上述内容属于扣押物品的范围,不宜另作规定。但笔者认为,从广义上讲,财产虽然属于物品,但是,有它的特殊含义,如犯罪所得购置的住房、别墅等。再者,犯罪所得的银行存款不属于物品,理应另作规定。

七、关于追缴赃款赃物问题

在笔者草拟的法条中,增补"追缴赃款赃物"为一种侦查行为,设计为一节,共4条。其内容主要是:(1)追缴赃款赃物的范围是犯罪所得的一切赃款,其中包括赃款存入银行所得的利息、入股后所得的红利等;(2)追缴赃款赃物的方法;(3)对赃款赃物的保存和处理;(4)随案移交赃款赃物的程序,等等。对该节的规定,讨论中,有的学者同意,有的不同意。不同意的理由主要是:它是扣押的一部分,不宜另作一节予以规定。鉴于这种情况,《修改草稿》未采纳笔者的立法建议。但是,笔者认为,在当前经济犯罪案件的赃款赃物数量日益剧增的情况下,侦查人员追缴赃款赃物的任务越来越重,为了及时为国家、集体或者公民个人挽回经济损失,采用这种侦查手段会越来越多;再者,在很多案件中,只有先追缴赃款赃物,方能实施扣押,因此,为了规范如何追缴赃款赃物,很有必要在相关文件中增补这些内容。

八、关于专门调查工作问题

在笔者草拟的法条中,增补"专门调查工作"为一种侦查行为,设计为一节,共3条。特殊调查工作,是相对现行刑诉法规定的七种专门调查工作而言的,它是指秘密调查工作,其中包括秘密提取、秘密搜查、秘密摄影和录像、窃听、跟踪、守候等。该节的主要内容是:(1)特殊调查工作的主体既可以是公安机关、国家安全机关的侦查人员,也可以是人民检察院的侦查人员;采用它必须经本机关负责人批准。(2)必要时,可以采用技术侦查手段。(3)必要时,应制作笔录等。在讨论中,对上述规定,有的学者同意,有的学者不同意。不同意的理由主要是:这些行为是行政行为,应由国务院制定的行政法规规定,不应由刑诉法规定。鉴于这种情况,《修改草稿》未采纳笔者的立法建议。但是,笔者认为,虽然这些行为过去是由行政法规定的,但是在智能犯罪日益增多的情况下,侦查人员在实践中不得不经常采用以秘对秘的手段侦查案件;在国外,有的国家(如新加坡)的法律就明文规定,必要时办案人员可以采用跟踪、盯梢等行为;我国《国家安全法》也规定,侦查人员可以采用技术侦察手段。鉴于上述理由,笔者认为,在刑诉法中将其规定为一种新的侦查行为,一方面赋予采用这种行为的诉讼法律地位,另一方面规范这种行为是完全必要的和可能的。

九、关于侦查终结问题

在《修改草稿》中，侦查终结被专列一章，共3条。增补的主要内容是：一是明确规定了移送起诉的案件的侦查终结条件是，"公安机关、国家安全机关侦查终结的案件，认为犯罪事实、情节清楚，证据确实、充分，需要追究嫌疑人刑事责任"。增补此条件，旨在使侦查人员明确掌握侦查终结的条件，从而确保案件的质量。二是明确规定了移送免予起诉案件的条件，"嫌疑人的行为已经构成犯罪，但是依照刑法规定不需要判处刑罚或者应当免除刑罚"。增补此条件，旨在使侦查人员明确掌握免予起诉案件的条件，从而确保案件的质量。三是明确规定了撤销案件的条件：（1）嫌疑人没有犯罪；（2）或者具有本法第119条规定（现行刑诉法第11条）情形之一的；（3）或者经反复调查，案件主要事实仍无法查明的（疑罪）。增补上述规定，是为了使"发现不应对被告人追究刑事责任"具体化，使侦查人员便于掌握。四是规定了检察机关内部对自侦案件的制约，即"人民检察院侦查的案件，侦查部门侦查终结后，认为需要提起公诉或者免予起诉的，应当写出起诉意见书或者免予起诉意见书，连同案卷材料、证据一并移送刑事检察部门审查后，报检察长或者检察委员会决定；认为应当撤销案件的，报检察长或者检察委员会审查决定"。增补此条件，旨在禁止侦查部门对案件独家包办，将办案一竿子插到底。笔者在草拟的法条中规定，人民检察院侦查部门侦查终结案件的条件也应当适用于公安机关、国家安全机关侦查终结案件。尽管《修改草稿》未吸收此内容，但笔者认为，这方面的规定仍不可少。

关于侦查与侦察之研究*

侦查与侦察是不是同一概念？它们各自的内涵是什么？侦查与侦察在诉讼法规中使用的情况如何？刑事诉讼法应否将侦察增补为刑事诉讼措施等，都是值得探讨的问题，现就上述内容，笔者将逐一进行研究和阐述。

一、侦查与侦察

（一）侦查

侦查，由"侦"和"查"二字组成。

关于"侦"字，《辞源》称：侦，有两种含义。第一种是指"问"。先秦时古籍将其通称为"贞"。礼缁衣引易："恒其德侦。"注："侦问也。"① 第二种是指探伺。《史记》——八《淮南王全传》"为中迥长安"索隐：孟康曰："迥音侦，西方人反问为侦。"② 《辞海》称：侦，指探伺和暗中察看。《后汉书·清河孝王庆传》："内使御者，侦伺得夫。"③

关于"查"字，《辞源》称：查，有五种含义。其中，与公安司法工作有关的只有第二种含义，即是指考察、检点。例如，明代陆容写的"菽园杂记"之二中写道："移文中……今云查理、查勘、有稽考之义。"④ 由上可见，在一般意义上讲，侦查，就是指察看、考察、探伺、（询、讯）问和查勘等活动。

关于"侦查"一词，一般词典对侦查概念的解释是：侦查，指检察机关和公安机关在办理刑事案件中进行的查明犯罪人、搜集依据、确定犯罪事实等各种活动。⑤ 在我国刑事诉讼法学界，绝大多数学者，均赞同刑事诉讼法第58条第1款对侦查概念的界定。"侦查是指公安机关、人民检察院在办理刑事案件过程中，依照法律进行的专门调查工作和有关的强制性措施"。但是，对该

---

* 本文刊载于《政法论坛》1993年第5期。
① 参阅清代郑珍所写的《说文新附》三侦。
② 《辞源》（第一卷），商务印书馆1980年版，第242～243页。
③ 《辞海》（上册），上海辞书出版社1979年版，第545页。
④ 《辞源》（第二卷），商务印书馆1980年版，第1549页。
⑤ 《辞海》（上册），上海辞书出版社1979年版，第515页。

款中所载明的"强制性措施"与"强制措施"是不是同一内容,却理解不同。现对此作些许探讨。

1. 关于对强制性措施的理解

对于强制性措施的理解,分歧大致可分为三类:第一种是"等同说",即认为强制性措施,就是指第一编第六章规定的拘传、取保候审、监视居住、拘留和逮捕等五种强制措施。① 第二种是"并列说",即认为二者不是同一概念,而是两个并列的概念,各自有不同的特定内容。强制措施,仅指拘传、取保候审、监视居住、拘留和逮捕等五种措施;而强制性措施,专指刑事诉讼法第二编第二章侦查中规定的 7 种专门调查工作(讯问被告人,询问证人,勘验,检查,搜查,扣押物证、书证,鉴定和通缉)中带有强制性的方法,如强制检查、强制扣押和通缉的那些方法等,而不是指五种强制措施。② 例如,刑事诉讼法第 75 条第 2 款规定,"被告人如果拒绝检查,侦查人员认为必要的时候,可以强制检查"。该款中进行强制时所采用的强令被检查人接受检查的各种强制方法即属此类。第三种是"大于说",即"强制性措施大于强制措施说",也即认为,强制性措施的内容既包括强制措施,又包括专门调查工作中必要时采取的强制性方法。由于对强制措施和强制性措施所包含的内容认识不同,对侦查内容的看法也就各异,详言之,在刑事诉讼法学界,有三种观点:其一,认为侦查的内容只包括 7 种专门调查工作和 5 种强制措施,而不包括强制性措施;其二,认为侦查的内容只包括 7 种专门调查工作和强制性措施,而不包括 5 种强制措施;③ 其三,认为侦查的内容既包括 7 种专门调查工作和 5 种强制措施,又包括强制性措施。笔者基本上赞同第三种观点,但又认为,侦查的内容还应包括特殊调查(即秘密侦查或侦察)工作。

主张第二种观点的学者认为,之所以侦查的内容不包括 5 种强制措施,是因为考虑到强制措施与侦查有如下不同:(1)任务不同。前者的任务是为了防止或制止人犯继续犯罪、逃跑、串供、毁灭、转移证据或自杀等情况发生;后者的任务是为了查明和证实人犯是否犯罪或在何时、何地、采用何种手段进行了犯罪及其危害后果等情况。(2)目的不同。前者的目的是暂时限制人犯的人身自由;后者的目的是发现并收集各种证明人犯犯罪的证据。(3)法律后果不同。前者被采用后对被告人羁押的期日在量刑时要依法折抵刑期;后者则无此种情况。(4)在法典中所处的编、章不同。前者,被规定在我国刑事

---

① 参见《河北法学》1984 年第 1 期,第 39 页。
② 参见《河北法学》1983 年第 1 期,第 40 页。
③ 参见《中央政法管理干部学院学报》1990 年第 2 期,第 25 页。

诉讼法的第一编"总则"的第六章（第38条至第52条）；后者，被规定在第二编的第二章（第62条至第94条）。关于这一点，在国外，有些国家的刑事诉讼法亦作出了这样的规定。例如，《苏俄刑事诉讼法》将前者规定在第一编"通则"第六章（第89条至第101条）之中，将后者规定在第二编"提起诉讼、调查和侦查"第十六章至第十七章（第125条至第210条）之中；《南斯拉夫刑事诉讼法》将前者规定在第二编的第十七章（第182条至第205条）之中，将后者规定在同编第十八章（第206条至第230条）之中；《罗马尼亚刑事诉讼法》将前者规定在"总则"的第四编（第136条至第170条）之中，将后者规定在"分则"的第一编（第220条至第286条）之中；《越南刑事诉讼法》将前者规定在第一编"总则"的第五章（第65条至第77条）之中，将后者规定在"刑事案件的立案与侦查"的第八章至第十三章（第92条至第140条）之中。笔者认为，上述理由有一定的道理，但不能否认强制措施属于侦查的内容。这是因为：（1）前者与后者的任务、目的，就各自本身来说稍有不同，但是，就其都是完成侦查阶段中查明案情、证实犯罪是否发生等共同任务却是相同的。（2）前者与后者有保障与被保障的密不可分的联系。这体现在有时为及时、有效地收集到证据，不得不采用前者，以保证后者任务和目的的实现。（3）虽然二者被规定在刑事诉讼法中的编、章不同，但是由于前者被规定在"总则"之中，而"总则"内容的精神贯穿于整个刑事诉讼法，因此前者的内容自然贯穿并适用于侦查的整个程序。再说，在国外，有的国家的刑事诉讼法也有把前者规定在后者的诉讼程序之中，如法国、德国、日本等国刑事诉讼法的规定就属此类。有鉴于此，笔者认为，侦查的内容完全应当包括前者。

2. 关于侦查内容包括不包括强制性措施的问题

笔者认为，应当包括。这是因为考虑到以下几点：（1）强制性措施与侦查的任务是共同的，即都是为了查明案情，证实犯罪是否发生。（2）前者与后者也有保障与被保障的密不可分的联系，即收集证据过程中，有时不得不采用强制性措施保障搜查、扣押、人身检查等专门调查工作的顺利进行，从而及时、有效地获取证据。否则，就会贻误时机，甚至造成不可挽回的损失。（3）在我国刑事诉讼法中，已有条款规定，在一定条件下可以采用强制性措施，如刑事诉讼法第75条规定，对被告人进行人身检查时，如果遭到拒绝，可以强制进行；第81条规定的持证搜查，第84条规定的扣押等，均在无须征得被告人同意的情况下就可以强制依法采用，就属此类。由上可见，强制性措施，应当属于侦查的内容。有的学者说，强制性措施往往是在采用专门调查工作中同时采用的，它属于专门调查工作的内容，而不应当视为与其并列的侦查内容的一部分。笔者认为，虽然，两者有保障与被保障的密不可分的联系，但是，它们应当成为与专门调查工作相并列的侦查措施,这是因为二者具有如下区别:(1)各自本身的任务不同。前者的任务是控制并迫使人犯的行为服从侦查人员调动;后者的任务是为了查明和证实人犯是否在何时何地采用何种手段进行了犯罪;(2)目的不同。前者是为了保障后者及时、有效地实施;后者是为了发现并收集各种能证明人犯进行犯罪的各种证据。(3)法律规定的条款不完全相同。前者虽然有的与后者同时规定在同一条款之中,如刑事诉讼法的第81条和第84条的规定;但有的单独作为条款规定,如刑事诉讼法第75条。由上可见,强制性措施属于专门调查工作以外的一部分侦查内容。

3. 关于强制性措施的形式

笔者认为,强制性措施具有如下几种形式:(1)口头责令被告人在行动上服从;(2)使用戒具(手铐等)、警具(警棍等)和其他器具使被告人在行动上服从;(3)使用必要的武力,排除被告人或有关人员的阻拦行为。上述第一种形式是依靠法律、法规和刑事政策的威力,从精神上给被告人施加相应的压力,迫使被告人在行动上服从的强制形式,可简称为"精神强制"。第二种和第三种形式属于依靠物质器械等使被告人在行动上服从的强制形式,可简称为"物质强制"。有学者认为,从刑事诉讼法第58条对侦查规定的概念来看,侦查的内容包括两个方面:一是专门调查工作;二是有关的强制性措施,它是作为侦查活动的一个组成部分提出来的,尽管法律条文未明确规定强制措施是什么,但从刑事诉讼法第二编第二章"侦查"这一章的规定精神来看,强制措施就是本章第一节至第七节规定的带有强制性的侦查办法,概括起来主要有三种形式:精神强制(如讯问被告人、询问证人)、人身强制(如检查、搜查、通缉)和物质强制(如搜查、勘验、扣押物证和书证)。① 笔者认为,这种分类法尚有不科学之处。例如,就论者所述的人身强制的"检查"而言。它既适用于对被告人或被害人的人身进行检查,又适用于对被告人所携带的物品进行检查,而对于后者,就不能称其为人身强制。就"搜查"而言,除了对被告人人身进行搜查外,还包括对物品、住处和其他有关地方进行搜查,而后者就不属于人身强制。从论者所述的形式来看,他所阐述的全部强制形式,就是7种专门调查工作的形式,而不是与7种专门调查工作相分离并相并列的形式。由上可见,上述分类法值得商榷。

有的学者说,刑事诉讼法未规定强制性措施的形式,不能将其视为侦查中与专门调查工作相并列的一部分内容。笔者认为,刑事诉讼法暂未作出规定,是因为当时尚没有成熟意见。从公安司法实践中有时会采用的强制性措施看,

---

① 参见《中央政法管理干部学院学报》1990年第2期,第25~26页。

如必要时对被告人使用戒具、责令被检查人向隅而立服从检查、采用破门而入的武力方法排除障碍进行搜查等，今后在修改、完善刑事诉讼法时，应当对强制性措施的形式作出具体规定。我们不能因现行刑事诉讼法尚未对此作出规定就认为强制性措施不属于与7种专门调查工作相并列的一部分内容。至于强制性措施的形式，可补充规定：（1）口头责令被告人在行动上服从；（2）必要或遭到拒绝时，可采用戒具、警具或其他器具；（3）必要时，可采取相应的武力排除被告人或有关人员阻拦行为，等等。

综上所述，侦查的内容起码应当既包括7种专门调查工作，又包括5种强制措施，还包括3种强制性措施。除此之外，还应当包括特殊调查（常称"侦察"或"秘密侦查"）工作。对此，将在下文进行研究和阐述。

（二）侦察

关于侦察，《辞源》称：侦察，指暗中察看。最早出现"侦察"的是《后汉书》。《后汉书》九十《乌桓传》记载："为汉侦察匈奴动静。"这里的侦察，是指采用秘密方法暗中探听和观察匈奴的动静情况。① 一般来说，在军事上，侦察，是为了弄清敌情、地形及其他有关作战情况而进行的活动。② 毛泽东在谈到对敌战争的战略、战术时，曾多次使用"侦察"一词。例如，毛泽东同志说："指挥员的正确的部署来源于正确的决心，正确的决心来源于正确的判断，正确的判断来源于周到的和必要的侦察……指挥员使用一切可能的和必要的侦察手段，将侦察得来的敌方情况的各种材料加以去粗取精、去伪存真、由此及彼、由表及里的思索，然后将自己方面的情况加上去，研究双方的对比和相互关系，因而构成判断，下定决心，作出计划……"③

根据侦查的需要，在刑事诉讼过程中，侦查人员有时采用侦察的手段调查案情。在这种情况下，"侦察"的概念和内容是什么？又是一个值得探讨的问题，对此，有学者认为，侦察是指依照法律和党与国家赋予的权力或中央主管机关制定的有关规定，公安机关或国家安全机关，在同隐蔽的间谍、特务、反革命分子和其他犯罪分子的斗争中，为了秘密查明犯罪事实和揭露犯罪分子，而采取的侦察手段，所进行的特殊的调查研究工作。④ 也有的学者认为，侦察，是指国家侦察机关"为查明国内外敌对势力和其他犯罪分子危害国家

---

① 《辞源》（第一卷），商务印书馆1980年版，第243页。
② 中国社会科学院语言研究所词典编辑室编：《现代汉语词典》，商务印书馆1979年版，第1453页。
③ 《毛泽东选集》（合订本），人民出版社1964年版，第163～164页。
④ 《中国公安百科全书》，吉林人民出版社1989年版，第1229页。

安全和利益，危害社会治安和人民生命财产安全的犯罪事实、犯罪嫌疑，有目标地进行的秘密调查研究工作"①。还有的学者认为，侦察是指公安机关、国家安全机关，在同间谍、特务及其他反革命罪、普通刑事犯罪的斗争中依据行政主管机关制定的行政法规采用的秘密的、背靠背的调查方式和手段。②综观上述对侦察概念所作的界定，其共同之处有三：一是任务相同，即均指明侦察的任务是为了收集证据，查明犯罪事实，缉获犯罪分子；二是采用的机关相同，即公安机关、国家安全机关；三是适用的案件范围相同，即侦察手段适用于特务、间谍案件、反革命案件和普通刑事案件。不同之处有二：一是法律依据不同。第一种观点认为，侦察所依据的是"法律和党与国家赋予的权力或中央主管机关制定的有关规定"；第二种观点认为，侦察所依据的仅是"行政主管机关制定的行政法规"。二是调查研究工作的方式不同。第一种观点认为，调查研究工作的方式是特殊的，第二种和第三种观点认为，调查研究的方式是秘密的。

笔者基本同意上述第三种观点对"侦察"概念的界定，但又认为，有三点需要声明：其一，刑事诉讼法应当补充规定人民检察院为有权采用侦察措施的法定机关。这是因为考虑到：人民检察院在办理贪污、受贿等刑事案件过程中，为了及时地收集到有关证据，必要时不得不采用某些侦察措施，即"特殊调查工作"手段，对此，笔者将在后文详述。其二，刑事诉讼法应当规定"侦察"（即"特殊调查工作"）为侦查措施的一部分内容。其三，侦察中调查研究的方式，使用"特殊"较合适，这是因为：若使用"秘密"会使人产生神秘感和不宜在法律上公开之感，故不宜采用。关于侦察的内容，笔者认为，一般来说，应包括一切必要的特殊调查工作。如窃听、跟踪、守候、邮检、秘密搜查、秘密提取、秘密辨认、秘密录音和录像、狱内监视、使用耳目等。鉴于上述管见，笔者认为，侦察的概念应当是：公安机关、国家安全机关和人民检察院自侦部门的侦查人员，为收集证据、查明案情，依据刑事诉讼法、国家安全法和有关行政法规，在办理反革命案件和间谍案件以及普通刑事案件中所采用的特殊调查工作。在此概念中，包括了侦察的主体、任务、依据、适用的案件和方式等五项内容。

二、对新民主主义革命时期以来的"侦查"与"侦察"之考察

关于自新民主主义革命时期至今的有关法规、法律和有关批示使用"侦

---

① 《简明公考词典》，群众出版社1989年版，第424页。
② 《中国司法大辞典》，吉林人民出版社1991年版，第275页。

查"和"侦察"的情况。据查，新民主主义革命时期在许多革命根据地制定的办理刑事案件的 16 种法规中，有 11 种法规在条款中使用了"侦查"这个词。例如，1944 年 3 月公布施行的《晋冀鲁豫边区太岳区暂行司法制度》第 12 条规定，除奸案件及破坏根据地的重大政治案件，均应经过公安机关侦查起诉。1948 年 11 月 30 日《华北人民政府关于县市公安机关与司法机关处理刑事案件权责的规定》第二项规定："关于汉奸特务及内战罪犯等案件，其侦查的责任，应属于公安机关。"1949 年 6 月 8 日《苏北行政公署关于县市公安机关与司法机关处理刑事案件权职的规定》第二项也规定："关于汉奸特务及内战罪犯及其他带有政治性案件，其侦查责任应属于公安机关。侦查的主要任务是：搜集罪犯的事实及证据，如发现某人犯罪或确系有犯罪嫌疑，即可以追究，并向司法机关提起公诉。"新中国成立以后，1954 年制定的《中华人民共和国人民检察院组织法》中使用了"侦查"这个词，其第 10 条规定："人民检察院发现并确认有犯罪事实的时候，应当提起刑事案件，依照法律规定的程序进行侦查或者交给公安机关侦查。"由此可见，人民检察院和公安机关在办理刑事案件，追究行为人刑事责任过程中采用的专门调查工作，均使用"侦查"一词。1957 年 5 月 18 日草拟的《中华人民共和国刑事诉讼法（草案）》第二编第二章规定的侦查，均使用"侦查"一词。1979 年 7 月 1 日通过的《中华人民共和国刑事诉讼法》第二编第二章规定的侦查，也是使用"侦查"一词。

又据查，新民主主义革命时期 16 种法规中有 5 种法规使用了"侦察"一词。例如，1936 年 1 月 28 日制定的《肃反委员会暂行组织条例》第 3 条规定，肃反委员会的任务是领导和团结新区和边区的群众同被打坍的反动统治阶级进行公开的、秘密的斗争，以保障临时革命政权的巩固和发展。其第 5 条规定，肃反委员会之下应分设侦察、执行两组……侦察组负责进行所属区内一切反革命活动的侦察检察事宜。1936 年 7 月 15 日制定的《西北政治保卫局暂行组织纲要》第 1 条规定，政治保卫局是苏维埃同一切反革命斗争的权力机关……进行公开的或秘密的同一切军事、政治、经济的反革命斗争，执行侦察、检查、镇压以及消灭一切反革命组织活动及土匪等任务。其第 5 条规定，区内的政治保卫局平时只有侦察、检查、逮捕、审讯一切军事、政治、经济反革命犯及向裁判机关控告与提出判决意见之权。新中国成立以后，毛泽东同志在给公安部门的批示中，多次使用"侦察"一词。例如，1951 年 5 月 15 日毛泽东同志在第三次全国公安工作会议决议上批示："经过此次全国规模的镇压反革命运动以后，尚未获破的特务间谍分子的活动，必会更加隐蔽，因此，公安部门必须进行更系统的侦察工作，并教育人民群众多方面地注意防奸工作。"1951年12月24日毛泽东同志在关于镇反工作的一个批语中批示："为了不致弄错，使自己陷入被动，对尚无证据的特务及会道门头子，应当进行侦察，取得证据，而不能随便捕人杀人。"1959年9月18日，在肃反工作的一个批语中批示："他们是在如来佛手掌中，跳不出去的。你们应当当作一件大事去办，积极而又艺术地去做观察和侦察工作。"新中国第一任公安部部长罗瑞卿同志在关于侦察工作会议向中央呈报的报告中说："……在这个认识基础上确立了长期打算、内线侦察工作方针。"又指出："开展特情工作，这是侦察工作中较高级的工作。"① 从毛泽东同志的批示和罗瑞卿同志在报告中所反映的情况来看，"侦察"一词在办理反革命案件中使用，且是采用秘密的方式进行的。从新中国成立以来召开的十四次工作会议下发的文件看，文件中均使用了"侦察"一词。

自1979年7月1日以来，几乎所有的公安机关在行文时，均使用"侦察"一词。各级公安新闻单位主办的刊物、报纸、公安院校编写的教材，也均使用"侦察"一词而不用刑事诉讼法规定的"侦查"一词。原因何在？是一个值得研究的问题。据笔者分析大概有以下四个原因：其一，认为公安机关具有半军事性质，军事上用"侦察"一词，公安机关也应当使用"侦察"这个词。其二，毛泽东同志几次在对公安工作报告的批示中使用"侦察"这个词，这就使得相当多的同志认为，公安机关办理刑事案件仍应当使用"侦察"一词。其三，自新中国成立以来，公安部门在行文中一直在使用"侦察"一词，因习惯成自然，故也就沿用"侦察"一词。其四，认为公安机关办理刑事案件有很强的秘密性质，在许多情况下采用秘密的侦查措施收集证据和查明案情，因此，主张继续使用"侦察"这个词。笔者认为，上述主张公安机关使用"侦察"而不使用"侦查"的理由是不能成立的。这是因为：其一，公安机关虽具有半军事性质，办理刑事案件要求侦查人员具有军人般的素质和军事般的纪律以及迅速行为，但其行为不是军事行为，而是诉讼行为，因此，其行为不具有军事性质，故不应用军事上的"侦察"代替刑事诉讼中的"侦查"。即使中国人民解放军政治保卫部门办理刑事案件，应是一种诉讼行为而不是军事"侦察"行为。因此，也应按刑事诉讼法的规定，使用"侦查"一词，而不应使用"侦察"一词。其二，至于毛泽东同志的批示中使用过"侦察"一词的问题，笔者认为，这主要是指对政治案件进行的"侦察"。而公安机关办理的政治案件只占全部案件的一小部分，因此，不能将办理全部案件的诉讼行为都统称为"侦察"，并全部用"侦察"这个词。其三，因习惯成自然而沿用"侦

---

① 转引自《北京政法学院学报》1980年第2期，第40页。

察"一词的理由,更不能成立。因为,刑事诉讼法对公安机关办理刑事案件已规定使用"侦查"一词,故以往的用词习惯就应当改正,统一用"侦查"。其四,虽然公安机关在办理刑事案件中,在许多情况下采用了秘密侦查措施,但这只是侦查措施的一部分,不能以偏概全,认为应用"侦察"(秘密侦查)代替"侦查"。另外,再从新民主主义革命时期某些苏区制定的法规使用"侦查"和"侦察"的情况看,在该时期的16种诉讼法规中,使用"侦查"一词的达11种,而使用"侦察"一词的只有5种。由于诉讼法规是在战争环境下制定的,侦破的案件主要是政治案件;又由于诉讼法规是由各个不同的苏区制定的,据笔者分析,可能当时立法者对使用"侦查"与"侦察"缺少准确的、统一的理解,但是,有一个基本事实是客观存在的,即公安机关办理刑事案件的措施,既有使用"侦查"一词表述的,又有使用"侦察"一词表述的,且用"侦查"一词表述的诉讼法规多于用"侦察"表述的诉讼法规,多出6种。由此可见,认为公安机关办理刑事案件的措施应当用"侦察"一词来表述的做法与新民主主义革命时期的诉讼实际并不一致。从办理刑事案件在侦查过程中有时采用侦察手段(如跟踪、守候、窃听、秘密搜查、秘密提取、秘密录音或录像、使用耳目等)的情况看,笔者认为,侦察手段(即"特殊调查工作")应当也可以成为侦察措施中的一部分内容,简言之,"侦查"包括"侦察"的内容,而不是相反。

三、关于完善侦查的法律规定问题

从我国刑事诉讼法第58条和国家安全法第10条有关侦查条款的规定看,侦察(秘密侦查)没有纳入刑事诉讼法之内,但是,随着客观形势的发展和需要,笔者认为,在修改、完善刑事诉讼法时,应当将侦察规定为除7项专门调查工作之外的特殊调查工作。其理由是:

一是为了适应同犯罪作斗争的需要。随着科学技术的迅猛发展,犯罪分子为了逃避刑事追究,在实施犯罪过程中,常常运用最新的科学技术。例如,运用新的麻醉药品麻醉被害人,运用高、精、尖的科技手段进行杀人、伤害、盗窃等犯罪。侦破这些犯罪案件,既要求侦查人员运用相应的科学技术手段,又需采用必要的侦察方法。随着人们文化水平的提高、知识结构的改变,犯罪分子的文化水平和知识结构也有所提高。他们在犯罪时,往往采用比以前更狡猾、更隐蔽的手段。破获这类犯罪案件,也要求侦查人员针锋相对地采用侦察手段。可见,采用侦察手段是一种以秘对秘的斗争需要。由于侦察手段不仅在侦破政治案件中经常使用,就是在侦破普通刑事案件中也经常采用,因此,这就要求刑事诉讼法用立法的形式将其规定为侦查措施,以强化同犯罪行为作斗争的手段。

二是对公安司法实践中采用侦察（秘密侦查）做法的肯定和固定。在公安司法实践中，为了有效地同犯罪作斗争，早就有秘密取证、秘密录音和录像等方法收集证据。将侦察（秘密侦查）规定为侦查措施的一部分，就是对公安司法实际工作正确、成功做法的肯定和固定。

三是公安司法机关的迫切要求。为了有效地同隐蔽、狡猾的间谍犯罪行为作斗争，国家安全机关根据客观斗争需要，在国家安全法第10条中以专条的形式规定，对间谍行为，可以采取技术侦察措施。笔者认为，这里所载"技术侦察措施"就是指侦察措施。虽然公安司法机关和诉讼法学界对采用侦察措施是由国务院批准或者由人大常委会批准的看法不一致，但是，主张国家安全机关有权采用这种措施的看法是一致的。所有这些表明，将侦察措施，即将侦察手段以立法的形式规定下来，是国家安全机关的迫切要求。根据公安司法实践的情况观之，公安机关和检察机关在同犯罪作斗争中，也迫切需要用法律规定的形式确认侦察手段为侦察措施。这既表现在侦破案件中常常采用侦察手段，还表现在为了有效地、迅速地破案不得不采用侦察手段。为了使公安机关、国家安全机关、人民检察院均有法可依和使侦查人员大胆地采用侦察手段，以及强化侦查职能，笔者认为，应当在刑事诉讼中补充规定侦察手段为新的侦察措施。

四是有国外立法例可资借鉴。在国外，有的国家法律明确规定，侦察手段是侦察措施的一部分。例如，新加坡有关法律规定，调查法官按照命令规定的方式调查案件，可以依法对藏有罪证的地方进行武力搜查；可以依法对国家任何工作人员跟踪监视等。其中，跟踪监视就是侦察手段的一种。既然国外的有关法律已规定侦察为侦破案件的措施之一，那么，我国法律，特别是刑事诉讼法也可以作出这种规定。

有些学者认为，由于公安机关侦查的反革命案件中的犯罪分子的犯罪手段是秘密的，国家安全机关侦查的间谍案件中的犯罪分子的犯罪手段大多也是秘密的。为了有效地同这些犯罪活动进行针锋相对的斗争，在刑事诉讼法中规定这两个机关有权进行侦察，既是同犯罪行为作斗争的实际需要，也可以从学理上阐明。但是，刑事诉讼法规定检察机关有权采用侦察手段与享有侦查权则不符。其理由主要如下：

一是与其侦查的案件性质不符。具体是指，公安机关侦查的反革命案件和国家安全机关侦查的间谍案件属于政治性案件，而检察机关侦查的案件属于普通刑事案件。侦查政治案件可采用侦察手段，而侦查普通刑事案件则不应采用侦察手段。笔者认为，这个理由不能成立。这里有两个问题必须澄清。其一，必须弄清楚反革命案件和间谍案件等政治案件与普通刑事案件是不是以秘密进行的方式划分的。其二，必须弄清楚普通刑事案件中犯罪分子是不是均不采用秘密手段。事实上，就前者而言，反革命案件和间谍案件等政治案件与普通刑事案件的划分，不是以犯罪人是否以秘密手段进行为标准，而是以其犯罪动机是否以推翻人民民主政权为标准划分的。既然如此，以检察机关不是侦查政治案件而不能使用侦察手段的理由是不能成立的。对于后者，将在下文论述。

二是与犯罪分子采用的犯罪方法是否秘密进行的情况不符。具体是指，公安机关和国家安全机关侦查的政治案件中的犯罪分子犯罪手段是采用秘密方法进行的，而检察机关侦查的贪污、贿赂等案件中的犯罪分子的犯罪手段是采用公开的方式进行的。笔者认为，此理由也不能成立。因为，这与客观实际不符。因为，诚然犯罪分子进行反革命犯罪活动和进行间谍犯罪活动绝大多数是采用秘密方式进行的，但是，也有少数是采用公开方式进行的，如反革命煽动光天化日之下杀人、放火、爆炸等。一般来说，犯罪分子进行偷税、抗税，假冒商标、伪证、刑讯逼供、非法拘禁等犯罪活动是公开进行的，但是，进行贪污、贿赂、侵犯公民通信自由、私自开拆、隐匿、毁弃邮件或电报等犯罪活动则是采用秘密方式进行的，有的甚至是利用电子计算机、激光等先进科学技术手段进行的。既然公安机关、国家安全机关侦查以秘密方式进行的犯罪案件能采用侦察手段，那么，检察机关侦查以秘密方式进行的犯罪案件为何不能采用侦察手段？

三是与检察机关的法律地位不符。具体是指，检察机关属于国家法律监督机关，不应享有侦察手段。笔者认为，此理由亦不能成立。诚然，检察机关是法律监督机关，但是，法律赋予了它侦查权。既然享有侦查权，当然既包括7项专门调查工作之权，又包括秘密的调查之权，即采用侦察手段。不然的话，就会出现同是行使侦查权，有的有权采用侦察手段，有的不能采用侦察手段的不公平和不合理的现象。

综上所述，公安机关、国家安全机关有权采用侦察手段，检察机关的自侦部门也应当有权采用侦察手段。

在刑事诉讼法中补充规定侦察手段，宜用什么词语表述，这是值得研究的另一个问题。

在国家安全部组织的一次讨论反间谍法（草案）的座谈会上（1990年12月），十余名刑事诉讼法学专家、教授就如何表述"侦察"一词发表了各自的见解：有的学者主张直接用"侦察"，但有些学者认为，不宜直接用"侦察"一词表述，而应用能概括"侦察"内容的其他词语表述，例如，特殊措施、秘密措施、特殊侦查措施、秘密侦查措施、必要的调查手段、必要的调查措施等。笔者在会议上主张，将"侦察"用"特殊调查工作"表述比较恰当。其主要理由是：

一是与刑事诉讼法规定的专门调查工作相对应。例如，将窃听、跟踪、守候、秘密搜查、秘密提取、秘密辨认、秘密录音和录像、秘密摄影、空中摄影、狱中监视、使用耳目等规定为特殊调查工作，能比较恰当地与刑事诉讼法规定的讯问被告人、询问证人、被害人等7项"专门调查工作"相对应、相并列，即特殊调查工作与专门调查工作相对应、相并列。

二是能使特殊调查工作成为侦查工作的一部分，以此解决究竟是"侦查"的内容包括"侦察"（特殊调查工作），还是"侦察"包括"侦查"这类争论不休的问题。

三是便于在刑事诉讼法中公开作出规定。特殊调查工作实际上是指秘密侦查工作，也即是侦查工作的一部分。鉴于在世界各国刑事诉讼法中没有用"侦察"这个词，若用"特殊调查工作"一词代替"侦察"，既与世界各国刑事诉讼法中无"侦察"这个词的规定相一致，又便于在刑事诉讼法中公开作出规定。

1993年2月22日颁布的《中华人民共和国国家安全法》第10条规定："国家安全机关因侦察危害国家安全行为的需要，根据国家有关规定，经过严格的批准手续，可以采取技术侦察措施。"从该条规定的内容看，技术侦察属于行政措施而不属于侦查中的侦查内容的一部分；技术侦察实际上是指秘密侦查。在全国人大法工委召开的该法出台前的最后一次（1992年12月）征求专家意见的会议上，笔者提出，技术侦察只包括秘密侦查中的技侦手段，如秘密录音、秘密录像、秘密邮检等，但不包括除此以外的跟踪、守候、利用耳目等。确切地讲，应将"技术侦察"改为"特殊调查工作"。虽然笔者的意见未被正式公布的国家安全法所采纳，但仍然坚持这个观点。

关于是否需要在刑事诉讼法中像规定7项专门调查工作那样分别把特殊调查工作的种类（如跟踪、守候、秘密提取、秘密录音等）一一作出明确规定的问题，笔者认为，没有这个必要，只要在刑事诉讼法第58条中规定的侦查概念中增加"特殊调查工作"这项内容即可。至于侦查人员究竟采用哪种特殊调查工作，由侦查人员经有关负责人批准后自行决定。所以不主张在刑事诉讼法中对各种特殊调查工作作出明确规定，主要是考虑到它们是秘密采取的措施。

关于何时可采用特殊调查工作的问题，笔者认为，只要是出于收集证据和查获犯罪人的急需，在立案前或在立案后均可采用。公安司法实践表明，虽然大部分的特殊调查工作，即秘密侦查措施是在立案前采用的，但也有的是在立案后采用的。有鉴于此,侦查人员采用特殊调查工作不应受立案这个诉讼阶段的限制。只有这样,才能充分发挥特殊调查工作的独特作用;也只有这样,才符合公安司法实践的实际需要。因为,无论我国的公安司法工作还是外国的侦查实践均表明,在立案前或立案后采用特殊调查工作均不受是否立案的限制。

关于特殊调查工作的作用问题,笔者认为有两点:其一,起到收集证据线索的作用,即通过它们去发现案情和寻找证据的作用。鉴于特殊调查工作主要是收集情报工作,因此,它是特殊调查工作的主要作用。例如,通过耳目提供的有关情况,侦查人员到犯罪分子将会作案的现场守候,当犯罪分子实施盗窃或敲诈勒索行为并携赃逃离现场时,当即将他们抓获等。在这种情况下,耳目提供的情况就起到了证据线索的作用。至于耳目提供的情况,可不可作为证据公开使用,这要根据是否有利于继续使用该耳目而定。其二,起到收集证据的作用。笔者认为,采用特殊调查工作,只要经批准依法进行,所得材料能证明案件的真实情况,那么,就具有证据效力,可作为证据使用。不过,应根据不同的情况采用:(1)作为不公开的证据采证。这是指侦查人员采用特殊调查工作获得的材料,只要将其交给检察机关直至再交人民法院承办此案的办案人员审阅,他们认为可以作为证据使用,此材料就可以作为定罪判刑的合法证据。这种做法类似于刑事诉讼法对某些依法不公开审判的案件不公开审理一样,也应视为合法。当然,对这种做法应当严格控制,不宜多用。(2)作为半公开的证据采证。这是指将采用特殊调查工作获得的材料,经被告人委托的辩护律师阅看(不在法庭上出示),使其成为合法证据。这样做,主要是考虑律师是国家法律工作者和从事律师专业工作人员,他们既可以代理被告人了解案情和证据,为被告人进行辩护;又可以站在维护国家利益的立场上保守诉讼秘密,做到两全其美。(3)作为完全公开证据采证。这是指将采用特殊调查工作获得的材料,通过适当的方法转化为能在法庭上向被告人公开出示或宣读的证据。采用以上三种方式处理后的证据,在学理上可分别称为绝对不公开的证据、相对公开的证据和绝对公开的证据。这三种证据均应视为合法证据,并可作为定案的根据。

综观全文所述,笔者认为,对侦查的概念可以作如下表述:"侦查,是指公安机关、国家安全机关和人民检察院的侦查人员,为收集证据、查明和证实犯罪是否发生和应否追究刑事责任依法采用的专门的和特殊的调查工作与强制的和强制性的措施。"详言之,"侦查,是指侦查人员为了收集证据,查明或证实犯罪是否发生和应否追究刑事责任依法进行的法定的调查工作和有关的强制手段"。其中,法定的调查工作,是指专门调查工作和特殊调查工作;有关的强制手段,是指强制措施和强制性措施。

被告人如实回答与拒绝回答之探讨[*]

《刑事诉讼法》第64条规定:"侦查人员在讯问被告人的时候,应当首先讯问被告人是否有犯罪行为,让他陈述有罪的情节和无罪的辩解,然后向他提出问题。被告人对侦查人员的提问,应当如实回答。但是对与本案无关的问题,有拒绝回答的权利。"对此,法学界和其他部门的同志尚未进行系统的研究。为了推动对该条规定的研究和促进公安司法实践的开展,试就被告人对侦查人员的提问,应当如实回答和对与本案无关的问题有拒绝回答的权利(简称"被告人如实回答与拒绝回答")作如下探讨研究。

一、关于被告人应当如实回答

1957年5月18日的《中华人民共和国刑事诉讼法(草稿)》第123条规定:"讯问被告人,应当先让被告人就告知的控诉内容进行陈述,然后再向他发问。""侦查人员应当认真听取被告人的陈述。对于被告人所作的有利于自己的陈述,应当告知有权提出证明。"由此可见,该法草稿只规定了现行刑事诉讼法第64条中第一句的内容,而未规定"被告人对侦查人员的提问应当如实回答"。1963年的《中华人民共和国刑事诉讼法(草稿)》规定的"被告人必须如实供述"中的"如实供述"与"如实回答"不同。从"如实供述"具有如实供认和陈述的含义来看,只强调被告人必须如实认罪,不包括如实辩解。笔者认为,这种规定似有有罪推定之虞。至1979年7月1日通过的现行刑事诉讼法才规定了"被告人对侦查人员的提问,应当如实回答"。

对于被告人对侦查人员的提问,应当"如实回答"应作如何理解,笔者试作如下研讨:

(一)侦查人员提问的内容

从《刑事诉讼法》第64条第一句和第二句规定的先后序次看,侦查人员的提问,是在首先讯问被告人是否犯有罪行,让他陈述有罪的情节或无罪的辩解之后才提出的,即在被告人作了供述和辩解之后提出的。回答的内容包括:

---

[*] 本文刊载于《法学家》1994年第2期。

犯了罪就承认有罪、罪重、罪轻的事实和情节，未犯罪就陈述无罪的辩解。这种提问是在让被告人作了如实的自由回答之后提出的。侦查人员提出的问题，旨在进一步全面了解案情，弥补被告人在自由回答中所陈述的内容之不足。有的学者认为，侦查人员所提的问题，只是针对被告人回答中暴露的矛盾之处，笔者认为实则不然。从公安司法实践观之，侦查人员所提的问题，既可能是被告人回答中暴露出的有矛盾的问题，也可能是侦查人员想通过讯问了解到而被告人未回答的与案件有关的问题。被告人未回答的问题中，既可能是他因疏忽大意而未回答的问题，也可能是他企图逃避刑事追究或为减轻罪责而故意隐瞒的与案件有关的问题，也可能是被告人认为与案件有关的问题，还可能是被告人认为与案件无关不回答而侦查人员认为与本案有关未回答的问题。就问题的性质而言，被告人未回答的，既可能是事关有罪、罪重或者罪轻的问题，也可能是事关无罪或者有免予刑事追究情形的问题。

（二）被告人的如实回答中包括"如实"和"回答"两部分

何谓如实？笔者认为，"如实"就是如同客观实际情况。回答的内容包括上述侦查人员提问的那些。如实回答的要求是：被告人回答侦查人员的提问，对与本案有关的应当有问必答。对所提的问题，有就答有，无就答无；是就答是，非就答非；大就说大，小就说小；重就说重，轻就说轻；事件发生在何地就回答在何地；事件发生在何时就回答在何时；等等。相反，被告人就所提的问题不应当作虚假回答或作捏造事实的回答以及所答非所问。

关于如实回答的性质问题。有的学者认为，如实回答是刑事诉讼法规定被告人所应履行的义务[1]，对此，笔者不敢苟同。笔者认为，如实回答具有权利和义务双层含义。即它既是被告人应当履行的义务，又是被告享有的权利。这是因为，在被告犯了罪行的情况下，法律要求他如实回答他有罪、罪重的事实和情节以及其他不利于自己的事实，此时，对他来说是履行法律规定的义务；在被告人无罪、罪轻和具有免予刑事追究的情形的情况下，对他来说，是在行使自己享有的辩解的权利。还有的学者说，法律规定应当如实回答的"应当"就是"必须"，而"必须"就带有了强制性，这种强制性是履行义务所独有的，因此，从法律在如实回答之前规定有"应当"二字来看，应当如实回答就属于义务性规定。笔者认为，对此不能这样理解，是权利性规定还是义务性规定，在本质上应当看法律规定的内容是供认还是辩解。如果规定"供认"的内容，即供述和承认，那就属于义务性规定；如果规定有"辩解"的内容，

---

[1] 参见《刑事诉讼法学》，中国政法大学出版社1990年版，第235页。

那就属于权利性规定。而"应当"只是表明法律规定对被告所为行为具有一定的强制性,在其后,既有义务的内容,又有权利的内容,因而不能仅以有"应当"二字,就认为"应当如实回答"的全部内容属义务性内容。诚然,笔者承认,在一般情况下,法律在规定义务性条款时,都规定有"应当",但是,在某些情况下,也有例外,例如,应当如实回答就属此例。造成这种例外的原因,是由于侦查人员提出的问题中包含有允许被告人辩解的内容。

关于如实回答与证明责任的关系问题。何谓证明责任?在国内,诉讼法学界的观点很不一致。有关证明责任的争论,学界提出了三种不同的概念:证明责任、举证责任、提出证据的责任。关于证明责任的概念,在国内有三种观点。第一种认为:在我国刑事诉讼中,"证明责任应当专指公安机关、人民检察院、人民法院所承担的收集、运用证据证明被告人是否有罪的法定义务"[①]。笔者将其称为"单独证明说"。第二种认为:证明责任又称举证责任。例如,有的学者认为:"证明责任,又称举证责任,法律规定的诉讼主体的一种负担。指诉讼过程中,谁负担提供证据证明案件事实的责任。"[②] 笔者将其称为"等同证明说"。第三种认为:"证明责任,亦称'举证责任'。指用来证明案件事实的证据,应由谁负责提出。"这种表述既把证明责任与举证责任混为一谈,又把举证责任与提出证据的责任相提并论。笔者将其称为"混合证明说"。笔者认为,证明责任、举证责任与提出证据的责任是三个不同的概念。在刑事诉讼中,证明责任,是指公安司法机关所承担的收集、运用证据证明被告人是否有罪、罪轻、罪重的法定责任。主体是公安机关(含国家安全机关)、人民检察院和人民法院。其任务包括收集证据并运用证据证明被告人是否有罪、罪轻、罪重,这里包括两个诉讼行为,一个是主动收集证据,另一个是用已有的证据证明被告人是否犯罪、罪重、罪轻。所谓证明,是使用证据通过逻辑推理证实并阐明待证事实。举证责任,是指被告人在侦查人员讯问过程中,对未提到但有利于己的问题,为表明确实存在而主动列举证据的责任。提出证据责任(简称"提证责任"),是指被告人在侦查人员讯问过程中,针对所提问题,相应地提出有利于己的证据的责任。举证责任与提证责任二者的区别在于:前者是指被告人对侦查人员未提出某种有利于己的问题时而主动列举出证据;后者则是指对侦查人员已提问题,为了作出回答而相应地提出有利于己的责任。综上可见,在主体方面,证明责任只能由公安司法机关承担;举证责任和提证责任由被告人承担;在行为方面,证明责任既包括收集证据的行

---

① 参见《法学研究》1991年第2期,第32页。
② 参见《诉讼法大辞典》,四川人民出版社1989年版,第430页。

为，还包括运用证据进行证明的活动；举证责任和提证责任，只包括列举、提出证据而不包括证明活动；在性质方面，证明责任属于公安司法机关必须履行的法定的义务；举证和提证均属于被告人在行使辩护权利时应尽的义务。那么，被告人对侦查人员"应如实回答"是属于负证明责任，还是负举证责任或提证责任？根据上述分析，笔者认为，被告人在回答时，针对侦查人员所提的问题，回答中为表明自己的主张主动提出符合客观实际且有利于己的证据，属于负举证责任；回答中，相应地提出符合客观实际且有利于己的证据属于负提证责任。换言之，两者均属于在行使辩护权过程中应尽的义务。那么如实回答有罪、罪重的问题是否属于证明责任？笔者认为不属于。因为，首先从协助侦查人员查明案情方面看，他只作"如实回答"，如同证人就自己所知的情况向公安司法机关提供证言的法定义务一样，是在履行一个公民应当履行协助公安司法机关如实查明案情的义务，因此不属于负证明责任。被告人如实回答有罪、罪重，只是协助侦查人员印证有罪、罪重，而不是证明。其次从对是否有罪、是否罪重而作出最终结论的责任由侦查人员承担而不由被告人承担的角度来看，被告人如实回答有罪、罪重，也不属于负证明责任。

到此，有的学者可能会提出这样的问题：根据《民事诉讼法》第64条规定的"当事人对自己提出的主张有责任提供证据"和行政诉讼法第32条规定的"被告对作出的具体行政行为负有举证责任"来看，提证责任、举证责任都是证明责任，若把刑事诉讼中的证明责任界定为一个新的概念，岂不是与民事诉讼法规定的提证责任和行政诉讼法规定的举证责任不一样吗？笔者认为，应当不一样。其理由已由前述。如何解决三种不同概念的矛盾？笔者认为，将来在修改、完善《民事诉讼法》第64条和《行政诉讼法》第32条规定的同时，应分别将"有责任提供证据"和"负有举证责任"一律修改为"负有提出证据并予以证明的责任"，即负有证明责任。还有的同志会说，《刑事诉讼法》第126条第（三）项规定的自诉人是提出证据（提证）的责任，这种规定与证明责任也不同。对此，应如何处理。笔者认为，在修改、完善刑事诉讼法时，应将此项修改为"缺乏罪证的自诉案件，自诉人应当继续负责举证责任……"将民事诉讼法和行政诉讼法中规定的提证责任、举证责任改为证明责任有如下几点好处：（1）规定了负证明责任，能明确要求民事诉讼中的当事人和行政诉讼中的被告，既有提证责任，又有证明责任，增加他们对查明案情所应承担的义务；（2）规定了证明责任，能使诉讼法学理论界的学者和司法实际部门的同志在这个问题上统一认识、统一执法；（3）规定了证明责任能与《刑事诉讼法》第32条、第35条等规定的旨意相一致。

二、关于被告人拒绝回答

《刑事诉讼法》第 64 条第 3 句规定,被告人在回答侦查人员的提问过程中,"对与本案无关的问题,有拒绝回答的权利"。从这一规定可以得知,虽然法律规定被告人有拒绝回答的权利,但有一个前提条件,即与本案无关。换言之,与本案有关的问题,当侦查人员提出后,被告人就不享有拒绝回答的权利,而应当如实回答。对《刑事诉讼法》第 64 条第 3 句的规定,笔者认为,值得探讨的问题有如下几点:

(一) 关于与本案无关问题

何谓与本案无关?对此,有的学者在书中虽略有涉及,但尚未做深入研究。对与本案无关的看法,概而言之,诉讼法学界主要有如下几种观点:(1) 与是否犯罪无关,例如,有的学者在解释"与本案无关"时,只略述"与本案无关,即与是否犯罪无关"[1]。细究"与是否犯罪有关",似觉难解。因为,"与是否犯罪无关",既包括与犯罪无关,又包括与未犯罪无关两种含义。与犯罪无关,这个易懂,即指与犯罪事实无关,而不包括与量刑事实无关。而与未犯罪无关到底指什么?按否定之否定的逻辑观之,即与犯罪有关。因为将全部内容连接起来理解就变成了与未犯罪无关。这样,就变成了被告人与犯罪有关的问题,也有拒绝回答的权利。由此可见,此种观点所述内容前后矛盾。本来立论者的本意是要阐述与犯罪无关,只因多了一个"否"字,所以变得所述内容前后矛盾。由此可见,正确的提法应当表述为"与本案无关,即与犯罪无关"。笔者将此种观点简称为"与犯罪无关说"。(2) 与本案案情无关。例如,有的学者认为:"所谓与本案无关的问题,是指同被告人所犯各种罪行的案情毫无关联。"[2] 由此可见,述者认为与本案无关,是指与案情无关。笔者将其简称"与案情无关说"。(3) 与案件和犯罪无关。例如,有的学者在教材中写道:"与本案无关的问题是指与案情毫无联系,与犯罪无关的问题。"[3] 由此看来,述者认为,与本案无关,既包括与案件事实无关,也与犯罪事实无关。笔者将其简称为"与案件事实和犯罪无关说"。(4) 与定罪量刑无关。例如,还有的学者认为:"所谓与本案无关,是指对被告人定罪量刑无关的问题。"[4] 由此可见,述者认为与本案无关,既包括与定罪无关,又包括与量刑无关。笔者

---

[1] 《刑事诉讼法学》,中国政法大学出版社 1990 年版,第 235 页。
[2] 《公安机关办理刑事案件的程序》,中国人民公安大学出版社 1989 年版。
[3] 《刑事诉讼法学》,中国人民公安大学出版社 1988 年版,第 330 页。
[4] 《刑事诉讼法学》,北京大学出版社 1989 年版,第 245 页。

将此简称为"与定罪量刑无关说"。

笔者认为，关于"与本案无关"的问题，先应明确其范围，然后再界定其概念。根据刑法、刑事诉讼法的规定和司法实践的情况看，与本案无关的问题主要包括：（1）与被告人犯罪（本案中和在他案中有罪、罪重、罪轻、免予刑事追究的情形）无关的问题；（2）与对被告人量刑（轻与重）无关的问题；（3）与查明本案案件事实（如犯罪的时间、地点等）无关的问题。被告人对上述所列无关的问题均有拒绝回答的权利（如被告人的隐私问题等）。由此看来，"与本案无关"的问题，是指侦查人员所提的问题中与对被告人进行定罪量刑和查明本案案情无关的问题。与本案无关，就是指与这些问题无关。之所以笔者主张这三方面的内容与本案无关，是因为查明它们对查处本案没有关系。即使作了这三方面的讯问和调查研究工作，也属多余之举。正因为如此，故允许被告人享有拒绝回答的权利。

（二）关于拒绝回答问题

何谓拒绝回答？笔者认为，拒绝回答是指对提问根本不作答复。表现形式主要有三种：（1）以沉默不语的形式表示不回答；（2）以陈述的方式公开言明没有必要回答；（3）用所答非所问的方式避开回答。有的学者认为，拒绝回答，是指沉默不语。笔者认为这只是拒绝回答的一种形式，而不是拒绝回答的全部形式。

在国外，有些国家的刑事诉讼法规定被告人享有沉默权或拒绝回答权。沉默权是资产阶级国家刑事程序法的一个特点，它源于美国联邦宪法第 5 条修正案规定的反对自我归罪的权利，而反对自我归罪权的渊源地则可追溯到英国。英国从 1912 年以后，一直采用必须告知被告人有沉默权的法则（又称"法官准则"）。当嫌疑人被警察讯问时，他可以拒绝回答，只要制定法上没有特别规定，不得因沉默而对他进行追究。由于资产阶级国家刑事诉讼法确认无罪推定原则，根据这一原则，被告人在法院未判决有罪之前，推定其为无罪。既然被告人被推定为无罪，因此，他有供述的自由，也有保持沉默的权利。由此可见，刑事诉讼法规定的被告人有沉默权是建立在无罪推定原则基础上的。现在，被告人有权沉默已为世界众多国家的刑事诉讼法所规定。例如，《法国刑事诉讼法》第 114 条规定："当被告人初次出庭时，预审审判官应当查明他的身份，使他明确指控他的每一罪行，还要告知他有不供述的自由。这一告诉应当记于笔录。""如果被控告人愿意供述，预审审判官应当立即受理。"在法国，预审法官具有侦查权，因此，从规定中可以得知：侦查讯问时，预审法官就有责任告知被告人有不供述（沉默）的权利；对于这一告诉应当记入笔录，以便记录在卷；如果被告人不供述，就不受理此案。决定不受理后，是否将此案退回警察机关补充侦查,从该法当中找不到规定。《德国刑事诉讼法》第136条规定"首次讯问被告人时,要告知他对于控告有答辩的权利,也有权不予答辩"。该项中规定被告人对控告"有权不予答辩",就是指有沉默权。从该项规定可以得知,警察在讯问时,必须告知被告人既有辩护权又有沉默权,不能只告知其中某一种权利。该第136条还规定,在被告人不供述的情况下,不得采用非法折磨、疲劳战术、妨害身体、服用药品、拷问、诈欺或催眠等方法,予以侵犯,对于被告人,只能在刑事诉讼法许可的范围内,才能施加压力。《日本刑事诉讼法》第311条规定:"(一)被告人可以始终沉默或对于每个质问拒绝供述。(二)被告人在进行自由供述时,审判长可以随时就必要事实项,要求被告供述。"从该条两项规定的内容可以得知,被告人在审判阶段有沉默权和拒绝供述权。沉默权是指对自始至终的讯问沉默不语;拒绝供述是指对审判员的质问不作回答。由此可见,《日本刑事诉讼法》是把沉默权与拒绝回答权分别予以规定的。综上观之,《法国刑事诉讼法》和《德国刑事诉讼法》均规定,对侦讯人员的提问,被告人有沉默权;《日本刑事诉讼法》规定被告人在审判阶段才有沉默权;《法国刑事诉讼法》规定,只要被告人沉默,预审法官就不受理此案;《德国刑事诉讼法》和《日本刑事诉讼法》则无此规定。

虽然刑事诉讼法规定被告人有沉默权,给被告人自由行使自己的权利提供了法律保障,但是,也给司法人员查明案情设置了障碍,不利于诉讼活动顺利进行和查明案情。这是因为:被告人的供述经查证核实既是一个证据,又是一种证据来源。被告人的供述既可以印证其他证据,又可以使司法人员从其供述中了解到与案件有关的其他证据或线索,从而对扩大线索、收集更多的证据和查明案情有一定的帮助作用。由于被告人沉默不语,就不能使司法人员得到上述诉讼效益。显然,这对诉讼活动的顺利进行和查明案情十分不利。鉴于上述弊端,在西方国家,沉默权并未贯彻到底。被告人享有沉默权,就意味着被告人不负举证和提证(提出证据)的责任。但是,有的国家刑事诉讼法和审判实践却要求被告人对某些事实负举证责任,如果以沉默的形式不负提证责任,就会遭受不利于己的裁判。因而,在某些国家对被告人享有沉默权并未彻底实施。

综上观之,笔者认为,我国刑事诉讼法规定的被告人享有拒绝回答权与资产阶级国家规定被告人享有沉默权有如下几点不同:

1. 确权的原则不同。我国刑事诉讼法规定被告人享有拒绝回答权,是以《刑事诉讼法》第4条规定的"以事实为根据,以法律为准绳"的实事求是原则为根据的。根据这一原则,被告人对侦查人员的提问,只要在客观上与本案无关，法律就允许他有拒绝回答的权利。资产阶级国家赋予被告人以沉默权，是以无罪推定原则为根据的。根据资产阶级国家刑事诉讼的无罪推定原则，因被告人在法院判决其有罪之前被认为是无罪的人，因此沉默是对他有利的权利，因此就赋予他享有沉默的权利。

2. 前提条件不同。我国刑事诉讼法规定被告人享有拒绝回答的前提是，拒绝回答的内容应当与本案无关；资产阶级刑事法律规定被告人在绝大多数情况下享有沉默的权利，但极少数例外情形除外（如英国）。

3. 享有权利的诉讼阶段不尽相同。我国刑事诉讼法规定被告人在侦查阶段享有拒绝回答权；法国、德国的刑事诉讼法规定在侦查阶段被告人享有沉默权；而日本刑事诉讼法规定在审判阶段被告人享有沉默权。

4. 享有权利的形式不尽相同。我国刑事诉讼法规定被告人享有拒绝回答权，既包括沉默的形式，又包括不言明回答的形式和所答非所问的形式；而法国、德国的刑事诉讼法只规定沉默这种形式；日本则规定既包括沉默的形式，又包括拒不回答的形式。

5. 对是否应当告知不尽相同。我国刑事诉讼法未规定必须告知；而法国刑事诉讼法规定必须首先告知；德国、日本的刑事诉讼法未作规定。

6. 对案件的处理方式不尽相同。按照我国刑事诉讼法的规定，被告人拒绝回答后，诉讼继续往下进行；而法国刑事诉讼法规定，一旦被告沉默就不受理此案；德国、日本的刑事诉讼法规定诉讼活动应当继续往下进行。

7. 诉讼目的不同。我国刑事诉讼法规定被告人享有拒绝回答权，既是为了保障被告人的诉讼自由权利，又是为了保证诉讼活动顺利进行和提高诉讼效益（节省讯问时间）；而法国、德国的刑事诉讼法规定被告人享有沉默权的目的只是单纯保护被告人诉讼自由的权利。

询问证人若干问题探讨[*]

侦查中询问证人是侦查人员收集证人证言的一种重要措施，几乎在绝大多数案件中都使用。对询问证人的研究，目前论文甚少。为了推动询问证人的研究深入开展，现作如下探究。

一、概述

询问证人，是指侦查人员依照法定程序对证人就案件情况以言行方式进行调查询问的一种侦查活动。对询问证人中的证人，法学理论界有不同见解。概而言之，主要有以下几种：有的学者认为，证人是"知道案件情况而被司法机关通知到案作证的人"。笔者认为，此概念比较笼统。有的论者认为，证人"是指将自己知道的案件情况向司法机关作书面或口头陈述的人，是当事人以外的诉讼参与人"。笔者认为，从该概念指出证人是当事人以外的诉讼参与人观之，排除了自诉人、被告人、附带民事诉讼的原告人和被告人。对这一点，该概念界定得比较准确。但是，尚未排除被害人、辩护人（担任该案件的律师）等诉讼参与人。有的同志认为，证人是"与案件无直接利害关系，但了解案件情况有诉讼行为能力而被通知到案作证的参与人"。此概念指出"与案件无直接利害关系"和"有诉讼行为能力"可取。笔者认为，证人是指知道案件情况且与犯罪无直接利害关系就案情向公安司法人员进行书面或口头陈述的公民。

证人具有两个特点：一是不可代替性，即证人不能更换性。例如，证人必须亲自作证，不能委托他人代替作证。与鉴定人相比，鉴定人可以更换，但证人不能更换。之所以如此，是因为证人是通过自己的耳、眼、鼻等感觉器官感知案件情况的人。只有证人亲自作证，才能陈述他所知的案情的细枝末节。二是诉讼地位的单一性，即证人只能处在证人的单一地位，不能同时兼任辩护人、鉴定人、侦查人员等。如果了解案情的公民充任辩护人，那么，他就不能同时兼任该案的证人；了解案情的鉴定人，如果担任鉴定人，也不能同时兼任

---

[*] 本文刊载于《法学家》1993年第4期。

该案的证人;如果侦查人员事前知道案情,若充任该案的办案人员,就不能同时充当该案的证人;同罪的甲、乙两名被告人,不能同时是被告人又是对方的证人。

询问证人,必须明确什么样的公民能成为证人。换言之,应当明确证人应当具备哪些条件,即证人应当具备哪些要件。由于各国的诉讼制度和传统不同,又由于各国的法律规定不同,因此,对证人条件的规定或要求不尽完全相同。现分别阐述如下:

(一)知道案件情况

案件情况,包括被告人犯罪的事实和情节,又包括被告人年龄、职业、住址、行为能力、责任能力、家庭财产、历史上的现实中的表现等情况,这是证人必须具备的首要条件。从我国《刑事诉讼法》第37条规定的内容观之,证人知道案件情况就属于这个条件。笔者称此条件为"了解案情"条件。

从各国刑事诉讼法规定的证人须向办案人员提供他所感知的有关案件情况看,知道案情均被列为证人必备的首要条件。例如,《苏俄刑事诉讼法》第5条规定,证人应当陈述他对案件知道的一切情况。《法国刑事诉讼法》第10条、《德国刑事诉讼法》第69条、《南斯拉夫刑事诉讼法》第225条第1款和《越南刑事诉讼法》第111条第4款均有这个条件的规定。

(二)能辨别是非和能正确表达

能辨别是非,是指能辨别是与非的能力;能正确表达,是指能正确地表述自己所知案情的口才能力。如果某人虽然知道案情,但因精神上有缺陷或年幼不能辨别是非,他就不能成为证人。如果某人虽然知道案情,但因生理上有缺陷或年幼不能正确表述自己所知案情(翻译能帮助他正确表述除外),他也不能成为证人。我国《刑事诉讼法》第37条第2款规定的内容,就属于这个条件。笔者称此条件为"作证能力"条件。

对此,少数国家刑事诉讼法有这方面的规定。例如,英国《证据法》规定,如果一名儿童看来能理解宣誓的性质及其后果,或者"懂得说谎之危险和不虔诚",便可以将其作证人询问。[①]《南斯拉夫刑事诉讼法》第227条第3款规定,未成年的人,鉴于他年纪和智力发展程度还不能理解作证的法律意义,不得当作证人询问。如果被告人自己要求这样做时除外。

(三)诉讼地位单一性

诉讼地位单一性,即凡是充任证人的公民,只能充任证人,不能兼任本案

---

① 西南政法学院诉讼法教研室印:《英国证据法概述》,第92页。

的辩护人、鉴定人、办案人员或同罪的被告人。虽然，我国刑事诉讼法对此未作规定，但是，笔者认为，在实践中必须坚持这个条件。主要理由是：为了保证诉讼活动的顺利进行和获取客观的证言；如果证人兼任鉴定人，因他事前知道案情，这种先知先觉会影响鉴定时作出客观、公正的鉴定结论；如果证人兼任办案人员，也因他事前知道案情，会影响他对案情作出客观、公正的判断；如果证人兼任同罪的被告人（即"同罪被告互为证人"），因出于减轻自己的罪责，会作出推脱本人罪责而加重对方罪责的供述。笔者称此条件为"证人地位单一性"条件。

对此，外国刑事诉讼法未作统一规定。有的国家刑事诉讼法规定，凡是知道案情的诉讼参与人均可作证，成为证人。例如，《南斯拉夫刑事诉讼法》第225条第2款规定，被害人、自诉人和私诉人也可以将他当作证人询问。

我国刑事诉讼法学界，曾就"同案被告能否互为证人"展开过激烈的争论。概括起来，有"否定说"和"肯定说"两种。"肯定说"认为，同案被告能互为证人。其中，又分为完全肯定说或附加条件肯定说。完全肯定说认为，同案被告具有既是被告人又是证人的双重身份。作为本案中实施犯罪行为来讲，其供述能证明对方犯罪的情况，因此，具有证人的条件和特征。[①] 附加条件说认为，同案被告人若具备以下三个条件，也可以成为证人，他们的交代可以成为证人证言。这三个条件是：被告人在正常情况下所作的交代；未搞刑讯逼供；同案被告人的检举和同案被告人供述犯罪事实基本一致。[②]

笔者认为，同案被告人能否互为证人，应区别两种情况，分别对待。第一种情况，同案中同罪（包括同罪被告一方先审结，另一方未审结）的被告人无论如何均不能互为证人，即使附加条件也不例外。这是因为：（1）若将他们互为证人，就必然违背了前述证人应具备诉讼单一性的条件。（2）在强奸或轮奸案件中，若有两名以上共犯的供认，且内容基本一致，但无案外人作证或被害人陈述，在这种情况下，将被告人的供述当作对方证人证言采用，并据此定案，就会在实质上造成靠各个被告人的供认定案。这样定案之后，若罪犯服刑期满，共同翻供，此案就会被推翻。可见不能将共同被告（同罪）视为互相证人。（3）若他们互为证人，一方面作为被告人，他享有被告的权利和应尽的义务；另一方面作为证人，他享有证人的权利和应履行的义务，这样就会造成适用法律上的混乱，例如，证人作伪证，依据《刑法》第184条的规定应负刑事责任，但依据《刑事诉讼法》第64条的规定，被告人不如实陈

---

① 参见《政法论坛》1984年第2期，第15页。
② 参见《政法论坛》1984年第2期，第17页。

述，仅属认罪态度不好，只会受到从重处罚。当某被告人为减轻或推脱自己的罪责而作虚伪供述时，应适用何种何条法律？这就很难办了。如果适用《刑法》第184条，就违背了用《刑事诉讼法》第64条，反之亦然。如果各地侦查人员按照自己的理解去适用法律，就会造成适用法律上的混乱。

第二种情况，虽同案但在此方被告知道彼方被告犯有其他罪行的情况时，此方被告可以成为彼方被告的证人。例如，甲、乙共同犯盗窃罪，属共犯。但甲方在认罪的同时还举发了乙与丙曾经强奸过丁。经调查核实，情况确实如此。在这种情况下，就强奸罪而言，甲就可以成为乙的证人。这是因为，甲处于强奸罪以外的第三者的诉讼地位，他所提供的情况，不涉及在盗窃罪中推脱自己罪责的问题。

在国外，根据英国证据法规定，同案被告人能否互为证人，法律对此规定有一个过程。按照英国1877年《证据法》规定，在一般情况下，同案被告人不能互为证人；但在例外情况下可以。这种例外，是指在"公共滋扰罪"之诉中，同案被告人中的一方可以被强制为起诉方作证。在1898年《刑事证据法》公布之后，如果案件中有共同被告人，每一被告人均有作证资格，但不得强制为其他被告人作证。虽然任何一位被告人不能作为起诉方证人反对另一被告人，但可以以自己的名义提出不利于其他被告人的证据。美国联邦法院于1978年后认为，同案被告人有证言权利，但被告人的证人资格囿于有利于同案被告人的证据范围内，即不得充任证人去反对其他同案犯。已结案或被分离审判的共同被告人对其他被告人同样具有作证资格。为了保证证言的真实性，该被告人有接受交叉询问的义务，只有具备"补强证据"始得作为定案的根据。根据大陆法系国家的刑事诉讼法规定，证人应当是当事人之外的第三人。由于同案被告人是当事人之一，故不能称其为证人。

笔者认为，凡是共同被告人，只要是同罪，即使一方被告人罪行已审结，另一方被告人未审结，双方均不能成为对方的证人。这是因为，被审结者也不是共同犯罪案件中同罪的第三人，而是原罪的当事人，在案件最终处理结果上仍有直接利害关系。苏联学者吉洪诺夫认为："不能为了获取被告人对本人罪行或同案其他被告人罪行的陈述，而把被告人当作本案证人进行传讯。"

二、询问证人的程序及应注意的问题

询问证人，应当依照法定的程序进行。询问证人的程序，是指询问证人应当遵守的先后次序和程式。依照法定的程序进行询问，就能少走弯路，及时、有效地获取证人证言。询问证人的程序包括：

(一) 做好询问准备

1. 根据证人的条件，确定谁是该案的证人，了解该证人的姓名、性别、职业、工作单位和住址等，以便有针对性地找他或传唤他作证。

2. 研究案情和制订询问计划。在询问前，侦查人员应了解、研究案情，明确询问的目的和要求，制定询问提纲和要点，掌握证人与案件中的被告人、被害人的关系等。做到心中有数，以便有针对性地做好证人的思想工作和按照要求收集到公正、客观的证据。

3. 决定询问的地点。关于询问的地点，综观中外刑事诉讼法的有关规定，一般采用双轨制，即可由办案人员到证人住所或工作单位去询问，也可以用传票或通知，传唤证人在办案人员所在机关（侦查人员所在地）或指定的地点进行询问。根据我国《刑事诉讼法》第67条规定，我国采用双轨制，即侦查人员可以到证人所在单位或住所进行，也可通知证人到人民检察院或者公安机关提供证言。

4. 送达传唤票。送达传票分为派人送达和邮寄两种。凡是刑事诉讼法规定传唤证人到场或到庭作证的国家，刑事诉讼法均规定要送达传票。例如，《苏俄刑事诉讼法》第155条规定了传唤应当使用传票。还规定了传票如何送达、签收、传票上应写明的内容等；必要时，也可以用电话或电报传唤证人。证人接到传唤票应按时到指定地点作证。

5. 凡不传唤证人到场作证的，侦查（警察）人员就直接找证人当面询问。

(二) 询问证人

1. 询问证人，应个别询问。即在有几个证人在场的情况下，办案人员应对每个证人逐个询问，对此，我国《刑事诉讼法》第67条第2款作了明确规定。在国外，许多国家刑事诉讼法均有规定。其中，《苏俄刑事诉讼法》第158条规定的内容既全面又具体，如该法规定："对于同一个案件而被传唤的几个人，应该在其他证人不在场的时候单独地分别地加以询问。同时侦查员要设法使同一案件的各个证人不能互相接触。"为何中外刑事诉讼法要这样规定？笔者认为，这样规定可以使证人在无其他证人的启发或干扰的情况下提供客观证言；可以使证人在宽松、自然的条件下敞开思想大胆陈述；可以使侦查人员根据各个证人不同情况思想状况做工作，解除其思想顾虑，如实作证，等等。

2. 向证人宣讲应如实作证的有关法律规定。在让证人作证之前，侦查（警察）人员应向证人宣讲刑法、刑诉法或有关法律中关于证人应如实作证，不得隐瞒案情和作伪证的法律规定。在我国，必须向证人宣讲《刑事诉讼法》

第 68 条、《刑法》第 138 条、第 148 条和 1982 年 3 月 8 日人大常委会第 22 次会议通过的《关于严惩严重破坏经济的犯罪罪犯的决定》中规定的有关内容及其承担的法律责任。在国外，某些国家的刑事诉讼法也规定警察必须这样做。中外刑事诉讼法之所以这样要求，笔者认为，均是动员和教育证人提高作证的责任感，并如实提供证言。

3. 询问证人本人的有关情况。例如，询问证人的姓名、年龄、职业、工作单位、住址、家庭父母的姓名、他同被告人与被害人的关系如何等情况。法律这样规定，旨在了解证人的自然情况及与被告人的关系等情况，为以后判断证言的真伪提供有利条件。

4. 让证人主动连续陈述，即让证人从头到尾连续不断地陈述他所知道的有关案件的全部情况。对此，《德国刑事诉讼法》（第 68 条第 1 款）、《苏俄刑事诉讼法》（第 158 条第 5 款）、《南斯拉夫刑事诉讼法》（第 232 条第 1 款）、《罗马尼亚刑事诉讼法》（第 110 条第 4 款）均作了规定。法律之所以作出这方面的规定，笔者认为，主要是为了不中途打断证人的思路，让其从头到尾连贯地叙述他所知道的整个案件情况和客观事实。笔者认为，我国刑事诉讼法在修改、完善时，应增加这方面的规定。

5. 就不清楚和需要深入了解的问题询问证人。这是指在证人作了连续陈述后，询问者针对证人陈述中讲得不太明确、不太具体或需要证人就某个事实作出回答的问题，以一问一答的方式询问证人。法律之所以有这方面的规定，笔者认为，一则是为了获取证人已知道但尚未讲明的案情，以弥补连续陈述的不足，二则是为了向询问者有针对性地获取更多内容的证人证言。笔者认为，上述国家刑事诉讼法规定的做法，可供我国借鉴。

6. 让证人与证人、被害人与被告人对质。在分别询问几个证人之后，当发现他们提供的证言不一致时，可以让证人互相对质；当证言与被害人陈述不一致时，也可以让证人与被害人对质；当证言与被告人供认不一致时，也可以这样做。法律之所以作出这方面的规定，笔者认为，是为了核实证言与证言之间相互矛盾的情况，或证言与被告人供述及被害人陈述相互矛盾的情况，以取得真实、可靠的证言。

7. 制作询问笔录。各国刑事诉讼法对此均作了规定。其中，以我国《刑事诉讼法》第 66 条和《苏俄刑事诉讼法》第 160 条规定的程序和内容最为详细、具体。实践中，必要时还对证人证言进行录音或录像，这是笔录的一种补充形式。制作笔录是固定证人证言的形式，也为以后诉讼提供必需的证据。

8. 进行宣誓或具结。对此，并不是所有国家刑事诉讼法都规定必须这样做，只有《德国刑事诉讼法》（第 59 条至第 67 条、第 70 条）、《法国刑事诉讼法》(第 154 条和第 155 条)、《南斯拉夫刑事诉讼法》(第 235 条和第 236 条)、《罗马尼亚刑事诉讼法》(第 85 条)才有规定。除罗马尼亚刑事诉讼法规定证人宣誓必须在作证前进行以外,其他国家刑事诉讼法均规定在作证后进行。在我国,实践中,有的地方侦查员要求证人在作证后写出书面具结,其内容是保证他提供的证言是据实陈述。

(三) 询问证人应注意的问题

为了正确地询问证人,根据中外各国刑事诉讼法规定和实践需要,询问证人过程中应当注意以下几个主要问题:

1. 询问证人时,不得采用诱证、逼证方法。对此,《德国刑事诉讼法》(第 69 条第 3 项)规定,询问证人不能用非法折磨、疲劳战术、妨害身体、服用药物、拷问、诈欺或催眠等方法,予以侵犯。法律之所以作出这些规定,笔者认为,是为了禁止侦查人员使用上述方法询问证人,使证人在十分轻松的条件下作自然陈述,以获得符合客观实际的证人证言。对这方面的规定,笔者认为值得我国立法机关在完善刑事诉讼法时吸收。

2. 询问未成年证人,应当采用适合他们的年龄、心理特点的方法进行。法律之所以专门规定如何询问未成年证人,主要是考虑到未成年人智力发展尚未成熟,见识不广。为了让他们能如实陈述证言,应请他们的教师或法定代理人或近亲属在场,消除惧怕心理,从而大胆又如实地作证。对于这方面的规定,笔者认为,也值得我国立法机关在完善刑事诉讼法时借鉴。

3. 以诚恳的态度对待证人。无论是在何处询问证人,一定要认识到这是依靠群众查明案情,是请证人帮助收集证据。因此,对侦查人员来说,询问证人过程中,一定要做到态度和蔼、语言恳切、方法得当,切不可高傲自大、态度严厉,更不可讽刺、挖苦证人。

4. 应为证人着想。询问证人,必定会耽误证人的时间和给其工作、生活带来不便,因此,侦查人员应当尽量做到在最短的时间内或用最少的询问次数询问证人所知道的全部情况。为此,询问前应周密考虑、统筹安排,把需要的问题一一列出,尽量做到询问一次成功。若需要进行第二次或第三次询问的,事先要拟出询问的重点、要点,力求少占证人的时间,必要时,先与证人约好时间(选择证人空闲时间)和地点(由证人选择),到时按约定的时间、地点去询问。上述做法,可避免证人应接不暇、昼夜不安、情绪厌烦等现象发生。

5. 询问证人,应当针对不同证人的年龄、职业、文化程度等特点,用证人易懂、易理解的语言进行。这样做的目的,是使证人听得懂所问的问题,从而作出相应的和明确的回答。

6. 针对证人当时的不同情况,采取不同的方法进行询问。对证人表露与己无关而不愿作证或怕报复而不敢作证，怕担责任而不愿或作出不肯定的回答等情况，侦查人员应有针对性地对他们做说服、教育工作，使他们放下包袱，敢于作证，如实陈述案情。当证人处于生命垂危的情况下，应抓紧时间询问。由于对这类证言无法通过再询问来补充，因此，询问应当及时。询问时，要有大夫、家属或其他证人在场。询问时应作笔录，并由大夫、家属或其他证人签字。当证人受了重伤，但并非处于生命垂危的情况下，应先尽快送证人去救治，待其伤势好转并能陈述的时候再做询问。

7. 对不懂通用语言（如不懂汉语、耳聋或哑巴等）的证人，应当请翻译协助进行询问，消除询问过程中语言方面的障碍，以便获取证言。证言笔录，不仅应有证人的签字，还应当有翻译人员的签字。

8. 在证人视觉正常和光线好的条件下，必要时，可以采用出示案中物件、照片等给证人观看等方法，以帮助证人联想起自己所见到但记不清的事实。

9. 询问证人，只能就与案件有关的问题进行。询问时，只应要求证人就他了解的案件情况作实事求是的叙述，说明这些情况的来源。一般来说，不要求证人必须对他所陈述的情况提出分析、判断的意见。

10. 询问证人不能先入为主，搞诱证或越俎代庖。询问时，应记录证人的原话，不能把自己了解案件的情况和分析意见摆出，甚至由自己先讲一套，然后让证人按照自己的思路和意思陈述。更不能为了让证人作出肯定或否定的表述，而把自己的话写成证人的话，再让证人认可并签字，等等。

11. 可以允许证人提供书面证言。如果证人愿意提供书面证言，侦查人员应当允许。对书面证言中叙述得不明白或需要询问的问题，侦查人员可再逐个询问他们。询问时应以问答的形式进行，并做好笔录。

贿赂犯罪案件污点证人权利之保护*

——以《联合国反腐败公约》为视角

随着我国签署《联合国反腐败公约》(以下简称《公约》),我国适用贿赂犯罪案件的刑事诉讼程序应当越来越迫切地与它相趋同或者相一致。而其他国家和地区的不少经验与做法,也为我国打击贿赂犯罪提供了良好的借鉴,污点证人的使用与保护正是其中之一。尽管我国的司法实践中已经有运用污点证人的实例,但如何从立法上予以规范,并更好地发挥污点证人制度的作用,无疑需要更多的理论探索。

一、贿赂犯罪案件污点证人概念及其特点

一般而言,证人是指知道案件情况的当事人以外的第三人。证人必须是有作证能力(行为能力、责任能力)的公民个人。污点证人是证人之一种。

所谓污点证人(stained witness),简而言之,就是具有犯罪污点且知道案件情况的人,多存在于贿赂犯罪、共同犯罪和团伙犯罪等案件之中。在不同种类的犯罪中,污点证人的特点存在差异,导致司法机关对污点证人的运用区别对待。故而有必要进一步研究贿赂犯罪污点证人的概念及其相关问题。

贿赂犯罪是我国刑法明确规定的一类犯罪,包括受贿罪、单位受贿罪、行贿罪、向单位行贿罪、介绍贿赂罪和单位行贿罪。但与《公约》相比,我国《刑法》关于贿赂犯罪的规定还存在一定局限。在贿赂犯罪的种类上,我国刑法没有"贿赂外国公职人员或者国际公共组织官员"的规定;即使在"贿赂本国公职人员"的有关规定上,《刑法》对于贿赂犯罪的构成要件与《公约》相比也过于狭窄和欠严厉。《刑法》关于受贿行为的规定,是以"国家工作人员""利用职务上的便利""收取或索取财物""为他人谋取利益"为构成要件的;行贿行为则以"为谋取不正当利益"为目的和给予"国家工作人员以财物"为要件。所有这些,导致我国在打击贿赂犯罪中出现了诸如"权色交

---

* 作者:周国均、刘蕾。本文刊载于《比较法研究》2005年第5期。

易""权情交易"等是否构成贿赂罪等诸多无法解决的问题。而依据《公约》第15条的规定,构成"贿赂本国公职人员"的行为包括"直接或间接向公职人员许诺给予、提议给予或者实际给予该公职人员本人或者其他人员或实体不正当好处,以使该公职人员在执行公务时作为或不作为",或者"公职人员为其本人或者其他人员或实体直接或间接索取或者收受不正当好处,以作为其在执行公务时作为或者不作为的条件"。仔细研究《公约》第15条关于贿赂犯罪的规定,可以得知:(1)就行贿方式看,《公约》的规定,不仅包括直接行为,还包括间接行为;不仅含有"实际给予",而且还包括"许诺给予"和"提议给予",可见其方式之多形、多样和多变。(2)就受贿主体讲,既包括"公职人员本人",还包括"其他人员或实体"。公职人员既包括经任命或者选举的立法、行政、行政管理或者司法职务的人员,又包括公共机构或者公营企业履行公共职能或者提供公共服务的任何其他人员,还包括缔约国法律界定的"公职人员"。由此可见,其主体范围十分广泛。(3)贿赂的标的物是"不正当好处"。根据《公职人员国际行为守则》第9条的规定,凡"可能影响其行使、履行职务或作出判断的礼品或者其他惠赠",都属于"不正当好处"。其范围比我国刑法学界主张的"财产说""财产性利益说"和"利益说"(又称"需要说")的范围更宽大。(4)从受贿人违反职责的行为看,既包括违法的"作为",又包括违法的"不作为",包括了正、反违法行为的两个方面。(5)从受贿的形式讲,不仅包括"收受不正当好处",又包括"索取不正当好处",可谓软、硬行为兼有。

总而言之,《公约》规定贿赂犯罪的内容比我国《刑法》第389条、第385条、第388条规定的内容宽广。从刑事诉讼角度讲,也就是《公约》规定的贿赂犯罪的被追诉主体、行为、方式、标的物等比我国法律规定更宽广。应当说,《公约》对贿赂犯罪的界定,更加符合当前贿赂犯罪行为多样化的趋势,更能满足惩治贿赂犯罪的需要。依据法理要求,将《公约》第三章"定罪与执法"的规定,在本国法律上作出规定是各缔约国的义务。我国签署了该《公约》,随之而来的就应当在刑法和诉讼程序等方面作出与《公约》相一致的规定。因此,本文对贿赂犯罪的犯罪嫌疑人、被告人的界定采用了《公约》第15条的规定。

研究并明确了贿赂犯罪案件中的犯罪嫌疑人、被告人的范围之后,对贿赂犯罪污点证人的界定就相对容易。贿赂犯罪污点证人,是有贿赂犯罪污点(参与受贿或者行贿行为),在司法机关追诉贿赂犯罪中配合和帮助司法机关就有关案情如实提供证言,由司法机关对其作出不予起诉或者减轻刑罚处罚的人员。根据我国的反腐败司法实践,污点证人多数是受贿罪案中罪责较轻的共

同受贿人、行贿人和介绍贿赂之人。贿赂案件的污点证人虽然也被称作"证人",但与普通证人相比,其具有以下几个特殊之处:

(一) 污点证人的稀有性

尽管在很多案件中都会出现证人较少的情形,但贿赂犯罪案件中的污点证人之稀有显得更为突出。刑法学称行贿与受贿案件的犯罪嫌疑人、被告人为对合犯,往往是行为人一对一地实施有关犯罪行为。行贿人敢于作证的很少。就受贿案件而言,共同受贿被告人中罪责较小,依法可能免予追究或者受到减轻处罚的人也很少。再加之由于贿赂犯罪本身的不可告人性,行为人多会采取各种手段掩藏犯罪真相,并尽可能减少知情人的数量。这就在客观上造成贿赂案件不仅物证稀少,潜在的证人数量也很有限。

由于上述人员参与了犯罪,案件的结局与其有着密切的利害关系,因此,他们敢于挺身揭露犯罪内幕并力求得到司法机关"宽大处理"(含不被起诉、由法院作出从轻、减轻或者免除刑罚)的污点证人也很少。

(二) 污点证人身份的特殊性

如前所述,贿赂犯罪案件中的污点证人,是那些与贿赂犯罪行为有牵连的人,如受贿罪中的共同被告人、行贿人、介绍贿赂人。而按照我国的证据法理论,普通证人应当是当事人以外的、知道案件情况的第三人,本身实施了犯罪行为的人的陈述应当归为犯罪嫌疑人、被告人供述。污点证人身份上的特殊性体现在两个方面:一方面,他们是有贿赂犯罪污点的人,但他的身份由犯罪嫌疑人、被告人揭露参与犯罪内幕后便转化成了证人,他的陈述在刑事诉讼中用作证人证言而非犯罪嫌疑人、被告人供述。另一方面,污点证人的确定并非行为人主张权利的结果,而是侦查、公诉机关依据侦控需要予以确定。普通人员要成为刑事案件的证人,条件极其简单,即知道案件情况;生理上、精神上没有缺陷;能够辨别是非、正确表达。[①] 污点证人除了要满足以上证人的基本条件并且是与犯罪有关以外,还必须经过侦查、公诉机关确定。在确定某人作为污点证人时,往往需要考虑其陈述的证据价值、对查处贿赂犯罪案件具有重大的帮助作用。虽然诉讼实践中也有一些犯罪嫌疑人主动要求成为污点证人,配合有关机关查明案件事实,以期获得"宽大处理",但只能在其请求得到侦查、公诉机关的认可后才能成为污点证人。

(三) 污点证人作证心理的特殊性

普通证人作证心理也比较复杂,如基于事不关己高高挂起而推托作证;不

---

① 《刑事诉讼法》第 48 条关于证人的规定。

愿伤害感情或面子称自己不了解案情;为避免耽误工作、生产不愿作证;害怕遭到打击报复不接受办案人员的调查取证等。作为贿赂犯罪案件的污点证人,由于他们与案件的终局处理有着切身的利害关系,因此,除了有普通证人的矛盾心理之外,还有其特殊的不愿作证的心理。有的犯罪嫌疑人、被告人认为,在行、受贿案件中,只要行贿人不交代,此案就难以侦破,行、受贿双方都会相安无事。因此,有的行贿人就不愿揭发、不愿交代。在共同受贿案件中,有的犯罪嫌疑人、被告人怕揭发了同案人自己也会受到刑事追究,于是不愿作证。在贿赂案件中,无论是行贿人还是共同受贿犯罪嫌疑人、被告人都认为,一旦某人揭露了犯罪成为污点证人,除了会受到刑事追究外,还会被没收受贿所得,经济损失很大。在行贿、介绍贿赂案件中,亦有这种情况。在贿赂案件中,有的犯罪嫌疑人、被告人认为,交代了贿赂犯罪后被追究刑事责任,不仅自己的职务、地位丧失殆尽,而且还会影响到配偶、子女的正常工作、生活和前途等。但是,针对这些特殊心理,只要立法上和刑事政策上将敢于揭露犯罪的罪责较轻的犯罪嫌疑人、被告人当作污点证人,并给予"宽大处理",把他们分化出来,就能尽快地侦破贿赂犯罪,使罪行严重且拒不交代罪行的犯罪嫌疑人、被告人受到应有的惩罚,节约诉讼资源。

(四)污点证人易遭受打击、报复性

虽然普通证人遭受打击、报复在各类案件中都有发生,但贿赂案件中的污点证人遭受打击、报复的危险性更大。

第一,污点证人极易遭到的打击、报复较普通证人更复杂。一般案件中的普通证人受到打击,主要是证人及其家属的生命、财产受到威胁或者侵害。而污点证人可能遭受的打击、报复有两大类:一类是与其他证人受到的威胁或者侵害相同,笔者称为"显性打击报复";另一类则是对贿赂犯罪污点证人作证后,工作任职等方面受到被追究者(他们原是掌权者,关系网密,保护层厚,残余势力大等)的好友、亲戚或者近亲属利用手中的职权对其压制、挤轧等,造成其心理上的损伤,笔者称为"隐性打击报复"。对污点证人而言,后一种打击、报复无疑更会影响其正常生活,使其精神上受到折磨。而这种打击、报复究竟在多大程度上会发生,在污点证人作证之初,其本人和侦查、公诉机关都无法准确预测和防范。

第二,污点证人更容易被发现。贿赂犯罪的犯罪嫌疑人、被告人往往在上下各级都有很密的关系网,一旦落入法网,其关系网内的成员都会尽力帮其想办法减轻罪责。首当其冲的,便是对证人进行打击,阻挠其作证,或者在其作证之后施以报复。而可能成为污点证人的人员,由于在贿赂犯罪中的特定行为导致其常常处于较为明显的位置,容易被圈点出来。在刻意做好隐蔽措施的情况下，受贿人中的同案行贿人和介绍贿赂人自然是首先被怀疑的对象。随着侦查、审查起诉、提起公诉程序的进行，受贿者通过了解律师在相关阶段查阅文书、指控犯罪事实的材料所反映的案件情况的详细程度，更容易确定何人可能是向侦查、公诉机关提供内情的污点证人，进而利用其关系人对污点证人实施打击、报复行为。

第三，污点证人更容易受到恶意的处置。作为贿赂犯罪的污点证人，其与贿赂犯罪的犯罪嫌疑人、被告人自然会有各种各样的联系，而且多数情况下比犯罪嫌疑人、被告人职位低、权力小，甚至有些是其直接下级。因此，在犯罪嫌疑人、被告人的强大关系网中，污点证人缺乏足够的防御和保护能力，轻易就会被施以报复。而近年来，贿赂犯罪嫌疑人、被告人与黑社会组织勾结的案件、多人共同贿赂腐败形成集团式的犯罪案件频繁出现，更加增加了污点证人可能遭到打击、报复的严重程度。

第四，污点证人受到打击、报复的危险期限长。如前所述，污点证人可能受到的打击、报复有"显性"和"隐性"两类。在贿赂犯罪嫌疑人、被告人与他人形成强大的势力网、很密的关系网的情形下，对某个犯罪嫌疑人、被告人的定罪，并不足以保证其所有影响都已经扫清。作为污点证人，随时都有可能受到其势力网、关系网内尚未被发现、被追究的残余力量以各种形式，尤其是以"隐性"方式进行的打击、报复。

二、污点证人的诉讼价值及其权利

（一）污点证人的诉讼价值

尽管污点证人的上述特点使得司法机关在对其的使用和保护上会出现很多难题，但是，实践中在对贿赂犯罪的追诉中还是大量运用了污点证人，原因即在于污点证人作证具有令人值得渴求的重大价值。

1. 污点证人作证可以在很大程度上解决贿赂案件破案难的问题。贿赂犯罪的行贿、受贿行为总是很隐秘的，而且行为人会采取各种手段编造账务上的假象掩盖其犯罪本质，并可能相互间制定攻守同盟。在行贿人与受贿人都对案件事实保持缄默的情形下，追诉机关常常会陷入侦查的困境，即使投入很多的人力、财力和精力也难以取得关键证据。但是，一旦侦查人员争取到了实施贿赂犯罪行为的某人成为污点证人并提供关键证言，有关犯罪的重大情节就能得到证明，其证言中提及的人员、事物与场所，又能够引出新的侦查线索，帮助侦查机关找到案件的突破口，获取更多的证据支持指控，从而克服侦破贿赂案件中取证的困难，及时有力地实现对贿赂犯罪的追诉与打击。

2. 污点证人作证，有利于把贿赂犯罪案件办成铁案。污点证人是曾经参与贿赂犯罪之人,对案情最了解,对细节最清楚。他们的证言是直接证据,在法庭审理过程中,提交的物证最真实,质证的说服力最强,也最能使对方更信服。经过法庭调查、质证、辩论,法官能对案件的判处做到心中最有把握。因此,作出的判决更公正、准确,将案件最终办成铁案。

3. 污点证人作证有利于降低诉讼成本,提高诉讼效率。贿赂犯罪的污点证人作证所能起到的节约司法资源的效果是显而易见的。污点证人的证言,不仅能够作为证人证言直接用于支持有罪指控,还能够提供有关犯罪的细节情况,帮助追诉机关发现新的证据支持指控,使得国家追诉机关能够用有限的司法资源迅速、有效地追究犯罪。由于贿赂犯罪是典型的"无被害人犯罪",在犯罪证据的收集方面,缺乏目击证人和被害人,导致证据稀缺。司法机关要实现追诉目的,有时即使投入大量成本可能仍旧很难取得预期的证据。污点证人的存在,使得贿赂犯罪的证据增加,避免由于证据不足而撤销案件。

4. 污点证人作证有利于其本人改过自新。受到刑事指控与有罪判决对任何人都会造成各种负面影响,相应地也会对被判有罪者的改造造成一定的障碍。污点证人是具有贿赂犯罪污点的人员,其作证前的行为实质上已经构成犯罪,但由于提供有关贿赂犯罪的关键证言,获得了"宽大处理"。污点证人揭发并证实犯罪,这本身是知罪认罪、知错改错的行为,表明他有悔罪的主动心理,因而易于改过自新。通过作为污点证人作证,一方面让其反思过去的犯罪行为,接受法制教育;另一方面,将犯罪对其造成的不良后果降到最低,不过多地影响其今后的正常生活。从犯罪改造的角度来说,这有利于污点证人改过自新,同时也有利于使其尽快回复到社会生活中。

5. 污点证人作证有利于预防贿赂犯罪。贿赂犯罪案件中,行贿人、受贿人、介绍贿赂人在贿赂犯罪上利益的一致性使其在对付追诉活动方面极易形成一个利益共同体,为了逃避司法机关的追究和惩罚,相互会保持高度默契,甚至订立攻守同盟。如果法律规定对污点证人作"宽大处理",就会使这种默契形成的可能性降低。考虑到一旦犯罪行为败露,对方都可能成为追诉机关的污点证人,提供关于自己受贿罪的证言并随之牵出各种证据,多数有贿赂犯罪倾向的人员都不得不在犯罪前,掂量其实施贿赂犯罪可能被揭露的后果,因而放弃犯罪行为。所以,法律鼓励污点证人作证是对贿赂犯罪行为人施加的一种威慑力,从长远来看,能够起到预防贿赂犯罪的效果。

(二) 污点证人的权利

污点证人虽然是有犯罪污点的特殊证人,但是其作为证人应当享有的各种权利不得被剥夺。此外,污点证人作证是以向追诉机关提供证言换取"宽大处理",这种"宽大处理"应当得到保障,成为污点证人特有的一项权利。总体来说，污点证人的权利主要有人身、财产安全保护权，经济补偿权以及要求国家兑现作证豁免权。

1. 自身及其近亲属人身、财产安全保护权。自身及其近亲属人身、财产安全受保护是所有证人作证都必须享有的权利。联合国《有效防止和调查法外、任意和即决处决的原则》第 15 条规定，"应保护原告、证人、进行调查的人及其家属不受暴力、以暴力相威胁或任何其他形式的恐吓"。如果要求证人提供证言，却不能对其本人和家人的人身、财产提供保障，证人势必会选择拒绝作证来主动回避损害。"没有一种法律制度有正当理由能强迫证人作证，而在发现证人作证受到侵害时又拒绝予以救济。采用一切可行的手段来保护证人是法庭的职责。否则，整个法律诉讼就会一钱不值。"① 前述污点证人的特点已经表明，污点证人较之普通证人更容易遭受打击、报复，保护污点证人本身及其近亲属的人身、财产安全是促使他们作证的首要条件。

对有关证人及其近亲属人身、财产安全保护问题，我国现行《刑法》《刑事诉讼法》均给予了重视，并有明确规定。《刑法》第 307 条、第 308 条以及《刑事诉讼法》第 49 条等均有规定。但不得不承认，我国现行对证人人身保护的规定还过于原则，缺乏实际可操作性。既没有规定保护可以采用的具体措施，也没有明确实施保护的负责部门，导致事实上证人保护工作没有落到实处。而且现有的规定更多地反映出对证人的保护侧重于案后救济，多数用于犯罪人在危害证人行为发生之后的惩罚措施。对于污点证人而言，这种保护显然缺乏力度。污点证人的证言对于侦破和认定贿赂犯罪案件的重要性使得犯罪嫌疑人、被告人很可能铤而走险，指使其亲信、余党等选择在案件进入法庭审理之前就施以危害污点证人及其近亲属生命、财产安全的行为。

2. 因作证获得经济补偿的权利。证人作证是法律规定的义务，与该义务相对应的，因作证获得经济补偿应当是证人的权利。追究犯罪是国家的责任，证人提供证言协助国家机关完成追诉任务，本身与案件并无利益牵连。而证人参加刑事诉讼，无法避免地会受到各种经济损失，诸如车旅费、误工费等。特别是对那些路途遥远，作证时间长、需要多次作证的证人来说，作证所需要的时间与精力，将会对其经济利益造成不小的损失。如果证人的这些损失得不到合理补偿，对证人来说，作证行为无疑会增加其经济负担和拖累。为了给与自身利益毫无牵连的案件作证，而付出庞大的个人成本，对证人来说显然是一种不经济的做法。在追求经济利益的现代社会，证人作为理性的经济人，其作证

---

① ［英］丹宁勋爵：《法律的正当程序》，李克强、刘庸安等译，法律出版社 1999 年版，第 25 页。

行为不能依靠政策强制实施，也不能指望单纯的道德感召，而必须让其从经济角度出发不承受额外的不利。否则，证人完全可能拒绝提供证言，或者在接受询问时不予配合。有鉴于此，给证人以经济补偿对鼓励和促使其履行作证义务是十分必要的。

很多国家和地区都对证人作证的经济补偿做出了较为完善的规定。在英国，人们长期认为证人有权就其因出庭而发生的费用得到补偿。美国的证人费用则由专门的制定法所规定。《日本刑事诉讼法》第164条规定，"证人可以请求交通费、日津贴费及住宿费"①。德国有专门的《证人、鉴定人补偿法》，并且其《刑事诉讼法》第71条规定，"对证人要依照《证人、鉴定人补偿法》予以补偿"。我国台湾地区"刑事诉讼法"第194条规定，"证人得请求法定之日费及旅费。但被拘提或无正当理由，拒绝具结或证言者，不在此限"。"前项请求，应于询问完毕后十日内，向法院为之。但旅费得请求预行酌给。"澳门特别行政区《刑事诉讼法》第299条"对证人及鉴定人之通知及补偿"规定，其中，应证人及鉴定人的声请，"法官得对该等人裁定给予一定金额，该金额系按训令所核准制收费表计得，作为补偿该等人已作之开支；裁定给予之金额算入诉讼费用内"②。但令人遗憾的是，目前我国大陆对于刑事案件证人获得经济补偿的权利尚缺乏明确的法律、司法解释规定，实属空白。由于污点证人本身具有犯罪污点，是否赋予其作证时的作证经济补偿权，自然会成为一个不能回避但又让人颇感困惑的问题。笔者认为，应当赋予污点证人作证时的经济补偿权。理由在于其作为污点证人提供证言，诉讼身份已经从犯罪嫌疑人、被告人转变为证人，理应享有证人的各项权利。犯罪污点的存在不能成为他作证需要自行付出各种支出、费用的理由，不能因为犯罪污点而剥夺污点证人正当的经济权利。

3. 获得国家兑现作证豁免的权利。污点证人就贿赂犯罪作证的一个重要前提是，犯罪较轻的人员经过侦查、公诉机关认可，就案件的有关情况作证，国家对其实施的犯罪行为的刑事责任给予"宽大处理"。因此，污点证人的一项权利即在于作证之后要求国家兑现豁免的权利。

反对强迫自证其罪是现代法治国家普遍遵循的原则，也是联合国倡导的国际刑事司法准则之一。但在有组织犯罪、黑社会犯罪、贿赂犯罪等性质严重、隐蔽性强的犯罪日益严重的情势下，一旦证人以自身受到犯罪追诉为理由拒绝

---

① 《日本刑事诉讼法》，宋英辉译，中国政法大学出版社2000年版。
② 中国政法大学澳门研究中心、澳门政府法律翻译办公室编：《澳门刑法典 澳门刑事诉讼法典》，法律出版社1997年版，第247页。

提供证言,则国家打击、追诉犯罪的难度就会增加。为了惩罚更为严重的犯罪,国家不得不进行利益权衡:豁免一部分有犯罪污点的行为人,让其提供证言以有效打击犯有严重罪行的人。可以看出,对于这种作证豁免,污点证人本身并没有选择权与决定权。但笔者以为,一旦污点证人决定以污点证人身份履行作证义务,国家就应当信守作证豁免的规定,不得再用污点证人作证的内容反过来对其进行追诉,污点证人也就相应地取得了要求国家兑现作证豁免的权利。该权利要求作证豁免的内容应当是明确可知的,即污点证人在作证之前就可以对自己的作证后果有一个较为准确的预期。

在建立了证人作证豁免制度的国家,作证豁免的内容大都有明确规定,污点证人在放弃反对自证其罪特权之际,也就知道可以获得的豁免的情况。例如,美国的作证豁免分为罪行豁免和证据使用豁免两种。采取罪行豁免的,国家追诉机关"不得对豁免的证人在其提供的证言中涉及的任何犯罪事实进行起诉"。这种作证豁免的实质,是"证人因作证而被彻底免除了刑事责任,其犯罪污点被彻底清除"[①]。而采取证据使用豁免的,被豁免的证人提供的证言或根据该证言获得的信息只是不得在随后进行的刑事诉讼中用作不利于该证人的证据。这种豁免并未彻底免除证人的刑事责任,如果政府方根据"合法的、独立的来源"掌握了该证人犯罪的足够证据,仍然可以对其进行追诉。而所谓的"合法的、独立的来源"多数是从证人提供的证言中发现的,证人最后受到的追诉还是间接地归因于自己的证言。以至于证据使用豁免的反对者认为,"证据使用豁免是在强迫证人给自己挖坟墓"。豁免实质的不同相应地也决定了证人可能采取的应对措施不同。美国的司法实践中,就有证人为了防止检控方利用自己的证言在以后对其进行追诉,而在作证时不如实作证。

三、污点证人权利保障原则及刑事政策

经过上述对污点证人特征和权利的分析,为保护污点证人的权利,首先应当确立我国污点证人权利保护的基本原则和刑事政策。

(一)保护污点证人权利的基本原则

污点证人在刑事诉讼中的使用,尤其是作证豁免制度的实施不可避免地会涉及刑事诉讼中多种利益的处理问题。正如日本以保证免予刑事责任为条件而获得的证人笔录的证据能力判例所言,"这种制度是合理的制度,但是另一方

---

① 徐静村、潘金贵:《"污点证人"作证豁免制度研究》,载《人民检察》2004年第4期。

面直接涉及与犯罪有关的人的利害关系,是对刑事程序重要事项有影响的制度,是否采用这种制度,应当根据有无采用的必要性,从公正的刑事程序看是否得当,从公民的法律感情上看是否符合公正感等情况慎重判断,如果采用这种制度就应当明文规定适用对象的范围、程序要件、效力等内容"①。借鉴该学者的观点,笔者认为,我国在确立有关污点证人权利保护的程序和措施时,需要遵循以下两个基本原则:

1. 协调保护污点证人权利与国家打击贿赂犯罪目标的关系。采用污点证人作证,刑事程序实际面临着一种两难的境地:一方面,证人享有反对被迫自我归罪的权利。现代法治国家的实践已经证明,该权利能够最大限度地保护证人的利益,防止其因为作证给自身带来不利后果。但是一味地强调证人的该权利,就会不可避免地导致司法机关追诉犯罪困难重重。尤其是在贿赂犯罪中,犯罪行为本身的隐蔽性、行为人之间反追诉的高度默契性,使得国家追诉机关很难通过传统方式收集到有关犯罪证据。为了突破困境,利用贿赂犯罪活动参与者提供有关犯罪的证言与证据线索就显得十分必要。如果这些人员都主张反对被迫自证其罪的权利,拒绝在追诉活动中提供配合与帮助,则对贿赂案件的侦破与追诉将难以实现,国家打击贿赂犯罪的目标也将无法实现。另一方面,如果国家不考虑证人有反对被迫自证其罪的权利,仅考虑追诉犯罪的需要并强迫证人作证,而存在利用证人自身陈述在以后的犯罪追诉中作出对证人不利的处理,则与正当程序和人权保障理念相冲突。出于利益权衡的考虑,为了有效打击重大犯罪,国家应当作出豁免污点证人刑事责任的措施,换取其作证的选择。所以,在设计污点证人权利保护的有关程序与措施方面,协调保护污点证人权利与国家打击贿赂犯罪目标的关系,既要从国家的角度出发,也要从保障污点证人正当权利出发。作证是污点证人的义务,对污点证人权利的保护则是国家的责任。

2. 保护污点证人权利与被告人权利保障的平衡。刑事程序中,证人权利的保护要面临的另外一个重大问题即是与被告人权利保障的平衡问题。现代刑事诉讼遵从法律的正当程序,贯彻直接言词原则,被告人应当享有公正审判的权利,是联合国文件和各国宪法规定的刑事司法准则之一。而在贿赂犯罪案件中,一旦污点证人因作证而与被告人面对面,则其自身及其家属安全可能受到威胁。此种情形下,如何平衡被告人与污点证人的权利需要立法作出明确的定位。在此问题上,国外有德国与美国两种模式。

---

① [日]田口守一:《刑事诉讼法》,刘迪等译,法律出版社2000年版,第272~273页。

德国作为典型的大陆法系国家,刑事诉讼程序自然坚持直接言词原则,证人须在法官面前作证。《德国刑事诉讼法》第 68 条规定,法庭在对证人询问开始时,首先应问清其个人情况,包括"姓、名、年龄、婚姻状况、职业和住所"。但这并不意味着德国不存在庭审阶段对证人的特别保护。该条还规定,"如果告诉住所则有证人、其他人员将受危险之虞的,可以许可证人不回答住所问题,而是告诉他的就业、公务地点或者其他一个可以传唤的地址。在前句的前提条件下,在审判中审判长可以许可证人不回答他的住所问题"。该条更规定:"如果公开了证人的身份、住所或者居所则对证人或者其他人员的生命、身体或者自由造成危险之虞的,可以许可证人不对个人情况问题作出回答或者只是告诉以前的身份。但是,在审判中依提出的发问证人应当说明他是以何身份了解到他现在所提供的事实的。可以确定证人身份的文件要存放在检察院保管,只有当危险消除时,才能将它们纳入案件档案。"

美国联邦宪法第六修正案规定,在一切刑事诉讼中,被告有权同原告证人对质。为了保障被告人的这一宪法性权利,对于不能受到对质的证人证言就要予以排除。正是基于此,虽然美国在 1970 年国会通过的《组织犯罪防治法》、1982 年的《被害人与证人保护法》以及 1984 年的《证人安全改革法》规定了有关证人保护的制度,就证人保护中的身份改变、迁移居住、被害赔偿等问题都有详细论及。但是,"为兼顾被告受宪法保障之公开审判及证人对质权,在审判中并无秘密证人(身份保密)制度,只有在审判后(或作证后)才有变更证人身份并加以保护之措施"①。

从德国和美国两国的模式观之,在证人权利保护与被告人权利保护中,美国无疑为了保障被告人权利而在证人权利保护上存在一定妥协。这种妥协,是与美国强调刑事程序中被告人人权分不开的。但在贿赂犯罪污点证人的运用中,这种妥协可能会给污点证人造成损失。因为污点证人作证的案件,许多情况下并不只开一次庭、只需要作一次证,一旦污点证人身份暴露,遭到身体、生命上的打击报复,则对贿赂犯罪的指控必将受到很大影响。而以德国方式对污点证人审理中施以保护,显然并未构成对被告人公正审理权和对质权的侵害。基于此,笔者以为,德国的做法更能够为污点证人提供审判阶段的保护,而且也更能够从心理上为污点证人作证消除障碍,从而使污点证人敢于大胆作证。

(二) 鼓励污点证人作证的刑事政策

长期以来,我国打击贿赂犯罪的司法实践中存在着以酌定不起诉方式换取

---

① 赵义德:《检举被害人及证人保护之研究》,载《台湾司法研究年报》第 19 辑,台湾司法院秘书处发行 1999 年版,第 98 页。

行贿人作证和根据行贿人、介绍贿赂人被追诉前能否主动交代其行为而减轻或免除处罚的做法。这些行贿人、介绍贿赂人的陈述实质上起到了污点证人作证的作用。但这类做法存在一些潜在问题,影响了其法律效果。

第一,实践中许多行贿人犯罪情节并非轻微,依据刑事诉讼法的规定是不应该受到不起诉处理的,严格说来,对他们的处理违反了法律规定。根据我国《刑事诉讼法》第142条第2款规定,"对于犯罪情节轻微,依照刑法规定不需要判处刑罚或者免除刑罚,人民检察院可以作出不起诉决定"。可见人民检察院对污点证人作出不起诉决定必须同时具备"犯罪情节轻微"和"依照刑法规定不需要判处刑罚或者免除刑罚"两个条件。

第二,依据刑法减轻处罚、免除处罚的有关规定,对行贿人、介绍贿赂人在被追诉前按主动交代作出减轻、免除处罚处理,在证言的获取上具有不确定性。《刑法》第390条第2款规定,"行贿人在被追诉前主动交代行贿行为的,可以减轻处罚或者免除处罚"。第392条第2款规定,"介绍贿赂人在被追诉前主动交代介绍贿赂行为的,可以减轻处罚或者免除处罚"。这些规定,将是否交代行贿行为、介绍贿赂行为的选择权交给了行为人本身,而法律对于减轻、免除处罚的后果用的是"可以"而非"应当",导致的直接后果是行为人基于减轻、免除处罚结果的不确定性而选择拒绝交代,因而追诉机关无法获得关键的证据并实现对受贿人的有效指控。

基于以上分析,笔者认为,在现阶段,我国完善污点证人的权利保护,首要措施在于以明确的方式在立法上规定鼓励污点证人作证的刑事政策,从起诉政策、刑罚政策上体现对其作证的鼓励。从国外经验来看,我国有必要建立起符合我国需要的证人刑事豁免制度,这也是符合《联合国反腐败公约》第37条"与执法机关的合作"精神的做法的。该条第1款规定,"各缔约国均应当采取适当措施,鼓励参与或者曾经参与实施根据本公约确立的犯罪的人提供有助于主管机关侦查和取证的信息,并为主管机关提供可能有助于剥夺罪犯的犯罪所得并追回这种所得的实际具体帮助"。在随后的第2款,还要求对"提供实质性配合的被告人,各缔约国均应当考虑就适当情况下减轻处罚的可能性作出规定";第3款更不以被告人为限,规定对"提供实质性配合的人,各缔约国均应当考虑根据本国法律的基本原则就允许不予起诉的可能性作出规定"。

所谓符合我国需要的证人刑事豁免制度,应当是"有限适用"和"严格审批"原则下的证人刑事豁免制度。适当的适用范围,"既有利于被适用者,又有利于侦查机关迅速破案,节省侦查的时间、人力和财力,大大提高诉讼效率";而如果对证人刑事豁免制度不加限制地使用,将会"抵消被适用者享受

'沉默权'和'不被强迫自证其罪特权',损坏司法公正"。[1] 严格的审批原则,目的在于防止证人刑事豁免的随意使用,破坏程序公正和司法公正。而且在当前我国公正执法存在不少问题的背景下,为防止少数司法人员以权谋私、徇私枉法,也有必要确立严格审批程序。具体到贿赂案件,由于案件性质和证据特殊的原因,应当建立和适用证人豁免制度,促使污点证人主动作证。其中,为克服前述行贿人不符合酌定不起诉条件而被不起诉导致违反刑事诉讼法规定的问题,笔者主张扩大我国酌定不起诉的适用范围,将污点证人主动作证作为酌定不起诉的一个特殊情节。对在案件侦诉活动中为司法机关提供关键证据的污点证人,只要其犯罪不严重,并符合刑法"可以减轻处罚或者免除处罚"规定的,都应当决定不起诉。

为了改变根据刑罚减轻处罚、免除处罚的规定,追诉机关需要依靠行贿人、介绍贿赂人的选择才能获得其证言上的被动性,我国的证人刑事豁免制度还要确立起明确的证人罪行豁免制度。对于主动提供证言,帮助侦查、公诉机关破获贿赂案件的污点证人,检察机关如果对其起诉,起诉后经过审理,若犯罪不严重,人民法院在判处刑罚时也应免除其刑罚。

四、污点证人权利保障之实现

证人刑事豁免制度的确立能够实现污点证人要求兑现豁免权的目的。而对污点证人的人身、财产安全受保护权和经济补偿权则需要另外建立富有成效的程序和措施。根据贿赂案件的影响和涉案人员身份的复杂性,笔者认为,我国的污点证人权利保护程序和措施应根据证人需要保护的程序区分为普通措施和特殊措施。普通措施与特殊措施的采取对污点证人及其近亲属正常生活的影响程度不同,为做到保护有力、有效,应当规定履行不同的法律手续。

(一)污点证人权利的普通保护措施

原则上说,污点证人保护的普通措施与一般证人保护差别不大,是否采取普通措施,由侦查机关、公诉机关、审判机关依据案件追诉、审理需要决定。笔者认为,从保证污点证人有效作证角度出发,污点证人权利保护的普通措施包括以下三项:身份保密措施;特殊方式作证;对打击、报复污点证人的人员进行追究、处罚。

1. 身份保密措施。此可谓污点证人权利保护的首要措施。污点证人本身

---

[1] 周国均:《借鉴"刑事免责"和"证据强制"规则之构想》,载《中国法学》2003年第5期。

的特殊性和其证言的价值决定了一旦其身份泄露,很可能会受到各种威胁和恐吓,导致其作证受到影响。"英国的调查表明,检控方的证人在法庭上最为担心的都是自己的姓名和住址被公开披露的问题。"① 前述《德国刑事诉讼法》就有专条规定,证人在法庭审理阶段可以就其身份不予回答或者只回答以前的身份,确定其身份的文件要存放在检察院保管直至危险消除。我国现行《刑事诉讼法》对证人身份保密并没有特殊的规定。最高人民法院《关于执行〈中华人民共和国刑事诉讼法〉若干问题的解释》第142条规定,"证人到庭后,审判人员应当先核实证人的身份、与当事人以及本案的关系……",也没有就证人身份保密问题专项释明。反观我国台湾地区则有周密的证人身份保密措施,其"证人保护法"第11条规定,"有保密身份必要之证人,除法律另有规定者外,其真实姓名及身份资料,公务员于制作笔录或文书时,应以代号为之,不得记载证人之年籍、住所、身份证统一编号或护照号码及其他足以识别其身份之资料。该证人之签名以按指印代之。载有保密证人真实身份资料之笔录或文书原本,应另行制作卷面封存之。其他文书足以显示应保密证人之身份者,亦同。前项封存之笔录、文书,除法律另有规定者外,不得供阅览或提供侦查、审判机关以外之其他机关、团体或个人"。由于污点证人本身是有犯罪污点的人,与被追诉的犯罪嫌疑人、被告人有各种各样的关系,因此他们在作证时应当在身份上受到特殊的保密,而且这种保密工作应当从他们成为污点证人那一刻就开始,不论案件是否已进入审判阶段。这要求构建我国的污点证人身份保密措施,要从侦查阶段开始,并就污点证人的身份设立专门的保密档案。

2. 特殊作证方式。此方式主要运用于审判阶段对污点证人实施保护。尽管为了保障被告人的公正审判权、对质权,在需要与污点证人对质的情况下,污点证人仍然需要出庭作证,但各国都有特殊性的规定,主要以将被告人带离法庭、不公开审理、对证人施以遮蔽或者通过视频网络、闭路电视等视听技术作证等方式,减少污点证人因出庭作证而受到危险的做法。例如,德国1986年的《被害人保护法》第247条规定,未满16岁的人在被告人面前被作为证人询问的场合,或者其他人在被告人面前被作为证人询问的场合,有对其健康带来重大不利的紧迫危险时,应让被告人退庭。《意大利刑事诉讼法》第472条规定,"……当必须保护证人或被告人的安全时,法官也可以决定法庭审理或它的某些活动以不公开的形式进行"。我国台湾地区"证人保护法"第20条也规定,"诉讼之辩论,有危害证人生命、身体或自由之虞者,法院得决

---

① 转引自王进喜:《刑事证人证言论》,中国人民公安大学出版社2002年版,第238页。

定不公开"。关于遮蔽证人、以视听技术作证,可谓科学技术对证人保护的特别贡献。这些新型的作证方式,打破了传统的证人面对面作证方式,为证人保护与保障被告人的质证权找到了平衡点。1998年12月1日专门的《证人保护法》在德国开始生效实施,该法中首次明确规定可以对不出席法庭程序的证人进行录像询问,"对于需要特别保护的证人,如儿童,使用录像询问的方法,可以免除他们亲自出庭作证的必要性"①。我国台湾地区的"证人保护法"第11条规定,对依该法有保密身份必要之证人,于侦查或审理中为讯问时,应以蒙面、变声、变像、视讯传送或其他适当的隔离方式进行。在证人依法接受对质或诘问时,亦同。香港特别行政区《刑事诉讼程序条例》也规定了关于对有恐惧心理的证人在法庭审判的现场采用电视线路作证的方法。② 以我国目前的法庭审理程序和有关技术水平来看,这些措施均可以在污点证人案件中予以借鉴和适用,并且能够实现对污点证人的有效保护。

3. 对打击、报复污点证人的人员进行追究。事实上,我国现行的刑法、刑事诉讼法已经有关于对打击报复污点证人的人员进行追究、处罚的措施。但从保护污点证人及其近亲属的人身、财产安全权利出发,仍有借鉴其他国家、地区的做法,将现行规定予以完善的必要。笔者认为,主要是将扩大污点证人可受保护的近亲属的范围予以限定,以增加污点证人作证的安全感。依据我国《刑事诉讼法》第82条的规定,"近亲属"是指夫妻父母子女和同胞兄弟姐妹。在污点证人及其近亲属人身、财产安全保护问题上,笔者认为,这个范围过窄,不能很好地保护和促使污点证人作证。相比较而言,我国台湾地区的证人保护在这个问题上就更为周到,将与证人有关联的人员扩展到旁系血亲、姻亲范畴。其"刑事诉讼法"第160条之二规定,法院许可停止对被告的羁押时,得命被告"不得对被害人、证人、鉴定人、办理本案侦查、审判之公务员或其配偶、直系血亲、三亲等内之旁系血亲、二亲等内之姻亲、家长、家属之身体或财产实施危害或恐吓之行为"。在发生侵害污点证人或上述人员的情形,如果不及时追究侵害者的责任,必将给污点证人作证造成恐慌,对潜在的污点证人也会造成压力和阴影,影响污点证人作证制度的实效。鉴于祖国大陆目前各方面的条件,笔者认为,第一步只宜对污点证人、近亲属和直系血亲的人身、财产等进行保护,不宜也难以像台湾地区刑诉法规定的那样保护得特别全面,待取得经验后再扩展。因此,对打击报复污点证人的人员进行追究、处

---

① 刘立宪、谢鹏程:《海外司法改革的走向》,中国方正出版社2000年版,第88页。
② 杨宇冠、吴高庆主编:《〈联合国反腐败公约〉解读》,中国人民公安大学出版社2004年版,第246~247页。

罚，必须尽快作出，并要对污点证人及其近亲属因打击报复行为遭受的损害进行补偿。

(二) 污点证人权利特殊保护措施

之所以单列一项作为对污点证人权利的特殊保护措施，理由在于这些措施的采取目的在于防止污点证人、近亲属和直系血亲的人身、财产安全受到侵害，否则，会对他们的正常生活造成影响。当然，特殊保护措施的采取，应当有严格的批准程序，取得各个相关部门的协作，并且应当为污点证人、其近亲属和直系血亲提供充分的便利。笔者认为，可以采取的特殊保护措施有：采用短期的随身人身保护；作证后改变污点证人的住址、工作地；改变污点证人的相貌、身份等。

《联合国反腐败公约》第32条第2款在保护证人权利方面，规定了各国应当制定保护证人人身的程序。"例如，在必要和可行情况下将其转移，并在适当情况下允许不披露或者限制披露有关其身份和下落的资料"；第2款规定，允许以确保证人安全方式作证的取证规则，"例如，允许借助于诸如视听技术之类的通信技术或者其他适当手段提供证言"。笔者认为，这些规定是我国可以吸纳的内容。再从其他国家和地区的做法来看，对证人实施这些特殊保护措施的不在少数，并且有具体的启动保护程序的规定。例如，加拿大、美国等的证人保护计划法不仅设立了专门的证人保护机构，还对证人保护计划的进入、保护的内容和形式、保护的终止、证人住址的改变、身份的变换都有明确规定。美国1984年《证人安全改革法》规定了如下证人保护的内容：核准进入保护计划之程序，检察总长有权核准对于遭暴力、恐吓、威胁之证人及其家庭提供保护及迁移住 (居) 所的措施，而且对获准进入保护计划者，将能够被提供合适的证明文件以建立新的身份；被提供居住设施；协助搬家或迁移个人重要财产至新迁移的居住处所；获得基本生活费用；得到协助寻找工作；获得各种服务，以协助其自力谋生。考虑到证人本身的情况，还规定，对于被迁移居住处所的证人，应通知其家属有探视的权利，并由司法部支付证人家属探视的旅费或相关费用。我国台湾地区"证人保护法"也明确了证人保护启动的程序、证人保护可采取的方式。该法第12条即规定，"证人或与其有密切利害关系之人之生命、身体或自由有遭受立即危害之虞时，法院或检察官得命司法警察机关派员于一定期间内随身保护证人或与其有密切利害关系之人之人身安全"。"前项情形于必要时，并得禁止或限制特定之人接近证人或与其有密切利害关系之人之身体、住 (居) 所、工作之场所或为一定行为。"第13条规定，"证人或与其有密切利害关系之人之生命、身体、自由或财产有遭受危害之虞，且短期内有变更生活、工作地点及方式之确实必要者，法院或检察官得命付短期生活安置，制定安置机关，在一定期间内将受保护人安置于适当环境或协助转业，并给予生活照料"。"前项期间最长不得逾一年。但必要时，经检察官或法院之同意，得延长一年。所需安置相关经费，由内政部别列预算支应。"

我国要建立起污点证人权利保护的特殊措施，首先，需要解决执行证人保护措施的机构问题。根据《刑事诉讼法》第49条的规定，公安机关、人民检察院和人民法院都是证人保护机关。但由于该规定没有明确区分三机关的保护职责，导致实践中互相推诿。由于污点证人的保护需要贯穿刑事诉讼的审前、审判和审后各个阶段，单独确定三机关中的任何一个负责保护都有不足，笔者认为，最好是建立起一个专门的污点证人保护中心。考虑到目前中国的实际情况，目前尚不具备这种最佳选择的建立条件。鉴于公安机关有社会治安管理的职能和有系统的机构（各级公安局直至派出所），具备保护公民人身安全的能力。特别是在需要对污点证人实施随身保护的情形，公安机关的警察力量显然比司法机关的司法警察更有技术和经验。故笔者主张由公安机关负责执行污点证人权利保护的各项措施，其他两个机关则根据需要对特殊措施的采取予以配合。其次，我国应当吸纳《联合国反腐败公约》的有关规定和借鉴其他国家和地区的做法，对污点证人根据需要采用从人身保护、适当采用科技收集证言、"随身保护"到"改变住处、工作地"，甚至于"改变其相貌和身份"逐步升级的措施。随身保护的目的，在于保证污点证人及其家属的生命安全。改变住处、工作地，也主要在于防止作证之后污点证人及其家属遭到报复。而改变相貌和身份的做法，涉及污点证人的一些个人权利。

笔者设想的改变污点证人相貌的措施，主要针对有特殊面部特征的污点证人而言。依据常人经验，如果某人面部有特殊的表征，如色痣、色块、独眼、酒糟鼻、斜眼、歪嘴、兔唇、地包天、麻脸、疤痕等，往往容易被他人记住。污点证人如果面部存在这些特征，无疑加大了被识别的可能。因此，笔者设想在不损害污点证人身体健康、并经过其同意的情况下，对其实施整容手术，去除其面部的特殊表征，以收到对污点证人的保护效果。至于改变污点证人身份，笔者将其放在与改变污点证人相貌同一层级，主要原因在于其在中国实施的必要性不大，除非是特别重大、涉及范围非常广泛的案件，否则，要将一个中国人及其家属从出生到工作多年的档案全部改变，难度较大。即使能够完成这一系列的改变，涉及的人员也绝对不会少，信息泄露的可能性增大，污点证人的安全将更加得不到保证。因此，笔者以为改变污点证人身份的做法只宜是在极少数特别的案件中使用，并要经过审批和采取极其严格的保密措施，才可能达到预期的目的。

犯罪现场勘验中的几个问题*

现场勘验是刑事侦查中经常采用的一种措施。通过现场勘验收集到的物证、书证,对确定侦破范围和破获案件均能起到重要的作用。根据我国《刑事诉讼法》第 71 条至第 74 条、第 76 条对现场勘验作出的规定,特作如下研讨。

一、现场勘验的概念、犯罪现场的要素和特征

(一) 现场勘验的概念

根据《刑事诉讼法》第 71 条的规定,现场勘验是指侦查人员对犯罪场所、现场上遗留的痕迹、物证、人体或尸体进行勘查和检验的一种侦查活动。犯罪现场是指犯罪分子实施犯罪活动的地点和遗留与犯罪有关的痕迹、物证、人体或尸体等的一切场所。该概念具有以下几种含义:(1) 现场勘验是由侦查人员或在侦查人员指导下进行的。侦查人员进行,是指侦查人员自己有组织、有指挥地进行;在侦查人员的指挥下进行,是指派出所的干警和企事业单位的保卫科、处干部对一般刑事案件的现场在侦查人员的指导下进行,其他任何机关、团体、个人均不得自行进行。(2) 现场勘验是按刑事诉讼法规定的程序进行的。具体是指依照《刑事诉讼法》第 71 条、第 73 条、第 74 条、第 75 条、第 78 条的规定进行的。(3) 现场勘验是运用多种刑事技术进行的。各种技术措施包括:运用各种物理、化学检验方法,法医检验技术,现代录音、录像和绘图技术等。(4) 现场勘验是在特定的空间领域内进行的。特定的空间领域,是指犯罪现场这个空间领域,而不是离开犯罪现场的其他无关领域。

(二) 犯罪现场的要素和特征

1. 犯罪现场的构成要素。犯罪现场由下列客观要素构成:(1) 时间、空间要素,即犯罪分子从开始犯罪到停止犯罪的时间和犯罪时所涉及的地点、空间。(2) 犯罪人的行为要素,即犯罪分子为实现其犯罪意图所进行的行为,包括踩点、窥视、逗留、着手、实施(如实施杀人、伪造现场、掩埋尸体)

---

* 本文刊载于《法治论丛》1993 年第 5 期。

等行为。(3)被侵害对象及其现场的变化,即由于犯罪行为引起人、物、事之间的关系变化情况,如杀人引起被害人伤或亡的情况,现场上留下的痕迹、凶器等。

2. 犯罪现场的特征:犯罪现场具有如下几个特性:

(1)暴露性,即指犯罪分子实施犯罪行为在室内外引起侵害对象及其物质环境形态变化的特性。暴露性通常有以下表现形式:①被侵害对象的物质形态发生了变化。例如,投毒、杀人等犯罪行为造成的人、畜伤亡;放火、爆炸等犯罪行为造成的财物损失等。②现场各种物品的位置和组合关系因犯罪行为而发生的变化。例如,保险箱被移动,桌、椅、凳等被推倒,箱柜内的物品被翻动或抛到外面等。③现场的物品、痕迹因犯罪行为而有所增加或减少。例如,增加的痕迹包括手脚印、运输工具痕迹和现场原来不应有的其他痕迹等;增加的物品主要是犯罪分子遗留在现场上的凶器、破坏的工具、穿着用品、人体分离物和排泄物(如毛发、精斑、粪便)等;减少的物品主要是犯罪分子取走的各种财物(如衣服、钱款、金银首饰等)和从现场沾带走的各种物质(如泥土、油漆、血迹)等。④现场周围环境发生的变化。例如,决水造成淹死的大片庄稼、冲毁若干民房,投毒造成的饮水污染等。

暴露性通常要求侦查人员采取相应的技术措施提取物证、拍摄照片或作出详细的记录。

(2)特定性,即指每一现场都有不同于其他现场情况的特性。例如,杀人现场的特性表现为杀人时留下的血迹和双方搏斗的痕迹;盗窃现场表现为留下撬坏保险箱的痕迹、金属粉等。

特定性决定了侦查人员勘验现场时,必须针对不同犯罪现场确定勘验的重点和采取相应的技术措施,从而收到最佳勘验效果。

(3)阶段性,即现场表现出的同一案件的各个现场和每一现场的各个部分先后连续的次序性。例如,同一案件表现出来的第一现场、第二现场以及第三现场的先后连续性和每一现场表现出的犯罪分子完成作案行为各部分的先后次序性。

阶段性决定了侦查人员应当对同一案件的各个现场和每一现场的各个部分进行认真细致的勘验,对犯罪行为的过程和遗留物证进行全面、综合的分析研究,使侦查工作步步深入发展,为侦查工作提供更多的物证。

(4)易变性,即指现场状态很容易受人为或自然因素的影响而发生变化的属性。例如,被侵害的对象和痕迹因受人为(故意或无意)或自然条件(风、雨、雪、日晒、鸟啄、兽食等)的影响而发生烂腐或干枯(尸体)、变形(痕迹)、消失(痕迹)等。

易变性决定了要求侦查人员应当迅速、及时地对现场进行勘验，从而收集到最能证明案件真实情况的证据。

二、现场勘验的分类、任务和原则

（一）犯罪现场的分类

1. 根据现场在犯罪案件发展过程中所处的地位和作用不同，可分为主体现场和关联现场。主体现场通常是指犯罪分子实施主要犯罪行为的场所。例如，杀人、放火、盗窃公私财物的场所等。在主体现场上，犯罪分子停留的时间较长，遗留的证据较多。勘验主体现场对于发现、收集侦查线索和证据有很大的作用。关联现场，是指主体现场以外与犯罪行为有关联的一切场所。例如，作案前进行踩点、窥视、逗留等待作案的场所，准备犯罪的场所，隐蔽赃款的场所，销毁或丢弃犯罪工具、凶器的场所，掩埋尸体的场所等。由于关联现场与主体现场有密切的联系，注意对其进行寻觅或勘验也具有重要作用。

2. 根据现场形成之后有无变化不同，可分为原始现场和变动现场。原始现场，是指现场形成之后到进行勘验之前，其状态基本上没有受到人为的或其他外来因素破坏的现场。由于原始现场遗留的物证比较多、比较完整，因此，勘验这类现场能收集到比较多和比较客观的证据。变动现场，是指现场形成之后，由于人为（非故意）的或其他外来因素的作用而使原始的现场状态受到部分或全部破坏的现场。通过勘验变动现场，可以从已破坏的痕迹、物体中发现尚未遭受破坏的部分情况，收集到许多对查明犯罪事实有价值甚至是很有证据作用的痕迹、物证。

3. 根据现场的真伪性质有无伪装不同，可分为伪装现场和伪造现场。伪装现场，是指客观上确实存在犯罪事实，但犯罪分子为了掩盖事实真相、转移侦查视线、逃避打击而故意对原始现场状态伪装或破坏的现场等。它们包括三种情况：一是为了改变犯罪性质把杀人现场伪装成自杀现场，把放火现场伪装成意外失火现场等；二是为了转移侦查视线，把内盗现场伪装成外盗现场，把男人作案现场伪装成女人作案现场等；三是为了隐藏自己对现场进行破坏，如扫地、泼水、撒灰等。伪造（假案）现场，是指客体上并无犯罪行为造成的痕迹，而是当事人出于某种目的虚构假情况，编造假陈述，设置假现场，制造假证据，伪造犯罪行为发生的现场。例如，为了侵吞公款，逃避刑事追究，谎报被他人盗窃或抢劫的现场等。勘验伪造（假案）现场，从当事人的陈述与现场之间的矛盾进行分析、研究，能透过假象看到真相，收集到犯罪证据，达到揭露犯罪、证实犯罪的目的。

4. 根据现场形成的先后次序不同，可分为第一、第二等若干个现场。第一现场,是指犯罪分子开始实施犯罪行为并达到既遂结果的现场。例如,犯罪分子将被害人杀死的现场。勘验第一现场,能够获取大量的证据或线索,对缩小侦破范围和破案有重要作用。第二、第三等若干现场,是指犯罪第一现场形成以后,犯罪分子为了逃避刑事追究而造成的其他现场。例如,犯罪分子在甲地把被害人杀死形成第一现场后,把被害人的尸体运到乙地掩埋起来形成的现场(第二现场),不久将尸体挖出抛到水塘、水坑中的现场(第三现场)等。勘验第二、第三等若干现场,可以通过它们与第一现场存在的相连关系,寻觅到第一现场。即使是暂时寻觅不到第一现场,也能从第二、第三现场发现的尸体上获取证据,所有这些对侦破案件都有重要作用。

5. 根据现场所处的环境不同,可分为室内现场和室外现场。室内现场,是指犯罪行为在房舍内、办公室内、厂房内、厕所内等形成的现场。例如,犯罪分子在室内行盗形成的现场,在厂房内放火形成的现场,在厕所内杀死被害人形成的现场等。通过勘验室内现场,能够收集到室内地上、床上、柜上、墙上等遗留的犯罪痕迹、物证,从而为缩小侦破范围和破案提供有力的证据。室外现场,是指在室外露天场所形成的现场。例如,犯罪分子在丛林中强奸被害人时与被害人搏斗形成的现场,汽车肇事致死致伤被害人形成的现场,放火形成的现场等。通过勘验室外现场,也能收集到现场地上的痕迹、物证,为缩小侦破范围和破案提供有效的证据。

(二)现场勘验的任务

1. 查明案件性质。现场勘验工作常常分三种情况:第一种是刑事案件现场;第二种是自然现象、自杀事件和事故的现场;第三种是伪装现场和伪造(假案)现场。现场勘验的任务,首要的是确定属于何种性质的现场。若查明是犯罪现场,就开始侦查。对一时难以查清事件性质的,可以提出几种分析意见,但还是以犯罪现场对待为宜。

2. 查明与犯罪有关的情况。在已判定是犯罪现场的情况下,侦查人员必须查明如下情况:(1)实施犯罪的时间,包括犯罪分子进入现场的时间,开始犯罪的时间,犯罪的连续时间,作案后毁尸灭迹的时间和逃离现场的时间等。(2)发生犯罪时的地点、环境。包括犯罪发生的第一、第二、第三等现场的地址,犯罪时周围环境遭到破坏的情况等。(3)侵害的对象及后果情况。包括若侵害的是人,应当查明被害人的身份、精神状态、受伤情况或尸体的情况;若侵害的是财物,应查明财物受到损失的情况及特征,包括它们的种类、数量特征和特定特征等。(4)参与犯罪的人数、犯罪分子的个人情况和特征。包括应尽可能地查明犯罪分子的姓名,性别,年龄,体态,面貌,衣着,行走的动作习惯,生理病理特征,语言特征,文化程度,职业,技能,所在地区

(单位)、作案时的心理特征（如残忍、谨慎）、现场环境和对被侵害对象熟悉的程度等。（5）实施犯罪的方法、手段和使用的工具（包括交通工具、运输工具、作案工具等），凶器的情况、特点等。（6）实施犯罪的过程。包括进入与逃离现场的路线，实施犯罪行为的先后顺序和作案时伴随发生的情况等。（7）实施犯罪的动机、目的、因果关系和促成犯罪发生的各种因素。包括谋财害命的目的、动机，报复的目的、动机，激愤的目的、动机等。

3. 收集犯罪证据。包括：（1）收集言词证据，如被害人的陈述、证人证言、被告人的供述和辩解等。（2）收集物证，如被害人的尸体、人体组织及其分泌物、排泄物、气味等；犯罪人的手印、脚印、牙齿印、作案工具造成的痕迹、运输工具造成的痕迹等；与犯罪有关的物质，如犯罪工具和遗留的物品等。（3）书面证据材料，如与案件有关的各种证件、信函、日记、账簿、票证、单据等。（4）音像证据材料，如录音带、录像带和电子计算机贮存的资料数据等。

4. 适时采取紧急措施。包括：（1）迅速布置现场警戒工作，维持秩序，保护现场和临场人员的安全。（2）对仍在行凶作恶的，应制止犯罪，拘捕犯罪分子；同时急救受害人，抢救财产，排除险情，控制事态扩大，尽量减少或避免损失。（3）若发现犯罪分子尚未远逃或隐藏在现场附近，应及时进行搜查。（4）在犯罪现场或来去路上发现犯罪分子留下的新鲜痕迹，如脚印等，应及时组织侦查人员进行步法追踪或利用警犬进行追踪。

（三）现场勘验的基本原则

现场勘验的基本原则，是指侦查人员进行现场勘验过程中必须遵循的基本准则。根据诉讼理论和侦查实践来看，现场勘验主要有以下基本原则：

1. 有场必勘原则。即凡是有现场的事件，侦查人员必须进行勘验的原则。之所以要遵循这条原则，是因为现场或多或少会遗留行为人实施行为的痕迹、物品。只有通过勘验现场，收集到它们，才能初步判定行为人实施行为的性质，以查明事件的性质（是自然发生的事件或者一般违法案件，或是犯罪案件），并取得相应的证据，为以后对其作出处理打下基础。

2. 依靠群众勘验的原则。即进行现场勘验必须依靠群众参加的原则。其内容包括：依靠群众保护现场；向见证人、被害人询问与案件有关的情况；邀请见证人参加见证等。只有这样，才能及时收集到比较多的证据和保证勘查勘验在见证人的监督下依法进行。

3. 及时勘验的原则。即接到报案后，侦查人员应当以最快的速度立即赶赴现场进行勘验的原则。其内容包括：赶赴现场的行动要快；提取痕迹的动作要迅速；询问事主、被害人、证人要立即进行等。这样做，既能在痕迹尚未遭到人为或外界因素的破坏的条件下及时收集到被害人或证人提供的记忆比较清楚的言词证据，还可以及时收集到犯罪分子遗留在现场的物证（如头发、衣物、烟蒂、鞋帽或手套等）。

4. 全面勘验的原则。即对一切与犯罪有关的场所、人、物、事都应当进行深入、系统、全面勘验的原则。其内容包括：凡属于勘验范围的地方，都勘验到；凡属应当询问的人，都要询问到；凡属于应当检查的项目，都应采用侦查措施或技术措施按要求一一做到。只有这样，才能收集到尽可能多的物证和言词证据。

5. 细致勘验的原则。即对现场进行认真、仔细、精心勘验的原则。其内容包括：（1）对那些破坏比较严重、人们经常接触而留下痕迹的地方进行仔细勘验；对某些边边角角、容易被人们忽视的地方进行勘验；既注意收集体积较大的物证和明显的痕迹，又要收集体积较小的物品或不完整的痕迹；在提取物证、排除险情时应谨慎小心等。（2）询问事主、被害人、证人时，既要询问与案件有关的情况，又要询问他们知道的情况的来龙去脉等。

6. 客观地进行勘验的原则。即采取尊重客观事实、实事求是的态度对现场进行勘验的原则。其内容包括：对认为与案件有关的证据如实地收集和提取；对勘验的过程如实地做记录（包括文字记录、录音、录像等），决不能添枝加叶或不记、少记。

7. 合法进行勘验的原则。即依照刑事诉讼法和有关法规的规定进行勘验的原则。其内容包括：进行现场勘验，必须依照刑事诉讼法的有关规定进行；必须遵照公安部制定的刑事案件现场勘查规则进行；解剖尸体必须遵照卫生部制定的解剖尸体规则进行等。

8. 通力合作进行勘验的原则。即凡是参加现场勘验的指挥员、侦查人员、刑事侦查技术人员互相支持、密切配合进行勘查的原则。其内容包括：指挥侦查的人员精心地进行组织和指挥；侦查人员服从调配和指派；技术人员全力帮助侦查人员提取物证等。

9. 同时采用有关侦查措施的原则。在勘验现场过程中，采用其他侦查措施，包括对与犯罪有关的物品进行检查和对人身进行检查；对现场周围可能隐藏犯罪分子的房舍或场所进行搜查；对尸体进行检验等。这样做，既能节省侦查的人力和财力，又能及时地捕获犯罪分子和收集到查明案情的证据材料。

关于侦查中实行扣押之研讨[*]

我国《刑事诉讼法》第84条规定,扣押物证、书证是侦查措施之一。在必要的情况下,侦查人员使用它能及时地收集到证明被告人有罪或者无罪的有关证据(物品和文件)。在国外,德国、法国、苏俄、前南斯拉夫和越南等国的刑事诉讼法也把扣押规定为一种侦查措施。在英美法系国家,虽然法律未规定扣押为侦查措施,但是,在侦查实践中警官经常使用。由上可见,扣押已成为各国侦查工作广泛使用的一种侦查措施,为了推动对扣押全面深入的研究,特作如下探讨。

一、概述

(一)扣押的概念

法学界对侦查扣押(以下简称扣押)概念的界定,典型的表述有下列几种:(1)"扣押物证、书证是指侦查机关对与案件有关的物品、文件等依法强制扣留的一种侦查活动。"① (2)"扣押物证、书证,是侦查人员勘验、搜查中,发现的能够证明被告人有罪或无罪的物品、文件,依法予以扣留的一种侦查措施"。② (3)"扣押,是公安机关(含国家安全机关)、人民检察院在侦查中强制扣押、留置或提取某人或单位占有或管理的与案件有关的可以用作证据的物品、文件的诉讼行为"。③ (4)"扣押是为了控制已知道的与犯罪有关的某一物品,向某一物品持有人强行予以扣留的一种强制性侦查措施"。④ 上述概念中,第一个概念是从物品、文件与案件有关角度界定的;第二个概念是从物品、文件对证明被告人有罪或无罪方面界定的;第三个概念是从物品、文件可以用作案件证据角度界定的;第四个概念是从物品与犯罪有关的角度界定

---

* 本文刊载于《中央政法管理干部学院学报》1994年第2期。
① 《刑事诉讼法学》,中国政法大学出版社1990年版,第245页。
② 《刑事诉讼法学》,北京大学出版社1989年版,第250页。
③ 《公安机关办理刑事案件的程序》,中国人民公安大学出版社1989年版,第173页。
④ 《犯罪侦查的理论与技术》,中山大学出版社1990年版,第362页。

的。笔者认为，第四个概念对扣押的界定是片面的。究其原因如下：首先，《刑事诉讼法》第 84 条规定，不仅对可以证明被告人有罪（与犯罪有关）的物品、文件应当扣押，对可以证明被告人无罪的物品、文件也应当扣押，而该概念只阐明了前者。其次，在扣押的客体方面，只阐明了可以扣押物品，未阐明可以扣押文件。依笔者之见，扣押是指侦查人员在侦查过程中，对可以证明被告人有罪或无罪的物品、文件等强行扣留的一种侦查行为。"侦查人员"，既包括公安机关的侦查人员，又包括国家安全机关的侦查人员，还包括人民检察院办理自侦案件的检察员。"侦查过程中"，不仅包括勘验、搜查之时，还包括检查、讯问被告人之时。"强行扣留"，即采用强制手段留下。

（二）扣押的形式

扣押的形式分为公开扣押与秘密扣押两种。公开扣押，是指在被告人或其他公民在场的情况下进行的扣押，它适用于在公开侦查的各种情况下进行。例如，在勘查现场、检查被告人人身、讯问被告人等情况下实施。秘密扣押，是指在不让被告人和无关公民觉察的情况下进行的扣押，它适用于在秘密侦查的各种情况下进行。例如，在对被告人的来往信件、邮件进行检查等情况下实施。无论公开扣押或秘密扣押均需有关负责人批准和依照法律程序进行。在进行秘密扣押时，须特别慎重行事。

（三）扣押的方法

扣押一般采用如下三种方法：（1）提取法，即发现应当扣押的物品、文件等，当场取获带走；（2）派人或委托单位看管法，即对于大件物品当场不能带走，就派人或委托单位看管，并讲明其应负的责任。例如，《德国刑事诉讼法》第 10 条 a 中就有采取此法的规定。《苏俄刑事诉讼法》第 175 条和第 176 条也有如何采取此法的规定。（3）查封法，即对于适于查封的物件进行封存。《日本刑事诉讼法》第 106 条至第 114 条比较详细地规定了采取此法的程序。

（四）扣押的时间

根据收集、固定和保全证据的需要，扣押可以在如下时间进行：（1）在进行讯问被告人的过程中进行；（2）在执行逮捕、拘留的过程中进行；（3）在搜查的过程中进行；（4）在现场勘验的过程中进行；（5）在进行检查（物件、人身等）的过程中进行；（6）在被告人逮捕、拘留后的任何时间中进行。但大多数情况是在实行现场勘验、检查和搜查的过程中进行。在国外，有的国家刑事诉讼法就扣押的时间作出了明确规定。例如，《法国刑事诉讼法》第 59 条规定："为了查明触犯刑法典第 334 条之一、第 334 条和第 335 条规定的罪行,白天和夜间任何时间内可以进行扣押。"《苏俄刑事诉讼法》第 175 条第 2款规定:"扣押财产可以与提取或搜查同时进行,也可以单独实行。"

二、扣押的条件

关于扣押的条件,综观国内外立法例和学界的观点,主要有如下几种学说:(1)"可以证明说",即当发现可以证明被告人有罪或无罪的物品文件时,就认为具备了扣押的条件。例如,上述扣押的第二种概念所言之内容。我国《刑事诉讼法》第 84 条的规定,即属此种。(2)"与案件有关说",即当发现物品、文件与案件有关时,就认为具备了扣押的条件。例如,上述扣押的第一种概念所言之内容,即属此种观点。《日本刑事诉讼法》第 100 条第 1 款规定扣押"以足以认为与被告案件有关时为限",即属此种。(3)"可以用作证据说",即当发现物品、文件可以用作证据时,就认为具备了扣押的条件。例如,上述第三个概念所言之内容,即属此种。从《南斯拉夫刑事诉讼法》第 211 条第 1 款规定的扣押"应是刑事诉讼法中可以用作证据的物品"内容观之,该规定亦属此种。(4)"有利于查明案件事实真相说",即当发现物品、文件对查明案件事实真相有利时,就认为具备了扣押的条件。《法国刑事诉讼法》第 97 条第 4 款规定:"预审法官仅能扣押有利于查明事实真相的物件以及如果任其流传将不利于预审的物件。"可见,该法规定的内容即属此种。(5)"可能有重要意义说",即在发现物件对侦查可能有重要意义或可能没收时,就认为具备了扣押的条件。《德国刑事诉讼法》第 94 条规定:"作为证据,对于侦查可能有重要意义或者依法可以没收的物件(例如,刑法第 40 条规定的应当没收的犯罪制造物和犯罪工具),应当提交保管或者加封存。"该条规定的内容,即属此种。(6)"足以认为应当扣押说",即足以认为文件、物品等应当扣押时,就认为具备了扣押的条件。《日本刑事诉讼法》第 102 条规定扣押"足以认为应当扣押为限",就属此种。

根据国内外立法例和侦查实践的情况观之,笔者认为,扣押的条件应是"侦查必要说",即侦查人员在侦查过程中,认为需要依法扣押,就算具备了扣押条件。具体包括如下三种情况:(1)物品和文件等可以证明本案被告人有罪或者无罪之时。"可以"是侦查人员初步判定很可能;"证明"是证实和表明;"有罪",既包括罪重、罪轻,又包括免除刑罚处罚;"无罪",是指不应追究刑事责任;"本案",是指正在被侦查的案件。(2)物品和文件可以证明该案以外其他犯罪案件存在之时。例如,侦查人员在搜查被盗钱财的过程中,发现了某人收藏有国家的一级文物。发现了国家的一级文物,就属此种情况。(3)发现了国家法律严禁传播、使用的物件之时。例如,发现某人持有黄色录像带，某人非法持有枪支，某人携带有毒品等情况。凡是具有上述三种情况之一的，均应视为具备了扣押的条件，有关物品、文件等均应扣押。

三、扣押的范围

扣押的范围，即扣押的客体。笔者认为，扣押的范围可分为以下几个方面：(1) 物品包括的种类很广泛，主要有：①用于作案的物品，如作案工具；②被害人身上之物；③现场遗留的物品；④犯罪所得物。(2) 文件、邮件和文字材料主要包括：①文件，包括国家的政治机密文件、军事机密文件、企业的重要经济情报资料等。②邮件，包括电报、信件、包裹等。③文字材料，包括共犯制作的作案计划、反动纲领等。(3) 钱款包括：①赃款。②有价证券，其又可分四种：一是表示货币请求权的货币证券，如银行支票、汇票、外汇兑换券，已盖章或签字的支票、汇款单，不留印鉴的活期或定期存折，信用卡等；二是表示商品所有权的财物证券（商品证券），如提货单、交货单等；三是有面值的各种票证，如有效的飞机票、火车票、汽车票、轮船票等；四是表明一定资本（资金）所有权、收益请求权的资本证券，如股票、各种债券等。(4) 金银首饰等。

在国外，有些国家刑事诉讼法对扣押客体只有原则性的规定。例如《德国刑事诉讼法》第79条规定，扣押的范围包括货币、金条、票据或证券。《法国刑事诉讼法》第56条第1款规定，扣押的范围包括"嫌疑犯所拥有的证件、文件或其他物品""持有者所似乎持有的同指控事实有关的证据或物品"。《苏俄刑事诉讼法》第175条规定，可以扣押的财产可以是没收的财产，可以是刑事被告人、犯罪嫌疑人的财产或对他们的行为依法负有物质责任的人的财产，或保存犯罪所得财产的其他人等所有的财产。《越南刑事诉讼法》第120条规定："搜查过程中，侦查人员可扣押作为物证的物品与案件有直接关系的材料。对禁止收藏、禁止流行的物品，要没收，并立即移交负责管理机关。"

有的国家刑事诉讼法在规定扣押的范围的同时，作为例外，还规定了哪些物品、文件等不得扣押。例如，《德国刑事诉讼法》第96条规定，对公文书不得扣押。其第97条还规定，不得扣押的物品分两种情况：一种是不附条件的不得扣押；另一种是附有条件的不得扣押。其中，不附条件的不得扣押物件包括：(1) 被告人和依照该法第52条或第53条第1款第1项至第3项的规定可以拒绝作证的人彼此之间的通信；(2) 第53条第1款第1项至第3项列举的人，就被告人向他们吐露的秘密事项或者他们有权拒绝作证有关的其他情况所作的笔录；(3) 依照第53条第1款第1项至第3项规定有权拒绝作证的人所收藏的其他物件，包括医疗检查病历在内。附有条件的不得扣押包括：（1）此限制，只是在物件是由有拒绝作证的人保管时才适用。即使物件是由一个医院保管，而收藏者是有权拒绝作证的医师、牙科医师和助产士的，也不能扣押。有权拒绝作证的人，如果有共犯、从犯、收藏犯的嫌疑的，或者所涉及的物件是一个重要的或者轻微的罪行的产物或者是被用来或者是想把它们用来实施一个重要罪行或轻微罪行或者物件是来自这样犯罪的，都不能适用这些有关限制和扣押的规定。（2）如果文件是由一个有权拒绝作证的联邦议会的议员、联邦议会或邦议会上下院议员（见第53条第1款第4项）收藏的，不许扣押。（3）第97条中的第1款至第3款的规定，对第53条讲到的可以拒绝作证的人，斟酌适用。（4）对于依照第53条第1款第5项和第6项规定，可以拒绝作证的人保管文件，如果是为了确认一个处罚内容的刊物或广播的作者或投稿者或通信者本人的，应当不予扣押。

《日本刑事诉讼法》规定不得扣押也有两种情形：一是公务上的秘密扣押，由刑事诉讼法第103条、第104条规定。二是业务上的秘密与扣押，由刑事诉讼法第105条规定。

笔者认为，上述刑事诉讼法在规定应当扣押的范围同时，从反面规定了对在特殊情况下不应当扣押是有借鉴作用的。为了适应扣押中可能遇到的各种特殊情况，笔者认为，借鉴国外的做法，我国刑事诉讼法应当补充规定在特殊情况下对应当扣押的物品、文件等，决定是否进行扣押时，应当报请该保管机关主要负责人批准。所谓特殊情况，是指进行扣押可能不利于保密或有损于国家根本利益等情况。经该保管机关主要负责人批准，是指侦查人员所在机关的主要领导批示和允许。作出这种规定，既有利于及时解决实践中遇到的特殊问题和保障诉讼的顺利进行，又能维护国家的根本利益。

四、扣押的程序

扣押应当依照法定的程序进行。只有这样，才能达到顺利地进行扣押和收集到所需证据的目的，同时，也能保障公民的合法利益。扣押的程序，是指侦查人员进行扣押时必须遵守的程式、步骤和方法。其具体程序一般为：批准或决定扣押；实施扣押，包括提取、派人或委托有关单位保管或查封；开列清单；制作扣押笔录。现分述如下：

（一）批准或决定扣押

公安部于1979年12月24日颁发的《关于刑事侦察部门分管的刑事案件及其立案标准和管理制度的规定》第四个问题第九条规定："对已查明有犯罪行为的被告人，认为需要扣押邮件、电报的时候，经县（市）公安局长、公安分局局长或者相当这一级的刑侦部门负责人批准,可向邮电局发《扣押邮件电报通知书》;不需要继续扣押的时候,应即发出《停止扣押邮件电报通知书》。"这表明,在我国,扣押邮件、电报应由县(市)公安局长或相当这一级的刑侦部门负责人批准。笔者认为,这条规定,可供国家安全机关和人民检察院参考。1982年1月22日邮电部颁发的《关于军队执行逮捕、拘留的机关扣押被逮捕、拘留人犯的邮件、电报批准权限问题的通知》规定:"军队执行逮捕、拘留机关,扣押被逮捕、拘留人犯的邮件、电报时,由军队师级以上保卫部门、军事检察院和军事法院批准即可。"

在国外,《德国刑事诉讼法》规定,只有审判官才有权命令扣押;在特殊情况下,检察官或有扣押权力的审判官才有权命令扣押。该法第98条还规定,扣押应作出命令。作出扣押命令的主体有两种人,一种是在任何情况下可以作出扣押命令的审判官;另一种是在遇有延缓会发生危害时,也有权作出扣押命令的检察官及其助理人员(由联邦政府决定的公安人员——侦查员和其他的某一级警官)。《苏俄刑事诉讼法》第174条规定:"在邮电、电信机关扣押邮件、电报,只有经过检察长的许可,或者依照法院的裁定或决定进行。"《南斯拉夫刑事诉讼法》第214条规定:"(1)如果有根据可以预期被告人的来往邮件会在诉讼中用作证据时,调查法官可以指令邮政、电报和其他交通组织扣留发给被告人的来往信件、电报和其他邮件,并转交给调查法官(要有收据)。(2)公诉人只能指令扣押邮件,但是如前款所列举的组织在接到指令三天之内没有收到调查法官的决定时,应当停止扣留。"《越南刑事诉讼法》第119条规定:"必要时,侦查机关可以下令扣押犯罪嫌疑分子在邮局的书信、电报、邮件。扣押令在执行前须经同级检察院批准。不能延迟的特殊情况例外,但要在扣押笔录中注明,并在扣押后立即向同级检察院报告。"

由上可见,多数国家的刑事诉讼法规定扣押必须经检察长或检察院批准,少数国家的刑事诉讼法规定扣押由审判官批准或在特殊情况下由检察官批准。笔者认为,这种将扣押的批准权与执行权分离的立法例是可以借鉴和吸收的。为何笔者主张将扣押的批准权与执行权分开?主要是考虑到为了加强对扣押执行的控制和监督,防止滥用扣押执行权。因为扣押既是一种强制性侦查措施,又事关被扣押者的财产利益和通信自由的权利,把握不好,就容易造成侵犯上述权利的现象发生。根据我国《刑事诉讼法》第86条规定,扣押邮件、电报由公安机关或者人民检察院批准。据笔者理解,这条规定,实际上是由执行扣押的公安机关或人民检察院批准。笔者认为,公安机关执行扣押应由人民检察院批准;人民检察院执行扣押由法院批准。这样规定,有利于严格控制扣押批准权。

（二）实施扣押

实施扣押必须提出请求，并声明所要扣押的物品、文件等的名称。前文已对扣押范围作了阐述，故此处不再重复。关于扣押邮件、电报的范围，我国有关法规规定，扣押被逮捕、扣留人犯的邮件、电报包括下列四种：（1）该人犯寄发给他人的；（2）他人直接寄交给该人犯的；（3）寄交他人转交该人犯的；（4）寄交该人犯转交他人的。

我国《刑事诉讼法》第86条规定："侦查人员认为需要扣押被告人的邮件、电报的时候，经公安机关或者人民检察院批准，即可通知邮电机关将有关邮件、电报检交扣押。"至于怎样进行检交扣押，有关法规具体规定：执行扣押人犯邮件、电报时，应用《扣押邮件、电报通知书》通知相关的邮电机关（邮局、邮电局、电报局、长途电信局）的负责人，由邮电机关指派专人将相关邮件、电报邮检出交与执行逮捕、拘留机关派到邮局接受该件的人员，或由执行逮捕、拘留机关指派专人到相关的邮电机关检查，邮电机关予以协助。笔者认为，上述规定是合适的，也是切实可行的。

在国外，有的国家的刑事诉讼法也有这方面的规定。例如，《苏俄刑事诉讼法》第174条第2款规定："在必须扣押邮件电报的时候，侦查员应当作出说明理由的决定。在检察长批准该项决定之后，侦查员即将决定送交该管的邮政、电信机关，命令扣押邮件电报，并通知自己前往进行检查和提取被扣押的邮件电报的时间。"《越南刑事诉讼法》第119条规定："必要时，侦查机关可下令扣押犯罪嫌疑分子在邮局的书信、电报、邮件。扣押令在执行前须经同级检察院批准，不能延缓的特殊情况例外，但要在扣押笔录中注明理由，并在扣押后立即向同级检察院报告。""扣押令执行人要在扣押前通知有关邮政机关负责人，邮政机关负责人要协助扣押令执行人完成任务。"由上可见，上述各条的内容，基本同于我国法律、法规的规定。

在扣押物品时，对能提取的当场提取；对不能提取的，或采取派人保管的方法保管，或委托有关单位保管、或当场查封（封存、封闭）。对此，我国刑事诉讼法和法规均未作规定，在国外，有的国家刑事诉讼法做了规定。例如，《苏俄刑事诉讼法》第174条第2款规定："实行检查和提取，应当有邮政、电信机关的工作人员中的见证人在场。在必要的时候，侦查员有权传唤有关的专家参加对邮件电报的提取。在没有必要继续采用这种措施时，应当由侦查员作出决定，撤销对于邮件电报的扣押。"其第176条还规定，提取时应指明这些东西是自愿交出的，还是强制收取的，以及在什么情况下发现的。如果在提取被扣押财产时，被搜查人或者其他人等曾确有毁坏或藏匿物品或文件的企图，或者破坏秩序的事实，笔录中应当记明这种情况以及侦查员所采取的措施。其第177条规定,如果提取是在机关、企业和团体所属的房舍内实行的,笔录的副本应当交给有关的公职人员。笔者认为,在修改完善我国刑事诉讼法时,应当借鉴苏俄刑事诉讼法对扣押的物品能当场提取或者不能当场提取采取哪些措施作出规定。

对于不能当场提取的被扣押的财产,可以派人或委托他人或单位保管。对此,在国外,有的国家就有这方面的法律规定。例如,《苏俄刑事诉讼法》第175条第5款、《日本刑事诉讼法》第121条。鉴于我国刑事诉讼法没有规定扣押财产的规定,笔者认为,在修改完善我国刑事诉讼法时,应当借鉴上述国家刑事诉讼法的相关规定,增加这方面的条款。

对于某些应当扣押的财产,可以查封。对此,《日本刑事诉讼法》规定,法院在必要时,可以将证物或认为应当没收的物品查封。但有特别规定时,不在此限。法院可以指定应当查封的物品,命令物品的所有人、持有人或保管人提出该项物品(第96条);对被告人的邮件、电报,也可以将其查封(第100条);查封应当先发查封票然后执行(第106条);查封票应当按照检察官的指挥,由检察事务官或司法警察职员执行。执行查封票时,可以让检察官、被告人或辩护人在场(第113条);在公务机关执行查封票,应当通知公务机关的首长或可以代理首长的人参加;在有人居住或有人看守的宅邸、建筑物或船舶内,执行查封票时,应当通知居住的主人或看守人或可以代理他们的人在场(第114条)。《罗马尼亚刑事诉讼法》第107条规定:"不能签名的物品或不能贴标笺和加封的物品,可以包装在一起打捆,然后加火漆封印。""凡不能扣押的物品可以封存起来,由所有者或保管人保存。"由上可见,《日本刑事诉讼法》对查封规定得最为详细和具体。笔者认为,某些做法值得我国参考和借鉴。

关于扣押人犯在银行的存款问题。对人犯在银行的存款可以查询、冻结和扣划。对此,公安部于1987年3月颁发的《公安机关办理刑事案件程序规定》第82条规定:"需要向银行查询或者要求暂停支付与案件有关的储蓄存款时,必须持有县级以上公安机关的查询公函或者发出书面通知。""查询或者暂停支付华侨、归侨、侨眷储蓄存款时,由行署、市以上公安机关征求当地侨务部门意见后,依照前款规定手续办理。"在国外,《苏俄刑事诉讼法》第175条第6款规定:"扣押存款的时候,应当停止对该项存款办理任何银行业务。"笔者认为,随着经济犯罪的增多,今后采取这种扣押的手段会越来越多。在完善我国刑事诉讼法时,应增补这方面的内容。

(三)开列扣押清单和启封

为了以后将扣押的物品、文件当作证据使用和将无须当作证据使用的发还，必须开列扣押清单。对此，我国《刑事诉讼法》第85条规定："对于扣押的物品和文件，应当会同在场见证人和被扣押物品的持有人查点清楚，当场开列清单一式二份，由侦查人员、见证人签名或者盖章，一份交给持有人，另一份附卷备查。"有关法规也规定，被扣押的邮件、电报应逐件登记清单一式两份，正份连同邮件、电报交给相关的执行扣押的公安机关，副份经公安机关签收后，由邮电机关存查。

在国外，有的国家刑事诉讼法也规定了对扣押的物品、文件应当开列清单。德国、法国、日本、苏俄、南斯拉夫等国刑事诉讼法均有这方面的规定。可见，开列扣押清单是一种必须办理的手续。

为了收集有关证据的内容，开列清单后，案件承办人员应当启封察看。启封应遵守一定的规定和注意某些问题。为此，《德国刑事诉讼法》第97条规定："所有扣押的物品应当立即编造清单并盖章封存。""经封闭后的物件可以开启，但在开启时必须有被告人及其辩护人在场或者传唤他们到场。开启后第三者的扣押物同样应请其物主到场观看。"《苏俄刑事诉讼法》第176条规定，扣押时应"作成登录收取的或移交特别保管的物品和物件的清单。该清单附入笔录。"《南斯拉夫刑事诉讼法》第213条也规定："……开封被扣押的文件时，应当传换扣押文件的人出席。如果他绝不出席，或不在，则可以在他缺席的情况下打开卷宗，检查清点文件。……检查文件时，要注意不让与此无关的人了解文件的内容。"第214条规定："……转交来的邮件由调查法官在有两位证人在场的情况下启封。在启封时要注意不损害印记和封皮，地址要保存。启封要有笔录。"笔者认为，在修改完善我国刑事诉讼法时，应当借鉴上述法律规定，增补必要的内容。

（四）制作扣押笔录

为了记录扣押的情况，应当制作扣押笔录。虽然我国刑事诉讼法对此未作规定，但有关法规规定执行逮捕、拘留的机关应在每次执行扣押邮件、电报时，作出扣押记录一式两份，并由执行逮捕、拘留机关的执行人和邮电机关的代表共同在记录上签字，正份当作法律文件装在侦查（包括预审）卷宗内，副份交邮电机关归档。

在国外，许多国家的刑事诉讼法规定扣押应制作笔录。例如，《法国刑事诉讼法》第56条第4款规定，扣押应制作各项行动的笔录，并由扣押人、被扣押物品之人或代理人签字。如遭拒绝，应在笔录上记明。《苏俄刑事诉讼法》第176条、第177条对此作了详细规定。《南斯拉夫刑事诉讼法》第211条第5款规定，在扣押物品时，在笔录中要写明物品是从哪里找到的，并加以说明。在必要时，还要以其他方式来保证确定其是否是原件。《罗马尼亚刑事诉讼法》第 108 条规定扣押物品和书面材料的情况应作笔录及笔录应记明的内容。《越南刑事诉讼法》第 123 条规定，实行扣押要根据该法第 78 条的规定制作笔录。其第 120 条第 2 款规定："搜查过程中扣押的物品和材料要作笔录，一式四份：一份交给物品、材料的原主；一份存入案件材料；一份报同级检察院；一份交给管理被扣押物品、材料的机关。"

（五）对无须继续扣押的物品、文件等的处理

对无须继续扣押的物品、文件等应区别不同情况及时作出处理。我国《刑事诉讼法》第 86 条规定："不需要继续扣押的时候，应即通知邮电机关。"有关法规具体规定："被扣押的邮件、电报经执行逮捕、拘留机关处理后，认为可以交回邮电机关寄发时，仍须用正式书面通知并按第 4 条规定的登记手续登记清单一式两份送回原邮电机关签收转递。""邮电机关交出扣押的邮件，如发现破损时，应会同有关执行逮捕、拘留机关当面查验后代封，并在清单上注明破损情况。执行逮捕、拘留机关将被扣押的邮件退交邮电机关重新转递时，如果发现邮件破损或封口不固，平常及挂号邮件应由执行逮捕、拘留机关会同邮电机关当面检验内装物品品种、数量和重量，开列详细清单三份，由双方盖章，一份封在邮件内，由扣留机关将邮件重封并加盖公章，其余两份分别附在登记清单上并在登记清单上注明。""执行逮捕、拘留机关将被扣押的邮件、电报退交原邮电机关重新转递时，如该邮件因封皮破损严重致无法认清收件人和寄件人的姓名、住址或电报报底字迹模糊不清时，应查明重新书写清楚，再交原邮电机关转递。如无法确定收件人和寄件人姓名、住址，不得退交邮电机关。"

在国外，有刑事诉讼法就此问题作出了明确规定。例如，《德国刑事诉讼法》第 100 条规定："不予起诉的裁判作出后，预审审判官依然有权作出归还扣押物的裁决。"《德国刑事诉讼法》第 101 条规定，扣押应通知利害关系人。该法第 101 条 a 中对扣押物的"紧急处置"作出了如下规定："（一）查获的物件或者扣押物，如果是应当没收的，因有丧失或毁损的危险，或者因贮存保管的费用相当高昂，或者难以贮存和保管的，可以在判处没收前，予以处置。实得的价金代替原物。（二）紧急处置的命令由审判官作出……如果物件在可能取得审判官的决定前，有丧失危险的，检察官或者他的助理官员（法院组织法第 152 条）也可以作出紧急的命令。（三）在命令处置物件前，应当先听取被告人、物件所存人以及其他对物件享有权利的人的陈述。如果有可能，应将紧急处置的命令以及这种处置的时间和地点通知他们。（四）紧急处罚的执行，依照民事诉讼法典关于变卖扣押物的规定。"《苏俄刑事诉讼法》第 175 条第 4 款规定："对于刑事被告人本人或受他抚养的人的必需品，不能扣押。

这种物品的一览表,由苏俄的法规分别规定。"第175条第7款规定,"没有必要继续采取扣押财产时,应当由侦查员作出决定,撤销对于财产的扣押"。《南斯拉夫刑事诉讼法》第215条规定:"在刑事诉讼中暂时扣押的物品,如果诉讼中终止,而又没有扣押的理由(第500条),要发还给物品所有人,或持有人。"根据《越南刑事诉讼法》的规定,对扣押的物品等必须妥善保管和遵守必要的纪律。其第124条规定,"扣押物品、材料、书信、电报、邮件的下令人和执行人如违反法律,视不同情节,给予纪律处分,或根据刑法规定追究责任"。

综观上述国家的刑事诉讼法规定,德国刑事诉讼法对扣押的物品、文件等如何处置,规定得最为详细;苏俄刑事诉讼法次之。而我国刑事诉讼法在这个问题上的规定则过于笼统、原则。笔者认为,在完善我国刑事诉讼法时,应当参考、借鉴上述各国刑事诉讼法的有关规定,根据我国国情,适当增补新的内容。

关于侦查实验之探讨*

我国《刑事诉讼法》第78条规定,为了查明案情,在必要的时候,经公安局长批准,可以进行侦查实验。可见,我国刑事诉讼法已把侦查实验规定为一种侦查措施。在国外,《苏俄刑事诉讼法》第183条、《南斯拉夫刑事诉讼法》第238条、《越南刑事诉讼法》第128条均规定侦查实验是一种侦查措施。在英美法系国家和大陆法系的德国、法国以及日本等国,虽然刑事诉讼法未规定侦查实验为一种侦查措施,但从电影、电视和侦探小说中,有时可以看到警察在侦查中也采用这种方法。由上可见,侦查实验是一种各国常用的侦查措施。

一、侦查实验概述

(一)侦查实验的概念

对于侦查实验的概念,学者们的认识不一,在理论上,主要有以下几种观点:(1)"能否发生说"。例如,原苏联学者A. H. 瓦西利耶夫等认为:"侦查实验是为了查明对案件具有重要意义的情节在客观上是否可能,而通过再现受检事件和实验所进行的一种侦查行为。"① 我国学者中,也有人持这种观点。例如,有的学者说,侦查实验是指"为了确定与案件有关的某些情节,在某种条件下能否发生,而将该情节依照当时的条件重新加以表演"②。(2)"能否发生和何种结果说"。例如,有的学者说,侦查实验是指"在侦查案件中为了审查在某种条件下某一案件很重要的情况是否能发生或某一行为发生何种结果,而按原来条件将这一情况或这一行为加以重演和进行试验的一种侦查活动"③。(3)"能否存在和能否发生说"。例如,有的学者认为,侦查实验是指"在现场勘查和侦查中,侦查人员为了查明与案件有关的重要事实和现象是否

---

* 本文刊载于《公安大学学报》1994年第4期。
① 《犯罪侦查学》,群众出版社1985年版,第355页。
② 《刑事侦查学》,北京大学出版社1983年版,第274页。
③ 《刑事侦查》,法律出版社1982年版,第246页。

存在,或在某些条件下能否发生而进行的模拟实验"①。(4)"能否发生和怎样发生说"。例如,有的学者认为:"侦查实验,是指用模拟和重演的方法,研究证实在某种条件下某一事件或事实能否发生或怎样发生的一种侦查活动。"② 笔者认为,上述第一种观点只揭示了"能否发生"这个问题。第二种观点,也同样只揭示了侦查实验所解决的这个问题。因为,第二种观点所言"能否发生"就包括了"何种结果"。第三种观点所言"能否存在"也包括"能否发生"。第四种观点认为,侦查实验还解决"为何发生"。笔者认为,这不属于侦查实验需要解决的问题。笔者赞同第一种观点,并认为:侦查实验,是指在侦查中为了查明案件中在某种条件下某种情况、某种行为能否发生而按照原来的条件进行模拟实验的一种侦查行为。其中,"侦查中",既包括在现场勘查中,也包括现场勘查之后的侦查活动中;"为了查明案件中在某种条件下某种情况、某种行为能否发生"是指《刑事诉讼法》第78条规定的"在必要的时候";"按照原来的条件"是指按照事件发生时的条件;"进行模拟实验"就包括了"重演"原来的情况。

(二) 侦查实验的任务

侦查实验也像其他科学实验一样,其任务是通过全面、系统地研究客观现实,确定被研究某种情况、某种行为的原来状况。这种方法适用的范围很广泛,解决的问题也多种多样,在侦查实践中,其任务主要是:

1. 在与案发时相似的情况下,确认被害人能否看清、能否做到的事情。

2. 确认证人在相似(光线、距离等)的环境能否看到、听到某种情况,如确认证人在一定距离之外能否看到人犯的外貌特征,或在大风、逆风时能否听到呼救声和汽车开动的声音。

3. 确认人犯在某种条件下能否完成某个动作,如确认人犯从墙壁被挖开的洞口能否进出犯罪现场,或确认人犯在多长时间能否从家到达犯罪现场等。

4. 确认犯罪工具能否留下与犯罪现场上已有的相同的痕迹。

5. 确认案件中其他某些情况能否发生,如确认四尺半长的导火线,从点燃到爆炸需要多长时间,确认爆炸物是埋在地下爆炸的还是悬空爆炸的。

6. 确认对案件的推断是否可靠,如在案件侦查中侦查人员的认识发生了争议,或侦查方向不明,就可以恢复现场某些部位,模拟一定的犯罪行为,确认对案情的分析、判断。但采用这种侦查实验,不得损坏公物或有伤风化。

---

① 《刑事侦查学教程》,中国政法大学出版社1982年版,第146页。
② 《军队刑事侦查》,军事科学出版社1988年版,第214页。

（三）侦查实验的作用

侦查实验是查验客观事实或情况的一种方法。在侦破工作中有如下几个方面的作用：

1. 审查案情分析时对现场发生的事件的性质所提出的判断。例如，在放火案中，案情分析时，提出可能是纵火，但又不能排除自燃的可能。为了审查这两种判断，侦查人员可以利用勘查火场时用某种引火物进行现场实验。根据实验的结果，确定哪一种判断是正确的。

2. 审查被告人供述的真伪程度。例如，对于某被告人在供述中否认某一罪行，通过侦查实验，可以查明他的这种否认是否属实，如果共犯的供认之间有矛盾，必要时也可以采用侦查实验证实谁的口供真实性大。

3. 审查证人证言的真伪。由于证人受感官、能力、天气等条件的影响，有的证人证言可能失真；由于证人受主观上（害怕、图报复等）或客观上（受到威胁或恐吓或收买等）的影响，可能有歪曲、扩大、虚构、缩小、隐瞒等情况。在侦查过程中，如果对证人证言有疑问，为了审查证人证言是否真实、可靠，可以通过侦查实验进行验证。

4. 审查辨认结果是否正确。例如，如果辨认人辨认出某件高级皮大衣是他的，这时可以让他试穿，看是否合身，以确认该衣服是否是其所丢失的衣服。

二、侦查实验的原则

侦查实验的原则，是指侦查人员在组织或进行侦查实验时应当遵守的基本准则。根据国外立法惯例和我国侦查实验实践的情况来看，侦查人员在组织和进行侦查实验中，应当遵守如下原则：

（一）尽可能在发案原地进行的原则

尽可能在发案原地进行的原则，是指侦查实验应当尽可能在案件发生的原始地方进行的规则。所谓"尽可能"，是指想尽一切办法做到。例如，盗窃犯采用挖凿墙壁入口进行盗窃，在这种情况下进行侦查实验，就应尽可能在原地进行。之所以要尽可能在发案原地进行，是因为在原地进行侦查实验，能获得准确、可靠的判断和客观真实的效果。为此，就应当把侦查实验放到犯罪现场去进行。

（二）在相近似的条件下进行的原则

在相近似的条件下进行的原则，是指在原地进行侦查实验不可能而采用与发案时基本相同的条件下进行的规则。条件，是指时间、光线、风向、风速、雨量、气温等自然条件。之所以要坚持在相近似的条件下进行，是为了保证侦查实验尽可能获得接近案发时相同或相近似的结果，为此，就应当把侦查实验选在与犯罪时的自然条件相近似的时机进行。

（三）尽量使用原工具或物品进行的原则

尽量使用原工具或原物品进行的原则，是指侦查人员进行侦查实验，应当尽量使用犯罪分子使用的犯罪工具或物品进行的规则。之所以要坚持这条原则，是为了审查侦查实验获得结果是否与犯罪分子犯罪时造成的结果相一致，以判断被告人的供述的真伪。为此，在尽量使用原工具和物品进行侦查实验时，若原物已经损坏，应当尽量使用同类的工具或物品；若有的工具或物品需要用来比对、鉴定，不能用来实验，应用同类的工具或物品代替。对非用不可的，应在征求刑事鉴定人员的意见后，方可使用，但是，应当尽量避免原有的痕迹和物证遭受破坏。

（四）反复多次进行的原则

反复进行的规则，是指进行侦查实验必须进行二次以上的规则。反复进行，包括两层含义：一是对出现的某种现象采用同样的方法反复多次地进行；二是对已出现的某种现象变换多种方法反复进行。之所以要反复进行侦查实验，是因为，案件发生后，原来的现场环境以及与案件有关的物品，不可避免地会发生某些变化，要想绝对准确地恢复事件发生时的条件和情况是不可能的。为了正确地估计客观条件变化对实验结果发生的影响，在侦查实验过程中，既要用同样的条件多次进行，又要有计划地变换条件进行。有了在相同和不同条件下多次进行实验的结果，就便于发现因条件不同而出现的差异，从而帮助侦查人员得出全面、正确的认识。为此，侦查实验中，侦查人员既要对已出现的某种现象采用同样的方法反复进行，又要对已出现的某种现象采用多种方法反复进行。

（五）保密的规则

保密的原则，是指侦查人员对通过侦查实验进行的过程和结果不外传的规则。遵守保密的规则，旨在保障侦查实验能顺利地进行和得到预期的结果。为此，侦查人员应事先向参加实验的人讲明纪律，任何人不得泄露实验的内容和结果。为此，在进行侦查实验过程中，应当尽量在秘密的情况下进行；邀请参加实验的人数不宜过多，更不应在群众围观的情况下公开进行。

（六）邀请见证人参加的原则

邀请见证人参加的原则，是指侦查人员组织侦查实验，应当邀请两名见证人（现场见证人）参加见证的规则。见证人，在我国，是指与案件处理结果毫无利害关系的公民。对此,《苏俄刑事诉讼法》第 3 款规定:"在实行侦查实验时,应当有见证人在场。必要时,犯罪嫌疑人、刑事被告人、被害人和证人都可以参加侦查实验。侦查员有权邀请专家参加侦查实验。"《越南刑事诉讼法》第 128 条第 2 款规定:"进行侦查实验时,必须有见证人。必要时,被拘留者、犯罪嫌疑分子、被害人、证人也可以参加。"在我国,遵守这个原则,一则是为了保证侦查实验在见证人的监督下依法进行,二则是为了使侦查实验活动得到群众的承认。为此,侦查人员既应当主动邀请见证人参加侦查实验,又应当虚心接受见证人依法监督。

(七) 文明进行的原则

文明进行的原则,是指在进行侦查实验过程中不得有危害在场人的人身或财产安全、侮辱人格或有伤风化的行为的规则。有伤风化,是指侦查实验行为有伤于当地民族的风俗习惯或有伤于社会风气。对此,我国《刑事诉讼法》第 78 条规定:"侦查实验,禁止一切足以造成危险、侮辱人格或者有伤风化的行为。"《苏俄刑事诉讼法》第 183 条第 2 款规定:"实行侦查实验,必须不致侮辱参加人员和周围人员的人格与名誉,以及对于他们的健康不致造成危害,才能容许。"《南斯拉夫刑事诉讼法》第 239 条第 2 款规定:"侦查实验不得损害公共秩序和道德或导致人的生命和健康遭受危险。"《越南刑事诉讼法》第 128 条第 2 款规定:"侦查实验不得侵犯参加者的人格、名誉,不得有损于他们的身体健康。"由上可见,苏(原)、南、越刑事诉讼法已有该原则的内容。之所以要遵守这条原则,一则是因为法律已有明文规定,侦查人员既然是执法人员,理应依法办事,二则是能保证侦查实验取得客观、公正的效果。为此,就要求侦查人员在侦查实验时严格依照法律规定进行,不得滥用职权。

三、侦查实验的步骤和方法

侦查实验应当有步骤地采用正确的方法进行。为此,应当做到以下几点:

(一) 做好侦查实验的准备工作

1. 明确侦查实验的任务。侦查实验的任务因案而异,这在前文已经论及。为此,侦查人员应认真研究案件中的有关资料,详细询问被告人、被害人、证人及其他有关人员。

2. 制订侦查实验计划。侦查实验计划,包括侦查实验的内容、准备实验的次数、变换侦查实验条件等不同方案。

3. 确定侦查实验的时间和地点。

4. 确定参加侦查实验的人员。进行侦查实验,除由侦查人员负责组织以外，根据侦查实验的具体情况和需要，应当邀请下列人员参加：（1）必须邀请两名见证人参加。如果侦查实验是在现场进行的，现场勘查的见证人可以作为侦查实验的见证人；（2）侦查实验如果涉及某些专门性问题，应当邀请有关专家参加；（3）由于侦查实验的作用在于审查当事人、被害人或者证人陈述是否真实，必要时可以让当事人、被害人或证人参加，按照侦查实验的要求进行活动。

5. 必须准备好进行侦查实验所需要的工具和物品。

（二）侦查实验的实施

侦查实验的实施，即按计划进行侦查实验，进行侦查实验的内容和方法会因需要查明的问题而异。例如，在查验证人关于他在某个地点曾看到一位于另一地点的人的证言时，必须尽可能准确地把证人及他们所看到的人的位置、他们的运动速度、照明条件以及限制或影响能见度的物体的存在情况再现出来。如果是查验关于可听度的证言，应当把证人的位置、离声源的距离等准确地再现出来。上述侦查实验必须在同一地点、同样的天气条件下、同样的环境中进行。

如果某种情节（如能见度、可听度、完成某些职业性动作）的可能性取决于特定人的身体情况和能力，侦查实验应当在具有这些所特有的身体情况和能力的人参加的情况下进行。

为了了解个人心理特点的作用，有时需要变换侦查实验的方法，撤换一些原来的参加人员，吸收一些具有不同心理特征的人员参加。

当各种不同的、事先没有考虑到的偶然因素对侦查实验结果可能产生影响时，应在同一条件下反复进行侦查实验。例如，对可听度进行侦查实验时，远处的枪声可能会被一阵风改变声音的方向，或者会被正在驶过的火车响声、鸟类或动物的叫声所淹没等情况。

四、侦查实验的记录和对侦查实验的评定

（一）侦查实验的记录

为了使侦查实验的结果起到证据作用，必须全面、准确地将侦查实验的经过和结果用笔录、拍照、绘图、录音、录像等方法记录下来。不管侦查实验的结果与被查验的某种情况是否出现，某种行为是否完成，均需如此。

实践表明，侦查实验笔录应包括如下三部分内容：（1）记录案件发生的时间、地点，简要案情，侦查实验的目的和要求。（2）记录侦查实验的方法、过程和结果，写明何人在什么条件下采取何种方法，进行了哪些行为，结果如

何；整个侦查实验是如何组织指挥的。(3) 记录侦查实验开始和结束的时间；参加人员的姓名、工作单位和职务；参加侦查实验人员在笔录上的签名或盖章。

侦查实验记录一般应当单独制作。记录以笔录为主体。所拍照片、绘图、录音、录像等应作为笔录附件。

在国外，有些国家的刑事诉讼法也规定进行侦查实验应制作记录。例如，《苏俄刑事诉讼法》第183条第4款规定，"关于进行侦查实验，应当依照本法典第141条和第142条的规定制作笔录。在笔录中要详细地说明实行侦查实验的条件、进程和后果"。《越南刑事诉讼法》第129条第2款也规定，进行侦查实验应按照本法第78条的规定制作笔录。

对于制作侦查实验笔录的原因，笔者认为，其理由如下：(1) 侦查实验作为一种侦查行为进行了一系列的活动，为了把进行的活动步骤、方法固定下来，因此，采用记录的方式不仅是必须的而且是重要的；(2) 记录是侦查实验工作的一个重要组成部分，无记录，就表明侦查实验工作不完全；(3) 内容完整、准确的记录能为侦查实验以后继续完成侦查工作的任务提供便利条件，如从记录中去寻找犯罪嫌疑人，从而明确侦查方向等；(4) 如果记录与其他证据记明的案情相符，这种客观、正确的侦查实验结果就可以成为印证其他证据是正确的证据，如果记录的结果与其他证据证明的案情相符，就能成为案件的证据。

(二) 对侦查实验结果的评断

对侦查实验的结果，无论是肯定性的或否定性的，均应进行评断。对侦查实验结果的评断应当从其可靠性和证据作用两个方面进行。

1. 对侦查实验结果可靠性进行评断。应从如下几个方面进行：(1) 侦查实验的时间、地点、环境是否与事件发生时的情况相符；在进行过程中是否考虑到环境所发生的变化。(2) 侦查实验所用的物品、工具等与原有的物品、工具等在形状、规格、成分等方面是否相同或相似。(3) 侦查实验是否遵守了侦查实验的原则。(4) 在侦查实验的各个环节上是否有纰漏等。

只有在经过全面的分析、研究之后，侦查人员才可以对侦查实验结果作出肯定或否定的评断。

2. 对侦查结果证据作用的评断。经评断，若侦查实验结果能证明被查验的事实或情况及其客观存在是可能的，属于肯定性结果。在得出肯定结果的情况下，侦查实验结果很可能是客观确定了的事实，它就具有了证据作用；若侦查实验结果推翻了被查验的事实或情况及其客观存在的可能性，则属于否定性结果。在得出否定性结果的情况下，侦查实验结果就不是案件中应当确定的事实，它就失去了证据作用。

必须注意到由于侦查实验是模拟性的实验，对其应持十分慎重的态度。这是因为，通过侦查实验得到的任何肯定结果，所表明的都只是某种情况的发生具有极大可能性，并不表明被查验的事实或情况已经完全符合客观事实。有鉴如此，只有当它证明的案件客观事实与其他证据证明的一样时，才可以当作确实的证据采用。否则，不应当作为案件的证据采用。至于侦查实验结果能为侦查提供线索或缩小侦查范围，这仅属于案件线索，而不属于证据。

关于退回补充侦查之研讨*

退回补充侦查，是侦查中的后继侦查形式，也是刑事诉讼中的一个重要程序。虽然我国《刑事诉讼法》第 47 条、第 108 条和第 123 条规定了退回补充侦查，但国内现已出版的 50 余本刑事诉讼法教科书中仅有一本简单介绍了退回补充侦查。另从自 1979 年以来的国内报刊上获悉，已有近 50 篇论文或文章从不同角度就此问题进行了研讨。退回补充侦查是刑事诉讼中的一个重要问题，研究退回补充侦查的历史、概念、条件、时限等有着十分重要的意义。

一、退回补充侦查的历史发展过程

早在第二次国内革命战争时期，鄂豫皖区苏维埃政府在 1931 年 10 月 4 日颁布的《革命法庭组织与政治保卫局的关系及其区别》的规定中指出："保卫局通常对案犯证据考查清楚后，须交革命法庭公开判决。法庭审问该案犯，若遇该案犯坚决不承认案情的时候，可转送保卫局复审。"该规定所言之"保卫局复审"，就包括对该案犯坚决不承认的事实进行补充侦查，以便获得证明，进一步查明案情。在抗日战争时期，1944 年 3 月 1 日公布施行的《晋冀鲁豫边区太岳区暂行司法制度》第 2 章第 12 条第 1 款规定："法庭对于公安机关的起诉，有受理任务，不得拒绝，但对于起诉材料不够具体，可以送还公安机关补充侦查一次。"这是明确规定"退回补充侦查"的渊源。在解放战争时期，1948 年 12 月 1 日正式在内部发令实行的《哈尔滨特别市政府对公安局与人民法院关于处理民事案件的分工与联系决定》第 6 条规定："人民法院于审理公安局检举之案件中，如发现案件中之一部或全部须有实行侦查之必要时，公安局有补充侦查之责任。"该条中所规定的"补充侦查"，也就是退回补充侦查。

新中国成立后，中央人民政府于 1951 年 3 月公布实施的《中华人民共和国人民法院暂行组织条例》第 37 条规定："人民法院接到人民检察署起诉的案件，如认为有送回重行检察或补充检察资料之必要时，得将原案送回原检察署重行检察或给予补充检察资料。"这是第一次采用法律的形式将退回补充侦

---

* 本文刊载于《中国人民警官大学学报》1995 年第 4 期。

查程序作出的规定。最高人民法院于1956年10月印发的《各级人民法院刑事案件审判程序总结》指出:"对于事实不清、证据不足的案件,即作出退回人民检察院补充侦查的裁定。在退回补充侦查的裁定内,必须明确提出需要补充侦查的事项。同时并告知被告人本案已退回人民检察院补充侦查。"这个《总结》不仅指出了对退回补充侦查应采用裁定的形式,还指出了裁定内应提出要求补充侦查的内容(事项)以及应将补充侦查一事告知被告人,使其得知诉讼处在何种阶段。这些内容比以前任何一种法规和法律对此诉讼程序规定的内容既详细、又具体。

1979年7月,全国人大五届二次会议通过的《中华人民共和国刑事诉讼法》第47条、第99条、第10条、第108条和第123条分别规定了退回补充侦查的条件、程序和期限。例如,第99条规定:"人民检察院审查案件,对于需要补充侦查的,可以自行侦查,也可以退回公安机关补充侦查。""对于补充侦查的案件,应当在一个月内补充侦查完毕。"第108条规定:"人民法院对提起公诉的案件进行审查后……对于主要事实不清、证据不足的,可以退回人民检察院补充侦查。"第123条规定:"在法庭审判过程中,遇有下列情形之一影响审判进行的,可以延期审理……(三)合议庭认为案件证据不充分,或者发现新的事实,需要退回人民检察院补充侦查或者自行调查的……"上述对退回补充侦查的规定,是在总结和吸取了新民主主义革命时期和新中国成立后制定的法规、法律中的有关补充侦查内容的基础上制定的,内容比过去的有关法规规定更具体和科学。但是,尽管刑事诉讼法用4条的篇幅对退回补充侦查的条件、程序和期限作出了规定,但内容尚不完备,仍有研究和补充的必要。

二、退回补充侦查的概念

对于退回补充侦查的概念,刑事诉讼法学界有不同的认识和表述方法。就人民检察院将案件退回公安机关补充侦查而言,有的学者认为:"补充侦查,就是在侦查的基础上,对其中影响定罪量刑的部分事实、证据和情节以及有遗漏的罪行或需一并处理的同案犯等情况重新进行侦查的活动。"[①] 这一概念,虽然较详尽地指出了补充侦查的内容,实为可取,但把补充侦查界定为重新侦查欠妥。因为,补充侦查是对所缺部分内容的补充,而不是重新进行侦查。

就人民法院将案件退回人民检察院补充侦查而言,有的学者认为,"刑事诉讼中的补充侦查,是指在第一审刑事诉讼过程中,人民法院对提起公诉的案

---

① 参见《法律学习与研究》1990年第6期,第38页。

件进行审查后,或者在庭审中,认为案件的主要事实不清,证据不足,发现新的犯罪事实时,可以将案件退回人民检察院补充侦查。"① 还有的学者认为,"退回人民检察院补充侦查,是第一审人民法院在刑事案件的审理过程中,对人民检察院提起公诉的、主要事实不清、证据不足的案件,依法退回人民检察院在法定期限内补充事实、证据,而中止审理的一种诉讼活动。"②

就人民法院、人民检察院与公安机关和国家安全机关关系而言,有的学者认为,"补充侦查是指人民检察院要求公安机关或者人民法院要求人民检察院在原有侦查工作的基础上,进一步查清案件事实和完备证据及法律手续的一种刑事诉讼制度"。③ 也有的学者认为,"补充侦查,是指刑事诉讼进入一定阶段后,由于发现案中存在着需要继续侦查的情况,以补充原来侦查中未解决或解决得不好的问题,由负责侦查的机关对案件按照法律规定进一步查清事实,补充证据的诉讼活动。"④ 此概念对补充侦查的必要性和条件规定得比较客观、概括。但是,缺少了人民检察院刑检部门对自侦部门移送的案件退回补充侦查的内容。还有的学者认为,"我国刑事诉讼法中的补充侦查,既指人民检察院在审理批捕和审查起诉中,对公安机关、国家安全机关侦查的案件的退回补充侦查,也指人民法院对检察机关移送起诉的案件(包括一审案件以及二审法院发回重新审理的案件)的退回补充侦查。随着检察机关实行侦、诉分开,还存在人民检察院本身刑检部门对自侦部门的退回补充侦查。"⑤ 此概念对补充侦查的程序和有关机关或部门都概括得比较全面、具体。但是,缺少阐明退回补充侦查的条件。

那么,怎样界定退回补充侦查才比较全面和科学呢?笔者认为,退回补充侦查,是指刑事诉讼中移送案件的机关或部门按照退回案件的机关或部门提出的应当补充的内容的要求,所进行的一种继续侦查的活动。详言之,退回补充侦查,是指在刑事诉讼中移送案件的人民检察院、公安机关、国家安全机关或自侦部门按照退回案件的人民法院、人民检察院或刑事检察部门提出应当补充侦查的内容所进行的一种继续侦查活动。此概念包括以下几点内容:(1)审查案件的机关或部门是人民检察院、人民法院和人民检察院的刑检部门;(2)退回补充侦查的条件是应当补充侦查的内容;(3)补充侦查的机关或部门是公

---

① 参见《法制日报》1988年2月8日。
② 参见《法学研究》1987年第6期,第68页。
③ 参见《公安法制建设》1991年第10期。
④ 参见《刑事诉讼法学研究综述》第376页。
⑤ 参见《人民检察》1989年第3期,第9页。

安机关、国家安全机关、人民检察院和人民检察院的自侦部门；（4）退回补充侦查的性质是继续侦查，而不是重新侦查。

三、退回补充侦查的条件

退回补充侦查的条件，亦称退回补充侦查的理由，是指退回案件的机关或部门要求移送案件的机关或部门应当继续侦查的事项。对此，我国《刑事诉讼法》第 99 条规定，人民检察院审查案件，对于需要补充侦查的，可以自行侦查，也可以退回公安机关补充侦查。其中，对补充侦查的条件，只规定"需要"，再无更具体的规定。而《刑事诉讼法》第 108 条则规定了补充侦查的条件是："主要事实不清、证据不足。"第 123 条规定了补充侦查的条件是："证据不充分，或者发现新的事实。"我国诉讼法学界对补充侦查的条件存在不同的认识。有的学者认为，主要事实不清、证据不足，或基本证据之间存在矛盾的；检察院机关起诉中遗漏了犯罪事实或应追究刑事责任的犯罪人；发现了新的同起诉证据相反的重要证据的。[1]

有的学者认为，根据司法实践经验，决定退回补充侦查的案件必须具备三个条件：（1）影响定罪量刑的基本事实、情节不清；（2）证据不足；（3）发现有新的犯罪事实。[2]

有的同志认为，有下列情形之一的，应当退回公安机关补充侦查：（1）基本犯罪事实不清，基本证据不齐全或有矛盾，被告人又不供认的；（2）被告人供述和辩解与证据之间、证据与证据之间有矛盾的；（3）足以影响定罪处刑的有关历史或其他情况（如前科或年龄等没有查证的）；（4）应具备为鉴定、勘验材料而没有的；（5）未经侦查机关侦查取证的；（6）发现新罪或漏掉犯罪分子，需要重新侦查的。此外，一些需要用特殊手段进行补充侦查的案件，由公安机关补充侦查对工作更为有利的案件，也应当退回公安机关补充侦查。[3]

另有学者认为，补充侦查的条件是：（1）基本犯罪事实不清楚；（2）基本证据不确实、不充分；（3）基本程序不完备、不合法或者有明显遗漏罪行的。[4]

根据我国《刑事诉讼法》第 99 条、第 108 条、第 123 条的规定和司法实

---

[1] 参见《人民检察》1989 年第 3 期，第 10 页。
[2] 参见《法律学习与研究》1990 年第 6 期，第 38 页。
[3] 参见《人民检察》1987 年第 11 期，第 21 页。
[4] 参见《浙江法学》1985 年第 2 期，第 25～26 页。

践的需要，笔者认为，不同诉讼阶段中的各种案件因情况不同，退回补充侦查的条件亦不相同。

人民检察院对公安机关提请批准逮捕的案件退回补充侦查应当具备的条件是：（1）事实不清。具体包括：主要犯罪事实不清，可能判处徒刑以上刑罚的事实不清以及取保候审、监视居住，尚不足以防止发生社会危险性而有逮捕必要的事实不清。其中，主要犯罪事实不清，是指谁实施了什么犯罪行为的事实不清，即某人行为是否构成犯罪的事实不清；可能判处徒刑以上刑罚的事实不清，是指可能判处6个月以上的有期徒刑、无期徒刑和死刑的事实不清；采取取保候审、监视居住，尚不足以防止发生社会危险性而有逮捕必要的事实不清，是指应当采用逮捕不采用而采用取保候审、监视居住可能发生社会危险性的事实不清。（2）证据不足或缺少证据。具体包括：对证明上述事实的证据不充足或者根本没有证据。对于具有上述两个条件之一的，人民检察院就应当将案件退回公安机关进行补充侦查。

人民检察院对移送起诉的案件退回补充侦查应当具备的条件是：（1）实体法事实和情节方面的条件，包括犯罪事实、情节不清；犯罪性质和罪名的认定不正确；有遗漏罪行的。（2）有漏追或不应追究的人方面的条件，包括有遗漏应当追究刑事责任的人的事实；有不应追究刑事责任的人的事实。（3）证据事实方面的条件，包括缺少认定上述各项事实的证据；认定上述诸项事实的证据不充分、不齐全；认定上述各项事实的证据不确实、不扎实。（4）程序法事实方面的条件，包括违反侦查程序可能影响侦查客观、公正进行的事实；不遵守侦查程序，可能影响侦查客观公正进行的事实。例如，发现有违反《刑事诉讼法》第76条、第78条、第81条、第82条、第83条、第85条、第88条、第32条规定的收集证据的事实等。（5）刑事附带民事事实方面的条件。例如，有附带民事诉讼的明显事实而未提起的情况。

人民法院审查起诉案件后退回人民检察院补充侦查应具备的条件是：主要事实不清和证据不足。有的学者认为，该条中规定的"主要事实不清"，是指用以定罪量刑的事实不清。该条中规定的"证据不充分"，是指证明主要事实的证据不足。笔者认为，这种理解不够全面。对"主要事实不清"，应理解为前述人民检察院对公安机关提请批准逮捕的案件退回补充侦查应当具备的条件中对事实不清所作的解释；对"证据不足"，应理解为证据不齐全。

人民法院在法庭审判中遇有影响审判进行的情形将案件退回人民检察院补充侦查的条件是，案件证据不充分或者发现新的事实。如果人民法院对案件证据不充分或发现新的事实能够通过自行调查解决，那么，就不应将案件退回人民检察院进行补充侦查。反之，则应当退回补充侦查。所谓"证据不充分"，

— 155 —

是指前述审查起诉过程中所审查过的用以证明案件事实的那些证据，经再次审查发现的那些不充分部分。所谓"新的事实"，是指人民检察院未发现的事实。如果人民法院对这些事实能够通过自行调查补充就不应退回补充侦查。

重审案件能否退回补充侦查？若能，则重审案件退回补充侦查的条件是什么？对此，刑事诉讼法未作规定，刑事诉讼法学界认识不一，司法实践中的做法也各不相同。有些学者认为，重审案件不应再退回人民检察院补充侦查，而应由原审人民法院负责处理。否则，就违反了刑事诉讼法的规定。如果原审人民法院在审理过程中认为需要补充事实和证据，可以根据《刑事诉讼法》第109条的规定，进行调查。但是，有的学者认为，二审人民法院可以将案件先发回原审人民法院重审，再由原审人民法院退回人民检察院补充侦查。笔者认为，对重审案件的处理，不能搞"一刀切"，而应根据不同的情况作出不同的处理，具体如下：（1）原审人民法院根据本身的人力和调查手段若通过自行调查能够查清所需事实和获取所需证据的，应当主动自行调查，不应为图省事将案件退回给人民检察院补充侦查。（2）对于一些非退回补充侦查不可的案件，如案情重大、复杂，取证难或者遗漏同案人的案件原审人民法院应当将其退回人民检察院补充侦查，案情重大、复杂、取证难或遗漏同案人就属于退回补充侦查的条件。

四、退补的次数和时限

关于退补的次数，刑事诉讼法未作规定。司法实践中，各地做法不一。刑事诉讼法学界的认识各异。笔者认为，人民检察院退补案件的次数，应以退补两次为宜：一次是对公安机关提请逮捕的案件，认为需要补充侦查时，可以退补一次，其法律依据是《刑事诉讼法》第47条。另一次是人民检察院对公安机关移送起诉或免予起诉的案件，经审查后，认为需要退补的，也可以退补一次，其法律依据是《刑事诉讼法》第98条。第一审人民法院退补的次数以退补三次为宜：一次是人民法院对提起公诉的案件进行审查后，对于主要事实不清、证据不足的，可以退回人民检察院补充侦查，其法律依据是《刑事诉讼法》第108条。另一次是在法庭审判过程中，合议庭认为案件证据不充分或者发现新的事实，需要退补的可以退补，其法律依据是《刑事诉讼法》第123条第（三）项。再一次是二审人民法院对抗诉或上诉案件，经审查，认为需要发回原一审人民法院重审，而原审人民法院若通过自行调查解决不了认为需要补充侦查的，可以退补一次。

关于退补的时限，我国《刑事诉讼法》第99条规定，"对于补充侦查的案件，应当在一个月以内补充完毕"，其他再未作规定。由于补充侦查所要完成的任务大小不同，故在不同的诉讼阶段的补充侦查时限应有所区别。鉴于人民检察院审查公安机关提起批准逮捕的案件需要补充侦查的任务不重，补充侦查的时间以 7 天为宜，但拘留的时限和退补的时限总共不得超过 17 天。鉴于其他诉讼阶段每一次退补侦查完成的任务重，补充侦查的时限均为一个月为宜。

由于我国刑事诉讼法未规定补充的次数和只规定了退补时限为一个月，因此，各地做法很不统一。为了改变这种状况，在刑事诉讼法中增补规定退补的次数和时间十分必要。可能有的同志会说，刑事诉讼法明确规定退补的次数和时限，会延长办案时间，这样做不合适。笔者认为，从表面上看这样做会延长办案时间，但这与有些人民法院将一起案件退补 5 至 9 次所延长的时间相比，就显得缩短了很多。当然，从实际出发，还应当在刑事诉讼法中规定相应延长总的办案时限。

关于刑事鉴定之研究*

根据《刑事诉讼法》第88条的规定,刑事鉴定(以下简称"鉴定")是一种重要的侦查活动。它对查明案件真相,正确认定案件事实,揭示和恢复案件的本来面目,有十分重要的作用。为了推动鉴定工作的研究,现就有关的主要问题作如下探讨:

一、概述

(一)鉴定的概念

对何为鉴定,中外学者认识基本一致,但表述稍有不同,日本学者上野正吉等人认为:"所谓鉴定,是指让第三者进行的、属于专门知识经验法则的、并依照这一法则对具体事实作出判断的报告。鉴定人则是受法院或审判官的命令进行鉴定的人。"① 我国大多数学者认为:"鉴定是指公安机关(包括国家安全机关)、人民检察院指派或聘请具有专门知识的鉴定人,就案件中某些专门性问题进行科学鉴别和判断的一种侦查活动。"② 也有人认为:"鉴定是司法机关为了查明案情,指派和聘请鉴定人,运用科学技术或专门知识,对案件有关的某些专门性问题,进行鉴别和分析判断的一种方法。"笔者认为,以上各种观点对鉴定概念的界定是基本可取的。但是,均未把进行鉴定后作出的"鉴定结论"包含在其中。笔者认为,在我国,鉴定,是指公安机关、国家安全机关和人民检察院为了查明案情,指派或聘请具有专门知识的鉴定人,就案件中某些专门性问题进行鉴别和判断并做出鉴定结论的一种侦查活动。为何把"鉴定结论"写进鉴定概念之中?这是因为它不仅是一系列鉴定活动中的一部分,而且是进行一系列科学研究和判断以后所取得的最终成果。

(二)鉴定的特点

鉴定作为一种侦查措施,有其自身的特点。在我国诉讼法学界,有的学者

---

* 本文刊载于《政法论坛》1994年第4期。
① 《刑事鉴定的理论与实践》,群众出版社1986年版,第70页。
② 《刑事诉讼法学》,中国政法大学出版社1990年版,第250页。

认为，鉴定的特征有二：其一、鉴定活动具有双重性质。鉴定既有公、检、法机关对鉴定的组织和实施活动①，又包括鉴定人对案件的鉴别与判断活动。对鉴定的组织和实施，是公、检、法机关收集证据，查明案情，依法行使职权的诉讼活动；运用科学技术对案件事实进行鉴别和判断是鉴定人参与的诉讼活动。这是诉讼主体和诉讼参与人的两种不同性质的诉讼活动，二者互相依存，紧密配合，互相制约，形成统一的整体，成为运用科学技术成果同犯罪分子作斗争的重要手段。对鉴定活动的这一特殊性，应当全面理解，正确对待，不能认为鉴定只能是侦查机关的"侦查活动"，或者只认为是鉴定人的活动。其二、在鉴定中，鉴定人是运用科学技术手段，通过科学研究来参与诉讼活动。② 笔者认为，论者所言的第一点，不属于鉴定的特点。因为鉴定不具有双重性质，而只有单一的侦查性质。首先，由于侦查人员是诉讼的侦查主体，享有侦查的全权，其中包括他们因查明案件的需要而自行采取各种措施，诸如调取物证、检查人体伤亡情况、勘查现场、察看痕迹、解剖尸体、提取被害者胃内食物等。当遇到因自身专业知识的限制无法继续查明案件中某些涉及专门性问题时，就不得不呈请本机关指派或聘请具有相应专门知识的鉴定人协助查清。为了使鉴定人能顺利地进行鉴定，侦查人员还给他们提供材料，解答各种询问，让他们了解与鉴定有关的案件材料，向他们提出鉴定要求，经常了解鉴定的进展情况，协助他们解决鉴定中遇到的困难等，以便协助鉴定人作出公证、准确的鉴定结论或鉴定说明（无法作出肯定的鉴定时）。由上可见，鉴定是由侦查机关或部门吸收鉴定人参与进行的侦查活动，而指派或聘请鉴定人帮助鉴定只是侦查中在特殊情况下采用的一种借助手段。其次，虽然鉴定需要请具有专门知识的人协助进行，但他们是由侦查机关指派或聘请的，是由实行鉴定这种侦查活动的特殊需要产生的。鉴定人员是侦查人员的帮助者，不属侦查主体（被指定者属侦查主体），他们的行为附属于侦查行为，这正像证人提供证言帮助侦查人员进行侦查的道理一样。有鉴于此，所以说，鉴定不具有双重性质，而只具有单一的侦查性质。最后，如果认为鉴定人参加了鉴定活动，鉴定就具有双重性质，那么按照刑事诉讼法规定，因侦查人员讯问被告人有被告人参加、询问证人有证人参加，那么，是否也能认为讯问被告人和询问证人也具有双重性质？如果也具有双重性质，那具有双重性质的诉讼活动就不只是鉴定所独有的了。既然如此，具有双重性质又怎么能成为鉴定的特点呢？至于上述谈到鉴定的第二个特点，笔者完全赞同。

---

① 指司法鉴定——笔者注。
② 《西北政法学院学报》1994 年第 1 期，第 52~53 页。

笔者认为，鉴定应具有如下三个特点：

1. 手续方面的委托性。它是指进行鉴定必须由公安机关（含国家安全机关，以下均同）、人民检察院指派或聘请鉴定人对案件中需要查明的情况进行分析研究。主要表现在：若需要鉴定的问题能由本机关内部的刑侦技术部门或法医部门的科技人员通过鉴定解决，就指派有关部门的人员为鉴定人。其程序一般是，办案机关首先派专人持委托函与受理机构联系。在委托公函中简单介绍案情，提供用于鉴定所必须的物品、材料、痕迹等鉴定物，写明需要鉴定的事项和要求，然后由受理鉴定一方办理受理鉴定的手续。若相关问题需要聘请外单位的专业技术人员进行鉴定，就办理聘请手续。一般程序与指定的程序基本相同。其区别是，请求鉴定的一方首先要与被聘请人所在单位的领导取得联系，若该单位领导和有关的科技人员同意接受该项鉴定，办案人员就写出鉴定聘请书，经聘请单位负责人批准向鉴定人发出聘请。聘请时应给鉴定人颁发聘请书，聘请书中的内容与指派鉴定的委托书的内容相同。

2. 手段方面的科学技术性。由于需要鉴定的问题属于专门性的问题，因此，解决这些问题需要鉴定人在鉴定过程中采用先进的科学技术手段进行。例如，为了鉴定死亡人中毒死亡的原因，鉴定人必须采用化学、光谱物理学和毒物分析学等科学技术；为了鉴定子弹头造成的痕迹，鉴定人必须采用弹道和痕迹等方面的科学技术等。

3. 证据材料方面的结论性。由于鉴定后做出的鉴定结论不同于证人证言、被害人陈述（只是直叙与案件有关的客观情形）而需要由鉴定人作出判断并提出鉴定意见，因此，它具有结论性。就字迹鉴定而言，这种结论表现在字迹样本与检材是否同一的结论，或因何种原因造成某种结果的结论，或属于何种性质问题（如伪造、变造文件等非法律问题）的结论等。

由于上述三点内容是我国刑事诉讼法规定的其他6种侦查措施所没有的，故它们属于鉴定的特点。

（三）鉴定的基本原则

鉴定有多种多样，鉴定的案件事实十分复杂。为保证鉴定后作出的鉴定结论公正、准确，根据有关法律规定和鉴定实践的需要观之，笔者认为，进行鉴定必须遵守如下几条基本原则：

1. 鉴定人亲自参加鉴定的全过程。它是指被指定或聘请的鉴定人应自始至终参加鉴定活动，不能由其他人代行职责。它包括两个方面的内容：（1）鉴定人自己参加鉴定，而不能私自指派其助手或其他人代行鉴定。（2）鉴定人必须参加鉴定的每一个步骤，不能只参加鉴定工作的大部分或某些重要的环节。

要求做到上述第一点的理由是：（1）鉴定人是经过指定或聘请单位认真

挑选之后决定的，进行鉴定的人只能是他本人。（2）由于被指定或聘请的鉴定人既具有完成鉴定工作的知识水平和能力，又必须认真履行鉴定的义务，因此，由他们来亲自鉴定能保证鉴定的质量。（3）依据法律规定，鉴定结论上签名的人是进行鉴定的人而不能是其他人。要求做到上述第二点的理由是：（1）由于鉴定要依次进行一系列的工作，如物证鉴定的环节包括预备检验、分别检验、比对检验、综合评断、制定鉴定书等。鉴定人只有参加了上述全过程，才能全面了解有关情况，同时运用专门知识进行推理和判断，并作出正确鉴定结论。（2）鉴定工作是一项专门性很强的工作，参加每一环节的检验都要鉴定人运用专门知识或科学技术进行。若鉴定人不参加全部而只参加部分的鉴定工作，将另一部分让其他人代理进行，那就很可能因代理人的专业知识水平不如鉴定人，造成检验结果的不正确，因而就必然影响作出的鉴定结论的正确性或可靠性。

要遵守这条原则，就要做到：（1）指派或聘请鉴定人的机关事先应询问鉴定人是否有充足的时间保障他能亲自参加鉴定的全过程，若不行就另行指派或聘请其他有充足时间的鉴定人；（2）要求鉴定人抽出时间和合理安排好工作，以便有足够的时间亲自参加鉴定的全过程。

2. 全面记录鉴定中所见的全部情况。它是指清楚地记录从开始到结束进行鉴定的情况。就物证鉴定而言，鉴定人在鉴定过程中，既要清楚地记录分别检验的情况，又要清楚地记录比对检验的情况，还要清楚地记录综合评断的情况。

之所以要循守这条原则，是因为记录清楚整个鉴定过程的全部情况是作出正确鉴定结论的基础；只有全面、清楚地记录鉴定中所见的全部情况，公安机关、人民检察院的办案人员才便于对鉴定结论进行审查判断，以决定能否作为法定的证据采信。

为达此目的，这就要求鉴定人对各项工作做全面、清楚的记录，即使是对实验情况和结果也要如实记录，并由参加实验的人签名。由两名以上的鉴定人员共同进行的鉴定项目或者多次鉴定的项目，也要分别作出全面、清楚的记录。对检验中所有的检验方法、手段、结果以及鉴定结论，必须用简单明了的语言表达，尽量避免使用外来语和专业术语。必须使用时，可以加以注释。为了反映鉴定结论的客观依据，对一些检验结果应附加说明，最好用彩色照片，必要时可以制成幻灯片或录制录像带，以补充文字说明。

3. 实事求是地进行鉴定。它是指鉴定人在鉴定过程中忠实于事实真相，运用科学的方法，客观地作出鉴定结论，不受任何外界因素的影响。忠实于事实真相，既是指尊重检材（如反标、反动信件、传单等有证据意义的文书字迹）的客观事实，又尊重样本材料（如犯罪嫌疑人的手写字迹）的客观事实，对上述事实不可忽视又不可篡改。运用科学方法，是指运用知识和科学技术手段进行检验以及采取正确的思维逻辑形式进行思考。客观地作出鉴定结论，是指鉴定人依据检材的事实和运用专门知识作出符合客观实际的鉴定结论。不受任何外界因素的影响，是指不受鉴定人以外的其他人（包括鉴定人的领导、同事、承办案件人员、案件中的被告人的亲属和与解决此案件有利害关系的人等）的胁迫、利诱、贿赂、说情等因素的干扰。

之所以要遵守这条规则，是因为只有坚持实事求是，才能保证作出正确的鉴定结论，而只有正确的鉴定结论，才能为承办案件人员提供确实可靠的有力证据。

要做到实事求是，就要求鉴定人员做到以下几点：（1）具有高度的责任心、很好的业务素质和高尚的职业道德；（2）有不徇私情、不畏权势的大无畏精神；（3）依据刑事诉讼法和有关法规的规定进行鉴定。

4. 依照法律规定进行鉴定。它是指依照刑事诉讼法中的有关条款和有关法规的规定进行鉴定。刑事诉讼法中的有关条款是指第88条、第89条、第23条。有关法规是指《刑事技术鉴定规则》《精神疾病司法鉴定暂行规定》《人体重伤鉴定标准》《人体轻伤鉴定标准（试行）》等。

之所以要遵守这条规则，是因为只有依照法律、法规进行鉴定，才能保障鉴定中适用法律、法规的统一；只有依照法律、法规进行鉴定，才能保障鉴定人依法作出正确的鉴定结论。

要做到依照法律、法规进行鉴定，就要求鉴定人员做到以下几点：（1）认真学习和掌握与某种鉴定有关的法律、法规规定的条文；（2）指派或聘请鉴定人的机关应当向鉴定人提供有关的便利条件；（3）在进行鉴定过程中，依照法律、法规的原则、程序和要求办事。

5. 只能就专门知识性问题作出鉴定结论。它是指鉴定人依据提供的客观事实材料和运用专门知识进行分析、研究以后，只就某专门性问题作出鉴定结论，而不应就法律问题作出结论。就专门性问题作出的鉴定结论，是指在字迹鉴定中作出检材和样本材料是否同一的结论；在精神病鉴定中作出被鉴定人实施侵害行为时责任能力的评定；等等。不应就法律问题作出结论，是指就被鉴定人的行为是否构成犯罪或犯何种罪所作的结论。

之所以要遵守该条原则，是因为由于鉴定人是具有专门知识的诉讼参与人而不是承办案件人员，他们只能就客观事实作出鉴定结论而不能越权作出法律方面的评价。

要使鉴定人遵循该条原则，就要求做到以下几点：（1）指派或聘请机关在鉴定人进行鉴定之前应当面释明这条原则；（2）鉴定人应当自觉遵守这条原则；（3）如果鉴定人仅就法律问题作出鉴定结论而未就专门性问题作出鉴定结论，承办案件人员应当要求鉴定人员仅就专门性问题进行补充鉴定或重新鉴定。

二、鉴定的范围

鉴定的范围是什么？换言之，需要鉴定的客观事实应包括哪些？由于刑事案件情况十分复杂，涉及专业知识性问题广泛，又由于智能型犯罪案件越来越多，因此，欲概括出鉴定范围的全部内容根本不可能，但是，也不是不可能从理论上进行研究和概括。笔者认为，关于鉴定的范围，应根据如下两个条件来确定：（1）该问题是查明案情所必需的。它是指侦查人员在侦查过程中，感到某个问题只能由指派或聘请具有专门知识的人帮助鉴定，才能顺利地进行侦查或彻底查明案情，否则，就无法达到这个目的。例如，对伤情的认识，如果不请法医鉴定出受伤的程度是轻微伤、轻伤或重伤，并做出鉴定结论，那么，侦查人员就无法确定伤害程度，也就无法决定对被告人采取何种侦查措施或其他诉讼措施。（2）该问题属于专门性问题。所谓专门性问题，是指涉及某个专业或学科，只能依靠相应的学科中具有高级或中级技术职称的人才能解决的问题。如果属于侦查人员通过自身一般知识或经验能够解决的问题，则不在此列。例如，侦查人员在侦查中发现一具尸体，解剖后发现胃内有杂物，那么，这些杂物有没有毒物？若有，又属何种毒物？这些毒物能否致被害人死亡？所有这些问题，均需要请法医用法医学、毒物检验学知识和先进的技术设备进行检查、研究和判定。凡属这类问题，就属于专门性问题。笔者认为，只要某问题同时具备上述两个条件，那么，就属于鉴定范围之内的问题。

由上可见，鉴定的范围，是指刑事案件中需要指派或聘请具有专门知识的人帮助查明的那些问题。

在国外，有些国家的刑事诉讼法不是只笼统地规定与案件有关的专门性问题属于鉴定范围，而是具体规定了在何种情形下应当鉴定。例如，《苏俄刑事诉讼法》第79条规定，必须进行鉴定的情况有："（1）为了判明死亡的原因和身体伤害的性质；（2）对刑事被告人或犯罪嫌疑人在进行诉讼时期是否具有责任能力或是否具有辨认自己行为和加以控制的能力而发生疑问时，为了判明他们的精神状态；（3）对证人或被害人是否具有正确理解对案件有意义的情况和对这种情况作正确陈述的能力发生疑问时，为了判明他们的精神状态或生理状态；（4）在年龄对于案件具有意义而缺乏关于年龄的文件时，为了判明刑事被告人、犯罪嫌疑人和被害人的年龄。"《越南刑事诉讼法》第44条第

5款规定，需要聘请鉴定人鉴定的情况是："（1）死亡原因、伤势、健康或劳动能力受损害程度；（2）由于犯罪嫌疑分子、被告的精神状态，对其刑事责任能力产生怀疑时；（3）由于证人或受害者的精神状态，对其对本案情节的识别能力和陈述的正确性产生怀疑时。"虽然上述两国刑事诉讼法典规定需要鉴定的问题大同小异，但均规定得比较明确、具体。笔者认为，值得我国立法参考和借鉴。

根据我国几十年来的公安司法实践情况观之，在现阶段属于鉴定范围的问题，涉及如下9种，分别是：

1. 法医鉴定所要解决的问题。它的主要内容有三个方面：尸体、人身和法医物质（如汗液、唾液、尿液、血液、粪便、毛发、精斑等）。法医运用内科学、外科学、解剖学和法医学方面的专门知识，通过对尸体、人身和法医物质的检验、研究，作出造成死亡的原因、伤害原因及程度、凶器种类，血型等鉴定结论。

2. 毒物鉴定所要解决的问题。它的主要内容是：可疑死亡人的胃内容物，肝、肾、脑等内脏组织，可疑的药品，疑为有毒的物质及毒药等。鉴定人运用化学、光谱物理学、法医物证学和毒物检验学等方面的专门知识，通过对可疑物质或药品、毒物进行分析、化验，作出送检物中是否含有毒物、毒物的性质及含量等鉴定结论。

3. 精神病鉴定所要解决的问题。它主要是指对查明精神状态不明的被告人（在有的案件中，为了查明案情，也对精神状态不明的被害人、证人）的精神状态。它是由治疗精神病的医生运用内科学、外科学、心理学和精神病学等方面的专门知识进行精神检查（必要时使被鉴定人住院对其进行观察），结合以往的病史、生活史、工作史及作案前后、作案时的表现，经过综合评定之后，作出某人是否患精神病、作案时处于何种精神状态和有无责任能力的鉴定结论。

4. 痕迹鉴定所要解决的问题。它们的内容主要是疑为与案件有关的如下痕迹：（1）指纹、掌纹、唇纹、脚印、鞋印、齿印；（2）工具压痕迹、破坏痕迹、摩擦痕迹；（3）交通工具遗留下的痕迹，如自行车、卡车、大小汽车、摩托车等非机动车辆的轮胎印等；（4）子弹头和枪支膛线等。鉴定人运用指纹学、唇纹学、足迹学、弹道学、痕迹学、工具痕迹学、车辆痕迹学和断离痕迹学等方面的专门知识，把现场提取的各种痕迹与被疑人或嫌疑物的相应部位进行对比、分析和研究，作出两者是否同一的鉴定结论。

5. 笔迹鉴定所要解决的问题。它的内容包括反标、与案件事实有关的书信、日记、账单、单据、银行的各种票据；可疑的证件、匿名信等。鉴定人运用书法学、笔迹学等方面的专门知识,将送检的样本与嫌疑人书写在有关材料上的笔迹进行对比,作出笔迹是否涂改、伪造或同一的鉴定结论。

6. 物品鉴定所要解决的问题。它的主要内容是疑为案件有关的下列物品:(1) 文化用品材料,如纸张、墨水、浆糊、胶水、钢笔、圆珠笔、铅笔、复写纸等;(2) 斑迹或粉尘,如油漆、涂料、尘土、各种粉末、碎片等;(3) 纤维材料及其制品,如纱线、毛线、绒线、纺织品等;(4) 爆炸物品,如火药、雷管、爆炸遗留物等;(5) 其他物品,如塑料、橡胶等。鉴定人运用光谱物理学、分析法学、植物纤维学和物品鉴定方面的知识,对各种检材进行分析化验、光谱测定或比对鉴定,作出检材系何类、何种物质,以及检材与在嫌疑人处提取的材料是否相同等方面的鉴定结论。

7. 会计鉴定所要解决的问题。它的主要内容是:疑为经济犯罪案件中的账单、账册、发票、支票等。鉴定人运用司法会计学方面的专门知识,通过查对有关账目、经济往来、核算库存现金等,作出账目记载与实际经济开支是否一致、有关经济活动是否符合财务制度、现金是否短少、短少的数字等方面的鉴定结论。

8. 专业技术鉴定所要解决的问题。它的对象主要是:重大责任事故案件中的有关机器、工程技术设备等。鉴定人运用自己的专业知识和实践经验,对发生事故的现场、机器、设备进行勘验、检验和分析,查对有关技术资料和询问在场工作人员,作出发生事故原因的分析报告。

9. 交通肇事鉴定所要解决的问题。它的对象主要是:发生交通事故的现场、痕迹、车辆等。鉴定人运用交通行车规则、车辆机械性能等方面的专门知识,对发生事故的现场进行勘验,对现场遗留的痕迹和肇事车辆进行鉴定,作出发生事故的原因、车辆性能及责任分析的鉴定报告。

除了上述常见的通过鉴定种类所要解决的问题以外,在国内,鉴定的范围还包括通过断层痕迹鉴定,伪造和变造文字鉴定,印刷品鉴定,外貌鉴定等所解决的问题。在国外,还有饮酒鉴定,性犯罪鉴定,性格鉴定,适合性鉴定,嗜癖鉴定等鉴定种类所要解决的问题。[①]

笔者认为,随着智能型犯罪案件的上升和运用现代科学技术同犯罪作斗争的手段日益增多,今后属于通过各种鉴定种类解决的问题定会有所增加,鉴定的范围也会越来越大。

如想比较准确地判定某种事实属于鉴定范围内的何种鉴定,就要求公安机关、人民检察院的侦查人员做到如下几点:(1) 侦查人员应当切实掌握前述

---

① 《刑事鉴定的理论与实践》,群众出版社1986年版,第133~221页。

确定鉴定范围的两个条件，对某种事实该不该指派或聘请鉴定人进行鉴定，应当事先进行讨论和请示有关领导；（2）要认真学习和掌握有关鉴定的法规规定，掌握有关内容，以便做到依法办事；（3）应不断学习有关各种鉴定的专业知识，提高业务能力和水平，以便能做到初步判定需要鉴定的问题属于何种类型的鉴定；当对某问题无法判定属于何种类型的鉴定时，首先应当细心研究、分析和讨论，必要时应当请教有关专门知识的专家帮助判定；当被指派或聘请的鉴定人发现某问题不属于他们鉴定的专门性问题时，应及时寻找适合鉴定该问题的其他鉴定人。唯有如此，才能比较准确地确定鉴定范围。

关于通缉之研究[*]

我国刑事诉讼法规定的通缉,是一种重要的侦查措施。刑事诉讼法学界,尚未对它从理论上进行系统的研究。为填补这个空白,特作如下探讨:

一、关于中外法律规定的通缉及比较

通缉,在我国,古以有之。据考证,我国最早的通缉开始于东汉桓帝时期。当时的统治者曾采用通缉令(即"刊章")通缉被通缉的人。此时,通缉被称为"刊章"。据《后汉书·党锢传》记载,汉灵帝二年(公元169年),第二次"党锢事件"发生后,侯览乘机勾结同乡朱并,上书诬告张俭,并胁迫汉灵帝诏令通缉张俭,张俭闻讯后仓皇出逃。为了尽快通缉到张俭,侯览"刊章讨捕",即刻印了许多包括张俭年龄及外貌特征在内的公文,颁行于州郡,要求各州郡协助通缉。刊章(通缉令)发出后,张俭四处躲藏,他逃到哪里,官兵就追捕到那里。几经流转,直到中平原年(公元184年),"党锢事件"结束后,张俭才得以重归故里。自此以后,封建统治阶级的官府,也纷纷采用通缉令的形式缉捕认为是犯了罪的人。有的通缉令,不仅写明被通缉人的姓名、性别、年龄、籍贯、所犯罪行、相貌特征等,还附上用毛笔画的画像;有的还在通缉令末尾,写明谁抓到被追缉之人或报告被通缉者所藏之处将给予多少金钱的重赏(即"悬赏通缉")等。

法律正式规定了通缉内容的当属新民主主义革命时期(解放战争时期)的《冀南区诉讼简易程序试行办法》(1946年8月1日试行)。该《试行办法》在"刑事诉讼程序"中的第30条中规定:"拘捕不获,得用通缉票(式附)通知各级政府协助缉捕。"从其第29条规定的内容看,通缉的对象是径直去拘捕(案件重大有逃跑嫌疑)而未拘捕到的人。

1957年的《中华人民共和国刑事诉讼法(草案)》没有规定通缉。

1979年7月1日通过的《中华人民共和国刑事诉讼法》在第二编第二章侦查的第七节中规定通缉为七种侦查措施之一。第七节的第91条规定,"应

---

[*] 本文刊载于《中国人民公安大学学报》1994年第5期。

当逮捕的被告人如果在逃,公安机关可以发布通缉令,采取有效措施,追捕归案。""各级公安机关在自己管辖地区以内,可以直接发布通缉令;超出自己管辖的地区,应当报请有权决定的上级机关发布。"综观该第91条两款的内容,它规定了通缉的对象、条件、机关、方式、目的(第1款)和如何决定发布通缉令(第2款)。

为了具体贯彻《刑事诉讼法》第91条规定,公安部于1987年3月制定了《公安机关办理刑事案件程序规定》,该《规定》在第五章第八节"通缉"中用了4条规定哪些机关对应当逮捕而在逃的被告人有权发布通缉令(第92条);通缉令的内容(第93条);通缉令发出后若发现新情况可以补发通报及通报应写明的内容(第94条);各地公安机关接到通缉令后应采取哪些具体措施(第95条)。这些规定,充实了《刑事诉讼法》第91条规定的内容,具体有效地保障了第91条规定的贯彻落实。

在国外,古时的习惯法准许追捕犯了重罪的人的时候,吹起号角和大声呼喊,参加追捕的人亦可捉拿被追捕者。被捉拿的人即使后来证明无罪,捉拿者亦不会被责罚。恶意和胡闹地发出追捕犯人的呼声不但有罪,被害者亦可提起控诉。①

《德国刑事诉讼法》规定了通缉。该法第131条规定:"(一)被告人逃跑或者隐匿的时候,检察官或者审判官可以根据逮捕令或者拘留令签发通缉书。(二)如果没有逮捕令或者拘留令,只有在被暂时逮捕的人逃跑或者逃避看守的时候,才能用逮捕书。在这种情形下,警察当局也可以签发通缉书。(三)通缉书内应当记明被通缉人的特征,并且在可能范围内加以详细叙述。被通缉人涉有嫌疑的犯罪行为,以及犯罪地点和时间,都应当说明。"由上可见,该条第1项规定了通缉的条件,在有逮捕令或拘留令的情形下,谁有权签发通缉书;第2项规定了在没有逮捕令或拘留令的情形下,谁有权对具备什么条件的人可以签发通缉书;第3项规定了通缉书应当叙述的内容。

《苏俄刑事诉讼法》没有把通缉单独地规定为一种侦查措施,但是,根据该法第196条的规定内容观之,笔者认为,可视为一种准侦查措施。该条规定:"在刑事被告人地点不明的时候,侦查员应当采取一切必要的措施侦缉刑事被告人。侦查员有权委托调查机关实行侦缉。关于这种委托,应当在中止侦查的决定中加以证明,或者作出特别的规定。""在进行侦查的时候,以及在中止侦查的同时,都可以宣告侦缉。"由此可见,侦缉(通缉)的对象是地点不明的被告人,侦缉的主体是侦查员,侦缉的方法是一切必要的措施。

---

① 参见《汉译简明英国法律辞典》,大地出版社1980年版,第1135页。

《越南社会主义共和国刑事诉讼法》第135条"侦查中止"的第1款第3项规定:"如果犯罪嫌疑分子去向不明,侦查机关必须在决定中止侦查前通缉犯罪分子。"第136条"通缉犯罪嫌疑分子"规定:"通缉令要写明犯罪嫌疑分子的姓名、年龄、籍贯、辨认特征并附上照片和犯罪嫌疑分子被立案的罪行。"由此可见,越南刑事诉讼法也没有把通缉单独规定为一种侦查措施,而是一种准侦查措施。通缉的对象是去向不明的犯罪嫌疑分子,通缉的主体是侦查机关,通缉时必须发布通缉令及通缉令应写明的内容。

法国、日本、南斯拉夫、罗马尼亚等国家的刑事诉讼法均未规定通缉的内容。

有的国家虽然法律中未规定通缉,但警察机关在追捕犯罪过程中也采用通缉的措施。例如,美国司法部门为将那些罪大恶极逃亡海外的案犯抓回绳之以法就是适例。据报载,近年来,美国司法部警务处曾在各大国际性报刊杂志上刊登通缉要犯的广告,涉嫌诈骗巨款的一家银行的前负责人比尔曼便是在广告上被通缉的案犯之一。①

通缉已被国际刑警组织各成员国当作侦查措施采用。国际刑警组织将通缉文件上方贴有红色标记的通告,约定为临时拘留人犯的证书。对此,各成员国均予以承认。按成员国的共同约定,当某成员国警察部门见到另一成员国警察组织发出的"红色"标记的通告上请求协助通缉的案犯,就立即拘捕,并将其引渡给通告发出国,由该国依法审判。② 由上可见,通缉已成为国际刑警组织各成员国共同采用的侦查措施。

综观上述各国法律规定的通缉内容,相同之处主要是:(1)通缉是一种带有强制性的侦查措施;(2)有权发布通缉令的机关是警察机关、检察机关或法院;(3)通过发布通缉令要求有关司法机关或公民协助通缉案犯;(4)通缉的对象是应当拘留或逮捕而又逃亡或隐匿的被告人。不同之处主要是:(1)大多数国家法律规定只有警察机关才可以发布通缉令,但有的国家规定检察院、法院也有权直接发布通缉令(如德国);(2)绝大多数国家将通缉作为重要的侦查措施予以规定,有的国家法律只作为准侦查措施予以规定(如苏联、越南);(3)有的国家法律规定,对犯罪嫌疑分子也可以通缉(如越南);(4)对通缉的称谓不尽相同,绝大多数国家法律规定为"通缉",但也有的规定为侦缉(如苏俄刑事诉讼法)。

---

① 参见《中国广播报》1992年4月28日。
② 参见《中国检察报》1992年9月21日。

二、通缉的概念、对象和条件

（一）通缉的概念

关于通缉的概念，大陆诉讼法学界不少学者或在教科书中，或在辞典中陈述了自己的观点。择其有代表性的观点有：（1）有的学者认为，"通缉是指通令缉拿依法应当逮捕而在逃被告人的一种侦查活动"①。（2）有的认为，通缉是指"公安机关为追捕在逃人犯，而向各地机关和公民发布通告的紧急措施"②。（3）有的学者认为，"通缉是公安机关为抓获刑事案件的被告人而采取的一种侦查措施"③。笔者认为，以上对通缉所作的界定，基本上反映了通缉这个概念的内涵和外延，但各有欠缺之处。就第一个概念而言，缺少了发布通缉令的机关和通缉的对象；从第二个概念来看，未指出通缉的对象还包括潜逃的罪犯；从第三个概念观之，缺少了通缉的被告人应具备罪该逮捕和潜逃这两个条件。根据我国《刑事诉讼法》第91条和《中华人民共和国逮捕拘留条例》第3条至第6条的规定，笔者认为，通缉的概念应当表述为："通缉，是指由公安机关以发布通缉令的形式，发动和依靠兄弟单位的干警和广大公民缉捕在逃被告人或在逃罪犯的一种侦查措施。"在此概念中，阐明了通缉的主体是公安机关，不是其他任何机关或团体；通缉的形式是发布通缉令；依靠的力量是兄弟单位的干警和广大公民；通缉的目的是缉捕；通缉的对象是在逃的被告人和在逃的罪犯；通缉的性质是一种侦查措施。

（二）通缉的对象和条件

关于通缉的对象，大陆刑事诉讼法学界有不同的看法。有的学者认为，根据《刑事诉讼法》第91条和《逮捕拘留条例》的规定，通缉的对象是："（一）畏罪潜逃的现行犯罪分子；（二）已被拘留或逮捕的案犯，再次越狱潜逃的；（三）劳改逃犯和逃跑的教养分子或少管人员；（四）决定逮捕的犯罪分子和拘留的现行犯或重大犯罪嫌疑分子。"④也有的学者认为，根据《刑事诉讼法》第91条规定，通缉的对象必须是依法应当逮捕的在逃被告人；羁押期间逃跑的被告人；罪该逮捕，但由于某种原因而被监视居住或取保候审的人逃避侦查或审判，去向不明的。⑤还有的学者认为，通缉的对象是："（一）经

---

① 参见《刑事诉讼法学》，中国政法大学出版社1990年版，第252页。
② 参见《中国警察辞典》，沈阳出版社1990年版，第1329页。
③ 参见《刑事诉讼法概论》，北京大学出版社1981年版，第203页。
④ 参见《中国公安百科全书》，吉林人民出版社1989年版，第1670页。
⑤ 参见《刑事诉讼法学》，吉林人民出版社1989年版，第295页。

过侦查已经掌握了充分证据或部分证据，应予拘留或逮捕的犯罪分子潜逃的；（二）已经拘留的犯罪分子，在讯问、押解、关押期间逃跑的；（三）正在侦查的重大案件中的嫌疑分子已潜逃的；（四）在服刑期间的劳改逃跑分子。"① 笔者认为，上述观点基本上是正确的。在笔者看来通缉的对象有广义、狭义之分。狭义的通缉对象，是指罪该逮捕而潜逃的被告人（其根据是《刑事诉讼法》第91条）和罪该拘留而潜逃的重大嫌疑分子（其根据是《刑事诉讼法》第41条）。广义上的通缉对象，既包括罪该拘留的被告人，又包括被羁押后逃跑的人犯和越狱逃跑的劳改犯（其根据是：司法部、公安部、铁道部、交通部于1987年9月17日发出的《关于共同做好追捕逃犯工作的通知》）。由上可见，通缉的对象是指罪该拘留而潜逃的被告人和羁押后逃跑的人犯或越狱逃跑的劳改犯。具体包括：（1）已决定逮捕而潜逃和采取取保候审、监视居住期间逃跑的被告人；（2）决定拘留而潜逃的重大嫌疑分子；（3）已羁押在拘留所或看守所而逃跑的被告人；（4）在讯问和押解期间逃跑的被告人；（5）从监狱（包括监狱、劳改队、少管所）和拘役所中逃跑的劳改犯。

有的学者认为，通缉的对象还包括教养分子和少管人员②。笔者认为，由于劳动教养人员，不是刑事被告人而是只有违法或轻微犯罪行为，但不够刑事处分，符合劳动教养条件而由劳动教养管理所执行强制性教养改造的人，因此，他们不属于通缉的对象。少管人员，即少年教养人员，是指已构成犯罪，但因不满16岁不予处罚，而由少年犯管教所收容教养的犯罪少年。若他们从收容教养管教所潜逃，当然属于通缉的对象。关于通缉的条件，在国内，有的学者认为，"通缉对象必须具备以下三个条件：（一）有足够的证据证明，被通缉的人犯是犯罪案件的被告人；（二）被告人应当依法逮捕；（三）确实证明已经出逃"③。笔者认为，上述第（一）和第（二）个条件实际上是一个条件。在笔者看来，通缉的条件包括实质条件和形式条件。实质条件，是指通缉对象是罪该或已经拘捕和正在劳改；形式条件，是指通缉对象确已逃跑。在我国台湾地区，有的学者认为，形式条件包括逃亡和藏匿两种情形。④ 笔者认为，由于藏匿是逃跑后采取的一种形式，因此，似应包括逃跑（潜逃）之中，无须另列一种情形。

---

① 参见《中国公安百科全书》，吉林人民出版社1989年版，第1670页。
② 参见《中国公安百科全书》，吉林人民出版社1989年版，第1670页。
③ 参见《公安机关办理刑事案件的程序》，中国人民公安大学出版社1989年版，第184页。
④ 参见陈朴生：《刑事诉讼法论》，正中书局1970年版，第93页。

三、通缉的程序

通缉的程序,是指采用通缉所遵循的程式和次序。具体包括:(1)决定通缉;(2)发布通缉令;(3)补发通缉通报;(4)及时缉捕;(5)撤销通缉。

(一)关于决定通缉的问题

在大陆,通缉由公安司法机关的主要负责人决定。公安机关认为采用通缉,由该机关的主要首长决定;国家安全机关认为需要采用通缉,由该机关主要负责人决定;人民法院认为需要采用通缉,由该院院长决定;劳改机关认为需要通缉,由该机关的主要负责人决定。在台湾地区,侦查中决定通缉之权属于检察长或首席检察官;在审判中属于法院院长。在侦查中未经通缉的被告,经检察官起诉移送审判后,通缉由法院办理,检察官、审判长或受命推事,虽然应当声请通缉,但并无命令(决定)的权力。① 由上可见,在大陆和台湾地区,有权决定通缉的机关和人员不尽相同。

发布通缉令,包括拟制通缉令和发送通缉令两个步骤。通缉令由发布通缉令的机关指派有关部门的承办人员拟制。通缉令是指由公安机关发布的缉捕潜逃人犯或罪犯归案的一种书面命令和文告。谓其书面命令,是指命令潜逃者见到通缉令后立即投案;谓其书面文告,是指动员和依靠兄弟单位和广大公民提供有关线索或抓获被通缉者。对通缉令可作如下几种分类:(1)按是否有文字和相片划分,有只用文字记述案犯犯罪事实、住址和相貌特征的文字通缉令,也有既有文字记述又有案犯相貌特征头像的通缉令;(2)按被通缉的对象多少划分,有详细记述单个案犯犯罪事实、住址和相貌特征的通缉令,又有只简单记述多个案犯犯罪事实、住址和相貌特征的通缉令;(3)按发布的形式划分,有公开发布的通缉令,有在公安机关内部发布的通缉令;(4)按发布的地域范围划分,有在本机关辖区内发布的通缉令,也有在全国范围发布的通缉令。

通缉令的文字内容及要求是:通缉令的内容应当明确、具体。通缉令应写明被通缉人的姓名(包括曾用名、绰号),性别,年龄,籍贯,衣着和体貌特征,包括静态特征(如胖、瘦、高矮及各器官的形态等)、动态特征(如走路步伐、姿态、讲话时的习惯等)和特别记号(如跛脚、黑痣、兔唇、麻脸等),并附照片。有条件的,可以附指纹或其他物证的照片。除了必须保密的

---

① 《刑事诉讼法论》,正中书局1970年版,第93页。

事项以外,通缉令应当写明发案的时间、地点及简要案情,以便于针对目标进行通缉。通缉令必须加盖发布机关的公章和年、月、日。通缉令发送范围,由签发通缉令的负责人决定。

(二) 关于有权发布通缉令的机关问题

在刑事诉讼法学界,绝大多数学者认为,有权发布通缉令的机关,只能是公安机关。但是,有的辞书的词条理解,国家安全机关、检察机关或者审判机关也有权发布通缉令。[①] 笔者认为,这种观点是无法律依据的,也是不符合公安司法实践的做法的。根据《刑事诉讼法》第91条和《公安机关办理刑事案件程序规定》第92条的规定,有权发布通缉令的机关只能是公安机关,其他任何机关、团体、企事业单位均无此种权力。国家安全机关、人民检察院、人民法院或劳改机关认为需要发布通缉令,应当商请公安机关发布。县以上公安机关可以在自己管辖的地区内直接发布通缉令;毗邻的和有固定协作任务的省、自治区、直辖市或行署、市、县公安机关,按协作规定可以互相抄发通缉令,同时,上级公安机关备案;需要在全国或者跨地区通缉重要逃犯时,由省、自治区、直辖市公安厅、局上报公安部,由公安部发布通缉令。

发布通缉令的形式有如下几种:(1)印发通缉令发送有关部门或张贴,这是采用最多的形式;(2)在当地报纸或公安司法机关主办的报、刊上刊登通缉令;(3)请广播电台广播通缉令;(4)请电视台播发通缉令;(5)在情况紧急的情况下,通过电话向有关单位发布通缉令;(6)在十分必要时,用传真方式发布通缉令;等等。

通缉令发出后,如果发现新的重要情况,可以补发通缉通报。在通缉通报中,必须注明通缉令的编号和日期,以便使接到通报的单位查找该通缉令。

(三) 关于及时通缉问题

一般说来,有协作任务的机关接到通缉令后都会及时作出布置。布置的措施包括控制被通缉对象可能出入或隐蔽的地方,如车站、码头、机场等,积极追查缉捕。大部分机关、团体、企事业单位和公民也会自觉地协助追捕。在公安实践中,确已查明追缉对象藏在何处时,缉捕案犯时要针对不同的情况如非对峙的状态下和对峙状况下等,采用不同的策略。

(四) 关于撤销通缉的问题

撤销通缉有两种情形:一种是被通缉的对象已被捕获;另一种是追缉的对象被当场击毙。当这两种情形具有其中之一时,发布通缉令的公安机关应立即

[①] 《中国公安百科全书》,吉林人民出版社1989年版,第1670页。

撤销通缉令。撤销通缉令应当尽快发送到有协作任务的公安机关，以便解除查缉任务。

四、关于完善通缉的思考

由于通缉是公安机关在侦查中使用得比较多的侦查措施，因此，实践中出现的一些问题，亟待从立法和实践两方面设法解决。现就其中两个问题作如下探讨：

（一）通缉令过多，等级不明

通缉在侦查中显示出重要的作用，这已被实践所证明。但是，存在发布通缉令过多和等级不明的现象。有时，县（市）公安局、派出所在几个月内会收到成捆的通缉令。不用说布置力量协查被缉对象，就是仔细阅看也看不过来。久而久之，这些通缉令要求协查的目的，就根本达不到。为了解决这个问题，建议由公安部制定相应的实施办法，把通缉令划分不同等级，要求对不同等级的通缉令，布置相应的力量进行协助查缉。笔者建议，在对单个案犯发布的通缉令中，把对国家和人民利益危害极大的案件中的被通缉对象，列为第一类；通缉令标题字用红色标识；把对国家和人民利益危害重大的案件中的被通缉对象，列为第二类，通缉令标题字用黄色标识；把对国家和人民利益危害比较重大的案件中的被通缉对象，列为第三类，通缉令标题字用黑色标识。在一份列有若干名案犯的通缉令中，对第一类、第二类案件中的被通缉对象的名字用黑体字标识；对第三类案件中的被通缉对象用楷体字标识。对第一类和第二类通缉令，应要求组织强有力的力量，立即协查；对第三类通缉令，要求用较强的力量，尽快协查。这样做，就能分清轻重缓急，提高协查和缉捕逃犯的效果。

（二）法律未规定通缉不受追诉期限的限制，致使有的案犯逃避追诉

《刑法》第77条规定："在人民法院、人民检察院、公安机关采取强制措施以后，逃避侦查或审判的，不受追诉期限的限制。"从该条规定观之，凡被采取强制措施的被告人不受追诉期限的限制，即追诉期限的延长必须同时具备两个条件：一是被告人被采取强制措施；二是为逃避侦查或审判而潜逃。由于《刑事诉讼法》第91条规定的通缉并不属于强制措施，而通缉的对象中，许多人是在公安司法机关尚未对其采取强制措施时就逃跑了。这样，就出现了如下情形：当公安机关发布通缉令后，被通缉者为逃避侦查或审判就立即逃跑，由于不具备《刑法》第77条规定的延长追诉期限的两个条件，因此，他们就不会受到刑事追究，从而逃避了罪责。这种情况有悖于刑法设立追诉期限制度

的本意。众所周知,通缉是一种侦查措施,其目的是保障刑事诉讼活动顺利进行和追究被告人的刑事责任。在这两点上,与采取强制措施的目的一致。既然刑法规定追诉期限的延长是为了使那些逃避侦查或审判(在采取强制措施后逃跑)的被告人不受追诉期限的限制,那么,对那些为了逃避侦查和审判,被公安机关通缉的人犯,也应不受追诉期限的限制,保留追究其刑事责任的必要性。有鉴于此,笔者认为,在《刑法》第 77 条中补充规定:"被通缉对象也应不受追诉期限的限制。"只有这样,才能保证诉讼活动的顺利进行,也才不会使被通缉对象采用钻法律空子的方法而享受到时效之惠和逃避刑事追究。

关于刑事辨认之研究*

刑事侦查中的辨认,是侦查人员为查明案情经常采用的一种侦查措施。虽然我国刑事诉讼法尚未明确规定辨认为侦查措施而只规定为审查证据的一种措施(《刑事诉讼法》第116条)。但是,侦查实践中因侦查的需要而经常采用它。

一、概述

(一) 辨认的概念

何为辨认?诉讼法学界对它有不同的界定。具有代表性的观点是:有的学者认为:"在侦查过程中,常常需要由被害人,事主或知情群众指认犯罪分子,识别现场遗留物或无名尸体等,这些活动称为辨认。"① 该概念仅指明了辨认的主体和客体的内容。有的学者认为:"辨认是指在侦查中,为了查明某个人是否犯罪人或同犯罪是否有联系或者某个同犯罪有联系的物品是否属于某人所有所用,或为了查明无名尸体的身份,或某场所和环境是否与犯罪有联系,而将该人、物、尸体、某种场所和环境提供给辨认人进行识别的一种特殊的调查研究方法。"② 此概念既指明了辨认的主体和客体,又指明了辨认的目的,但是,文字不精练,且错误地把辨认这种同一认定活动界定为"识别"活动。有的学者认为,辨认,是指"刑事侦查部门为了查清犯罪事实,组织有关人员对犯罪嫌疑人、无名尸体以及与案件有关的物品进行识别、认证的活动"③。此概念既指明了辨认的目的、主体、客体,又指明了该活动由侦查部门组织和具有认证性质。总的来说,比较可取。笔者认为,辨认是指侦查过程中为了查明与案件有关的情况,侦查人员主持并组织被害人、目睹证人或知情公民对犯罪嫌疑人、物品或尸体等进行同一认定的一种侦查活动。其中,被害

---

* 本文刊载于《法律科学》1993年第3期。
① 参见《刑事侦查学》,北京出版社1983年版,第200页。
② 参见《中国公安百科全书》,吉林人民出版社1989年版,第1998页。
③ 参见《刑事案件侦查》,中国人民公安大学出版社1987年版,第61页。

人、目睹证人和知情的公民属于辨认主体；犯罪嫌疑人、物品、尸体等属于辨认客体。

辨认中的同一认定与鉴定中的同一认定有别：一是根据不同。辨认中的同一认定，是利用辨认主体感觉上的反映形象（语言信号）进行同一认定；鉴定中的同一认定，是利用物质上的反映形象（如指纹、足迹等）进行同一认定。二是主体不同。辨认的主体是了解案情的被害人、目睹证人或知情的公民；鉴定的主体是具有专门知识的鉴定人。三是采用的方法不同。辨认是辨认人采用一般人所具有的感官（眼见、耳听）进行的；鉴定是鉴定人采用专门知识通过科学检验进行的。

（二）辨认的主体和客体

辨认的主体，是指进行辨认具有行为能力的自然人，即是指能够依法行使权利和义务的公民。具体包括：被害人，如被强奸的妇女、被打伤的人等；目睹证人，如目睹抢劫的证人；知情的公民，如了解尸体是谁的公民等。辨认的客体，是指供辨认人辨认的对象。具体包括：犯罪嫌疑人，逃跑的人犯，越狱逃跑犯，物品（赃物、犯罪工具、犯罪现场的遗物、尸体上的衣服等）；无名尸体（如完整的尸体和不完整的尸体）；被盗窃的大牲畜（马、牛、羊、骡）；犯罪现场；等等。

（三）辨认形式

辨认分为公开辨认和秘密辨认两种形式。

1. 公开辨认。它是指由侦查人员组织辨认主体对辨认客体进行的辨认。一般来说，多数适用于对物品和尸体进行的辨认，但在人犯已经被拘捕的情况下，也可以采用公开辨认。对物品进行公开辨认时，辨认人在被辨认人或物品持有人的面前，真接进行指认。它一般在人犯被拘捕以后进行。对尸体进行公开辨认时，由辨认人对尸体进行指认，通常在尸体已经过检验以后进行。为了便于指认，对有些无名尸体应当在进行整容后拍成照片，组织有关人员进行辨认。

2. 秘密辨认。它是指在不让侦查客体（对象）觉察的情况下，由被害人、目睹证人或知情公民进行的辨认。一般来说，多数是对犯罪嫌疑人经常采用的一种辨认形式，也是发现犯罪嫌疑人的一种有效方法。在侦查中，有时虽然没有掌握犯罪嫌疑人是谁，但是，被害人或目睹证人对犯罪分子的体貌特征比较了解，为了发现犯罪分子，可以根据犯罪分子的活动规律，由侦查人员秘密地带领他们在犯罪分子可能出没的场所进行寻找辨认。少数情况下，对失物、犯罪工具等也可以进行秘密辨认。为了保密，必须先把它们从侦查对象那里密取出来,再让辨认人进行辨认。辨认后再及时秘密地放回原处,以免侦查对象发觉。

（四）辨认的作用

实践证明,正确地使用辨认,有如下重要作用:

1. 帮助侦查人员寻查到犯罪分子。在强奸、抢劫、伤害案件中,由于犯罪分子与被害人有面对面的接触,有的甚至发生过扭打、搏斗,因此,有些被害人对作案分子的体貌、特征有所记忆。为了寻查犯罪分子,有时侦查人员把被害人安排在侦破范围的隐蔽处,让被害人从众多人员中辨认出谁是侵犯他们人身权利的人。如果辨认出谁是侵害他们身体的人,这就帮助侦查人员找到了犯罪分子。

2. 一般来说,能帮助侦查人员进一步确信谁是作案分子。被辨认的嫌疑人,很可能是作案的分子,也可能不是。通过正确地使用辨认措施,能使侦查人员确信是前者而不是后者。例如,将嫌疑人混杂在性别、年龄、体貌特征相似的几个人中,让辨认人（被害人、证人等）进行辨认,如果被害人从几个人中指出谁是侵害他的人,或目睹证人辨认出谁是他当场目睹实施犯罪行为的人,那么,此人就极可能是作案的犯罪分子。

3. 能帮助侦查人员判明犯罪现场的遗物或作案工具是何单位、何人所有,从而为侦查提供方向和缩小侦破范围。例如,侦查人员将犯罪现场提取的鞋、衣服等交给众多公民辨认,如果有人指认该鞋或衣服是谁所独有,那么,侦查人员可以去寻找那个人,这样,就为侦破指明了方向,缩小了侦查范围。如果被公民指认某种作案工具是谁人所独有,那么,侦查人员也就可以获得帮助。

4. 能帮助侦查人员判明某物品是否是该案的赃物。在侵犯财产罪的既遂案件中,作案分子都占有公私财物（如果未销赃）,辨认则能帮助侦查人员判明哪些物品是该案赃物,哪些则不是。例如,侦查人员将搜查到的被告人家中的彩电、录像机等物品提供给被害人辨认,若被害人指认录像机属他家被盗的失物,并出示购买时某商店开出的发票或收据,这时,侦查人员就可以确认该录像机就是该案的赃物,而彩电则不是与案件有关的物品。

二、辨认的原则

辨认的原则,是指侦查人员在组织和主持辨认过程中应当坚持的准则。根据实践的做法和借鉴国外的有关法律规定,笔者认为有如下几条辨认原则:

（一）事前询问原则

即是指在辨认之前,由侦查人员详细地询问辨认人所了解辨认对象究竟有哪些特征或特别记号的原则。事前询问既是为了了解辨认人所了解的具体情况，也是为了以此次询问的情况对照以后辨认时所言之内容是否一致，以便判明其辨认的真伪，对询问的结果应作详细笔录。笔录的内容应如实、准确地记录辨认人自然陈述的全部内容。若向他提出了问题，对回答问题的内容亦应记录下来。

（二）互不接触原则

即是指辨认前不让辨认人看到被辨认人的原则。之所以要坚持这条原则，是为了防止辨认人在认识上先入为主，以保证辨认取得客观和准确的效果。为此，在辨认之前，一定要做到不能让辨认人同被辨认人见面。如果有见面的机会，一定要禁止。

（三）迅速、及时原则

即是指辨认工作应当在发案后尽快进行。这是因为，辨认人辨认时是凭借自己记忆的情况为依据来进行辨认的。回答询问是根据自己的记忆情况进行的，辨认时的指认也是根据自己的记忆情况陈述的。由于记忆的清楚程度与时间的长短成反比，因此，若辨认之时离发案之时相距越短，辨认人的记忆清楚程度越强，反之，就会减弱。为了取得比较客观、准确的辨认结果，实践表明，组织辨认越迅速及时，效果越好。由于尸体容易腐烂，这也要求迅速、及时地组织辨认。这些情况表明，在条件可能的情况下，侦查人员应尽快组织辨认。

（四）宣讲法律原则

即是指在辨认之前侦查人员应当向辨认人讲明有关法律规定内容的原则，具体包括《刑事诉讼法》第37条规定的，凡是知道案情的，都有作证的义务；《刑法》第138条规定的，凡捏造事实、诬告陷害他人应负的刑事责任。坚持该原则的目的，旨在促使辨认人在辨认时作如实陈述，保证陈述的客观、准确性。为此，侦查人员在让辨认人辨认之前，应向他们讲明不如实陈述会给侦查工作造成的危害和作虚假陈述应负的法律责任。

（五）混杂原则

即是指侦查人员把被辨认的人或物混杂在若干相似的人或若干特征相似的同类物品中让辨认人进行辨认的原则。如果是用照片进行的，亦应如此。坚持这条原则的目的是让辨认人在相似的人或物品中指认出他所见到过的人或物品，以防止辨认出现差错。为此，混杂的人不应少于三名，混杂的物品不应少于三种。

（六）分别辨认原则

即是指当有几名辨认人对同一辨认对象进行辨认的时候，应当坚持让辨认人分别对辨认对象进行辨认的原则。坚持该原则是为了不让几个辨认人在一起同时对辨认对象进行辨认。因为几个辨认人在一起同时进行辨认，他们之间会互相影响和受到启发或提示。其结果会影响辨认的客观性和准确性。为此，在辨认进行过程中先让辨认人分别对辨认对象进行辨认，并作记录。对凡是已参加过辨认的人，在辨认结束之前，也不应让他们与尚未参加辨认的辨认人接触，旨在防止已参加辨认的辨认人向未参加者透露辨认的情况。

（七）说明辨认结果根据的原则

即是指侦查人员要求辨认人说明指认结果所依靠事实或理由的原则。坚持这条原则，一是为了促使辨认人要做到辨认中指认的结果有据，防止信口指认；二是为了侦查人员便于分析判断指认结果的真伪或准确程度。为此，既要求辨认人在指认时说明指认某人、某物是他所见的那个人或那件物品，也要说明他凭什么指认某人、某物就是那个人和那件物品的客观依据和理由，同时，还要求侦查人员在辨认人陈述指认结果而未陈述所凭依据的情况下，向他提出问题，让其补充辨认结果的依据。

（八）禁止暗示或诱答原则

即是指在辨认过程中，侦查人员不得用任何方式向辨认人暗示或诱使其按照自己的意图作出回答的原则。坚持这条原则，是为了保障辨认人在辨认过程中，不受侦查人员的暗示或诱答等因素的干涉，让其根据自己所见的事实自然地进行陈述，以确保陈述的客观性。为此，既要求侦查人员在辨认开始时对辨认人不作任何暗示，又要求在辨认人作了自然、连贯的陈述之后，提出问题让其作补充回答时，不暗示或诱使辨认人按照自己的意图进行。

三、辨认的步骤和方法

（一）辩论的步骤

组织和主持辨认，应当注意采用先后有序的正确步骤。一般来说，辨认的步骤分为：

1. 在辨认前，由侦查人员对辨认人进行询问。事前询问是为了了解各种情况。询问的内容包括：在何时、何地、何种外界情况下（白天、夜间、光照程度等）看见的；若看到的是人，包括该人具有何种特征或特点，如人的身高大概情况，人的头发长度、密度怎样，发型、额纹怎样，是否秃顶，鼻梁的大小、形状、前额的高度与宽度，是否留有络腮胡须，是否独眼，大概多大年龄，行走和逃跑时的步状特征，面部皮肤的颜色，说话的声音、语调，等等；若看到的是物品，包括该物的形状、大小、颜色、新旧程度、固有特殊标记，等等。

2. 挑选并提供与被辨认人或物相似的混杂人或物。由于应当遵守混杂辨认原则，因此，在组织辨认时，应当挑选并提供与案件无关的人或物，挑选出来的人应当符合下列条件：（1）与正在侦查的案件无关；（2）与辨认人互不相识；（3）与被辨认人在年龄、身高、性别、发型、容貌等方面应当多少有些相似，在着装上也应尽量与被辨认人相同。挑选的物品应与被辨认的物品在形状、大小、颜色、新旧程度等方面相似。

3. 提供良好的辨认环境。一般来说，组织辨认应当安排在安静的环境或适合辨认人能看见某人或某物的外界条件下进行。安排在安静的环境下进行，旨在防止外界的干扰和分散辨认人的注意力；安排在适合的外界条件下进行，如辨认人过去是在室内灯光下看到被辨认人，就应当将辨认安排在室内灯光下进行；如果是在日光下看见的，就应当安排在日光下进行等，旨在保障辨认人能清楚地看到被辨认的人或物。

（二）辨认的方法

辨认的方法，是指辨认人开始对辨认对象进行观察和辨认的方法。采用辨认的方法应根据辨认的客体不同而异。

1. 对人的辨认。对人的辨认，一般采用公开形式进行，有时也采用秘密形式进行。对人可采用下列方法：（1）侧面辨认法，即把辨认人安排在隐蔽的地方，让其辨认。例如，侦查人员将被害人或目睹证人安排在适当的处所，在隐蔽的情况下，让辨认人进行侧面辨认。必要时，侦查人员可以利用各种机会，创造条件，由辨认人暗中进行辨认。（2）正面辨认法，即利用适当机会，让辨认人与犯罪嫌疑人进行面对面接触，进行观察和辨认。例如，让被辨认人与混杂人员并坐或并立，然后将辨认人引入场所，告知他有意或提供伪证的法律责任后，即让他察看所有的人员，让他进行辨认。如果认出某人，侦查人员应请他说明是根据哪些特征认出的。在辨认程中，如果辨认人认为必要时，他可以让并坐者或并立者按照他的要求转过身来或伸出双手供他察看。（3）照片辨认法，即对不具备直接辨认条件的犯罪嫌疑人，可以将犯罪嫌疑人的近期人头正面照片与其他人的近期人头照片混杂在一起，一并出示给辨认人，供其逐个进行辨认。（4）寻找辨认法，即由侦查人员带领被害人或目睹证人到犯罪分子经常出没的地方进行寻找辨认。它适用于侦查人员尚未发现犯罪嫌疑人，而被害人或目睹证人对犯罪人的体貌特征印象深刻的情况。（5）画像辨认法，即根据被害人和目睹证人口述犯罪嫌疑人的体貌、特征、特点进行模拟画像，再让可能帮助侦查人员辨认出犯罪嫌疑人的公民对照模拟画像进行辨认。它仅适用于模拟水平高，辨认人口述犯罪嫌疑人的特征、特点比较详细、具体的情况。（6）声音辨认法，即由辨认人通过细听犯罪嫌疑人的录音进行辨认。它适用于犯罪分子作案过程中对被害人进行口头叫骂、威胁，而被害人又听得清楚的情况。这种方法不宜单独使用，可作为辅助手段。

2. 对物的辨认。对物的辨认，一般采用公开形式，必要时也可以采用秘密形式。对物的辨认，可采用下列方法：（1）直接辨认法，即由被害人、物品持有人或证人在说明原物的具体特征、特点之后，提供赃物、作案工具或有关物品给他们进行辨认。例如，将赃物提供给被害人、辨认人或让同案被告人辨认；将作案工具提供给原物使用人或证人辨认；对已腐烂的尸体上遗留下的衣服和携带的物品，组织群众进行直接辨认，以查明死者是谁等。（2）照片辨认法，即把赃物、作案工具等的照片提供给辨认人，让其进行辨认。例如，将体积庞大不易搬动的物品拍成照片，将照片提供给辨认人辨认；将通过秘密侦查手段所获得的赃物、作案工具或其他物品拍成照片提供给辨认人辨认。

3. 对尸体的辨认。对尸体的辨认，是指对无名尸体的辨认。可采用公开的形式进行。可采用下列方法：（1）直接辨认法，即组织群众（包括死者亲属）对无名尸体进行观看和辨认。如果侦查人员初步得知无名尸体可能是谁家的人的尸体，可以让他们进行辨认，以确定无名尸体的姓名、死者何时离家、与谁同路、因何事外出、携带何物以及着装的情况。若侦查人员一开始就毫不知无名尸体是谁家的，一般在现场勘验结束以后，即可在现场组织附近群众进行察看和辨认。通过这样做，有时群众可能认出死者是谁，也可能不认识。若群众不认识，应将尸体送往停尸处所，供以后亲友辨认。（2）照片辨认法，即将尸体拍成照片给群众辨认。它适用于尸体不能长期保存或让远方辨认人进行辨认的情况。为了全面反映尸体上的特征，对尸体皮肤上的各种斑痕记号，应拍成放大照片。对无名尸体应尽量拍成裸照，有时，尸体已成一堆白骨，为了给辨认人提供条件，除了应尽量利用牙齿特征和服饰残余外，可请法医或有关科研单位根据头颅骨恢复死者生前面貌，然后拍成照片。照片拍成后，应发出协查无名尸体的通报，或由侦查人员携带死者照片，到有关地方组织群众辨认。

4. 对牲畜的辨认，即组织辨认人对牲畜进行辨认。其方法是，组织辨认时，应把被辨认的牲畜放在三头同一类、同一品种、毛色和同一性别及大致相同的牲畜中提供给辨认人进行观察和辨认。出示牲畜时，要注意牲畜对辨认人表现出何种动作，这对辨认人宣称牲畜所有权属于自己，具有重要意义。

5. 对与犯罪有关的场所的辨认，即指由被害人到犯罪分子进行犯罪活动的场所进行辨认。其方法是,根据被害人的回忆秘密带领他找到被害时的场所,让其讲明当时被害的情况、犯罪分子利用当地的何种外界条件进行作案等情况。找到这些与犯罪有关的场所,可以发现更多的痕迹物证,了解并分析作案手段,对确定侦查范围和对犯罪分子进行摸底、排队等具有重要作用。

四、制作辨认笔录和对辨认结果的使用

无论组织辨认人进行对人、对物、对尸体的辨认,还是对牲畜、犯罪场所进行的辨认,只要进行公开辨认,就应当制作辨认笔录。进行秘密辨认,虽不要求写出笔录,但要写一个简要报告,以归档备案。

无论是公开辨认还是秘密辨认,侦查人员在使用辨认结果时都应特别慎重,即使是对严格按照辨认规则进行的公开辨认,使用其辨认结果时也应特别慎重。对其应当像案件中的其他证据材料一样,进行认真的审查和复核。特别是对人的辨认,决不能仅仅根据被害人指认某人是犯罪分子,就据此进行拘捕。实践证明,辨认的结果只有同时具备下列两个条件,才能作为证据采用:(1)辨认是严格按照既定的规则进行的,方法也没有错误;(2)辨认的结果得到了其他证据材料的印证。如果忽视了这两个条件去使用辨认结果,就可能使侦查工作步入歧途,以致造成错案。对秘密辨认的结果,侦查人员只应当作内部分析判断问题的资料使用。若要当作证据材料使用,需要采用适当的方法进行转化。例如,可在对人进行秘密辨认后,经分析判断,被辨认人很可能是犯罪分子。在这种情况下,可以再组织公开辨认;又如,对秘取的作案工具,可以采用公开辨认的形式让犯罪人进行辨认等。

刑事侦查终结研究*

刑事侦查终结，是指公安机关、国家安全机关或者人民检察院的自侦部门通过侦查活动，根据已查明的事实和证据，依法对案件作出起诉、免予起诉或撤销案件结论时而最终结束侦查的一项诉讼活动。

侦查终结是侦查阶段的最后一个程序，也是非常重要的程序。它既是对前段侦查工作的总结；也是根据事实，特别是依据所收集到的证据，依法对案件提出处理意见或作出处理决定的依据；同时还是使审查起诉、提起诉讼以及审判活动能否顺利进行的基础。因此，侦查终结的结论正确与否，对准确及时地查明案件事实，依法惩罚犯罪和保障无罪的公民不受刑事追究都具有重要的意义。本文拟对刑事侦查终结的基本问题作一探讨。

一、侦查终结的条件和对案件的处理

（一）侦查终结的条件

对于需要起诉或免予起诉案件的侦查终结是否应当具备一定的条件呢？笔者认为，完全应当。虽然刑事诉讼法在"侦查终结"的章节中没有以专门的条款予以明确规定，但是，从刑事诉讼法的整体内容和有关法规的规定来看，法律和法规对侦查终结的条件是有规定的。所谓侦查终结的条件，是指对案件进行一系列侦查后，在作出侦查终结时案件必须具备的事实、证据和手续等方面的要求和要件。对此，《刑事诉讼法》第96条规定："人民检察院审查案件的时候，必须查明：（一）犯罪事实、情节是否清楚，证据是否确实、充分，犯罪性质和罪名的认定是否正确；（二）有无遗漏罪行和其他应当追究刑事责任的人；（三）是否属于不应追究刑事责任的……"这一规定，既是对人民检察院审查起诉的要求，也是侦查终结应当具备的条件。因为，审查与被审查的标准应当是一致的，否则，不能达到审查的目的。公安部根据《刑事诉讼法》第96条的规定，以法规的形式规定了侦查终结的条件。公安部于1987年3月制定的《公安机关办理刑事案件程序规定》第97条明确规定："案件经过预

---

* 本文刊载于《法学家》1995年第4期。

审,取得能够证实被告人有罪或者无罪以及犯罪情节轻重的各种证据,没有发现遗漏罪行和其他应当追究刑事责任的人,法律手续完备,应当及时结案。"

根据上述法律和法规的规定,笔者认为,侦查终结的案件应当具备如下条件:

1. 行为人是否实施犯罪的事实、情节清楚。它包括行为人没有实施犯罪的事实、情节清楚和实施了犯罪的事实、情节清楚。没有实施犯罪的事实、情节,是指不构成犯罪的事实情节。实施了犯罪的事实、情节,是指已经具备犯罪构成要件的事实情节和与定罪量刑有关的事实、情节。事实、情节清楚,是指不仅查清了谁是犯罪人,而且查清了实施犯罪的时间、地点、手段(工具)和犯罪的环境、过程、动机、目的及犯罪所造成的后果,同时,还指查清了与量刑有关的犯罪人本人的过去情况(如是否累犯、有无前科等)等;如果是共同犯罪案件,还包括查清了同案人之间的关系及在案件中的地位、作用及各自应承担的罪责。

2. 证据确实、充分。所谓证据确实,是指用以证明犯罪事实、情节的每一证据都经过了查证属实,全案证据协调一致没有矛盾(或矛盾已合理排除),完全能够科学、正确地证明案情。所谓证据充分,是指犯罪事实和情节都有足够的证据加以证明,并形成一个完整的证明体系,完全可以排除其他可能。但是,需要指出的是,证据充分并不要求使案件中的每一个细枝末节的事实都要有足够的证据加以证明,即把与案件的发生、发展、结果有关的全部证据事实统统收集齐全,因此,证据充分不等于证据齐全。

3. 确定犯罪性质和罪名准确。犯罪性质和罪名的确定是否准确,直接关系到对被告人的处罚是否正确的问题,因此要特别慎重。所谓犯罪性质,是指行为人的犯罪行为属于哪一类哪一种罪的哪个罪的根本属性。不同性质的犯罪,社会危害性的程度不同。一般而言,性质严重的犯罪,社会危害程度就大。例如,反革命罪较其他刑事犯罪因其性质严重,一般说来,其社会危害性较大。在一般刑事犯罪中,杀人罪比侮辱、诽谤罪的危害大。因此,犯罪性质的确定是否准确,对被告人的处罚轻重关系较大。所谓罪名,是指刑法对某一犯罪行为所规定的名称。它包括在法定的罪状之中,是犯罪行为的本质或主要特征的概括。认定罪名是否准确,对于划清罪与非罪,此罪与彼罪的界限以及正确的定罪量刑都有重要意义。例如,是盗窃罪还是抢劫罪,是杀人罪还是伤害罪,是贪污罪还是挪用公款罪等。由于罪名不同,量刑时适用的法律也不同,因而惩罚的轻重也不同。

4. 法律手续完备。是指诉讼中依法形成的文书和履行的法律手续齐全和完整。详言之,侦查终结时的法律手续,主要指反映专门调查活动及有关强制措施的各种法律文书及其手续。例如，讯问、询问、勘验、检查、扣押、鉴定、通缉和拘留、逮捕等批准、执行的手续及其文书等。法律手续完备，是指所办理的各种手续和制作的各种法律文书齐全、完整并符合法律规定的要求。例如，对于证人证言除依照《刑事诉讼法》第67条、第68条的规定进行收集外，所制作的笔录还要符合《刑事诉讼法》第66条规定的交证人核对或向他宣读，允许其补充或改正，并让其在笔录上签名或盖章，以及由侦查人员签名等，在侦查中形成的法律文书和履行的法律手续，是反映侦查机关或部门依法办案的情况和检验所办案件是否合法的依据，它直接反映办案质量，关系到确定被告人是否构成犯罪以及罪行轻重的问题。因此，侦查终结时，必须检查各种法律文书是否齐全，所履行的法律手续是否完备。如果发现了问题，应立即纠正和补齐。否则，就会影响这些文书或证据的法律效力，不能达到侦查终结的要求。

以上四个条件必须同时具备，才能结束侦查，写出起诉意见书或免予起诉意见书，连同案卷材料、证据一并移送同级人民检察院审查、决定。

有人提出，只有在公安机关或国家安全机关侦查的案件中，对需要移送起诉的，侦查终结时才必须达到上述第一个和第二个条件（以下简称"事实和证据条件"），而对于需要免诉的案件，侦查终结的案件的事实和证据条件可以降低一些。其理由是：一则，因为免予起诉的案件不将被告人提交审判，免诉只是检察机关对犯罪人作出的一种处理决定，即使证据有些不足，被告人也不会申诉，甚至不会无理纠诉；二则，此类案件由于被告人的罪行较轻，社会危害性不大，因此，不值得下那么大的功夫去查证，否则，会过多地耗费侦查力量，影响对大案的查处，其结果得不偿失；三则，由于此类案件不进入审判阶段，不需开庭审判，也不需公开各种事实和证据，因此，条件低一点无关大局。还有的同志认为，对检察机关自侦的案件，刑事诉讼法没有规定审查起诉或免予起诉的办案程序。虽然有的法规补充规定了检察机关实行内部制约制度，即由本院内部的刑侦部门与刑检部门互相制约，但是，将此类案件侦查终结后，由于提出免诉意见和作出免诉决定的权限都由本院检察长行使，因此，对免诉案件侦查终结，案件的事实和证据条件完全可以放宽一些，即使发生错误也有挽救的余地等。

笔者认为，从表面上看，上述观点似乎言之有理，但实属完全错误。这是因为：(1) 它违背了免诉的本质含义。免诉，虽是决定对被告人不给予刑事处罚，但是，其行为性质仍属构成犯罪并应负刑事责任，这与行为人的行为不构成犯罪有着本质的不同。(2) 其结果很可能将行为不构成犯罪的公民因降低条件而作免诉处理，直接侵犯公民的政治权利、人身权利和其他合法权利。

侦查终结的案件的事实和证据的条件与提起公诉和进行审判案件的事实和证据条件，是否应当一样？笔者认为，应当一样。其理由主要是：

第一，法律规定了侦查、起诉、审判三个阶段在对案件作出处理时的条件一致。如前所述，《刑事诉讼法》第96条的规定，既是审查起诉的案件的事实和证据的条件，也是侦查终结案件的事实和证据的条件。《刑事诉讼法》第100条又规定："人民检察院认为被告人的犯罪事实已经查清，证据确实、充分，依法应当追究刑事责任的，应当作出起诉决定，按照审判管辖的规定，向人民法院提起公诉。"这一规定就是检察机关提起公诉案件的事实和证据的条件。《刑事诉讼法》第108条规定："人民法院对提起公诉的案件进行审查后，对于犯罪事实清楚、证据充分的，应当决定开庭审判。"这一规定表明，人民法院开庭前审查案件的事实和证据的条件，也是对检察机关提起公诉案件应具备的事实和证据的条件，否则，人民法院有权将案件退回补充侦查，或要求检察院撤回起诉。由上可见，无论是侦查终结的案件，还是提起公诉的案件和进行审判的案件，法律规定的事实和证据的条件是一样的。那种认为提交审判的案件的事实和证据条件高于提起诉讼的案件的事实和证据条件，提起公诉的案件的事实和证据条件高于侦查终结案件的事实和证据条件的看法是不正确的，都是不符合刑事诉讼法规定的。

第二，法律规定"可以退回补充侦查"的内容更表明侦查终结的案件的事实和证据条件与提起公诉和交付审判的案件的事实和证据条件是一样的。《刑事诉讼法》第99条规定："人民检察院审查案件，对于需要补充侦查的，可以自行侦查，也可以退回公安机关补充侦查。"第108条也规定："人民法院对提起公诉的案件进行审查后……对于主要事实不清、证据不足的，可以退回人民检察院补充侦查。"这些规定表明，检察机关对于侦查终结后移送起诉的或人民法院对提起公诉的案件的事实和证据条件不具备的，有权退回补充侦查。即使到了人民法院的审判阶段，在法庭审判过程中，合议庭认为案件证据不足或者发现新的事实，需要退回补充侦查的，可以决定延期审理，将案件退回补充侦查。待补充侦查完毕后，再行审理。"退回补充侦查"的规定也表明，提起公诉和审判的案件的条件与侦查终结的案件的事实和证据条件是一致的。

（二）侦查终结后对案件的处理

《刑事诉讼法》第93条第1款规定："人民检察院侦查的案件，侦查终结后，应当作出提起公诉、免予起诉或者撤销案件的决定。"第2款又规定："公安机关侦查的案件，侦查终结后，应当写出起诉意见书或者免予起诉意见书，连同案卷材料、证据一并移送同级人民检察院审查决定。"第94条规定：

"在侦查过程中，发现不应对被告人追究刑事责任的，应当撤销案件。"这些规定表明，无论是公安机关、国家安全机关侦查的案件，或者是人民检察院自侦部门侦查的案件，侦查终结后，应区别不同情况，依法提出起诉、免予起诉的意见或者作出撤销案件决定。

根据上述规定和司法实践的情况，侦查终结的案件一般有如下几种情况：

1. 通过一系列的专门调查工作，根据所收集的各种证据足以证明犯罪人及其犯罪事实存在，依法需要追究其刑事责任时，结束侦查。

2. 通过侦查，查明被告人的行为虽然构成犯罪，但是，依据法律规定对其不需要或者应免予追究刑事责任时，应当结束侦查。

3. 侦查中，根据事实和法律，足以证明被告人的行为不构成犯罪，或者犯罪行为非本被告人所为，因而不应追究其刑事责任时，对此被告人应终止侦查并撤销案件。

4. 被告人虽有犯罪嫌疑，但是通过一系列的侦查活动反复查证，仍收集不到确实、充分的证据证明被告人实施了犯罪行为时，侦查活动终结并撤销案件。

5. 侦查中已收集到足以证明被告人具有法定不追诉情形之一的证据时，侦查可告终结。

二、侦查终结的程序

（一）侦查终结程序的概念和内容

侦查终结的程序，是指侦查终结案件必须经过的程式和次序。

无论是公安机关和国家安全机关或是人民检察院的自侦部门侦查终结的案件，首要的程序是由案件承办人员制作侦查终结报告。报告的内容包括：（1）被告人的基本情况，如姓名、性别、年龄等；（2）对被告人采取的强制措施及理由以及羁押的场所；（3）被告人的犯罪事实、证据及认罪表现；（4）根据犯罪事实和法律规定提出处理的意见。

公安机关或国家安全机关侦查终结的案件，由办理该案的侦查人员向本机关主管负责人报告，经审核，认为案件已符合侦查终结的条件时，经批准后结束侦查，重大、特别重大的案件，应当经该机关或部门的负责人集体讨论决定；人民检察院自侦部门侦查终结的案件，由办理该案的侦查人员向检察长报告，经审核批准后即可结束侦查。重大、特别重大的案件，应当报经本院检察委员会讨论决定。

（二）侦查终结时对案件的处理及其手续

公安机关或国家安全机关等侦查终结的案件，对于已经具备起诉条件的，应当制作《起诉意见书》，其内容主要有：（1）首部。主要写明被告人的基本情况及被羁押的时间等。（2）正文。写明案由及被告人的犯罪事实和情节。共同犯罪案件，还要写明各被告人在案件中的地位、作用、罪责及认罪态度等。（3）移送。写明移送起诉的理由和依据。（4）尾部。写明移送给哪个检察院的名称并加盖侦查机关的印章，写明发文时间。（5）附项。主要注明被告人羁押处所、卷宗册数和赃款、赃物。

对于依法应当免予起诉的案件，制作《免予起诉意见书》，其内容基本同于《起诉意见书》，只是需要注明免予起诉的意见和根据。

无论是起诉还是免予起诉的案件，一经具备法定条件，都应当连同案卷材料、证据一并移送同级人民检察院审查决定。移送案件时，只移送诉讼卷，侦查卷由本机关存档备查。当通过特殊的调查（秘密侦查）工作获取的材料需要作为证据公开使用时，应依照有关规定，采取相应的方法处置。

人民检察院自侦部门侦查的案件，侦查终结后认为需要起诉或免予起诉的，由自侦部门制作起诉或免诉意见书，移送刑事检察部门审查决定，实行内部制约。其文书内容及移送手续，基本同于公安机关向人民检察院移送的要求。

公安机关、国家安全机关或人民检察院自侦部门对于自己侦查的案件，在侦查过程中（结案处理前），对收集到确实证据能证明对被告人不应当追究刑事责任或经反复查证不能证明行为人犯了罪的，均应当撤销案件。决定撤销案件的，也应当写出撤案报告。其内容包括：（1）案件来源及根据；（2）侦查工作情况；（3）撤案的理由及根据。该决定经主管负责人批准后，被告人在押的，应当立即释放，发给释放证明，并且通知原批准或决定逮捕的机关或部门。对具有《刑事诉讼法》第11条规定的情形之一的，写出"结案报告"，其内容和处理同上，只需将"撤销"改为"结束"即可。

（三）对特殊案件的处理

1. 中止侦查。是指案件经过立案以后，在侦查中因发生某种特殊情况致使侦查活动无法进行时而暂时停止，待中止障碍消除后再恢复侦查的诉讼活动。中止侦查与侦查终结不同。因为，侦查终结是侦查任务已经完成，属于侦查阶段的最后程序，侦查活动已结束；而中止侦查不同，是在侦查活动中，因出现阻障侦查的情况而暂时停止侦查而不是结束（终止）侦查，待情况消失仍然继续进行侦查。中止侦查与撤销案件也不完全相同。虽然两者都是在侦查过程中进行的诉讼活动，但是，撤销的案件在同一诉讼中不再进行侦查；而侦查中止在同一诉讼中，却仍有可能再进行侦查。由上可见，中止侦查属于诉讼中止的内容，其特点是既不撤销案件，也不终结侦查，只是将侦查工作暂时地不定期地停止，待引起中止侦查的原因消除后、侦查继续进行。中止前所进行的专门调查工作仍然有效，中止期间所占用的时间不计入侦查时限之中，也不影响当事人行使诉讼权利。虽然中止侦查在我国刑事诉讼法中未作规定，但是，从司法实践来看，这种制度在刑事诉讼中很有必要。因为，它既可以使侦查机关集中力量办理其他案件，又有利于保护当事人的合法权益。

对何为中止侦查的"特殊情况"，我国法律没有规定。但是，在国外，苏俄、南斯拉夫和罗马尼亚等国家的刑事诉讼法均作了具体规定。总结我国长期司法实践的经验和借鉴、吸取国外刑事诉讼法有关规定，笔者认为，在我国，中止侦查的"特殊情形"应当包括如下内容：（1）侦查中被告人突然患有精神病或间歇性精神病发作以及其他严重疾病的；（2）被告人潜逃于侦查力量所限不能抓获归案的，如潜逃国外的反革命分子、劫机到国外的犯罪分子等；（3）人民检察院建议停止侦查的；（4）案情发生变化需要停止侦查；等等。

对于中止侦查的案件，应写出中止报告，其内容基本同于撤销案件。所不同的是：根据不同情况，在备注中写明待中止原因消除后，继续侦查时的线索、证据及有关情况。

2. 对侦查中发现的疑难案件的处理。疑难案件一般包括两种情况：一种是经过反复查证，收集不到确实、充分的证据，对犯罪行为是不是被告人所为难以认定，即事出有因，查无实据；另一种是被告人的行为在刑事诉讼法中没有规定，政策上不具体，罪与非罪难以认定。对上述情况应如何处理？有人主张，为了保护被告人的合法权益，应当撤销案件，被告人在押的，立即释放。也有人主张，先将案件挂起来，被告人在押的，变逮捕为取保候审或监视居住，待收集到确实的证据后再移送起诉或免予起诉。

笔者基本同意第一种处理意见，即撤销案件。其理由主要是：（1）撤销案件符合刑事诉讼法的规定。刑事诉讼法规定，对被告人定罪应当做到证据确实、充分，而该案未收集到确实、充分的证据，表明未达到刑事诉讼法规定的对案件证据的要求，理应撤销案件。（2）撤销案件比较主动。撤销案件后，仍可继续收集证据，若收集到了确实、充分的证据，还可以逮捕该案的被告人。若做不到这一点，就不采取强制措施。若将案件挂起来，变逮捕为取保候审或监视居住，那么到何时才取消这些强制措施？不取消是否能做到长期有效地坚持下去？这都是问题。因此，此法不可取。

3. 对共犯案件中不需要追究刑事责任的被告人的处理问题。在共同犯罪案件中，经过侦查，发现有确实证据证明其中某一被告人不需要追究刑事责任时，依《刑事诉讼法》第94条规定撤销整个案件，显属不正确。因为，其他被告人的行为已构成犯罪且在追究，故整个案件不能撤销。那么，遇到这种情况应当怎样处理？对此，我国刑事诉讼法未做规定。笔者认为，遇到此种情况，应当单独撤销对该被告人的侦查，若该被告人在押，立即释放，恢复其人身自由。决不能将该被告人挂起来，长期无根据地对其采取取保候审或监视居住等强制措施。其理由是被告人不具有应当追究刑事责任的条件。

中止侦查不同于被告人已被拘留后因证据不足而变更为取保候审或监视居住。具体表现在：（1）侦查活动是否停止不同。前者是暂时停止侦查；后者是侦查活动没有停止；（2）对被告人是否正在进行刑事追究不同。前者已停止对被告人进行刑事追究，使被告人的民主、人身权利不再受任何限制；后者是对被告人在进行刑事追究，且其人身权利及其他权益依法受到限制。

关于侦查监督之探讨[*]

侦查监督是人民检察院行使检察权的一种形式。它是由检察权派生出来的一种重要的法律监督权力,为推动侦查监督理论工作的深入开展和加强侦查监督工作,现就有关的主要问题作如下探讨。

一、侦查监督的概念

从1984年开始,法学界有些学者或实际工作者,就监督的问题或发表文章,各抒己见,或在有关会议上发表看法,互相研讨。根据《人民检察院组织法》第5条第(三)项规定:"对于公安机关侦查的案件,进行审查,决定是否逮捕、起诉或者免予起诉;对于公安机关的侦查活动是否合法,实行监督。"有些学者认为,此项规定包括三个方面的内容:(1)对于公安机关侦查的案件进行审查,决定是否逮捕,即通常所说的审查批捕;(2)对公安机关侦查的案件进行审查,决定是否起诉或者免予起诉;(3)对公安机关的侦查是否合法实行监督,即通常所说的侦查活动监督。由于对侦查批捕、审查起诉、侦查活动监督同侦查监督关系的理解和认识不同,对于侦查监督的概念产生了以下三种不同的观点:第一种观点认为,侦查监督,是指人民检察院对公安机关的全部侦查活动实行监督。这种观点认为,侦查监督,就是侦查活动监督,二者是同一个概念,只是提法不同而已,并认为审查批捕、审查起诉属于侦查监督的范围,不能将其与侦查活动监督并列。① 第二种观点认为,侦查监督,是指人民检察院对公安机关的整个侦查工作实行的监督,它包括审查批捕、审查起诉和侦查活动监督三个方面的内容。这种观点认为,侦查活动监督从属于侦查监督,是侦查监督的一个组成部分,不能同侦查监督并列。② 第三种观点认为,侦查监督,是指人民检察院对公安机关的侦查活动是否合法实行监督。这种观点认为,侦查监督就是指侦查活动监督,不包括审查批捕、审查

---

* 本文刊载于《中南政法学院学报》1994年第1期。
① 参见《侦查监督论》,中国人民公安大学出版社1991年版,第6页。
② 参见《检察研究》1989年第3期,第2页。

起诉。理由是：根据《人民检察院组织法》第 5 条的规定，审查批捕、审查起诉与侦查活动是否合法实行监督，是并列的、公开提出的，是刑事检察工作的几个职责；审查批捕、审查起诉是法律监督之一，但不是侦查监督或侦查活动监督，它们是实现侦查监督（即侦查活动监督）工作的一个重要途径。①

在我国法学界，不少学者认为，第一种观点是基本正确的。对此，笔者不愿苟同。笔者基本上同意第三种观点，但觉得在表述方面应作某些修正。有鉴于此，笔者认为："侦查监督，是指人民检察院对侦查人员的侦查活动是否违法所进行的察看和督促。"侦查人员，既包括公安机关承办案件的侦查员，又包括国家安全机关承办案件的侦查员，还包括人民检察院侦查部门承办案件的侦查员。侦查活动，按《刑事诉讼法》第 58 条第（一）项的规定，是指侦查人员依照法律进行的专门调查工作和采取的有关的强制措施。其中专门调查工作，是指询问被告人、询问证人、勘验、检查、搜查、扣押物证、书证、鉴定和通缉；有关的强制性措施，是指拘传，监视居住，取保候审，拘留和逮捕。侦查活动，既包括侦查行为所含的实体法内容（如逮捕的条件），又包括侦查行为所含的程序法内容（如有无逮捕证）。是否违法，是指是否违反刑法的有关规定或刑事诉讼法的有关规定，由于笔者主张，侦查是指侦查人员在刑事案件过程中采用的专门调查（公开调查）工作、特殊（秘密）调查工作和有关的强制性措施（不是指强制措施，而是指在采用公开或特殊的调查工作过程中，为保证它们顺利实施而采用的强制性措施，如强制搜查时所采用的人身强制、逮捕时使用戒具等），因而侦查监督，应当包括对侦查中这四种措施实行的察看、审查和督促。

有些学者说，审查批捕、审查起诉（包括审查报捕和移送起诉的材料）是侦查监督的内容，笔者认为，它们是实现侦查监督的两种重要途径，而不是侦查监督的内容。这正像通过审查法院作出的判决这种途径来实现审判监督的道理一样。实现侦查监督的途径，除了审查批捕、审查起诉以外，不包括参与侦查和调查研究等。其图解可表述为：侦查监督 = 侦查活动的监督（包括通过审查批捕、审查起诉、参与侦查和调查研究等途径来实现）= 对 7 项专门调查工作 + 特殊（秘密）的调查工作 + 5 种强制措施 + 有关的强制性措施实行监督。侦查监督所要解决的问题是察看、审查侦查行为是否依法进行和督促依法进行。由于批捕中的报捕决定和起诉中的移送起诉决定是侦查活动的结果，即属于侦查活动的一部分，因此，审查报捕材料的事实清楚不清楚，主要证据是否确实；审查移送起诉材料中的犯罪事实、情节是否清楚，证据是否确实、

---

① 参见《法学季刊》1984 年第 4 期，第 49 页。

充分、犯罪性质和罪名的认定是否正确等,均属对侦查活动结果的监督。从这个意义上来说,审查批捕、审查起诉,又是对侦查活动的监督。

二、侦查监督的客体

有的学者称侦查监督的客体为侦查对象,并且说其对象范围是公安机关、国家安全机关和人民检察院的侦查部门。①

笔者认为,侦查监督的客体应是侦查人员的侦查行为。这是因为,侦查监督是察看和审查行为是否违法,而不是察看上述机关或部门是否违法。侦查行为,既包括侦查行为的进行方式(讯问是否依法讯问或有无刑讯逼供等),又包括记录侦查行为的内容和由此作出的结论(如逮捕决定、移送起诉的决定等)。侦查监督,包括从实体法和程序法两个方面察看和审查其行为是否违法和对违法之处理提出督促纠正的意见。按照传统的观点,侦查包括7项专门调查工作和5种强制措施。这样这12种侦查行为均属侦查监督的客体。在笔者看来,由于主张侦查活动包括7项专门调查工作、特殊调查工作(跟踪,守候,秘密提取,秘密录音和录像,秘密摄影,秘密辨认和秘密耳目等)5种强制措施和有关的强制性措施(责令被告人在行动上服从,必要时使用戒具和警棍等)。因此,侦查监督的客体包括它们。

笔者认为,特殊调查工作(秘密调查)应当成为侦查活动的部分内容。这是因为考虑到:(1)同犯罪作斗争的需要。由于高科技的发展,智能犯罪的手段越来越多、犯罪手段更隐蔽和狡猾,为了适应日益变化的斗争形势,因此,诉讼法学理论上应当承认、立法上应当补充规定特殊调查工作为侦查活动的内容。(2)公安司法机关的迫切需求。为了有效地同日益隐蔽、狡猾的间谍、反革命行为作斗争,有的最高司法机关开始在本机关制定的规章中规定了特殊调查工作为侦查活动。这表明,公安司法机关迫切要求将特殊调查工作在立法上确认为侦查活动的内容。(3)检察实践中正确、成功做法的固定和肯定。由于公安司法实践中,早已在侦查活动中采用特殊调查工作,如秘取指纹、秘密录音和录像、秘密辨认等。因此,将特殊调查工作规定为侦查活动的内容,是对公安司法实践正确和成功做法的肯定和在立法上的固定。(4)有国外立法例可资借鉴。例如,新加坡在反贪污、贿赂的法律中就规定调查法官为了查明案情的需要,必要时,可以跟踪犯罪嫌疑人等。既然国外有立法作出了这样的规定,因此,我国法律包括刑事诉讼法也可以规定特殊调查工作为侦查活动的内容。由于规定特殊调查工作属于侦查活动的一部分,故侦查监督自

---

① 参见《检察研究》1989年第3期,第4页。

然包括它在内。

笔者认为，强制性措施也应成为侦查活动的内容。这主要是考虑到：（1）强制性措施与专门调查工作和特殊调查工作有密切的关系，且任务一致；（2）它们是保证前两项侦查工作顺利进行的需要；（3）《刑事诉讼法》第75条规定了进行人身检查时，可采用强制搜查，由此可见，强制性措施应成为侦查活动的内容。既然它们属于侦查活动的一部分，因此侦查监督自应包括它们在内。

关于侦查监督的内容，笔者认为，主要包括如下六个方面：（1）审查认定案件事实是否清楚、全面和正确。由于案件事实是适用法律的前提和基础，因此，如果侦查人员在这方面存在问题，就直接影响正确地适用和有关刑事法律法规的规定，也必然直接地影响到对行为人作出公正、合法（包括作出无罪或有罪、罪重或罪轻的处理以及依法决定不追究刑事责任等）的处理。（2）审查是否正确地依据刑法和有关刑事法律、法规中的规定定罪，或是否依法采取逮捕措施。为此，首先要注意审查被告人的行为是否构成犯罪；其次，要审查所认定的犯罪的性质是否准确，有无把该定为此罪的定为彼罪等情况；最后，要审查提请逮捕的决定是否依照法定的条件作出。（3）审查侦查行为是否依照刑事诉讼法规定的程序进行。其中，主要包括：第一，采用专门的和特殊的调查工作以及采用强制或强制性的措施是否依法经过批准，手续是否完备，或是否依职权正确行使；第二，在实施上述行为中有无违法情况，为此，要特别审查是否存在下列违法行为：刑讯逼供、指供、诱供、骗供；体罚、威胁逼取行为；伪造、隐匿、私自涂改证据；徇私舞弊，包庇私放人犯或有意制造冤、假、错案；贪污、挪用赃款、赃物；违反有关的法定时限；违反有关强制措施的规定；其他违反刑事诉讼有关规定的情况等。（4）侦查中使用的诉讼文书是否齐备，内容及格式是否符合法定要求。（5）是否依法将逮捕变更为监视居住或取保候审。（6）对于不批准逮捕或作出不起诉决定而被羁押的被告人是否将其当即释放；对依法应当释放而不释放的，应当促使侦查机关（或自侦部门）将其释放。

三、侦查监督材料的来源、形式及时限

实行侦查监督，必须了解侦查人员违法的情况，而要了解这方面的情况，又必须有相应的材料来源，即发现问题的途径或渠道。根据检察实践观之，侦查监督的材料来源，主要有如下几个方面：（1）侦查人员自己在办案中发现，如在参与侦查中发现，在审查批捕和审查起诉的材料时发现，从接待来访中发现，从核实"清单"或关系人中发现等；（2）被告人依法据实对违法行为的控告；（3）被告人亲属的揭发；（4）同案被告人的反映；（5）公民主动采用

口头或书面（署名或匿名）形式的控告；（6）新闻（报纸、期刊、电视台、广播电台）报道中披露，等等。

侦查监督，只有通过一定的形式才能实现。侦查监督的形式，是指实行侦查监督的方式。根据检察实践来看，侦查监督的形式主要有：（1）检察人员依法参加部分重大恶性案件或特殊案件的侦查、预审；（2）审查报捕的材料；（3）审查移送起诉材料；（4）审查申请撤销案件的材料；（5）审查被告人对违法行为的控告、其亲属的揭发、公民的检举、同案被告人的反映和新闻报道的揭露等途径获得的材料；（6）通过调查研究发现违法行为；等等。

关于侦查监督的起止时间，检察实践中，一般是从审查批捕或审查起诉时起才开始监督。但鉴于这时开始监督发现违法情况过迟，因此我国诉讼法学界不少学者认为，侦查监督应当从立案起到侦查终结止这个阶段实行[①]。其理由主要是：立案活动是侦查活动的最初阶段，一经立案，侦查机关（部门）就取得了对刑事案件的侦查权。由于人民检察院的侦查监督是对整个侦查活动的监督，因此，立案应该成为侦查监督的一个内容。换言之，侦查监督应当从立案时开始，对此，笔者认为，实有商榷的必要。从刑事诉讼法第二编"立案、侦查和提起公诉"中第一章"立案"和第二章"侦查"的规定来看，立案是与侦查并列的一个独立诉讼阶段，因此，侦查监督只包括在侦查阶段中实行的监督而不应包括在立案阶段实行的立案监督。对立案活动进行监督，属于立案监督，而不属于侦查监督。再者，虽然立案与侦查紧密相连，一般来说，侦查只有在立案之后才能开始，且毕竟两者有质的区别。这种质的区别体现在各自的任务不同，目的各异。有鉴于此，决不能认为侦查监督的时间起于立案。至于对立案阶段中存在的该立不立、不破不立、先破后立、不该立而立、立而不破等违法行为的监督，这属于立案监督中应当解决的问题，而不属于侦查监督中应当解决的问题。有的学者认为，侦查监督应贯穿侦查的全过程？何为全过程？他们认为，全过程是指从开始侦查至侦查终结这个整个过程（笔者简称"原始侦查"）。那么，人民法院退回人民检察院进行的补充侦查和人民检察院退回公安机关进行的补充侦查（笔者简称"后继侦查"）应不应当实行监督？对此，没有学者论及。笔者认为，对后继侦查的活动也应当实行监督。这是因为，后继侦查是原始侦查的继续，其任务和目的与原始侦查相同。为了保证所有侦查的行为依法进行和纠正违法行为，理应对后继侦查实行监督。

---

① 参见《法制日报》1992年6月2日。

四、加强侦查监督的建议

虽然我国刑事诉讼法和人民检察院组织法对如何进行侦查监督作出了某些原则性的规定,公安司法实践中也得到了贯彻执行,但是,存在的问题仍不少。为了有效地解决侦查监督中存在的问题,笔者认为,在思想认识上和在立法上应当有针对性地采取相应的措施。现就其要者试述如下:

(一) 通过教育与处罚(分)相结合的方法使执法者进一步提高认识

古人云:"徒法不能自行。"其意思是说,法律不能自己实行而要由执法人员执行。而执行法律既包括执法人员主动地依法办案,又包括有监督法律执行权的机关和人员进行察看和督促。法律的执行与监督执行,二者相辅相成,缺一不可。在我国,人民检察院是法律监督机关,依据宪法、刑事诉讼法和人民检察院组织法,享有监督刑事诉讼法完全、彻底执行的职权,其中,包括对法律规定的侦查活动实行监督的权力。这是立法者和执法者的共识。但是,有些人认为监督侦查是"软任务",自侦是"硬任务";对软任务无须花大力气去完成,对硬任务应下大力气去完成,因而出现了不想方设法去做好侦查监督工作,或不敢理直气壮地实行监督工作以及"重关系""讲情面""睁一只眼,闭一只眼"的现象。就侦查机关(包括公安、国家安全机关)而言,有些侦查人员认为侦查是自己的任务,没有多大必要接受人民检察院对其实行的法律监督,把监督看成是"多管闲事""小题大做""给自己脸上抹黑"等,不愿或不主动接受监督。有的甚至对检察机关提出的纠正违法行为的通知置之不理或迟迟不予执行。上述各种不正确的认识和行为,直接影响了侦查监督的效果。为了改变上述状况,无论是人民检察院或侦查机关,首先应当对侦查人员加强教育,使他们提高对实行侦查监督重要性的认识,端正态度,积极地执行和遵守刑事诉讼法和人民检察院组织法中有关侦查监督的规定;其次要对侦查中出现的违法行为及时、坚决地纠正,必要时,对行为人作出党纪、政纪处理,直至追究刑事责任,以严肃法纪,推动侦查监督工作的深入开展。

(二) 补充规定必要的侦查监督程序

侦查监督是法律监督的一种。执行法律监督,必须有一定的法定程序作为依据。为此,在立法上规定必要的侦查程序就显得非常必要。现就应当补充规定的有关内容试述如下:

1. 补充规定追捕、追诉人犯的程序。人民检察院在审查批捕或审查起诉工作中,有时发现漏捕和漏诉同案犯的情况,究竟依据何种法律规定要求侦查机关对他们追捕或追诉,法律没有规定。由于法律没有规定追捕、追诉的具体程序，实践中，为了解决这个问题，有的检察机关用口头形式建议该侦查机关办理补充提请逮捕建议书或补充移送的手续；有的向侦查机关发出补充提起逮捕建议书或补充移送起诉意见书；有的则直接作出逮捕的决定，交侦查机关执行。但是，对人民检察院的口头或书面建议，有的侦查机关采纳，有的则不理睬；对人民检察院作出的决定，有的执行，有的不执行。出于无奈，人民检察院对侦查机关不采纳或不执行的，只得找党委、政法委邀集双方协商解决。为了解决这个问题，笔者认为，在立法上应明确规定，人民检察院在审查案件中，若发现漏捕或漏诉人犯的，应向侦查机关发出《建议补充提请逮捕通知书》或发出《建议补充提请起诉意见通知书》，或直接依法作出逮捕的决定。对于人民检察院的决定，侦查机关应当执行；如有不同意见，可以提请复议、复核。

2. 补充规定先行拘留再提请逮捕的案件的审查程序。按照现行法律规定，对先行拘留，再提请逮捕的案件，人民检察院审查案卷以后就作出批准逮捕或者不批准逮捕的决定，对人民检察院不逮捕的，侦查机关（或自侦部门），应当立即释放被拘留的被告人。然而，在实践中，有的侦查机关（或自侦部门），在采取先拘留再提逮捕的情况下，一旦人民检察院不批准逮捕，或将人犯一放了之，或作劳改处理。为了解决这个问题，笔者认为，立法上应当补充规定，对于先行刑事拘留再提请逮捕的案件，人民检察院经审查认为主要事实不清，应作出不批准逮捕或者退回补充侦查的决定，对不批准的，仍按现行法律规定执行；对于退回补充侦查的，侦查机关（或自侦部门）除继续侦查外，对释放后可能发生危害社会的人犯，应由刑事拘留变更为采用其他强制措施，对作劳教处理的，应当书面报告人民检察院。

3. 补充规定侦查机关直接移送起诉的案件的审理程序。实践中，对于没有逮捕必要，可以由侦查机关补充侦查后直接移送起诉的案件，人民检察院作出不批准逮捕的决定后，一般都向侦查机关讲明不批准逮捕的理由，并建议侦查机关侦查终结后直接移送起诉。对此，大多数侦查机关能这样做，但是，也有的侦查机关对这类案件，采取人民检察院不批捕，侦查机关不再侦查；或侦查终结后不再移送起诉而做劳教处理或其他处理，使犯罪分子得不到应有的刑事追究。为了解决这个问题，笔者认为，在立法上应明确规定，对于虽然构成犯罪，但因无逮捕必要而不批准逮捕的人犯，对需要补充侦查的，人民检察院发现后，应通知侦查机关补充侦查，对侦查后应移送起诉而侦查机关不移送起诉或对案犯作其他处理的，人民检察院发现后，应当通知侦查机关移送起诉，侦查机关应当直接移送起诉。

4. 补充规定撤销案件的程序。实践中，有些侦查机关对已经侦查和对人犯已经逮捕的案件，基于认识上的原因或其他各种原因，侦查机关自行作出撤销案件的处理。由于法律未规定人民检察院可以和如何对侦查机关的撤销案件实行监督，因此，对侦查机关作出的某些撤销案件的错误决定，无法监督和纠正，以致放纵了犯罪分子。为了解决这个问题，笔者认为，立法上应当规定，如果侦查机关认为需要撤销已经侦查的案件时，应当及时将撤案的情况书面报告同级人民检察院。人民检察院经审查认为可行并作出决定，侦查机关接到通知后，方可撤案；否则，不得擅自撤案，对同级人民检察院作出的决定不服，可报上一级人民检察院和侦查机关，由其研究决定。

5. 补充规定执行逮捕的期限和程序。由于现行法律既未规定人犯被人民检察院批准逮捕后侦查机关应当在多长时间内执行，又未规定侦查机关在执行后应送给人民检察院回执，因此，对执行逮捕的情况失去了监督。为了解决这个问题。笔者认为，在立法上应当规定，侦查机关在接到人民检察院批准逮捕人犯的决定书后，应于3日内执行完毕，并将执行的情况书面报告人民检察院（可在现行的批准逮捕决定书上增加执行情况回执），因故未能按期执行的，应说明原因，并采取相应的措施。

（三）补充规定监督纠正违法的措施的法律效力

鉴于有些侦查机关和人员对人民检察院在侦查监督中提出的纠正违法意见不理睬或拖延执行的情况，在法律上需要规定纠正违法意见的法律效力，使其具有强制执行的权威性和约束力，现对有关问题试述如下：

1. 补充规定《纠正违法通知书》的法律效力。人民检察院监督侦查机关及其人员的方式，主要是口头纠正和书面纠正两种。其中对于侦查中的轻微违法行为一般只采用口头的方式提出纠正意见；对于侦查中比较严重的违法行为，一般采用书面的《纠正违法通知书》的形式提出。笔者认为，对前者，无须在法律上作出什么规定；但对后者，为了使其具有法律权威和约束力，在法律上应当规定，侦查机关（或自侦部门）接到《纠正违法通知书》后，应当在多长时间内执行，并将纠正情况通知人民检察院。

2. 补充规定人民检察院享有检察处分权。过去，在侦查中只能对极少数严重违法行为并且构成犯罪的侦查人员采用追究其刑事责任的方法进行处理，而对行为不构成犯罪但违法情节较重的侦查人员，除了由党纪、政纪部门给予适当处理以外，再没有其他办法给予处分。为了加强侦查监督并使其具有权威性和发挥应有的作用，笔者认为，法律应当赋予人民检察院对不构成犯罪但有一般违法行为的侦查人员有权给予检察处分（行使处分权），并在法律上作出相应的规定。

检察处分权的内容包括：（1）告诫。即对于不执行人民检察院发出的纠正违法通知的侦查人员，提出警告。（2）责令赔礼道歉。即对于由于侦查人员违法行为使受害人在精神上或物质上受到损失，并造成一定后果的，责令其当面向受害人赔礼道歉，以消除影响。（3）变更侦查人员。即对违法情节严重、又不纠正违法行为的侦查人员，人民检察院以书面的形式，建议并要求所在单位撤销其对该起案件的侦查权，而委派其他侦查人员代行侦查。（4）停止侦查人员一个时期的侦查权，并责令悔过。即对违法情节较重，又屡教不改的侦查人员，人民检察院以书面的形式，建议并要求其所在单位停止其在一个时期内的侦查权，并写出悔过书。停止的时间长短，可与该单位的领导协商，根据具体情况而定，或三个月，或半年，待其真正悔过后，再恢复其侦查权。

对于人民检察院行使检察处分权的监督问题，笔者认为，可以由同级人民代表大会及其常委会负责。有的同志提出，为了实现对侦查活动的有效监督，建议法律规定设立承担侦查监督职责的派出机构，并设置在同级的公安机关之内。其职权如下：（1）有权听取公安机关对刑事立案的汇报；（2）有权听取对治安案件处理的汇报；（3）有权调取案件材料进行审查；（4）有权独立地进行必要的调查取证；（5）有权发表自己的看法和提出纠正意见。暂不设立派出机构的，可先派出专职检察员承担此项工作。[①] 笔者认为，此种立法建议不无道理，但是，实行起来会有诸多困难。在现有的条件下，比较切实可行的办法是：在人民检察院的法纪部门之内，分派几人或一人负责对侦查活动中有违法行为的侦查人员实行侦查监督和进行处理（负责受理和调查违法情况以及提出处理意见）的工作为宜。

---

① 参见《法学》1988年第9期，第32页。

下篇　刑事辩护研究

正确认识刑事诉讼法与司法解释的关系，保障律师的诉讼权利[*]

1996年3月17日第八届全国人大第四次会议通过的《中华人民共和国刑事诉讼法》（以下简称"现刑诉法"），是在1979年7月1日第五届全国人大第二次会议通过的《中华人民共和国刑事诉讼法》（以下简称"原刑诉法"）修改的基础上制定的。现刑诉法与原刑诉法相比，在立法的指导思想、内容和结构等方面都有很大的变化，在诉讼民主化、科学化的道路上又前进了一大步，与世界刑事诉讼发展的总趋势更加靠近。在律师的刑事诉讼权利保障方面，增加、修改了部分条款，给律师为犯罪嫌疑人提供法律服务和为被告人进行有效的辩护提供了方便条件和法律保障。其内容主要规定在现刑诉法第32条至第37条、第75条、第96条、第151条、第157条、第159条和第160条之中。为了进一步保障律师的诉讼权利，以便有效地维护犯罪嫌疑人、被告人的合法权益，针对上述有关条款的规定和司法实践的需要，笔者从现刑诉法与司法解释的关系方面，对保障律师的诉讼权利试作以下研究和探讨。

一、保障律师诉讼权利必须正确认识若干关系

（一）正确认识基本法与司法解释的关系，以保障律师的诉讼权利

在中国，全国人民代表大会是国家的最高权力机关，根据宪法规定，全国人大享有立法权，因此，间接地确立了它是享有最高立法权的唯一机关。在全国人大闭会期间，由其常设工作机构全国人大常委会代其行使职权，因此，它也具有制定决定、决议等法律的权力。在中国，立法分为三类：全国人大及其常委会的立法属于一级立法。经全国人大制定的中华人民共和国宪法，具有最高法律效力，它是国家根本大法，是母法。根据宪法规定，全国人大除了有权制定宪法以外，还有权依据宪法制定和修改刑事、民事等基本法律，如刑诉法、律师法等，由此可见，刑诉法是基本法，是子法。例如，现刑诉法第1条

---

[*] 本文摘自中国刑事诉讼法学研究会1997年公开出版年会论文集。

开宗明义地规定:"……根据宪法,制定本法。"现刑诉法第3条规定的人民法院、人民检察院的职权,第7条规定的公安机关、人民检察院、人民法院实行分工负责、互相配合、互相制约的原则,第11条规定的公开审判原则和被告人有权获得辩护的原则等,分别是根据宪法第12条、第127条、第135条和第125条的规定制定的。除此之外,在现刑诉法的其他许多条文中也贯彻和体现了宪法有关条款的内容。第二级立法是国家行政机关的立法,如国务院制定和颁布的条例、决定等法规。第三级立法是各省、自治区、直辖市的人大及其常委会的立法,即由他们制定的规定、规则、条例等。1981年6月10日,第五届全国人大常委会第19次会议通过的《关于加强法律解释工作的决议》第2条规定:"凡属于法院审判工作中具体应用法律、法令的问题,由最高人民法院解释,凡属于检察院检察工作中应用法律、法令的问题,由最高人民检察院解释。"由此可见,虽然人民法院、人民检察院没有直接立法权,但全国人大常委会授予他们有刑事司法解释权,而这些司法解释对指导司法工作也具有法律效力。从国家的根本大法宪法与现刑诉法的相互关系观之,宪法是母法,现刑诉法是子法;从现刑诉法与司法解释的关系看,现刑诉法是母法,司法解释又是子法。有鉴于此,司法解释的规定必须以宪法和刑诉法为依据,不得与它们抵触或违反。具体言之,在保障律师的诉讼权利方面,司法解释的内容不得违反现刑诉法的有关规定。

(二) 正确认识现刑诉法和司法解释在诉讼中的地位和作用,以保障律师的诉讼权利

刑诉法是规范公、检、法三机关活动的程序法,也是保障实体法(刑法)正确实施的操作法。它规定了刑事诉讼的任务、原则、制度、管辖、回避、证据、强制措施、附带民事诉讼等内容。与此同时,又规定了公安机关、人民检察院、人民法院三机关的工作范围和办案程序;还规定了犯罪嫌疑人、被告人、律师(包括辩护律师)享有的诉讼权利及法律保障。现刑诉法发挥着规范公、检、法机关办案人员和犯罪嫌疑人、被告人及其委托人律师等诉讼行为的重要作用。由于司法解释是由公、检、法机关为解决各自办案中具体应用现刑诉法、法令的问题,全面、具体地贯彻、实施现刑诉法的规定,因此,均主要从本机关如何便于操作的角度出发,与现刑诉法相比,处于次要地位,发挥着完成本机关诉讼任务的作用。就现刑诉法而论,它维护的是刑事诉讼的整体法益;就司法解释而言,它维护的是刑事诉讼整体权益中的部门(部分)法益。按照部分法益应当服从整体法益的原则要求,司法解释规定的内容不得违反现刑诉法的规定。具体而言,在保障律师诉讼权利方面,司法解释的规定必须与现刑诉法的有关规定相一致。笔者认为,由公安机关制定的司法解释,亦

应如此。

(三) 正确认识一般公正与个别公正的关系,以保障律师的诉讼权利

公正,就语义而言,是指一个人办事正直、没有偏私。① 公正,又是人们一定思想观念的表现,是由一定经济基础决定的。在经济基础不同的社会制度下,人们对何为公正的理解不同,但是,公正是人们追求的价值目标。在中国,司法公正,是指办案人员秉公执法,公正地对案件进行评断和作出裁判。现刑诉法是为办好所有案件而制定的;司法解释是为解决现刑诉法或者实体法中的具体问题而制定的,只要办案人员依据事实和法律或者司法解释办案,就能实现司法公正。

在西方国家的刑事诉讼理论中,司法公正有一般公正与个别公正之分。② 英美法系国家中,一般公正,是指普通法所体现的对处理所有刑事案件具有的公正,具有普遍性。它类似于中国现刑诉法所追求的整体公正。个别公正,是指由"衡平"规则(由大法官通过判例等发展起来的一整套特殊规则)所体现的对处理具体案件所具有的公正,其具有特殊性。它类似于中国司法解释所追求的具体公正。大陆法系国家中,一般公正,是指由成文的刑诉法所体现的对处理所有刑事案件具有的公正,具有普遍性。它相当于中国现刑诉讼法所追求的整体公正。个别公正,是指由立法机关赋予司法机关所作的司法解释对处理具体案件所具有的公正,具有特殊性。它相当于中国司法解释所追求的具体公正。按照矛盾的普遍性与特殊性相辅相成的原则,普遍性中包含特殊性,特殊性寓于普遍性之中;矛盾的特殊性不得违背矛盾的普遍性。具体运用到刑事诉讼中,为了实现司法公正,体现个别公正的司法解释不能违背体现一般公正的现刑诉法的规定和立法精神。换言之,根据一般公正与个别公正之间的上述关系,体现个别公正的司法解释必须与体现一般公正的基本法现刑诉法的规定保持一致。

综观上述,笔者认为,在处理司法解释与现刑诉法的关系问题上,应当坚持这样四项基本原则:第一,制定司法解释应当以宪法、现刑诉法的有关规定为依据。第二,司法解释可以对现刑诉法的某个名词或者相应条、款作具体、详细的解释,但其内容不得曲解、歧解。第三,司法解释的内容不得与现刑诉法的有关规定相矛盾。第四,司法解释增加规定的条款不得违背现刑诉法的立法精神。从公安部的《关于律师在侦查阶段参与刑事诉讼活动的规定》(以下

---

① 《现代汉语词典》,商务印书馆1979年版,第380页。
② 陈兴良:《刑事司法公正论》,载《中国人民大学学报》1997年第1期,第89页。

简称"公安部的《规定》")、最高人民检察院的《人民检察院实施〈中华人民共和国刑事诉讼法〉规则(试行)》(以下简称"最高人民检察院的《规则》")和最高人民法院的《关于执行〈中华人民共和国刑事诉讼法〉若干问题的解释(试行)》(以下简称"最高人民法院的《解释》")的内容观之,绝大部分条、款符合上述四项基本原则,但是,也有少数条、款则不然。下文从保障律师的诉讼权利方面,就有关问题作如下研究和探讨。

二、司法解释符合宪法和刑诉法规定的若干内容

公安部、最高人民检察院和最高人民法院在研究、讨论制定各自司法解释的过程中,总体上考虑到了以宪法和现刑诉法为依据,因此,绝大部分条、款符合上述四项基本原则,主要体现在以下几个方面:

(一)律师在侦查阶段会见犯罪嫌疑人的时间方面,基本符合上述基本原则

按照原刑诉法第110条的规定,律师只有在审判阶段开庭七日前才能接受被告人的聘请介入刑事诉讼。鉴于律师介入刑事诉讼的时间太短,无充裕的时间为其辩护做准备,往往仓促出庭,无法有效地维护被告人的合法权益;又鉴于我国政府代表参加了签署联合国的有关文件(如1990年8月27日至9月7日在古巴首都哈瓦那召开的第八届联合国预防犯罪和罪犯待遇大会上通过的《关于律师作用的基本原则》的规定,律师有权在刑事诉讼各个阶段接受犯罪嫌疑人、被告人的聘请为他们提供法律服务和帮助),为了解决司法实践中律师介入诉讼时间太短的问题,使其做到与国际上通行的在侦查阶段律师可以介入的做法相一致,现刑诉法增加了律师在侦查阶段有权受聘并介入刑事诉讼的内容,即第96条的规定:"犯罪嫌疑人在被侦查机关第一次讯问后或者采取强制措施之日起,可以聘请律师为其提供法律咨询、代理申诉、控告。犯罪嫌疑人被逮捕的,聘请的律师可以为其申请取保候审。"公安部的《规定》第3条和最高人民检察院的《规则》第126条均将此项内容全部纳入。现刑诉法公布后,诉讼法学界和司法实际部门的同志们对"被侦查机关第一次讯问"有不同的认识。有的认为,在某公民被侦查人员(包括公安机关和检察院自侦部门的办案人员)讯问之日起,就有权聘请律师;还有的认为,只有在立案之日起,才有权聘请律师;等等。为了解决这个问题和便于侦查人员掌握,经过讨论和研究,公安部的《规定》在第21条对"第一次讯问"解释为"本规定所称第一次讯问,是指公安机关立案后对犯罪嫌疑人进行的第一次讯问"。至于在立案后进行第一次讯问之后的第二天或者是多少天后的多少天内犯罪嫌疑人有权聘请律师,公安部的《规定》则无解释。这就是上述司法解

释基本符合前述四项基本原则的表现。为了进一步做好这方面的司法解释工作，具体统一对"第一次讯问后"的多少天内赋予犯罪嫌疑人有权聘请律师的理解和执行，笔者建议，由公安部和最高人民检察院联合发文，明确规定：对于不涉及国家秘密的案件在立案后进行第一次讯问结束的当天应当主动告知他有权聘请律师。对于采取强制措施的犯罪嫌疑人，应当在采取强制措施之日起主动告知他有权聘请律师。当犯罪嫌疑人口头或者书面提出申请聘请律师的要求后，应当记录在案；对于不涉及国家秘密案件，应当将申请的材料或者信息在三日内转递给其亲属、法定代理人或者单位代其聘请律师。收到律师会见犯罪嫌疑人申请的，应当在48小时内安排会见。

（二）犯罪嫌疑人申请聘请律师的形式和及时转达该信息的规定，基本符合上述基本原则

犯罪嫌疑人聘请律师的形式，即申请的方式，关系到申请能否得到允许和是否有效的问题，也关系到申请权能否实现的问题，因此，必不可少。对此，现刑诉法只规定犯罪嫌疑人在侦查阶段有权申请聘请律师，但未规定申请聘请律师的形式。为了解决这个问题，最高人民检察院的《规则》第128条第3款规定，在押犯罪嫌疑人提出聘请律师的，"委托意见可以书面提出，也可以口头提出。口头提出的，应当记明笔录，由犯罪嫌疑人签名或者盖章。"笔者认为，作出这样的司法解释，既方便了犯罪嫌疑人，又有利于办案人员操作。

犯罪嫌疑人在提出聘请律师的申请之后，究竟能在多长时间内让其近亲属等人知道，然后办理委托手续，这关系到聘请到律师的早晚，也关系到能否尽快获得律师的帮助。为此，虽然现刑诉法规定犯罪嫌疑人在侦查阶段有权聘请律师，但未规定在多长时间内应当将聘请的信息转递给哪些人或者单位。在这两个问题上，最高人民检察院的《规则》第128条第1款规定："在押的犯罪嫌疑人聘请律师，如果提出明确的律师事务所名称或者律师姓名直接委托的，人民检察院应当将犯罪嫌疑人的委托意见及时转递到该律师事务所；如果提出由亲友代为委托的，人民检察院应当将委托意见及时转递到该亲友。"第2款规定："如果犯罪嫌疑人提出聘请律师，但没有具体委托对象或者代为委托的人的，人民检察院应当通知当地律师协会或者有关机构为其推荐律师。"由此可见，该《规则》对及时将犯罪嫌疑人委托律师的委托意见转递给有关人员或者单位规定得很周到、具体、细致，对保障犯罪嫌疑人及时聘请律师具有重要作用。不过笔者认为，也有美中不足，即"及时转递"中的"及时"因是弹性修饰词，不是具体时间，因而实践中，办案人员可以随意理解和运用，如可能是两三日，也可能是十天或半月等。不过，公安部的《规定》第5条规定："在押犯罪嫌疑人要求聘请律师的，应当提出申请，公安机关应当记录在

案，并在接到申请后三日内将有关材料转交律师管理部门或者犯罪嫌疑人的家属、法定代理人或者单位。"笔者认为，规定在三日内将聘请的材料转递出去是合适的。笔者建议，由公安部和最高人民检察院联合发文，以最高人民检察院的《规则》为基础，将"及时"改为"三日之内"。

（三）对涉及国家秘密的案件，律师会见犯罪嫌疑人应当经过侦查机关批准，基本与前述四项基本原则相一致

侦查阶段，在押的犯罪嫌疑人只有经过会见律师，才能得到律师的帮助。这是一项很重要的诉讼权利；对律师来说，只有会见到犯罪嫌疑人，才能当面向他们解答法律咨询，了解案情后再决定是否代理申诉、控告或者代其申请取保候审，也是一项十分重要的诉讼权利。现刑诉法第96条第2款规定："涉及国家秘密的案件，律师会见在押的犯罪嫌疑人，应当经侦查机关批准。"为了使该规定具体地得到贯彻执行，公安部的《规定》第6条规定："对于涉及国家秘密的案件，犯罪嫌疑人或者其法定代理人提出聘请律师的，公安机关应当在三日内报经县级以上公安机关作出批准或者不批准的决定，并通知犯罪嫌疑人或者其法定代理人。"最高人民检察院的《规则》第131条规定："对于涉及国家秘密的案件，人民检察院应当根据案件的情况和需要作出是否批准受委托的律师会见在押犯罪嫌疑人的决定。"第132条规定："侦查期间，受委托的律师会见在押犯罪嫌疑人的日期、时间、地点和次数由人民检察院根据情况予以确定。"公安部的《规定》第11条规定："律师会见在押犯罪嫌疑人的日期、地点，由公安机关确定。"笔者认为，律师接受委托会见在押的犯罪嫌疑人应当经侦查机关批准，会见的日期、地点由其决定是正确的。这样规定，既考虑到律师会见不至于妨碍侦查，又照顾到了律师能在批准后会见到犯罪嫌疑人。实践中，已出现无论是不涉及国家秘密的案件还是涉及国家秘密的案件，会见均需征得公安机关的批准；即使侦查机关批准犯罪嫌疑人、其法定代理人等聘请律师以后，也存在很长时间内（有的一两个月甚至更长时间）律师无法会见犯罪嫌疑人的情况，在押犯罪嫌疑人日思夜盼能会见到律师，其法定代理人或者亲属经常询问律师到底是什么原因不能尽快去会见，律师也毫无办法；等等。这些情况的出现，对律师及时帮助犯罪嫌疑人维护其合法权益十分不利。笔者建议规定："对于任何案件（无论是涉及或者不涉及国家秘密）的犯罪嫌疑人，均应当在第一次讯问结束的当天或采取强制措施之日起主动告知其有权聘请律师。对于不涉及国家秘密的案件，律师会见犯罪嫌疑人不需要经过批准，若犯罪嫌疑人提出申请，公安机关当记录在案，并在接到申请后三日内将有关材料转交其家属、法定代理人。侦查机关应当在收到犯罪嫌疑人的家属或者法定代理人等聘请律师的申请的48小时之内安排会见。"对于涉及国

家秘密的案件,除继续保留公安部的《规定》第 6 条的内容外,还应当增加规定:"若犯罪嫌疑人提出申请聘请律师的,公安机关应当在收到申请后的三日内作出批准或不批准的决定,并当面宣布。如果他还要求申请,应当在三日内作出批准或不批准的决定。凡是批准会见的,下级公安机关应当在收到批准的决定书后 48 小时之内安排律师会见犯罪嫌疑人。如果不批准会见,受聘律师有权向该上级公安机关复议一次;该机关在收到复议申请后的三日内再将复议结果告知犯罪嫌疑人、律师、法定代理人等。如果批准会见,按前述办法处理。"

(四) 在审查起诉和审判阶段,对辩护律师获知案件中有关材料的规定,与前述四项基本原则相一致

由于辩护律师获知案件的有关材料是其为犯罪嫌疑人提供法律帮助的必备重要前提条件和基础,因此,现刑诉法第 36 条规定:"辩护律师自人民检察院对案件审查起诉之日起,可以查阅、摘抄、复制本案的诉讼文书、技术性鉴定材料……"为了便于各级检察机关和辩护律师理解和执行上述规定。最高人民检察院的《规则》第 278 条第 1 款规定:"在审查起诉中,人民检察院应当允许被委托的辩护律师查阅、摘抄、复制本案的诉讼文书、技术性鉴定材料。"第 2 款对现刑诉法中规定的诉讼文书具体解释为:"包括立案决定书、拘留证、批准逮捕决定书、逮捕决定书、逮捕证、搜查证、起诉意见书等为采取强制措施和其他侦查措施以及立案和提请审查起诉而制作的程序性文书。"第 3 款对现刑诉法规定的"技术性鉴定材料"具体解释为:"技术性鉴定材料包括法医鉴定、司法精神病鉴定、物证技术鉴定等由有鉴定资格的人员对人身、物品及其他有关证据进行鉴定所形成的记载鉴定情况和鉴定结论的文书。"现刑诉法第 34 条第 1 款规定:"公诉人出庭公诉的案件,被告人因经济困难或者其他原因没有委托辩护人的,人民法院可以指定承担法律援助义务的律师为其提供法律援助。"为了使这条规定能很好地贯彻实施,最高人民法院的《解释》第 38 条将现刑诉法第 34 条第 1 款中的"其他原因",具体解释为:"虽已委托但辩护人不愿接受委托或者亲友不愿为其委托辩护人等原因";将"人民法院可以指定",具体解释为"人民法院一般要指定辩护人为其辩护"。所有这些规定均表明,上述司法解释的内容是对现刑诉法有关条、款的具体化和细化,有利于办案人员正确理解和执行现刑诉法,有利于辩护律师依法为犯罪嫌疑人和被告人提供法律帮助和依法维护其合法权益。

除此之外,对现刑诉法第 96 条第 1 款和第 2 款规定的"涉及国家秘密的案件"中的"国家秘密",公安部的《规定》第 21 条解释为:"本规定所称的国家秘密,是指《中华人民共和国保守国家秘密法》第八条规定的情形和公

安部、国家保密局就公安工作中规定的涉及国家秘密具体范围的有关事项。"为了便于公安机关理解和掌握现刑诉法第96条规定的在押犯罪嫌疑人"可以聘请律师"的人员或者单位的范围，公安部的《规定》第7条第1款规定："犯罪嫌疑人可以自己聘请律师，也可以委托其家属、法定代理人或者单位代为聘请。"第2款规定："犯罪嫌疑人是未成年人或者盲、聋、哑人的，可以由其法定代理人代为聘请律师。"现刑诉法第96条第1款规定："涉及国家秘密的案件，犯罪嫌疑人聘请律师，应当经侦查机关批准。"为了防止侦查部门随意不批准在押犯罪嫌疑人聘请律师，最高人民检察院的《规则》第127条第1款规定，凡是人民检察院作出不予许可聘请的决定应当向犯罪嫌疑人说明理由。为了防止有的公安机关擅自不批准律师会见犯罪嫌疑人，公安部的《规定》第10条规定："已经接受聘请的律师要求会见在押犯罪嫌疑人时，公安机关发现案件涉及国家秘密，不批准会见的，应当向律师说明理由。"上述两条司法解释的规定，均体现了保障律师享有受聘和会见犯罪嫌疑人的诉讼权利，也是为了正确实施现刑诉法而制约侦查机关的做法。

综上可见，公安部、最高人民检察院和最高人民法院的司法解释是基本符合前述四项基本原则的，是与现刑诉法互相联系和优势互补的，对保障现刑诉法中有关律师诉讼权利全面、正确地实施具有重要作用。

三、司法解释有待改进的若干方面

前文已述，尽管公安部的《规定》、最高人民检察院的《规则》和最高人民法院的《解释》中绝大部分内容与现刑诉法的规定相一致，基本符合前述四项基本原则，但是，由于种种原因致使少数内容与现刑诉法的规定不一致，甚至相矛盾，不符合前述四项基本原则。笔者认为，择其要者，主要有以下几个方面：

（一）关于律师会见犯罪嫌疑人、聘请翻译人员需经公安机关批准的问题

律师虽然是熟知或者精通法律专业知识和掌握较多诉讼技巧的人，但是，并不是每名律师都懂得各种方言或者外国语言文字。当律师会见只会说方言或者只会讲外国语言文字的人、外国人、无国籍人时，为了向犯罪嫌疑人了解案情，懂得并且记下他陈述的案情和帮助其提供法律帮助（提供法律咨询、代理控告、申诉，为其申请取保候审），不得不求助于懂得犯罪嫌疑人所说的方言或者所讲外国语言文字的公民当翻译，消除语言文字方面的障碍。这既是律师提供法律帮助和进行刑事辩护的需要，又是保障犯罪嫌疑人和被告人合法权益的需要，同时，也是协助司法机关顺利进行刑事诉讼的需要，有鉴于此，

现刑诉法第9条规定:"人民法院、人民检察院、公安机关对于不通晓当地通用的语言文字的诉讼参与人,应当为他们提供翻译。"从此规定中的"应当"二字来看,"应当"是必须,而不是可以或者不可以,更不是必须经过公、检、法机关批准,为不通晓当地通用语言文字的诉讼参与人(其中包括犯罪嫌疑人和律师)提供翻译是公、检、法机关的义务。然而,公安部的《规定》第8条规定:"律师会见在押犯罪嫌疑人需要聘请翻译人员的,应当经公安机关批准。"将公安部的《规定》第8条的内容与现刑诉法第9条的规定相比,显而易见,前者与后者是相矛盾的,是违反前所述四项基本原则的。公安部的《规定》第8条所规定的"应当经公安机关批准",从程序上讲,必须由律师向公安机关呈报他所聘请的翻译人员的姓名、性别、年龄和熟知某种方言或者懂得某种外国语言文字程度和水平等基本情况,那么,是否还需要呈报翻译人员的政治表现等情况?笔者认为,要求这样做实无必要。因为,律师聘请翻译人员当然会考虑这些,不然的话,律师聘请的翻译人员不能当好翻译,他们为何聘请此人?从"应当经公安机关批准"的规定看,有批准和不批准两种可能。若批准则聘请翻译人员不成问题;若不批准,岂不限制了律师行使为犯罪嫌疑人维护其合法权益的诉讼权利?就前者而言,由于现刑诉讼法未规定应当批准,而公安部的《规定》第8条规定应当批准,即使批准了,实无必要和徒增无法律依据的烦琐程序,降低了诉讼效率和增加了诉讼成本;就后者而论,剥夺了犯罪嫌疑人和律师的诉讼权利,实为违法。笔者建议公安部在修改其《规定》时取消第8条的内容。退一步讲,至多只能规定:"律师会见在押犯罪嫌疑人需要聘请翻译人员的,应当报经公安机关备案。"从"备案"的角度看,若认为律师聘请的某翻译人员不合适,可以要求律师另聘请他人,但是,最终还得同意。这就既不与现刑诉法第9条的规定相违背,又照顾了公安机关的具体需要。

(二)关于律师在侦查阶段会见犯罪嫌疑人的次数和每次时间问题

律师受委托后会见犯罪嫌疑人向他们了解案情,是为其提供法律帮助的需要,也是介入诉讼的启动行为,对依法据实进行辩护,维护犯罪嫌疑人的合法权益具有打基础的重要作用。现刑诉法第32条规定,犯罪嫌疑人、被告人有权委托律师为其辩护;第96条第2款规定,涉及国家秘密的案件,律师会见在押的犯罪嫌疑人,应当经侦查机关批准。第131条规定:"人民检察院对直接受理的案件的侦查适用本章规定。"这也就是说,在律师会见在押犯罪嫌疑人这个问题上,也适用现刑诉法第96条第2款的规定。但是,现刑诉法第96条第2款并未规定律师会见在押犯罪嫌疑人的次数和每次的时间。现刑诉法之所以未规定律师会见的次数和每次的时间,一是考虑到律师会见的次数和每次时间因案件的简单与复杂情况不同以及因犯罪嫌疑人的文化水平和表达能力各异。二是律师的专业技术水平参差不齐，了解和记录会见内容的速度快慢有别导致会见的次数和每次的时间不能搞整齐划一。同时也考虑到国际上的众多文件和通行的惯例，以及各国的有关法律或者诉讼法均未规定律师会见的次数和每次时间。例如，1990年8月27日至9月7日在古巴首都哈瓦那召开的第八届联合国预防犯罪和罪犯待遇大会上通过的《关于律师作用的基本原则》，在其第1条规定："一切个人都有权请求由其选择的一名律师协助保护和确定其权利并在刑事诉讼的各个阶段为其辩护。"第5条规定："各国政府应确保主管当局迅速告知遭到逮捕或拘留，或者被指控犯有刑事罪的一切人，他有权得到自行选定的一名律师提供帮助。"① 上述规定均未限制律师会见在押犯罪嫌疑人的次数和每次的时间。由于我国政府代表在这个国际性的文件上签了字，因此，在我国刑诉法中应有所体现。

综观各国法律和刑事诉讼法以及律师法等可知它们均未规定律师会见在押被指控犯有刑事罪的人的次数和每次时间，如美国、英国的刑事法律，德国、法国、日本、意大利、苏联、罗马尼亚、南斯拉夫、越南等国家的刑事诉讼法、律师法等。不过日本刑诉法第39条规定，在侦查阶段律师会见被羁押的犯罪嫌疑人，侦查机关"可以指定日期、场所及时间，但该项指定不得不适当地限制被疑人进行准备防御的权利。"据笔者理解，该法中关于"指定的日期"，是指何年、何月、何日；关于"指定的场所"，是指何地；关于"指定的时间"，是指每次会见的时间长短由侦查机关根据案件情况简单或者重大复杂、疑难等决定多长时间，而不是对任何案件不分案情难易一律规定每次多长时间，但还有一个附加条件，即"不得不适当地限制被疑人进行准备防御的权利。"但是，并没有规定律师可会见在押犯罪嫌疑人几次。

由上可见，我国现刑诉法没有规定会见的次数和每次的时间，既是考虑到便于律师会见和有充足的时间了解案情，又借鉴了国际上的做法，并不是立法时的疏漏。可是，最高人民检察院的《规则》第132条规定："侦查期间，受委托的律师会见在押犯罪嫌疑人的日期、时间、地点和次数由人民检察院根据情况予以确定。"笔者认为，从为了保证侦查人员顺利进行侦查角度出发，此条中规定辩护律师会见的日期、地点由人民检察院根据情况予以确定是合乎情理的，也是公正的。但是，规定"会见的次数"由人民检察院根据情况予以确定则不然。这是因为，侦查人员通过讯问犯罪嫌疑人了解案情，可能是几次，也可能更多，对此现刑诉法和最高人民检察院的《规则》均未规定。然

---

① 程味秋、李宝岳：《借鉴与接轨》，载《政法论坛》1994年第5期。

而，为什么与侦查人员相对应的律师为了了解案情去会见犯罪嫌疑人的次数却必须由人民检察院予以确定？笔者认为，对此，不仅人民检察院无法确定，就是辩护律师事先也难以确定，因为会见次数只能取决于辩护律师了解案情全面情况的需要。再者，最高人民检察院的《规则》第132条规定了律师会见在押犯罪嫌疑人的次数由人民检察院根据情况予以确定，但未规定最少或者最多的次数，因此，在实践中，基层人民检察院很难掌握，有的地方只准许辩护律师会见犯罪嫌疑人一次，有的最多只准许律师会见两次。人民检察院的《规则》第四稿第127条和第五稿第130条（均系讨论稿）中规定："侦查期间，受委托的律师会见在押犯罪嫌疑人的次数不得超过二次，每次不得超过三十分钟。"由于许多地方感到准许会见犯罪嫌疑人的次数无公开的司法解释可依，自己又难以确定，于是，就以上述讨论稿暂定这种规定作为根据来决定。[①] 虽然公安部的《规定》未明文规定律师会见的次数和每次的时间，但是，由于在全国各地征求意见的《规定》（草稿）中曾规定，律师会见在押犯罪嫌疑人一般只准许一次，对重大、复杂案件的犯罪嫌疑人可准许会见二次，每次不得超过三十分钟。鉴于各地讨论过征求意见稿，均知晓此内容，因此，在实践中，有的省级公安机关内部发文，只准许律师会见犯罪嫌疑人二次，每次不得超过三十分钟。更有甚者，有的地方的公安机关私自决定只准许会见一次，时间只限三十分钟。[②] 由此可见，律师会见在押犯罪嫌疑人的次数和每次的时间在许多地方都有严格的限制。这种限制于保障辩护律师充分行使诉讼权利十分不利。问题的实质，是限制了犯罪嫌疑人通过委托的律师帮助他提供法律帮助。这种限制与现刑诉法规定依法保障犯罪嫌疑人的辩护权相违背。

鉴于实践中出现的上述问题，公安部法制司司长王学林在他的《公安机关执行刑事法律需要注意的几个问题》一文中指出："公安机关必须尊重犯罪嫌疑人和律师依法享有的权利，为保障律师在侦查阶段介入提供各种便利条件，而不能任意设置各种障碍。如规定律师在侦查阶段会见犯罪嫌疑人的次数，限制每次会见的时间，扩大解释涉及国家秘密的范围不准聘请律师等，这些做法都是错误的……律师会见犯罪嫌疑人的次数和每次会见的时间应当根据犯罪嫌疑人和律师的要求，从有利于保障犯罪嫌疑人的合法权利和律师的执业

---

① 谢靖：《律师在侦查阶段参与刑事诉讼的几个问题》，载《律师世界》1997年第4期。

② 王树静：《律师法实施后亟待解决的几个问题》，载《中国律师报》1997年5月24日第3版。

需要考虑，只要不妨碍侦查，应予以合理安排。"① 笔者认为，这种观点和主张是完全正确的，很值得赞赏，应当提倡并支持，并迅速采取有力的措施，使其在全国范围内得以真正贯彻落实。由于最高人民检察院的《规则》第132条规定辩护律师会见犯罪嫌疑人的次数由人民检察院批准，司法实践中，有些人民检察院限制律师会见犯罪嫌疑人的次数和每次会见的时间与现刑诉法的有关规定不符合，由此限制了律师行使诉讼权利，笔者建议通过公安部、最高人民检察院与司法部联合发文，明确规定："律师会见犯罪嫌疑人无须经过批准，且会见的次数和每次会见时间不受限制。"

（三）关于人民检察院移送案件材料和律师阅卷问题

众所周知，当今世界的刑事诉讼方式（亦称"刑事诉讼模式"）存在着两种：一种是以英美等国家为代表实行的当事人主义，审判采用典型的对抗式；另一种是以法国、德国、意大利等国家为代表实行的职权主义，审判采用审问式。在实行当事人主义和实行职权主义的国家刑事诉讼中，检察机关在向法院起诉时是否移送案件全部材料，是区别二者的主要标准或者标志之一。在实行当事人主义刑事诉讼形式的国家中（日本除外），起诉时检察机关根本不向法院移送案件材料，法官在庭前不可能阅看全部案件，因而也就不可能对案件的定罪和量刑事先产生先入为主的预断。法官只能通过主持开庭审判，依靠控（公诉人）、辩（被告人及其辩护人）双方在庭上各自举证、质证、论辩和辩论等查明和了解全部案情，然后居中依法对案件作出判决，但是，也有弊端，主要是：极易造成开庭次数多，诉讼效率低下。在实行职权主义刑事诉讼形式的国家中，起诉时检察机关向法院移送全部或者大部案卷材料，法官在庭前能够阅看到这些案件材料，因而对案件的定罪和量刑往往产生先入为主的预断。法官在主持庭审过程中，指挥法庭调查、核实和运用证据，可以多次审问被告人和指挥控、辩双方辩论等，这样做可以使审判迅速有序地进行，能节省诉讼资源和成本，缩短诉讼期限，但也有弊端，主要是因法官庭前已阅案卷，常常产生有罪的预断而倾向甚至帮助公诉人指控；轻视甚至忽视辩护方的意见和理由，使控、辩双方的力度失去平衡，容易导致审判不公。按原刑诉法第108条规定，人民检察院起诉时应当向人民法院移送全部案件材料。以起诉时检察机关是否向法院移送全部案件材料观之，这种诉讼形式属于典型的职权主义诉讼形式。17年以来的司法实践表明，实行检察官在庭前向法院移送全部案件材

---

① 王学林：《公安机关执行刑事法律需要注意的几个问题》，载《公安法制建设》1997年第6期。

料出现过许多问题,如法官庭前产生预断,庭审中法官包揽过多;有的法官倾向公诉人甚至站在公诉人一边;不认真组织法庭调查和不积极主持法庭辩论,听不进甚至不采信辩方(被告人和辩护人)的无罪、罪轻和免予刑事处罚的辩护意见等,导致对少部分案件的审判不公。为了改变上述状况,立法者在借鉴国外的有益做法的基础上,根据中国国情和传统的诉讼文化理念,在修改原刑诉法时,采用了向当事人主义靠近的办法,在现刑诉法第150条中规定:"人民法院对提起公诉的案件进行审查后,对于起诉书中有明确的指控犯罪事实并且附有证据目录、证人名单和主要证据复印件或者照片的,应当决定开庭审判。"此条规定的内容,既是人民法院受理公诉案件并决定开庭审判的条件,又是人民检察院向人民法院提起公诉时应当移送案件材料的范围。与原刑诉法第108条的规定相比,将移送全部案件材料变为只移送供人民法院对案件进行程序性审查所必需(现刑诉法第150条规定)的案件材料,它们只占案件材料的很少一部分。可是,最高人民法院基于目前法院整体业务素质不高,庭前不阅看全部案件材料在法定期限内难以对重大、复杂、疑难案件审查清楚和从方便审判的需要出发,在其《解释》的第117条第1款第(一)至(十)项和第2款中规定,人民检察院提起公诉的案件应当移送的案件材料,不仅是现刑诉法第150条规定的范围,而几乎是定罪量刑的全部案卷材料。例如,《解释》第117条第1款第(二)项规定:"起诉书指控的被告人的身份、实施犯罪的时间、地点、动机、目的、手段、犯罪事实、危害后果和罪名以及其他可能影响定罪量刑的情节等是否明确;应附有代表该单位出庭的代表人的姓名、职务。"第(三)项规定:"是否附有拟在法庭上出示的所有证据的目录及能够证明指控犯罪行为性质、情节等内容的主要证据复印件或者照片。"该条第2款对主要证据的解释是:"前款条(三)项中所说的主要证据是指:对认定被告人是否构成犯罪起主要作用,对定罪量刑有重要影响的证据。"笔者认为,这些内容违背了现刑诉法第150条的规定。

毛泽东同志说过:"列宁说,对于具体情况作具体的分析,是'马克思主义最本质的东西,马克思主义活的灵魂'。"在刑事诉讼中就审判而言,我国的"具体情况"有三点必须正视:一是目前重大、复杂、疑难和人数众多的共犯案件有增无减;智力型犯罪案件越来越多,因而有的案情材料多达十几卷甚至几十卷。二是法官的整体业务素质(精通法律知识和审判技巧等)不高,对重大、复杂、疑难和人数众多的共犯案件在庭前不阅看全部案件材料而采用控、辩式很难胜任或者在法定期限内无法查清案情并作出判决。三是前17年的审判实践中法官审判任何案件均在庭前阅看全部案卷,已形成习惯,目前欲要变这种习惯而适应现刑诉法第150条的规定尚需有一个过程。有鉴于此,根据上述"具体情况",笔者认为,可以采取既坚持现刑诉法第150条的规定而兼顾灵活处理的原则,试做以下构想:由全国人大法工委牵头,组织最高人民检察院和最高人民法院的领导,经过反复讨论和研究,联合发文规定:"对于重大、复杂、疑难和人数众多的共犯案件,人民法院的主审法官可以到人民检察院去阅看全部案件材料和摘抄、复印重要案件材料。"有的学者主张,鉴于目前重大、疑难、复杂的案件越来越多和绝大多数审判人员的业务素质、审判水平不高,建议在庭后三日内人民检察院再向人民法院移送全部案件材料,"通过庭后审阅全部案卷材料,找准第一次或者第二次开庭未能查明的问题的症结所在,通过再次开庭查明全部案情并作出判决。"① 笔者认为,这样做虽然不失为一种良策,但是,因既要先进行第一次或者第二次开庭,又要在庭后收到全部案卷材料后经过审阅全案再开一次庭,必然增加法官的办案负担和拖延诉讼时间,增加诉讼成本(人力、财力、时间等)和降低诉讼效率,因而,此法似不可取。

辩护律师欲为被告人进行有效的辩护和真正维护其合法权益,必须了解和掌握案件的全部材料,既包括证明被告人有罪、罪轻和免予刑事处罚的材料,又包括人数众多的共犯案件中其他被告人的犯罪材料,还包括侦查人员在讯问过程中违反刑事诉讼程序(包括违法取证、违法适用强制措施等)的材料。只有这样,才能在实行控、辩式的庭审中协助被告人进行举证、质证、论辩和辩论,并提出全面、正确、有力的辩护意见。根据现刑诉法规定,律师除了在侦查阶段和在审查起诉以及在审判阶段能依据现刑诉法第36条第1款和第2款的规定,查阅、摘抄、复制本案的"诉讼文书、技术性鉴定材料"(在起诉阶段)或者查阅、摘抄、复制"本案所指控的犯罪事实的材料"(在审判阶段)。据笔者受托参加的刑事案件的辩护,人民检察院只允许辩护律师查阅、摘抄、复制现刑诉法第150条规定的那些案件材料。这样一来,辩护律师能了解到的案件材料很少。根据现刑诉法的规定,人民检察院对提起公诉的案件,检察人员能掌握全部案卷材料;按照最高人民法院的《解释》第117条的规定,法官在庭审前也能掌握全部案卷材料。可是,与公诉人和法官相比,辩护律师所了解到的案件材料就少得多。然而,现刑诉法第150条至第169条规定的审判方式是控、辩式,控、辩双方均须各自举证、质证并进行互相辩论。作为控方的公诉人在庭前早已掌握并熟知全部案卷材料,很了解案情,在庭审中运用证据和进行辩论能够做到运用自如。按最高人民法院的《解释》第117条的规定,法官因能收到人民检察院移送的全部案卷材料,也很了解案情,主

---

① 刘根菊:《刑事审判方式改革与案卷材料的移送》,载《中国法学》1996年第3期。

持庭审能做到成竹在胸。然而，辩护律师因很少了解到案情，在控、辩双方各自举证并运用证据对案件真实情况进行证明的互相对峙的情况下，却无法进行有事实、有证据、有法律根据的辩护；同时，也很难回答和反驳公诉人提出的、未能从案卷材料中了解到的各种问题，随时处于被动、应付的地位。作为法官，由于庭前了解全部案卷材料会产生先入为主的主观预断，也就必然削弱辩护律师充分行使为被告人进行有效辩护的诉讼权利。有鉴于此，笔者认为，为了改变辩护律师不利的诉讼地位，建议由最高人民检察院、最高人民法院和司法部联合协商后发布司法解释，赋予律师在审查起诉阶段享有去人民检察院查阅全部案卷材料，摘抄、复印证据材料的权利，或者通过全国人大常委会作出上述规定，以便辩护律师享有这种诉讼权利。

正确认识控、辩平衡关系，保障律师的诉讼权利[*]

现刑诉法与原刑诉法相比，在立法的指导思想、内容和结构等方面都有很大的变化；在诉讼民主化、科学化的道路上前进了一大步；与世界刑事诉讼发展的总趋势更加靠近。在律师的刑事诉讼权利保障方面，增加、修改了部分条款，给律师为犯罪嫌疑人提供法律服务和为被告人进行有效的辩护提供了方便条件和法律保障。其内容主要规定在现刑诉法第 32 条至第 37 条、第 75 条、第 96 条、第 151 条、第 157 条、第 159 条和第 160 条之中。为了进一步保障律师的诉讼权利，针对上述有关条款的规定和司法实践的需要，以便有效地维护犯罪嫌疑人、被告人的合法权益，笔者再从正确认识控、辩平衡的关系方面，对保障律师的诉讼权利试作如下研究和探讨。

在现代西方国家，刑事诉讼结构基本上分两大类：一类是英美法系国家实行的当事人主义；另一类是大陆法系国家实行的职权主义。刑事诉讼结构是国家为实现一定刑事诉讼目的而设计的控诉、辩护、审判三方关系和法律地位及与此相适应的表现形式。在刑事诉讼中，控、辩、审是三种基本的诉讼职能，它们分别由三方诉讼主体承担，其分工和相互作用贯穿于刑事诉讼活动的始终。[①] 刑事审判是刑事诉讼的中心环节，是控、辩、审进行诉讼活动的集中体现。控（诉）方在庭审中为了进行有力的指控，不得不在庭外由检察机关（包括侦查机关）通过侦查收集犯罪嫌疑人实施犯罪的各种证据；公诉案件起诉后，在庭审中，检察官运用警察机关和自己收集的证据指控犯罪，并参加对被告人的讯问和进行举证、质证和论证等活动。辩（护）方的犯罪嫌疑人从侦查阶段开始，有权委托律师提供法律帮助，并帮助调查对自己有利的证据，在庭审中为维护其合法权益同辩护律师一道与检察官进行辩护、辩论。法官或者居中听取控、辩双方在法庭上的举证、质证、辩护、辩论意见后，再对案件作出裁判（在当事人主义诉讼结构中），或者主持、指挥庭审，听取控、辩双

---

[*] 本文刊载于《法学研究》1998 年第 2 期。
[①] 陈光中：《刑事诉讼结构之研究》，载《法学家》1993 年第 4 期。

方在法庭上的举证、质证、辩护、辩论意见（必要时，可亲自作庭外调查、取证），然后再对案件作出裁判。在刑事诉讼理论上，又把当事人主义的诉讼结构称为"当事人主义审判结构"；把职权主义的诉讼结构称为"职权主义裁判结构"。

在当事人主义审判结构中，检察官在庭审前不移送案卷材料给法院，法官不了解任何证据材料。庭审中，举证、调查和核实证据的责任均由双方当事人承担，即由他们通过主询问和交叉询问推动诉讼的进行。法官不主动调查和核实证据，一般也无权干涉当事人举证、调查和核实证据的活动。在实体方面，由陪审团裁判事实，由法官适用法律并作出裁判。这种审判结构的优点主要是：有利于调动双方当事人举证、调查和核实证据的积极性；能够在双方在场的情况下，对证据进行全面、细致的考察和核实；有利于法官在庭审中保持中立和做到审判公正。它的不足之处主要有：对案件的处理，受控、辩双方的经验和辩论技巧的影响较大；由于控、辩双方左右诉讼，容易拖延诉讼时间。在当事人主义审判结构中，为保持控方与辩方的力度平衡，也要求辩方在庭审中举证、质证和辩论，为此赋予被告人及其辩护律师较多的诉讼权利。例如，在侦查阶段，警察开始讯问犯罪嫌疑人时就告知他有权聘请律师提供法律帮助和代他申诉、保释；允许律师调查取证，为辩护做证据方面的准备；在庭审中，辩护律师有权协助被告人提出证据和对证据进行质证、辨认等，还可以申请新的证人到庭和重新鉴定；辩护律师有权与控方进行平等、激烈的辩论，其言论不受刑事追究；等等。笔者认为，在这种审判结构中，控、辩双方的地位和力度基本平衡。

在职权主义审判结构中，检察官在庭前就将全部案卷材料移送给法官，法官由此知晓全部案情。庭审由审判长主持、指挥，依职权主动询问双方当事人，主动调查和核实证据。不受双方当事人提出的证据和传唤证人的限制。法庭审判的顺序、范围和方法均由审判长决定，检察官和辩方（包括被告人和辩护律师）只能将有关的证据材料交由法官审查和决定取舍。这种审判结构的优点是：由于法官是具有专业知识、司法经验的专业人员，由他们主动调查和核实证据，能节省庭审时间，加快诉讼进程，提高诉讼效率；也符合控方主动追究犯罪的愿望和要求。但也有不足之处：由于法官在庭前已知晓全部案卷材料，容易产生先入为主的预断；由于法官过于主动，容易限制辩护方提出证据、调查证据和进行辩护的权利，甚至造成辩护方与法官处于对立的地位，并倾向控诉方。在职权主义审判结构中，由于强调主动追诉犯罪，法律赋予警察机关极大的权力，轻视犯罪嫌疑人或者被告人的诉讼权利，有的虽然允许犯罪嫌疑人聘请律师提供法律帮助，但不允许律师为犯罪嫌疑人调查取证；在庭审中,不仅被告人及其辩护律师处于法官的支配之下,而且其地位低于控方的检察官;律师为被告人进行辩护不被重视;等等,笔者认为,在这种审判结构中,控方的地位明显高于辩方,控方的力度明显强于辩方。

原刑诉法是1979年7月1日通过的。作为新中国的第一部刑诉法典,它的颁布和实施是中国刑事司法制度建设的一个重要里程碑。17年来的司法实践证明,它对于保障准确、及时地查明犯罪事实、正确适用法律、惩罚犯罪分子、保障无罪的公民不受刑事追究发挥了重要作用。由于制定这部刑诉法典受中国历史文化传统的影响和当时历史条件以及立法水平的限制,因此,在实践中暴露出了许多不足,如某些内容不适应政治、经济、形势的变化,不利于保障被追诉者的人权,不适应刑事诉讼发展的世界大趋势,等等。该法典与上述两种诉讼结构相对比,属于职权主义诉讼结构。主要表现在以下方面:(1)检察院在庭前将全部案件材料移送给法院(第100条);(2)法院在庭前审查所有案件材料后再决定开庭,或者退补侦查,或者要求检察院撤诉(第108条);(3)对决定开庭审判的案件,法院在开庭前七日才通知被告人可以委托辩护人或者由法院指定辩护人(第27条、第110条);(4)被告人享有辩护的权利和最后陈述权(第11条);(5)法院依职主动调查证据,必要时可以勘验、检查,扣押和鉴定(第109条);法庭调查时,审判员依法审问被告人,出示物证,宣读未到庭的证人证言、鉴定结论、勘验笔录和其他作为证据的文书,并听取当事人、辩护人的意见(第114条、第116条);法庭调查中,公诉人、被害人有权向被告人发问和询问证人,被告人、辩护人,可以对证人、鉴定人发问、质证,有权申请通知新的证人到庭,调取新的物证,重新申请鉴定或者勘验,但庭审活动由审判长主持和指挥,一切发问、质证、申请调取新证据、重新鉴定或者勘验,均须经审判长许可(第114、115、117、119、120条)。在整个庭审过程中,公诉人以国家法律监督机关代表的身份对庭审是否合法实行监督,提请审判长制止庭审中的违法行为(第112条)。①原刑诉法诉讼结构的主要缺陷是:在庭前法官能够阅看全部案卷材料,对案件在控、辩双方未展开举证和论辩的情况下就进行书面的实体审查并产生预断;审判长主持和指挥法庭调查的整个活动,由审判员包揽讯问被告人、出示、宣读、调取、审查证据的一切活动,控方和辩方处于被动地位;审判长倾向公诉人的意见而轻视辩护方的辩护意见;等等。在这种审判结构中,与职权主义审判结构一样,控、辩双方地位和力度失衡。

毛泽东同志曾经指出:"我们绝不拒绝继承和借鉴古人和外国人,哪怕

---

① 陈光中:《刑事审判结构之研究》,载《法学家》1993年第4期。

是封建的和资产阶级的东西。"① 邓小平同志也指出:"社会主义要赢得与资本主义相比较的优势,就必须大胆地吸收和借鉴人类社会创造的一切文明成果……"② 乔石委员长讲:"凡是国外立法中比较好的适合我们目前情况的东西,我们应当大胆吸收……有的适合我们的条文,可以移植,在实践中充实、完善。"③ 为适应中国政治、经济发展的需要和解决适用原刑诉法存在的问题,也为了顺应世界刑事诉讼发展的总趋势,国家立法机关以上述党和国家领导人的讲话中提出的借鉴外国有益做法的精神为指导原则,在听取学者和司法实际部门的意见的基础上,根据中国国情,对原刑诉法进行了修改,并于 1996 年 3 月 17 日颁布了现刑诉法。与原刑诉法相比,现刑诉法主要补充了以下主要内容:(1)加强了辩护方提前做准备辩护的时间,将被告人只能在庭前 7 日内聘请律师修改为从侦查阶段开始可以聘请律师提供法律帮助(第 33 条和第 34 条);(2)在庭前,检察院只向法院移送起诉书和起诉书中有明确的指控犯罪事实并有证据目录、证人名单和主要证据复印件或者照片等(第 150 条);(3)控诉由公诉人进行,辩护由辩护方承担,并由双方各自举证、质证、论辩和辩论等,确立了控、辩双方在庭审中的主体地位;制止了审判长包揽庭审活动的做法等(第 155 条、第 157 条)。上述规定表明,现刑诉法借鉴了当事人主义诉讼结构中允许犯罪嫌疑人从侦查阶段开始聘请律师介入诉讼的做法,但还不彻底(如律师无调查取证权等);吸收了当事人主义诉讼结构和日本刑诉法规定的检察机关提起诉讼不向法院移送全部案件材料的规定,但还须移送供进行程序性审查的主要证据材料和有关诉讼文书;借鉴了当事人主义诉讼结构中法官居中听取控、辩双方的举证、质证、论辩和辩论等内容,以增强对抗力度,但还保留了审判长主持和指挥庭审以及有一定限度的调查证据的权利。笔者认为,现刑诉法的诉讼结构,已向当事人主义诉讼结构迈进了一大步,在使控、辩双方在诉讼地位趋向平等、抗诉力度与抗诉力度趋向平衡方面提供了法律依据和保障。有的学者认为,从现刑诉法规定的内容看,其诉讼结构可称为"对抗式"④,有的认为,应称为"抗辩制"⑤,也有的认为,应称为"诉辩

---

① 《毛泽东选集》(第三卷),第 817 页。
② 《邓小平文选》(第三卷),第 373 页。
③ 张文显:《法学研究中的几个理论问题》,载《人民日报》1997 年 8 月 16 日第 6 版。
④ 王韧:《新刑诉法中审判模式的国情特色》,载《法学》1996 年第 6 期。
⑤ 王利明:《抗诉制度的改革与完善》,载《检察日报》1996 年 5 月 13 日。

式"①，还有的认为，应称为"混合型式"②。绝大多数学者称其为"控辩式"。③笔者认为，中国的刑事诉讼结构，只是借鉴、吸收了当事人主义诉讼结构中的部分合理内容而形成的以职权主义为主、以当事人主义为辅的诉讼结构，也可说是具有中国特色的诉讼结构。简言之，可称为中国式的"控辩式诉讼结构"，亦可简称为"控强辩弱的控、辩式诉讼结构"。据有的学者考察，关于律师的诉讼权利的国际标准，大凡来自三类法律渊源：（1）联合国及其附属机构通过的有关人权保障和刑事司法方面的宣言、决议和公约等，如1948年联合国大会通过的《世界人权宣言》、1990年9月第八届联合国预防犯罪和罪犯待遇大会通过的《关于律师作用的基本原则》。（2）世界重要学术团体、机构通过的决议，如1994年9月世界刑法学协会第十五届代表大会通过的《关于刑事诉讼中的人权问题的决议》等。（3）世界绝大多数国家刑事司法的某些习惯做法。④笔者认为，律师享有的辩护权利及其实现，由各国在参考上述国际上有关宣言、公约等基础上，结合本国国情，在其刑诉法、律师法或者有关条例中予以规定。它们规定律师的诉讼权利主要有：从侦查阶段看，律师介入诉讼或者有一定限制的参与权；同犯罪嫌疑人、被告人会见、通信的内容不被控方知晓的保密权；调查取证的任意权；对控方掌握的案卷材料中部分材料的知情权；庭审中与控方的平等权；辩护律师在庭审中的言论和人身权利不受刑事追究的豁免权；等等。虽然中国现刑诉法对律师诉讼权利的保障比原刑诉法有了较大的加强，但与上述规定的内容相比，还存在较大差距。主要有：律师会见受多种限制；律师在审查起诉阶段不能阅看全部案卷材料；律师在庭审中的言论不享有豁免权；律师的调查取证权受到严格的限制；律师在执业过程中极易受到控方的非法刑事追究；等等。司法实践中还出现以下情况：律师参与诉讼受到控方（包括侦查人员和检察人员）的阻拦或者刁难；⑤律师提供的有利于犯罪嫌疑人、被告人的证据材料和辩护意见难以被采纳；与前述国际上通行的控、辩双方力度应当平衡或者基本平衡有较大差距。为了改变上述状况，笔者认为，为增强辩护的力度，以实现控、辩双方的力度平衡，从保障律师的诉讼权利方面来说，仍有

---

① 游劝荣：《从"纠问式"到"诉辩式"的改革》，载《中国律师》1996年第4期。
② 谢佑平：《"混合型"刑事诉讼模式评论》，载《法学》1996年第5期。
③ 龙宗智、左卫民：《转折与展望》，载《现代法学》1996年第2期。
④ 章礼明：《从国际刑事司法标准看我国辩护律师诉讼权利上存在的差距》，载《福建法学》1997年第2期。
⑤ 陈明智：《希望统一刑事诉讼操作规范》，载《中国律师报》1997年7月19日。

诸多问题有待解决。

一、在侦查阶段，律师应当享有更广泛的诉讼权利

侦查阶段是律师通过会见犯罪嫌疑人了解案情和侦查人员是否依法行使侦查权的重要阶段。律师只有通过会见才能了解到第一手材料，也方能履行刑诉法赋予的职责。在侦查阶段，笔者建议增加以下诉讼权利：

（一）犯罪嫌疑人及时得到律师帮助的权利

现刑诉法第96条规定："犯罪嫌疑人在被侦查机关第一次讯问后或者采取强制措施之日起，可以聘请律师为其提供法律咨询、代理申诉、控告。犯罪嫌疑人被逮捕的，聘请的律师可以为其申请取保候审。"当然这种规定与原刑诉法第110条规定律师只有在审判阶段才能介入诉讼相比是一个很大的进步，但是，没有规定在第一次讯问后或者采取强制措施之日起的多长时间之内应当告知犯罪嫌疑人有权聘请律师和接到申请后多长时间内可以聘请律师。律师能及时会见犯罪嫌疑人，这是律师为他们提供法律服务的初始阶段，也是最重要的阶段之一。如果律师接受委托后不被批准会见或者迟迟才被批准会见，那么，就对维护犯罪嫌疑人，乃至被告人的合法权益十分不利。鉴于上述情况，公安部的《关于律师在侦查阶段参与刑事诉讼活动的规定》（以下简称"公安部的《规定》"）第5条和第6条分别规定，在不涉及国家秘密的案件中对在押犯罪嫌疑人提出申请聘请律师的，应当记录在案，并在接到申请后在三日内将有关材料转交给律师管理部门或者犯罪嫌疑人的家属、法定代理人或者单位代其聘请；涉及国家秘密案件中的犯罪嫌疑人或者其法定代理人提出聘请律师的，公安机关应当在三日内报经县以上公安机关作出批准或者不批准的决定，并通知犯罪嫌疑人或者其法定代理人。但是，实践中，有的公安机关侦查人员不及时把犯罪嫌疑人聘请律师的要求信息及时转达给犯罪嫌疑人家属、法定代理人或者单位；有的律师接受聘请后，往往被公安机关以文书不合要求、证件不全、主管领导外出不在等不是理由的理由，拒绝或者一再推迟让律师与犯罪嫌疑人会见。[①] 而最高人民检察院的《人民检察院实施〈中华人民共和国刑事诉讼法〉规则（试行）》（以下简称"最高人民检察院的《规则》"）甚至没有像公安部的《规定》第5条和第6条那样规定。笔者建议，最高人民检察院的《规则》中应补充上述内容。为了保障公安部的《规定》第5条和第6条的规定能真正贯彻执行，建议公安部和最高人民检察院补充规定："无论对任

---

① 孙继武：《律师刑辩有"三难"》，载《中国律师报》1997年4月2日。

何案件（包括涉及或者不涉及国家秘密）中的犯罪嫌疑人，在侦查人员在进行第一次讯问结束的当天或者在采取强制措施之日起主动告知他有权聘请律师。在不涉及国家秘密的案件中，如果犯罪嫌疑人申请聘请律师，应当按照不涉及国家的秘密案件那样在3日内将材料或者信息转递给其家属、法定代理人或者其单位，犯罪嫌疑人的家属、法定代理人或者单位聘请了律师，律师申请会见犯罪嫌疑人递交了申请后，侦查机关应当在48小时之内安排会见；对于涉及国家秘密的案件，当犯罪嫌疑人提出要申请聘请律师，公安机关应当记录在案，在收到申请后的3日内作出批准或者不批准的决定，并当面宣布。如果他及其聘请律师再申请会见没有批准时，律师有权向上一级机关再申请复议一次，该机关应当在3日内作出批准或者不批准决定。上级批准会见的，下级机关应当在批准的48小时之内执行上级机关的决定并安排律师会见。对于违反者，上级机关应当追究其渎职的行政或者法律责任。"

（二）应当赋予律师在会见犯罪嫌疑人时享有录音、录像权和拍照权

赋予律师在会见犯罪嫌疑人时享有录音、录像权和拍照权的原因是，律师会见犯罪嫌疑人时都会做笔录，但是，仅做笔录不一定能记录下全部谈话内容，必须以录音、录像辅以帮助；同时为了防止个别犯罪嫌疑人歪曲律师的会见笔录或者个别在场侦查人员指控律师有诱问、包庇的谈话内容等违法行为，以便日后发生争讼有据可查，因此，应当允许律师享有当场的录音、录像权；再者，最高人民检察院的《规则》第125条规定："讯问犯罪嫌疑人，可以同时采用录音、录像的记录方式。"鉴于律师是与控方相对应的辩方的被委托人，从控、辩双方在这个问题上的诉讼权利对等来说，理应享有同等的可以录音、录像的权利。

现刑诉法第96条规定，律师有权代理犯罪嫌疑人申诉、控告，只有赋予律师有录音、录像权才能把犯罪嫌疑人的控告、申诉的谈话内容通过录音、录像固定下来，律师才能在会见后将其作为代理控告、申诉的证据材料移送。同时，还应当赋予律师对犯罪嫌疑人在谈话中控告个别侦查人员对他进行刑讯逼供造成的致伤、致残的部分进行拍照的权利，以便日后将其作为控告、申诉的证据移送。只有这样，才能使律师为犯罪嫌疑人代为申诉、控告的权利落到实处。

（三）建议规定侦查人员不得在律师会见犯罪嫌疑人之前限制他们谈话的内容，以及在会见后不得追问谈话的内容

《关于律师作用的基本原则》第8条规定："遭逮捕、拘留或监禁的所有人应有充分的机会、时间和便利条件，毫无延迟地、在不被窃听、不经检查和

完全保密情况下接受律师来访和与律师联系协商。这种协商可在执法人员能看得见但听不见的范围内进行。"第 22 条规定:"各国政府应确认和尊重律师及其委托人之间在其专业关系内所有联络和协商均属保密性。"① 根据中国的国情,现刑诉法没有完全照搬上述规定,而是根据案情和需要,在律师会见犯罪嫌疑人时,由侦查机关决定是否派员在场。笔者认为,这种规定在现阶段是正确的。但是,在实践中,在已派员在场的情况下,有的侦查人员在事前向犯罪嫌疑人交代:"不可在律师面前乱讲,讲的必须与先前口供一致。"② 在未派员在场的情况下,有的侦查人员在事后追问犯罪嫌疑人与律师谈话的内容。所有这些,无疑是对犯罪嫌疑人行使辩护权的限制,也是对律师帮助犯罪嫌疑人行使辩护权的限制。为了防止上述弊端发生,笔者建议公安部和最高人民检察院联合发文规定:"侦查人员在律师会见犯罪嫌疑人之前不得限制谈话的内容;在会见后不得追问谈话的内容。"

(四)建议赋予律师在侦查阶段享有调查取证权

现刑诉法没有规定律师在侦查阶段有调查取证权。究竟应不应当赋予犯罪嫌疑人聘请的律师有调查取证权?在国内有两种观点:一是绝对否定说,即侦查机关的大部分同志认为,律师不能享有调查取证权,因为这样做就变成了非侦查人员享有侦查权,会出现二元化侦查的情况,削弱侦查机关的专有职能,给顺利进行侦查造成被动。二是相对限制说,即有的侦查机关的同志认为,侦查期间,律师不应向有关单位和个人收集与本案有关的材料,但律师为犯罪嫌疑人代理控告或申诉,被聘请的律师有权为证明控告或者申诉成立去调查取证。笔者认为,律师仅有在这狭小的范围内的调查权还不够,应当享有对收集有利于犯罪嫌疑人证据材料的全面调查取证权,如向被害人、证人和有关单位等收集证明无罪、罪轻或者免予刑事处罚的证据材料的权利。这是因为,首先,是增强辩护力度的需要。对律师来说,为犯罪嫌疑人提供法律帮助,除了律师具有的专业技能、技巧以外,最主要的是靠证据。要掌握证据,就要靠亲自去调查取证。现刑诉法规定,律师在整个刑事诉讼中不能查阅全部案卷材料,如果律师一开始就没有调查取证权,而在审查起诉阶段调查取证又受到众多(如要经"同意""许可"等)限制,两手空空凭什么为犯罪嫌疑人提供法律帮助?即使以后参加辩护又有何力度?其次,是实现控、辩力度平衡的需要。由于庭审中实行控、辩式,必须有配套的措施,即庭前控、辩双方都应当

---

① 转引自李宝岳主编:《中华人民共和国律师法释义》,中国法制出版社 1996 年版,第 182 页、第 185 页。

② 王树静:《律师法实施后亟待解决的问题》,载《中国律师报》1997 年 5 月 24 日。

具有调查收集证据的权利,为此,既然作为控方的侦查人员享有法定的调查取证权,作为辩方的律师也应当享有法定的调查取证权,以实现在诉讼的集中阶段——庭审中控、辩双方力度的平衡。最后,律师在侦查阶段享有调查取证权,在国外有些国家司法实践中存在,如美国允许律师为犯罪嫌疑人调查取证;在日本,存在临开庭审前由控、辩双方相互展示自己收集到并准备在庭审中出示的证据,即"证据展示制度"。由此可知,在日本,事实上允许律师在侦查、起诉阶段收集证据,不然的话,律师在庭前有何证据向检察官展示?由上可见,根据刑事诉讼原理和司法实践的需要以及借鉴美国和日本的做法,应当赋予律师在侦查阶段享有调查取证权。至于有的同志担心赋予律师以调查取证权会妨碍侦查的顺利进行,笔者认为,一般不会出现这种情况。这是因为,控、辩双方各自独立调查取证,不会出现妨碍对方进行调查取证的问题。再说,侦查人员有采用公开和秘密的调查取证权,有先进的技术设备帮助,有强制措施作为后盾等;而律师只享有询问证人、被害人和徒手提取证物的调查取证权,仅凭一名律师两只手和两条腿,一支笔和一张嘴,岂能妨碍侦查人员调查取证?

二、在审查起诉阶段辩护律师应当享有更多的诉讼权利

根据现刑诉法的规定,笔者认为,还应当赋予辩护律师享有更多的诉讼权利。择其要者,主要是:

(一)建议检察人员讯问犯罪嫌疑人时,赋予辩护律师在场权

现行刑诉法没有规定检察人员提讯犯罪嫌疑人时辩护律师有在场的权利。美国和英国等国家法律规定,律师有权申请警察在讯问犯罪嫌疑人时在场的权利。[①] 笔者认为,考虑到侦查阶段讯问犯罪嫌疑人时律师在场有碍侦查,不赋予在场权无可厚非,但是,在侦查终结以后的审查起诉阶段,就不存在这个问题了,因此,应当赋予辩护律师在检察人员提讯犯罪嫌疑人时享有在场权。再者,这样做,一方面可以减轻犯罪嫌疑人回答问题时的思想压力,自由地行使辩解权;也有利于检察人员了解到犯罪嫌疑人在回答讯问中敢于控告极少数侦查人员的刑讯逼供等违法行为,以便实行侦查监督和保障犯罪嫌疑人行使诉讼权利。

(二)建议赋予辩护律师享有查阅全部案卷材料的权利

根据现刑诉法第36条第1款的规定,辩护律师只能"查阅、摘抄、复制

---

① 熊秋红:《侦查程序中辩护制度之探讨》,载《司法研究》1997年第3期。

本案的诉讼文书、技术性鉴定材料"。可是，作为控方的检察人员能够阅看并熟悉全部案卷材料。在知悉多少案件材料这个问题上，辩护律师享有的权利显然与检察人员享有的权利极不平等。根据现刑诉法第 36 条第 2 款的规定，律师辩护，"自人民法院受理案件之日起，可以查阅、摘抄、复制本案所指控的犯罪事实的材料"。对"本案所指控的犯罪事实的材料"的内容，学界颇有争议。有的认为"犯罪事实的材料"，是指在审判阶段律师可以到检察院去查阅、摘抄、复制本案全部案卷材料中律师为进行有力的辩护所需要的材料。[①] 法院和检察院的办案人员认为，此处规定的"犯罪事实的材料"，是指现刑诉法第 150 条规定的案件材料。笔者认为，此处规定的"犯罪事实的材料"，应当是指检察人员能够阅看到的全部案卷材料，不然的话，律师能够查阅的材料除了可以看到起诉书指控的内容是新的以外，所能查阅的材料还是现刑诉法第 36 条第 1 款规定的内容。如果是这样，辩护律师再去法院阅卷就没有多大实际意义了。

笔者还认为，为了避免检、法人员、律师在这个问题理解上的分歧和实践中产生的纷争，建议明确规定："辩护律师自人民检察院对案件审查起诉之日起，有权查阅全部案卷，摘抄、复制、复印（而不仅仅是复制）为进行有力的辩护所需要的材料。"这是因为，首先，是实现辩方与控方平等掌握案卷材料的需要。只有查阅全部案件材料，才能使辩方的律师在掌握案件材料问题上与控方的检察人员平等；只有这样，才能为在法庭辩论中与公诉人展开针锋相对的辩论做好准备，以便真正、全面地维护被告人的合法权利。其次，是实现控、辩力度平衡的需要。按照现刑诉法规定，律师在侦查阶段没有调查取证权，只有通过会见时询问犯罪嫌疑人，了解有罪、无罪、罪重、罪轻等有关材料。根据现刑诉法第 36 条第 1 款的规定，在审查起诉阶段，辩护律师也只有了解有关诉讼文书和技术鉴定材料的权利。对于被害人的陈述、证人证言和有关物证、书证则无从知晓。然而，在庭审中，辩护律师要靠证据同控方进行论辩和辩论。如果辩护律师在庭前不知晓全部案卷材料中的有关犯罪事实和证据，就无法或者很难与公诉人进行论辩和辩论，不得不处于弱势地位，只能就公诉人的指控临时进行被动的应辩，因而也就无法实现控、辩力度的平衡；同时，既不能帮助被告人行使辩护权，也无法帮助法官查明案情和实现司法公正。再次，是继续保持原刑诉法第 29 条赋予律师具有较强辩护力度的需要。根据原刑诉法第 29 条规定"辩护律师可以查阅本案材料"。司法实践中，法

---

① 熊秋红：《谈对修改后的刑事辩护制度中若干问题的理解》，载《中国律师报》1996 年 12 月 30 日。

院在开庭前七日通知辩护律师去查阅全部案卷材料。这样做,虽然阅卷的时间短促,但毕竟辩护律师除了会见被告人以外,还可以通过查阅全部案卷材料了解并掌握整个案情及有关证据,然后分析问题,找出矛盾,制定辩护方案,以便在法庭上根据事实和法律为被告人作无罪、罪轻或者免除刑罚的辩护。可是,按现行刑诉法的有关规定,律师既不能查阅全部案卷材料,又没有原刑诉法规定的那么大的调查取证权(根据现刑诉法第 37 条的规定,因律师的调查取证受到极大的限制而削弱了调查取证权),出现了庭前对案卷中的实质性问题无法掌握,又很难甚至无法调查到有利于被告人的证据材料,这样就必然削弱了辩护律师享有的诉讼权利,对维护被告人的合法权益十分不利。笔者认为,在允许公诉人能掌握全部案情,而依据现刑诉法第 36 条第 1 款和第 2 款的规定不允许辩护律师享有查阅全部案卷材料这个问题上,原刑诉法第 29 条的规定较为合理;对辩方来说,在享有辩护权方面是一个大削弱。有鉴于此,为了维持原刑诉法赋予辩护律师的权利,笔者认为,在审查起诉阶段,应当赋予辩护律师享有查阅全部案卷材料的权利。详言之,建议将现刑诉法第 36 条第 1 款和第 2 款中有关查阅案件材料的内容改变规定:"辩护律师自人民检察院对案件审查起诉之日起,可以到人民检察院查阅本案中有关犯罪事实、证据和诉讼文书等全部材料。"鉴于笔者的主张事关改变基本法现刑诉法第 36 条的规定,因此,建议通过全国人大常委会作出决定予以解决。

在讨论此问题的过程中,有同志说,根据现刑诉法第 150 条的规定,法官都不能看到全部案卷材料,为什么辩护律师就可以?笔者认为,此种观点不能成立。这是因为,按现刑诉法规定不允许法官查阅全部案卷材料是为了防止法官在庭前对案件的结局产生预断,继而产生在庭审中不认真主持法庭调查和审问被告人,不积极组织控、辩双方举证、质证、论辩和辩论,最终导致庭审走过场。可是,辩护律师在庭前查阅全部案卷材料,决不会出现上述弊端。还有的同志认为,允许辩护律师在庭前查阅全部案卷材料,他们会早有充分准备,在庭审的论辩和辩论中对公诉十分不利,所以不应当允许辩护律师享有这种权利。笔者认为,这种理由也不能成立。因为,辩护律师通过查阅全部案卷材料可以做充分准备,公诉人在庭前也完全能够做到这一点,在这个问题上,控、辩双方的机会是对等的,地位是平等的,毫无不公平、不公正可言。至于害怕在庭审中处于被动地位,只能靠公诉人自身的努力,舍此别无他途。

三、在庭审阶段,辩护律师应当享有某些必要的诉讼权利

庭审是整个刑事诉讼的中心阶段,是辩护律师行使诉讼权利、有效地维护被告人合法权益的关键性阶段。虽然现刑诉法对辩护律师在庭审中享有的诉讼

权利比原刑诉法有所增加,但是,从为实现控、辩双方力度平衡的角度来看,笔者认为,还需要赋予他们享有以下几种诉讼权利:

(一)建议赋予辩护律师在开庭十日前,享有收到起诉书副本的权利

现刑诉法第151条第1款第(二)项规定,法院在决定开庭审判后,"将人民检察院的起诉意见书副本至迟在开庭十日以前送达被告人。对于被告人未委托辩护人的,告知被告人可以委托辩护人,或者在必要的时候指定承担法律援助义务的律师为其提供辩护。"由上可知,现刑诉法没有规定法院在开庭十日前将人民检察院的起诉书副本送达辩护律师。笔者认为,这是立法中的一个疏漏,应当予以补救。起诉书副本是指控犯罪成立的诉讼文书,其中,包括犯罪事实、证据目录、证人名单和主要证据复印件或者照片等。若是共犯案件,还有各被告人在案件中所处的地位等。为了做好出庭准备,辩护律师需要至迟在开庭十日前收到起诉书副本。这是因为:由于辩护律师庭前需要研究起诉书指控的犯罪能否成立或者罪名是否准确,此为其一;其二,需要查找法律、法规依据或者学习有关学术专著中的论述;其三,需要拟定辩护提纲和在庭审中应答控方可能提出的问题的对策;等等。由上可见,应当规定:"法院至迟在开庭十日前将起诉书副本在送达被告人的同时,送达给他们委托的辩护律师。"

(二)建议规定辩护律师享有庭审辩护言论的豁免权

庭审辩护言论的豁免权,是指辩护律师在庭审中发表的辩护言论(包括与控方进行论辩、辩论的言论)不受追究的权利,包括司法机关不得因此驱逐辩护律师出庭,不得拘留、逮捕辩护律师或者以其他方式打击、迫害辩护律师乃至追究他们的法律责任。规定辩护律师享有这些权利,并不表明辩护律师享有特权,而是表明保障他们从事辩护应当具有的必不可少的诉讼权利。笔者主张,规定辩护律师享有刑事辩护言论的豁免权,是基于以下理由:其一,在司法实践中,个别地方出现因辩护律师在法庭上或者因辩论时言论过于激烈,或因审判长认为辩护律师胡搅蛮缠等,当庭将辩护律师驱逐出庭等。为了防止上述情况继续发生,必须从法律上规定辩护律师享有庭审辩护言论的豁免权。其二,辩护律师是为维护被告人的合法权益进行辩护的,只有规定他们享有庭审辩护言论的豁免权,才能保证他们大胆地以事实为根据、以法律为准绳发表辩护意见,并且敢于与控方进行针锋相对的论辩与辩论,最终才能有效地维护被告人的合法权益和实现司法公正。其三,规定辩护律师享有庭审辩护言论豁免权,在国外已有立法例。① 例如,《卢森堡刑法典》第452条第1款规定:

---

① 陶髦等:《律师制度比较研究》,中国政法大学出版社1995年版,第112页。

"在法庭上的发言或向法庭提交的诉讼文书,只要与诉讼或诉讼当事人有关,就不能对它提起任何刑事诉讼。"《英格兰和威尔士出庭律师行为准则》规定:"律师在法庭上的发言,必须真实和准确。在通常情况下,律师对他在法庭辩论中的言论享有豁免权。"当然,律师在法庭上应当注意有礼貌,对于藐视法庭等不良言论,法官有权提出警告和批评或者建议有关部门予以惩戒。例如,在荷兰,"对于以口头发言或以其他任何方式藐视法庭,轻漫或者辱骂诉讼当事人、证人的律师,首席法官可以给予警告和批评。但是,首席法官无权给予律师纪律惩戒处分……因为,这是律师协会惩戒委员会的职权。"法国有关法律对律师享有豁免权作了规定,但同时规定,如果律师有不尊重法庭的行为,法院可向检察长反映,让检察长要求有关律师隶属的律师协会理事会对该律师给予纪律惩罚处分。不过,国外也有的法律规定,对律师在庭外所实施的犯罪行为,应当如同对待其他公民一样,依法追究和惩处,如卢森堡有关法律规定:"为了维护正义和真理,律师可以自由地从事他们的职业。"但同时又规定:"任何人如果无恶意地否定宪法或者法律的强制力,或者直接唆使他人违反宪法和法律,均应给予依法处罚……"笔者认为,为了维护刑事辩护的正常秩序和严肃性,这种规定是正确的,该条中的"任何人"就包括律师;"直接唆使他人违反宪法和法律",是指在庭前或者庭后违反宪法和法律;"均应给予依法处罚",就包括定罪判罪和追究其他法律责任。笔者认为,国外法律中的有益内容,应当借鉴或者吸收。鉴于上述理由,笔者建议在中国的有关司法解释中规定:"律师在法庭上发表的辩护意见和辩论言论不受司法机关的刑事追究;也不允许将他们驱逐出法庭或者对其拘留。但在庭外的违法犯罪行为除外。"只有这样,才不会削弱辩护的力度,保持与控方的力度平衡。

(三) 建议规定法院必须将律师的辩护词和提交的证据材料入卷,对不采纳辩护意见的,应在判决书中详细注明理由

律师的辩护词是律师根据案件全部案情、事实和法律为被告人进行有力辩护的全面意见。其内容,既包括案件事实、情节,又包括引用的证据;既包括以法律为依据对指控不当之处进行的分析和辩驳,又包括提出无罪、从轻、减轻或者免除刑罚的意见等,所有这些,既能帮助合议庭成员对案件作出公正、合法的裁判,同时,又是供二审法院(如果被告人上诉)了解该案案情和一审辩方辩护意见的重要材料。而辩护律师在庭前收集并提供给法院的证据材料,是支持辩护、反驳控诉,维护被告人合法权益的重要根据,在诉讼中具有重要作用。有鉴于此,对上述两种材料,法院应当附卷。司法实践中,法院在判决书中对不采纳辩护意见的,往往只用"某某被告人的辩护律师的意见无事实、法律根据,不予采纳"或者"律师的辩护不能成立,不予采纳"等一

句否定，因而把辩护律师通过作了阅卷、会见被告人，进而精心制作辩护词等大量工作简单地一笔勾销。这样做，既不能使被告人和辩护律师心服口服，又助长了审判人员不勤于动脑，轻易作出否定的武断作风。在国外，尤其在英美法系国家，法官在判决书中否定辩护律师的观点必须针锋相对，从事实和法律两个方面逐一进行反驳和论证。为了改变国内司法实践中普遍存在的办案人员在判决书中简单否定辩护意见的状况和借鉴国外的有益做法，笔者认为，法官在判决书中若否定辩护意见，应当对否定的内容从事实和法律两个方面进行详细的逐一论述。若还保留过去采用的"你辩你的，我判我的"的做法，其结果是穿新鞋、走旧路，导致剥夺被告人的辩护权，使辩方在与控方的对抗中处于劣势地位，造成控、辩力度的严重不平衡。

正确认识律师与被追诉者的关系，保障律师的诉讼权利[*]

现刑诉法与原刑诉法相比，在立法的指导思想、内容和结构等方面都有很大的变化；在诉讼民主化、科学化的道路上又前进了一大步；与世界刑事诉讼发展的总趋势更加靠近。在律师的刑事诉讼权利保障方面增加、修改了部分条款，给律师为犯罪嫌疑人提供法律服务和为被告人进行有效的辩护提供了诸多方便条件和法律保障。其内容主要规定在现刑诉法第32条至第37条、第75条、第96条、第151条、第157条、第159条和第160条中。为了进一步保障律师的诉讼权利，针对上述有关条款和司法实践的需要，以便更有效地维护犯罪嫌疑人、被告人（以下统一简称"被追诉者"）的合法权益，笔者从正确认识律师与被追诉者的关系方面，对保障律师的诉讼权利再一次试作如下研究和探讨。

一、被追诉者在刑事诉讼中的地位和享有的诉讼权利

在英美法系国家，由于采取对抗式的诉讼形式，加之传统上没有公诉与自诉之分，因此，实施犯罪行为的人在起诉前，一般被称为"被控告者"或者"被告人"。在大陆法系国家，由于采用审问式的诉讼形式，传统上绝大部分国家有公诉与自诉之分，因此，对被起诉者，一般有明确的区分。例如，德国和法国将起诉前的被追诉者称为"被疑人"；在起诉后，称为"被告人"。[①] 在日本，将公诉前的被追诉者一般称为"被疑人"；在向法院移送起诉时，称为"被告人"。[②] 在意大利，将侦查和审查起诉阶段的被追诉者称为"被调查

---

[*] 本文摘自中国刑事诉讼法学研究会1997年公开出版年会论文集。

[①] 黄东熊：《刑事诉讼法论》，三明书局印行；林山田：《刑事诉讼法》，汉荣书局有限公司印行，第43~45页。

[②] 参见《日本刑事诉讼法》第201条第11款第1项、第205条第4款、第256条第2款。

人"或者"嫌疑人";在审判阶段,称为"被告人"。① 在苏联,将立案后的被追诉者称为"犯罪嫌疑人";经过确定被告人的程序(侦查程序一部分)确定后,称为"被告人";审判时,称为"受审人"。② 在南斯拉夫,将起诉之前的被追诉者,称为"被告人";交付审判以后,称为"受审人"。③ 在罗马尼亚,将立案后至提起公诉之前的被追诉者称为"犯罪嫌疑人";在提起公诉后,称为"被告人"。④ 在越南,对立案后至提起公诉前的被追诉者,称为"犯罪嫌疑分子";对交付审判的被追诉者,称为"被告"。⑤

综上可见,世界上绝大多数国家的刑事诉讼法或者刑事法律,基本上将立案、侦查、起诉阶段的被追诉者称为"犯罪嫌疑人"(或者被疑人、嫌疑人);在审判阶段,称为"被告人"(或者受审人)。

修改原刑诉法时,立法者在参考、借鉴国外刑事诉讼中有益立法经验的基础上,对原刑诉法在立案、侦查、起诉、审判阶段的被追诉者统统规定为"被告人"作了如下分解:将立案、侦查、起诉阶段的被追诉者规定为"犯罪嫌疑人";将审判阶段的被追诉者规定为"被告人"(现刑诉法第84条、第89条、第139条和第151条)。

由于被追诉者受警察机关、检察机关和法院的追究,是刑事追究的对象,从无被追诉者刑事案件不能成立的角度讲,被追诉者是刑事诉讼的一方,是刑事诉讼中的中心人物。从他们中的绝大多数人会受到刑事处罚看,他们是科刑的对象。综合整体观之,他们具有以下六个特点:(1)被指控有犯罪嫌疑,可能是科刑对象。(2)处在被讯问、被审问的地位。(3)绝大部分被追诉者的人身自由受到羁押或者被限制(被监视居住或者取保候审)。(4)他们对自己的犯罪情况最清楚。(5)绝大部分被追诉者很少或者不懂得法律知识,需要他人提供法律帮助。(6)无罪者迫切希望迅速判决他无罪。

由于被追诉者与控诉方是相互对立的两个方面,而控诉方是司法机关,其办案人员熟知甚至精通法律,具有较高或者很高的讯问、审问专业水平,且有先进的技术装备予以帮助;加之被追诉者人身自由受到羁押或者受到限制(被监视居住或者取保候审),自己很少或者不懂得法律知识,就整体而言,处于防御和不利的地位。为了改变这种状况,也为了维护被追诉者的合法权益

---

① 《意大利刑事诉讼法》第60条第1款、第350条。
② 参见《苏俄刑事诉讼法》第46条、52条。
③ 《南斯拉夫刑事诉讼法》第147条。
④ 《罗马尼亚刑事诉讼法》第233条、第237条。
⑤ 参见《越南刑事诉讼法》第34条。

不受侵犯和实现司法公正,各国刑诉法均规定了在不同的诉讼阶段被追诉者享有必要的诉讼权利。概言之,在刑事诉讼中,主要享有三方面的诉讼权利:其一,辩护权。辩护权,实质上是一种概括式的主动防御权。它包括自行辩护权和律师(聘请的律师或者被指定的律师)为其提供法律帮助(法律服务和辩护)的权利。自行辩护中,包括陈述权、辩解权,反驳权,辩论权,控告权,申请调取证据和申请证人出庭作证权,申请回避权,申请保释权,最后陈述权,上诉权,等等。它们属于积极的防卫权。其二,沉默权,即对自己有利或者不利的事实和理由,均表示出缄言不误的权利。其三,拒绝回答权,即对警官、检察官、法官的讯问或者审问言明拒不答复的权利。沉默权和拒绝回答权,属于消极的防卫权,只在少数国家的刑诉法中才有规定。

我国现刑诉法除了未规定被追诉者享有消极的防卫权(沉默权和拒不回答权)以外,与国外刑诉法相比,更详细、更广泛地规定了被追诉者享有积极的防卫权。例如:第一,在整个刑事诉讼进程中,规定被追诉者享有以下权利:使用本民族通用语言及文字的权利(第9条);对办案人员侵犯诉讼权利和侮辱人身的行为,享有控告权(第14条);申请回避权(第28、29条、32条);委托律师提供法律帮助和辩护的权利(第32、33条39条);申请取保候审的权利(第52、第60条第2款);当强制措施超过法定期限时,享有要求解除的权利(第75条);等等。第二,在侦查阶段,聋、哑犯罪嫌疑人被讯问时,有权要求通晓聋、哑手势的人参加翻译(第94条);对讯问笔录有阅看和纠正的权利(第95条);被侦查机关第一次讯问后或者采取强制措施之日起,有权聘请律师提供法律咨询、代理申诉、控告,被逮捕的可以聘请律师为自己申请取保候审(第96条);等等。第三,在起诉阶段,犯罪嫌疑人享有陈述自己意见的权利(第139条);如果被作出不起诉决定,有权要求释放(第143条);对不起诉不服,可以向人民检察院申诉(第146条);等等。第四,在审判阶段,凡属法定公开审判的案件,有权要求公开审判(第152条);在法庭审理中,被告人可以就起诉书指控的犯罪进行陈述(第155条);有权申请重新通知证人到庭,调取新的物证,申请重新鉴定或者勘验(第159条);有最后陈述的权利(第162条);对庭审笔录有阅读和纠正权(第167条);对已经发生法律效力的判决、裁定不服,有申诉权(第203条)。综上可见,犯罪嫌疑人、被告人等被追诉者在刑事诉讼过程中享有十分广泛的诉讼权利。由于他们处于被追诉的地位,有的受到羁押或者人身自由受到限制,加之绝大多数被追诉者不懂法律,为了更好地维护自己的合法权益和行使诉讼权利,因此,他们特别需要聘请知晓甚至精通法律的律师为其提供法律帮助或者进行辩护。被追诉者享有的上述法定诉讼权利,属于本源权,被聘请的律师享有法定诉讼权利,是由本源权派生出来的继受权,二者是本与末、源与水的关系。

二、律师的业务和政治等条件

在国外,对于律师,有的国家称其为"法学家",有的称其为"辩护士",还有的称其为"法律专家",等等。但是,从当今世界各国的情况看,大多数称其为"律师"。律师必须是熟知或者精通法律的专门人才。在业务条件方面,最低必须是法律院校的本科毕业生,最高的是法学博士毕业生。例如,在美国,律师必须是高等院校大学本科毕业的学士,在法学院经过三年全日制修完法学课程并获得法学学位(包括硕士、博士);在法国,律师必须是法学学士或者法学博士(特殊者除外);在匈牙利,律师必须是法学博士;在英国、印度、巴基斯坦、泰国、菲律宾等国,律师必须是受过全面法学教育或者法律院校的大学本科毕业生。在德国,则要求律师具备充当审判官的资格能力;在日本,律师中有的是曾任最高裁判所的审判官,有的是获得司法实习等资格后曾任五年以上简易裁判所工作的审判官、检察官、裁判所调查官、事务官,等等。① 在政治和道德方面,律师必须是"没有违法历史,在家庭和社会上表现良好"② 和"道德纯洁和品行优良"③。由上可见,在国外,律师必须是熟知甚至精通法律和道德品质良好的人。

在借鉴和吸收国外律师法中合理内容的基础上,我国于1996年5月15日通过的《中华人民共和国律师法》规定,在业务方面,律师必须是具有高等院校法学专科以上学历或者同等专业水平,以及高等院校其他专业本科以上学历的人员经过律师资格考试合格,由国务院司法行政部门授予律师资格的人员,或者是具有高等院校法学本科以上学历,从事法学研究、教学等专业工作并具有同级职称或者具有同等专业水平,申请律师执业,经国务院司法行政部门按照规定的条件考核批准,授予律师资格的人员④。在政治和道德方面,律师必须是拥护宪法和遵守法律的人员,同时是品行良好没有受过刑事处罚(过失犯罪除外)、未被开除公职或者未被吊销律师执业证书的人员⑤。综上可见,从整体上看,中国律师的专业素质和水平以及政治素质和道德水准是比较

---

① 周国均:《刑事辩护论》,中国人民公安大学出版社1995年版,第10~12页。
② 参见罗马尼亚1954年《律师法》。
③ 参见苏联1979年《律师法》。
④ 参见《律师法》第6条和第7条。
⑤ 参见《律师法》第2条、第8条和第9条。

高的，也是完全可依赖的。由司法部制定的从 1993 年 3 月 1 日起实施的《律师惩戒规则》（共 29 条），还为促使律师依法执业和全心全意地为当事人提供优质法律服务进一步提供了保障。

在国外，特别是在英美法系国家，律师的性质是自由职业者。在中国，律师是依法取得律师执业证书、为社会提供法律服务的执业人员[①]。他们既不同于国家机关中的公务员，也不同于公、检、法机关的执法人员；既不同于企事业单位、学校中的教师、干部和职工，也不同于乡镇、街道设立的法律服务所中的法律工作者等。这种职业性质，决定了律师在社会上处在为国家机关、企事业单位、工矿、学校和公民个人等提供有偿法律服务（指定辩护除外）的地位。

三、律师的诉讼权利

为了便于为被追诉者提供法律帮助和辩护，各国刑诉法、律师法和有关条例，均规定了律师享有许多诉讼权利，诸如有权会见被追诉者；警察讯问被追诉者时律师有权在场；受当事人本人或者亲属的要求，有权代其申请保释；享有进行庭外调查取证权；在庭审中有权出示证据；有权对控方出示的物证、书证进行质证；经法官许可，有权询问对方当事人、证人、鉴定人；有权与控方的检察官、被害人及其代理人进行论辩与辩论等。与国外相比，中国现刑诉法赋予律师更加广泛的诉讼权利。在整个刑事诉讼过程中，对公、检、法机关采用强制措施超过法定期限的，律师有权要求解除（第 75 条）。在侦查阶段，受委托的律师有权向侦查机关了解犯罪嫌疑人涉嫌的罪名，可以会见在押的犯罪嫌疑人，向他们了解有关案情；对被逮捕的犯罪嫌疑人可以为其取保候审（第 96 条）。在审查起诉阶段，辩护律师在人民检察院对案件审查起诉之日起，可以查阅、摘抄、复制本案的诉讼文书、技术性鉴定材料；可以同在押的犯罪嫌疑人会见和通信（第 36 条）；有权依法向证人或者其他单位和个人以及被害人等收集、调取证据（第 37 条第 1、2 款）。在审判阶段，辩护律师有权出庭参加诉讼（第 154 条）；经审判长许可，有权向被告人发问（第 155 条）；经审判长许可，还有权对证人、鉴定人发问（第 156 条）；有权对当庭出示的物证，对未到庭的证人的证言笔录、鉴定人的鉴定结论、勘验检查笔录和其他作为证据的文书发表意见（第 157 条）；有权申请通知新的证人到庭，调取新的证据，申请重新鉴定或者勘验（第 159 条）；经审判长许可，可以对证据和案件情况发表意见并且可以与公诉人进行辩论（第 159 条）；对一审判

---

① 参见《律师法》第 2 条。

决、裁定不服，经被告人同意，可以提出上诉（第168条）；等等。

由上可见，与外国律师相比，中国律师的业务素质并不差，政治和道德水平比他们高；中国律师与聘请人之间的关系是服务与被服务的关系；中国律师只能依据事实和法律为聘请人提供法律帮助，不能为了迎合当事人的意愿而无所不用其极；中国律师是独立的诉讼参与人，除了帮助被追诉者行使法定诉讼权利以外，本人还享有前述广泛的法定诉讼权利，同时，还必须履行法定的义务和遵纪守法。总而言之，中国律师是完全可以依赖的，公、检、法机关办案人员应当从这样的高度来认识和保障中国律师行使法定的诉讼权利问题。

四、律师与被追诉者的关系

被追诉者的自身特点和诉讼地位，决定了在刑事诉讼中他们急需符合前述条件并熟知甚至精通法律的律师为他们提供法律帮助，以维护自身的合法权益；而律师是熟知甚至精通法律的专业人员，他们有能力、有条件应被追诉者之聘为其提供法律帮助以维护法律的正确实施和满足被追诉者的合法要求。律师为被追诉者提供的法律帮助是多方面的，其中，受委托后为被告人辩护是核心内容。为顺应法制民主化和保障人权的需要，世界各国刑诉法毫无例外地或多或少都规定，被追诉者除了有权自行辩护以外，还规定他们有权聘请律师，为他们提供法律帮助和为其辩护。对此，一些国际条约明确提出和号召各国政府当局在实践中这样做。例如，1990年8月27日至9月7日在古巴首都哈瓦那召开的第八届联合国预防犯罪和罪犯待遇大会上，通过的《关于律师作用的基本原则》中"基本原则"的第1条规定："一切个人都有权请求由其选择的一名律师协助保护和确立其权利并在刑事诉讼的各个阶段为其辩护。"第5条规定："各国政府应确保主管当局迅速告知遭到逮捕或拘留，或者被指控犯有刑事罪的一切个人，他有权得到自行选定的一名律师提供协助。"① 由于我国政府的代表参加签署了这个文件，因此，同意上述规定的要求。在借鉴上述规定合理因素的基础上，现刑诉法将原刑诉法规定律师为被告人提供法律帮助仅限于在庭审阶段而提前到侦查阶段。不过，在侦查阶段，受聘的律师只能为其提供法律咨询、代理申诉、控告，可以为被逮捕的犯罪嫌疑人申请取保候审（现刑诉法第96条）。在审查起诉和审判阶段辩护律师有权为被追诉者进行辩护（现刑诉法第32条至第37条；第154条至第160条）。

在英美法系和大陆法系国家，由于律师是自由职业者，他们受被追诉者之聘以后，二者的关系是雇佣与被雇佣的关系。其本质特征是：受聘律师是被追

---

① 程味秋、李宝岳：《借鉴与接轨》，载《政法论坛》1994年第5期。

诉者的代言人，其言行以被追诉者的意志为转移。特别是在美国，即使犯罪事实存在，辩护律师也要为被告人作无罪辩护，此为其一；其二，为了证明被告人无罪，以迎合他们的意愿，或者千方百计地寻找警官、检察官在指控中的漏洞，或者想方设法钻法律的空子，或者抽空心思地曲解法律的含义，等等。例如1993年8月17日在美国洛杉矶发生的一起杀人案件，明明是被告人林某某因嫉妒丈夫彭某某的情人纪某某及其生下的儿子（5个月），并将母子二人杀死。虽然警方、检方早已根据已有的犯罪事实和证据将彭某某排除有杀人嫌疑之外，但是，林某某聘请的辩护律师薛某却出人意料地在法庭上列举了大量所谓的证据证明被告人的丈夫彭某某杀死母子二人而不是被告人林某某，极力为林某某开脱罪责。曾有人向一位美国法学专家询问为何薛某要这样如此狡辩时，该法学专家指出，薛某的这种策略，正是"哈佛精神"的体现。"美国第一流法学院的哈佛大学，在教育它的法学院学生时，其中的一条就是，不惜动用所有手段，为被告辩护。辩护律师在法庭上有广阔的辩护余地，从警方、控方的每一个漏洞寻找空间。"① 由此可见，美国辩护律师忠于委托人的利益是何等的程度，辩护的立场是何等的偏激，狡辩的手段是多么无所不用其极。

与资产阶级国家的律师相比，根据中国的现《刑事诉讼法》《律师法》的规定，中国律师是依法取得律师执业证书，为社会提供法律服务的执业人员。律师接受被追诉者的聘请（接受委托）之后，二者是服务与被服务的关系，而不是雇佣与被雇佣的关系。其本质特征是：受聘律师是被追诉者的法律服务者而不是代言人，其行为不受被追诉者的意志左右。在提供法律帮助的过程中，既要维护被追诉者的合法权益，又要维护国家法律的正确实施，此为其一。其二，为被追诉者提供法律帮助必须以事实为根据，以法律为准绳。其三，在刑事诉讼中，律师是独立的诉讼参与人，享有法定的诉讼权利和必须履行法定的诉讼义务。律师的任务是根据事实和法律，提出证明被追诉者（犯罪嫌疑人、被告人）无罪、罪轻或者减轻、免除其刑事责任的材料和意见，维护其合法权益（现刑诉法第35条），绝不允许像美国律师那样，对接受的任何案件一律作无罪辩护并为达到目的不顾事实和法律无所不用其极。为了保障做到这些，1996年5月15日全国人大常委会第19次会议通过的《律师法》（共53条），全面、系统地规定了律师的执业条件，执业律师的业务和权利、义务，法律责任，律师协会，法律援助等内容。该法第3条规定了律师必须遵守宪法和法律，恪守律师职业道德和执业纪律；律师执业必须以事实为根据、以法律为准绳；律师应当接受国家、社会和当事人的监督；律师依法执业受法

---

① ［美］吴琦幸：《海外萃缘》，南海出版公司1996年版，第219页。

律保护。根据《律师法》第 44 条至第 49 条的规定，律师违反法定义务和违反有关规定，会受到警告、停止执业、没收违法所得（第 44 条），吊销执业证书等处分；构成犯罪的，会被追究刑事责任（第 45 条）等。现刑诉法第 38 条规定，凡是辩护律师帮助犯罪嫌疑人、被告人隐匿、销毁、伪造证据或者串供，威胁、引诱证人改变证言或者以作伪证以及进行其他干扰司法机关诉讼活动的，会受到法律追究。由上可见，中国律师为被追诉者提供法律服务（包括在侦查阶段、起诉、审判阶段）必须依法进行，不得为所欲为、各行其是。实践中，已有过司法行政机关给予违法办案的律师以警告、停止执业、没收违法所得、吊销执业证书等处分。① 对构成犯罪（通过伪造或者毁灭证据，帮助串供或者串证等包庇犯罪嫌疑人）的，移交司法机关依法追究其刑事责任。② 综上所述，中国律师的性质和与当事人之间的关系，与资本主义国家律师的性质和与当事人之间的关系大不一样。

五、律师会见被追诉者遇到的困难及对策

自 1997 年 1 月 1 日现刑诉法实施以来，全国各地公、检、法机关都在积极、努力地执行，其中包括执行有关律师和辩护律师为被追诉者（犯罪嫌疑人或者被告人）提供法律帮助和进行辩护的有关规定。总的来说，执行的主流是好的，成绩是较大的，但是，也存在不少问题。现就律师在侦查阶段会见犯罪嫌疑人，为他们提供法律帮助和行使诉讼权利遇到的困难作如下介绍和研讨。

据笔者了解，在律师会见被追诉者方面，有的律师说，律师会见犯罪嫌疑人很难。例如，律师将会见函件交给侦查机关后，很难马上得到许可，很多是在经过律师数次的催促下，或者反复奔波的要求下，侦查机关一拖再拖后勉强答应。无论是否涉及国家秘密案件，侦查机关总是派员参加，有的还录音、录像，对律师提前介入"如临大敌"。更有甚者，侦查机关在律师会见犯罪嫌疑人之前向其交代，不可在律师面前乱讲，讲的必须与先前口供一致。③ 有的律师深有感触地说，律师刑辩有"三难"：一是提前介入操作难；二是会见被告人难；三是辩护难。④ 据反映，自现刑诉法实施以来，法院按现刑诉法规定开

---

① 邓耀华：《违纪律师和律师所受处罚》，载《中国律师报》1997 年 1 月 29 日。
② 刘建生：《甘肃一律师犯包庇罪被判刑》，载《检察日报》1997 年 8 月 26 日。
③ 王树静：《律师法实施后亟待解决的问题》，载《中国律师报》1997 年 5 月 24 日。
④ 孙继斌：《律师刑辩有"三难"》，载《中国律师报》1997 年 4 月 2 日。

庭审理的案件，被告人聘请律师辩护的很少，有的地方甚至不足 1/10，[①] 有的地方还更少。例如，据豫西某地法院统计，1997 年 1 月至 3 月，该院受理 42 起刑事案件中，只有 1 起有律师在侦查阶段介入；其余的 41 起，均没有律师介入的案卷记录。在介入的起诉案中，律师所提供的服务也仅仅是告诫犯罪嫌疑人"认罪服法"，律师不敢向犯罪嫌疑人询问太多的案情，因为按律师的说法，"在侦查阶段，搞不好就成了包庇或惹下其他麻烦"。[②] 笔者认为，出现上述问题的原因主要有以下几点：第一，由于少数公、检、法机关办案人员对本文前述的律师的性质、地位、作用和与被追诉者的关系认识不正确，把律师当作代言人，甚至视为危险的对抗力量。第二，不少办案人员，对法律规定的辩护制度的必要性和重要性认识不足，对法律和法规规定的律师享有的诉讼权利认为可有可无，即使认识到已有规定但也采取消极的态度。第三，有相当多的律师认为办理刑事案件风险大、收入少，不敢或者不愿办理刑事案件。第四，部分犯罪嫌疑人认为请律师与不请律师都一样，不愿聘请律师。第五，有的地方律师事务所收费过高，犯罪嫌疑人或者被告人在经济上承担不起。第六，少数被追诉者存在错误认识，害怕聘请律师为自己提供法律帮助和进行辩护会影响认罪态度，担心加重对自己的处罚而不敢请律师等。

欲解决上述问题，笔者认为应当从五个方面着手：第一，大力宣传律师参与刑事诉讼的必要性和重要作用，使公、检、法机关的办案人员对此有全面、正确和足够的认识。第二，广泛教育公、检、法机关办案人员正确认识律师的性质、地位、作用和与被追诉者的关系，为律师提供法律帮助和进行辩护提供方便条件。第三，大力宣传法律规定律师享有的广泛诉讼权利，使办案人员人人知晓。第四，通过深入、广泛的宣传，使广大公民，特别是被追诉者及其近亲属认识到律师提供法律帮助的作用。第五，通过制定司法解释，明确界定现刑诉法中未明确规定但在司法实践中难以掌握的实际问题的界限，供办案人员操作，防止和减少办案人员因无明确规定而拒绝律师参与刑事诉讼的现象发生，如关于界定国家秘密案件的范围问题。

要解决律师会见难问题，最重要的措施之一当属正确理解现刑诉法规定的"国家秘密"的范围问题。现刑诉法第 96 条第 1 款规定："……涉及国家秘密的案件，犯罪嫌疑人聘请律师，应当经侦查机关批准。"第 2 款规定："……涉及国家秘密的案件，律师会见在押的犯罪嫌疑人，应当经侦查机关批准。"前款规定了"聘请"应当经侦查机关批准。后款规定了"会见"应当经侦查

---

① 传跃、辛言：《不可忽视的辩护权利》，载《检察日报》1997 年 6 月 27 日。
② 任诚宇：《律师提前介入的若干问题》，载《政治与法律》1997 年第 4 期。

机关批准。由此观之，律师从接受犯罪嫌疑人的聘请到会见他们，要过两道"批准关"，即律师受聘要过"应当经侦查机关批准"这一关，对此，可简称为"准聘关"；过了"准聘关"后，律师若想会见到犯罪嫌疑人，还要过"应当经侦查机关批准"这一关，对此，可简称为"准见关"。律师在过了这两关之后，才能会见到犯罪嫌疑人。可见，即使侦查机关依照现刑诉法第96条的规定办事，律师欲会见到在押的犯罪嫌疑人也很艰难。如果侦查机关的少数办案人员再以其他理由（律师会见时送交的会见函不符合当地省级公安机关的规定，犯罪嫌疑人未申请聘请律师或者虽申请但不将此申请转告给犯罪嫌疑人亲属等）阻拦犯罪嫌疑人聘请律师，那么，律师就根本没有会见犯罪嫌疑人的机会，帮助犯罪嫌疑人行使诉讼权利也就随之被剥夺。

本文笔者仅就现刑诉法第96条规定的"国家秘密"进行研究和阐释。对"国家秘密"，公安部《关于律师在侦查阶段参与刑事诉讼活动的规定》（以下简称公安部的《规定》）第21条第2款解释为，是指《中华人民共和国保守国家秘密法》第8条规定的情形和公安部、国家保密局就公安工作中规定的涉及国家秘密具体范围的有关事项。最高人民检察院的《人民检察院实施〈中华人民共和国刑事诉讼法〉规则（试行）》（以下简称最高人民检察院的《规则》）第137条的规定"本规则第127条和第131条所称的国家秘密，是指《中华人民共和国保守国家秘密法》第8条规定的情形和最高人民检察院与国家保密局规定的检察工作中涉及国家秘密具体范围的有关事项。"而上述司法解释规定中所载明的《中华人民共和国保守国家秘密法》第8条规定的"国家秘密"，包括"追究刑事犯罪中的秘密事项"。公安部的《规定》第21条第2款所称的"公安工作中规定的涉及国家秘密具体范围的有关事项"，囊括了案件事实，罪名、诉讼文书和处理意见等。最高人民检察院的《规则》第173条所称："最高人民检察院与国家保密局规定的检察工作中涉及国家秘密具体范围的有关事项"，包括了所有刑事案件的有关材料和处理意见。由于上述内容均属国家秘密，不允许包括律师在内的外人知晓，因此，律师就既不能接受在押犯罪嫌疑人的聘请和申请，更不能不经侦查机关批准而私自会见，因而现刑诉法规定在押犯罪嫌疑人享有聘请律师提供法律帮助的权利和律师受聘为其行使诉讼权利的规定还有待完善。

正由于国家秘密案件中的"国家秘密"，在决定律师是否能接受聘请和能否被批准会见在押犯罪嫌疑人这个问题上事关重大（事关能否实现刑诉法的新突破，即将律师会见犯罪嫌疑人的时间由原刑诉法规定只能在审判阶段提前到侦查阶段），因此，如何正确理解和规定国家秘密案件中的"国家秘密"就成了热点和难点问题。对此，法学理论界和公安司法实务部门的同志有不同的理解。概括起来，主要有以下几种观点：（1）案件本身涉密说。例如，有的学者认为，现刑诉法所规定的"涉及国家秘密的案件"，应当理解为案件本身的性质属于涉及国家秘密的案件，如间谍、特务案件。如果按密级加以区分，涉及国家安全和重大利益的案件，对律师的介入可有所限制；涉及最低一级密级的案件，应当允许律师介入。①（2）案件本身涉密与诉讼中形成的秘密双重涉密说。例如，也有的学者认为，刑事诉讼中涉及国家秘密可以从两个方面来理解：一是案件本身涉及国家秘密。这又有两种情况，一种是犯罪对象是国家，如窃取、刺探、收买、非法提供国家秘密的案件；另一种是犯罪主体涉及秘密者，如犯罪嫌疑人因工作关系知悉的国家秘密。二是办理刑事案件过程中形成的国家秘密。② 公安机关中有的同志认为下列三种情况或者案件属于"国家秘密"案件：其一，犯罪嫌疑人被拘留、逮捕后，有碍侦查的可以不将拘留、逮捕的原因及场所通知家属或者所在单位，其所涉及的案件属于国家秘密；其二，国家安全机关等部门可以根据法律规定，决定自己所办的案件属于国家秘密；其三，对有重大同案犯尚未到案的材料，应作为国家秘密。③ 笔者对这种观点，不敢苟同。笔者认为，现刑诉法第96条规定的"涉及国家秘密的案件"，应当是指不应当允许律师在会见在押犯罪嫌疑人时了解的"国家秘密"的案件，即在诉讼中自始至终应当保密的案件，而不是在诉讼过程中形成的应当保密的诉讼文书的案件，更不应是同案犯未到案而需要暂时保密的案件。有鉴于此，现刑诉法第96条规定的"国家秘密"是指案件本身涉及国家秘密。"涉及国家秘密"的案件，是指案件本身涉及国家秘密的案件，如间谍案件，涉及军事秘密、有关高科技技术不得泄露的案件以及其他从维护国家整体利益出发必须保密而不应当让律师在会见时得知内情的案件。由于界定"涉及国家秘密的案件"是一个比较复杂的问题，笔者建议由公、检、法、司四家与国家保密局一起联合派员共同研究确定，并联合发文供公、检、法机关的办案人员遵行。

笔者认为，对于涉及国家秘密的案件，在押犯罪嫌疑人聘请律师和律师会见他们应当经侦查机关批准是正确的。与此同时，建议规定："对任何案件的犯罪嫌疑人，应当在进行第一次讯问结束的当天或者采取强制措施之日起均应

---

① 熊秋红：《谈对修后的刑事辩护制度中若干问题的理解》，载《中国律师报》1996年12月15日。
② 李忠诚：《简论律师介入诉讼与保守国家秘密》，载《人民检察》1997年第1期。
③ 杨宗臻、薛宏伟：《关于律师介入侦查几个问题的思考》，载《中国人民公安大学学报》1997年第1期。

当主动告知其有权聘请律师。对于不涉及国家秘密的案件,律师会见犯罪嫌疑人不应当经侦查机关批准。若犯罪嫌疑人提出申请,公安机关应当记录在案,在收到申请后三日内将有关材料转递其家属、法定代理人等。他们聘请的律师提出申请后,应当在收到申请后的七日内安排会见。"笔者建议规定:"对于涉及国家秘密的案件,犯罪嫌疑人若申请律师,公安机关应当记录在案,在三日内决定批准或者不批准,并且当面向其宣布。如果批准聘请律师,应当在三日内将其书面申请或者口头申请的信息转递其家属、法定代理人或者其单位。若被聘律师申请会见,公安机关应当在收到申请后的48小时之内安排会见。如果不被批准,律师有权向上一级机关申请复议一次,该机关收到复议后,应当在三日内将复议结果告知犯罪嫌疑人、律师、法定代理人等。如果批准会见,下级机关应当在收到批准会见决定的48小时之内安排会见。"只有这样,才能保障律师的诉讼权利。笔者建议,公安部和最高人民检察院及时采取有效措施完善律师会见制度。只有这样,才能保障律师能够及时会见到涉及国家秘密和不涉及国家秘密案件在押的犯罪嫌疑人和通过会见全面地了解到犯罪嫌疑人的情况;满足他们聘请律师所要达到的目的和愿望;也才能使律师全面地享受到现刑诉法规定的诉讼权利,从而为在押犯罪嫌疑人提供有效、有力的法律帮助。

试谈刑事辩护与刑事证据[*]

公安司法人员办案，需要依靠证据查明案情后以证据作出裁决，律师进行刑事辩护也离不开证据。证据在刑事辩护工作中占有十分重要的地位。为了阐明证据在刑事辩护中的重要性和律师如何收集、审查判断和运用证据，现作如下研究。

一、证据在刑事辩护中的重要作用

关于证据在辩护中的重要作用，有的学者只研究辩护证据在辩护中的作用，而忽视控诉证据在辩护中的作用。笔者认为，此种观点，有失偏颇。诚然，律师在辩护工作中，主要是收集、审查判断和运用辩护证据，但也不排除律师分析、研究和运用控诉证据，因此，研究证据在辩护中的作用，必须全面。笔者认为，刑事证据（以下简称"证据"）在辩护中的作用主要有：

（一）证据是律师全面了解案情的依据

在每起刑事案中，既有控诉证据，也有辩护证据。根据我国刑事诉讼法的规定，审判人员、检察人员、侦查人员必须依照法定程序，收集能够证实被告人有罪或无罪、犯罪情节轻重的各种证据。根据该条的规定，在庭审以前，公安机关和人民检察院的办案人员既会收集控诉证据，又会收集辩护证据。实践表明，虽然侦查人员、公诉人主要收集控诉证据，但也收集辩护证据。被告人在供述和辩解过程中，既有陈述自己犯罪（若已犯罪）的证据，又有辩解自己无罪、罪轻或应免除其刑事责任的辩护证据。这样，就形成了在同一案件中既有控诉证据，又有辩护证据。

律师通过查阅案卷，凭什么了解案情？就是凭查看、分析、研究证据。由此可见，证据（包括控诉证据和辩护证据）是律师了解案情的客观依据。通过查阅案卷，律师可以了解到起诉书控诉被告人的犯罪究竟有哪些证据；控诉证据与被告人的辩解之间是否有矛盾和矛盾在何处；控诉犯罪成立和罪重的证据究竟充分不充分、确实不确实；本案还缺不缺控诉证据或辩护证据；若缺辩

---

[*] 本文刊载于《广东法学》1994 年第 5 期。

护证据,需要律师如何去调查取证;等等。所有这些均表明,律师了解案情完全依靠证据。换言之,证据对律师了解案情来说具有重要作用。

(二) 辩护证据是律师用以进行辩护的有力武器

辩护证据,主要是指证明被告人无罪、从轻、减轻或者免予刑事责任的证据。对此,学界均无异议。笔者认为,除此之外,还包括控诉证据中有利于被告人因素的证据。例如,案卷中将只能证明被告人的行为造成被害人轻伤的证据,当作认定被告人犯重伤罪的证据;控方指控被告人犯了伤害罪的证据,而在律师看来,确属正当防卫的证据;等等。

根据实践观之,辩护证据包括以下几个方面:

1. 证明被告人无罪的证据。具体包括:(1) 证明被告人没有实施犯罪行为的证据。例如,证明犯罪行为根本不存在的证据;被告人没有犯罪时间的证据;被告人没有罪过的证据;被告人没有刑事责任能力或者为限制责任能力的证据;被告人未侵犯客体的证据;等等。(2) 证明被告人的行为可以排除违法性与可罚性的证据。例如,证明被告人实施了正当防卫的证据;证明被告人实施了紧急避险的证据;等等。

2. 证明被告人罪轻或应免除其刑事责任的证据。主要是:(1) 证明被告人罪轻的证据。例如,证明被告人具有从轻处罚情节的证据;证明被告人具有减轻处罚情节的证据。(2) 证明对被告人应当免除其刑事责任的证据。

3. 对被告人有利的其他证据。例如,被公诉人用来证明被告人犯重罪的证据,实属证明被告人犯轻罪的证据,等等。

律师在辩护过程中,维护被告人的合法权益,一是要依靠法律,二是要依靠证据。在一定意义上来讲,辩护就是律师与公诉人在证据问题上进行论辩。辩护就要求说理,而说理,就需要依据法律、法规、条例、司法解释和有关事理。辩护还要求讲事实,而讲事实就要运用证据证明。因此,证据是律师证明对被告人有利的客观依据,也是维护被告人合法权益的武器。如果律师不用证据证明自己的观点正确,就等于主观臆辩,强词夺理,胡搅蛮缠。

(三) 证据是公诉人、律师和审判人员统一认识的基础

根据刑事诉讼法的规定,公诉人的指控,必须依靠证据,用证据支持己方的控诉,以证明指控的正确;律师进行辩护,也必须依靠证据,用证据支持己方的辩护,以证明辩护有据;合议庭的审判人员为了查明案情,必须了解控、辩双方提出的证据。在对被告人的行为是否构成犯罪,若构成犯罪则又属于何罪,犯罪情节轻重等方面,控、辩、裁三方都是以证据为依据的。从这个角度讲,证据是控、辩、裁三方对案件形成统一认识的基础。

二、律师与证据的收集、审查判断和运用

律师在刑事辩护过程中，始终都围绕着证据进行工作。具体包括：了解、分析、研究证据；调查取证；对证据的运用；等等。现分述如下：

（一）了解、分析、研究证据

要运用证据进行辩护，就要了解、分析、研究证据。首先，在查阅案卷中，应了解、分析、研究案卷中已有的控诉证据有哪些，这些证据是否充分、确实；能否证明控告是否成立；若不能成立或部分不能成立，找出还缺哪些证据；等等。应了解、分析、研究被告人的供述和辩解，看是否符合客观实际，是否合情合理。应了解、分析、研究其他有利于被告人的证据，如有关罪轻或免除刑事责任的证据等。其次，还应当在法庭调查、法庭辩论阶段了解、分析、研究公诉人和被告人新提出来的证据（物证、书证、证人提供的证言、鉴定人提出的鉴定结论）是否合情合理等。总之，要在整个辩护过程中了解、分析、研究证据。而了解、分析、研究证据是为了掌握证据的数量和质量，以便在确立和维护辩护观点时，有的放矢地进行调查取证和正确运用证据，以达到维护被告人的合法权益。

（二）调查取证

当律师查阅案卷材料和会见被告人以后，发现控诉证据与辩护证据之间有矛盾，需要通过调查取证予以解决，律师应进行调查取证；发现一名证人证言前后矛盾，或几个证人证言之间有矛盾，或对鉴定结论有怀疑时，应当通过向当事人或具备有关专门知识的人进行询问，以便了解情况，消除矛盾或疑点。若消除不了，可记录下来，待法庭调查时发问或在法庭审判中通过辩论进行质证。若发现缺乏有利于被告人的证据，侦查人员或公诉人未收集进案卷，律师应当通过调查取证，补充证据，以便将其写进辩护词和在法庭审判中使用。这样做是为了帮助被告人审查核实证据和补充收集有利于他的证据。一方面使案件的证据更全面；另一方面为反驳起诉书的失误和维护被告人的合法权益提供新的证据。

（三）在法庭调查阶段对证据进行甄别

根据法律规定，无论控方提供的证据或辩方提供的证据，均应在审判长的主持下，在法庭调查阶段进行审查、核实。只有这样，无论是控诉证据还是辩护证据，才能作为定案的根据。有鉴于此，在法庭调查阶段，律师应当通过发问审查、甄别庭审中出现的证据的合法性和可靠性。首先，应对提出的有利于被告人的各种证据进行审查核实，以确定其证据效力；在审判长未出示有利于

被告人证据的情况下,应当提请其出示。其次,对不利于被告人的证据中存在可疑或不合法之处应当进行判断,做到心中有数,为在下阶段的法庭辩论中明确指出做准备。做好上述工作的目的,旨在进一步掌握证据,以便在法庭辩论阶段有针对性地运用证据。

(四) 在法庭辩论阶段运用证据

法庭辩论阶段,是律师与公诉人进行辩论的阶段。除了在适用法律方面进行辩论以外,还包括在运用证据方面的论辩。在运用证据的论辩方面,可采用如下方法:(1) 运用已有的辩护证据,证明被告人无罪、从轻、减轻或免除其刑事责任;(2) 说明证据与控诉的认定之间有矛盾;(3) 指出证明被告人有罪的证据与证明无罪的证据并存,请法庭调查清楚;(4) 指明几个证据在内容上的矛盾之处;(5) 指出案件事实或证据事实不清;(6) 论述已有的证据尚不能证明所控罪行成立;(7) 说明证据不具有客观真实性或无关联性;(8) 指出收集证据的方法不合法;等等。通过上述活动,旨在既指出控诉不实,维护被告人的合法权益;又使合议庭成员了解该案的证据情况,以便在全面了解证据的基础上,对案件作出公正、合法的判处。

浅论律师应负举证责任*

举证责任是指当事人或有关人员为说明自己认为的某种事实存在与否而承担提出自己材料的法律义务。在刑事辩护过程中，无论是被告人委托的律师或者是由法院指定的律师参加辩护，应不应该负举证责任？对此，我国诉讼法学界和律师学界尚无人进行研究。笔者认为，这既是律师实务中不可回避的问题，又是一个有待研究的理论问题。

一、被告人应负举证责任

要阐明辩护律师负举证责任，首先，应当研究被告人应否负举证责任。因为，律师是由被告人委托或由法院指定为其辩护的，他们享有的辩护权是由被告人享有的辩护权派生出来的。因此，只有确定被告人应负举证责任之后，才可能阐明律师应负举证责任问题。

刑事被告人在诉讼中应否负举证责任，是法学界争论较大的问题。大多数同志认为，被告人不应当承担举证责任。笔者不同意这一观点并认为，在我国刑事诉讼中，被告人辩解自己无罪、罪轻时，应当负举证责任，即提出证据或证据线索加以说明的责任，其理由是：

第一，被告人负部分举证责任有法律依据。《刑事诉讼法》第64条规定："被告人对侦查人员的提问，应当如实回答。"首先，这一规定中的"应当"二字带有义务性，或称责任性，即不这样做应负一定的责任。其次，"回答"既包括供述其有罪或罪重的事实和情节，也包括辩解其无罪或罪轻的事实和情节。对供述，被告人不负举证责任，应由控方承担证明责任；而对于辩解，被告人应当提出证据或相应情况及线索，说明自己无罪或罪轻。最后，"如实"二字，不仅要求被告人如实陈述当时、当地他的所作所为，以及与相邻事物之间相互关系等内容，而且要求其辩解也应当实事求是地进行。因为，无论被告人是否有罪或罪重、罪轻，他总是在一定的时间、地点并与周围一些事物发生这样那样的联系，而这些时间、地点、事物及其相互联系等情况，他比任何人

---

* 本文刊载于《法学与实践》1999年第4期。

都更清楚，对此，只要被告人如实回答，就可以提出某些事实、证据或证据线索，使公安司法机关查证核实，从而维护其合法权益。由上可见，"如实回答"本身就包括了被告人应对辩解提出证据或证据线索的内容。

第二，符合权利与义务相一致的原则。马克思主义认为，世界上没有无权利的义务，也没有无义务的权利。任何人在享受权利的同时，也应当履行一定的义务。被告人在刑事诉讼中，享有最大限度的辩护权，即辩解自己无罪、罪轻或者应当从轻、减轻或免除处罚的权利，但是，他也同时应当履行提出证据或有关情况说明其辩解的义务。有人认为："被告人如实辩解，不是负举证责任，而是在行使辩护权。"笔者认为，这一说法只说对了问题的一半。因为，从其说明自己无罪或罪轻的角度讲，是在行使权利，但是他为了使这一权利得以实现，就必须提出证据或证据线索，以便使司法人员相信其辩解是言之有据的，并可以据此去审查核实证据，或根据证据线索去重新收集证据。从这个角度讲，被告人提出证据，又是应当履行的义务，即负举证责任。可见，辩解无罪或罪轻的权利和提出证据的义务是相辅相成的。如实辩解，为提出证据指明了方向和理由，反过来，提出证据或证据线索，又为辩解提供了依据和保障。没有前者，履行义务便没有方向和前提；没有后者，提出的辩解便没有依据和保障。因此，二者是辩证统一、互相依存和缺一不可的。

第三，符合司法工作的实际情况。我国几十年来的司法实践表明，被告人对其辩解负举证责任，有利于维护其合法权益。司法实践中，在讯问、审问被告人时，若被告人对其辩解无罪、罪轻，提不出任何事实和证据，甚至只简单地回答"我无罪"或"我罪轻"，司法人员是不会也无法相信其辩解是真实的，更无法决定重新调查案情，甚至认为他是拒不认罪或不完全认罪，其辩护权也是难以得到实现的。当前，在改革开放的大潮中，不少法院积极探索、大胆尝试控辩式的审判方式，其中特别强调公诉人、被告人、辩护人承担证明责任或举证责任，充分调动双方积极性，因此，被告人在辩解的同时，负举证责任已是国家民主与法制日臻完备的需要。

第四，符合谁主张权利谁举证的诉讼原则。在诉讼中，被告人辩解无罪、罪轻，相对指控有罪、罪重来讲，也是一种主张，虽然这种主张带有被动性，但除此之外它还具有反驳性。对于指控犯罪，法律要求公安司法机关负证明责任并达到证据确实、充分的程度；对于反驳有罪或罪重，也应当言之有据。要使其反驳有理并使控方得以信服，就必须提出相应的事实、证据及其线索。否则，只能是毫无意义的行为，既不能使办案人员感到反驳有理，也不能让司法机关据以决定进一步收集证据和核实有关事实，其后果无助于辩解成立，最终是对被告人不利的。

有的同志认为，这样要求被告人负举证责任，会导致"有罪推定"。笔者不同意这一观点。因为，举证责任与证明责任是两种责任，由当事人与公安司法机关的司法人员各负其责。但是，当事人提出的证据及证据线索，最终还要由司法机关进行调查核实、审查判断，衡量案件是否达到了证明的标准，即证据是否确实充分。对于未达到证明标准的，不能对被告人处以刑罚，当然也就不存在因被告人提不出无罪或罪轻的证据而作有罪或罪重的推定，给被告人以重罚的情况。所以，那种认为让被告人负举证责任会导致有罪推定的观点是站不住脚的。

二、律师应负举证责任

律师应负举证责任，其理由主要是：

第一，律师帮助被告人进行辩护，决定了要帮助被告人承担举证责任。前面已述，被告人应负举证责任。律师，无论是被告人委托的，还是人民法院指定的，其责任是帮助被告人进行辩护。从为被告人进行辩护的角度来看，被告人和辩护律师同属辩护方。当被告人因被羁押而不能收集证据；或因法律知识缺乏不会辩论；或因口头表达能力差陈述不清楚；或因年少不善于表达意思；或因心情紧张妨碍辩论等时，律师就有责任帮助他们通过承担举证责任，为其作补充辩护，维护其合法权益。如果律师不帮助被告人承担举证责任，就表明他未尽到帮助被告人进行辩护的责任，也就不可能很好地维护被告人的合法权益。

第二，律师承担部分举证责任，能弥补被告人承担举证责任的不足。律师是具有法律专门知识和其他社会科学知识的社会主义法律工作者，他们的政治素质、业务素质、道德修养等，都比被告人高；律师还依法享有调查取证权，通过行使这种权利，能收集对被告人有利的物证、书证和证人证言等证据。所有这些都表明，律师承担部分举证责任能弥补被告人举证方面的不足，为被告人行使辩护权增加了力量。

第三，律师承担部分举证责任，能使案件中遗漏的对被告人有利的证据，通过调查取证得到补充，从而使案情趋于更清楚。律师承担部分举证责任能同被告人一起，与控方进行辩护和论辩，使案情通过控辩双方的论辩越辩越明；而案情越辩越明，能使合议庭成员既全面又清楚地了解案情，从而对该案作出公正、合法的裁决等。所有这些均表明辩护律师承担部分举证责任具有许多好处。

律师在为被告人辩护中所负的举证责任主要内容有：（1）帮助被告人调查、收集有利于被告人（无罪、从轻、减轻或免除其刑事责任）的各种证据

（物证、书证、证人证言等）。（2）对这些证据进行分析、研究并查证属实。（3）将已查证属实的证据提交合议庭，供其采证。（4）在法庭上运用案内原有的证据和自己调查获取的证据同公诉人进行论辩，并证明自己观点的正确和反驳公诉人的观点不正确，等等。

  这里有一个问题需要研究，即律师在与公诉人进行论辩的过程中，往往运用逻辑推理的有关形式证明自己的观点正确，辩驳公诉人的观点不正确，这种证明活动是否表明律师在进行诉讼证明活动？换言之，是否表明律师也承担（负）证明责任？笔者认为，这不能表明律师负证明责任。理由是：对诉讼上的证明责任，刑事诉讼法规定只有公安机关、人民检察院和人民法院的办案人员承担，未规定律师应当承担；诉讼上的证明，是依照法定程序进行的一系列活动，律师在论辩中所进行的证明，只是依照逻辑规律进行的推理。

浅谈辩护律师在刑事诉讼中的法律关系[*]

在刑事诉讼中,存在着基本的法律关系和一般的法律关系。基本的法律关系,是指必须参加刑事诉讼的对立双方在行使各自权利和履行义务的基础上,推动刑事诉讼活动向前发展的关系,如公安司法机关与诉讼参与人之间构成的法律关系。一般的法律关系,是指某些人在一定的条件下参加刑事诉讼,协助推动刑事诉讼活动向前发展的关系,如律师接受被告人的委托或由法院指定参加刑事诉讼;证人受公安司法机关委托提供证言和鉴定人受公安司法机关的聘请作出鉴定结论,协助他们查明案情而参加刑事诉讼构成的法律关系。辩护律师参加刑事诉讼,就与公安司法机关构成了一般的法律关系,构成这种一般法律关系的前提,是律师接受了被告人的委托或由法院指定。现就一般法律关系中辩护律师的法律关系内容作如下研讨:

一、辩护律师与公诉人的法律关系

辩护律师与公诉人的法律关系,具体体现在两个方面:

(一) 职能方面既对立又统一的关系

在刑事诉讼中,公诉人代表国家利益执行控诉职能,具体是代表检察机关出庭参与诉讼,揭露被告人的犯罪事实和证据,依法提出追究被告人刑事责任的意见和材料;辩护律师在接受被告人的委托或经法院指定之后,为维护被告人的合法权益,行使辩护职能,具体是与被告人一起出庭,根据事实和法律对公诉人起诉书中所指控的不当之处进行反驳,提出证明被告人无罪、罪轻或者从轻、减轻、免除其刑事责任的材料和意见,维护被告人的合法权益。双方在法庭辩论中,各自对对方的不当之处,均根据事实和法律进行辩论,形成职能上的对立关系。

辩护律师与公诉人的法律关系,还有统一的一面,即一方面双方都统一根

---

[*] 本文刊载于《江西法学》1993年第4期。

据案件事实和统一适用我国的刑法、刑事诉讼法以及有关法规进行辩论;各自均不得捏造、隐瞒、歪曲案件事实,也不得曲解法律和错误地适用法律。另一方面,双方参与刑事诉讼均是为了保障国家的法律正确实施,准确、及时地追究刑事犯罪和保障无罪公民不受刑事追究。

(二) 权利和义务平等的关系

刑事诉讼中,公诉人和辩护律师都享有法定的权利和必须履行法定的义务。在权利与义务问题上,双方都处在平等的地位。具体而言,主要体现在:

1. 权利平等。是指在法庭上行使权利的平等。主要包括:出席法庭参加诉讼的机会平等,即公诉人有权出庭,辩护律师也有权出席法庭;在法庭调查中,公诉人有权讯问被告人,辩护律师也有权询问被告人。在法庭辩论中,公诉人有权发表公诉词,辩护律师有权发表辩护词;公诉人发言后,辩护律师有权进行辩驳;辩论中,双方发言的机会均等。

2. 义务平等。是指各自在行使职权过程中,必须履行的义务平等。主要包括:双方都必须服从审判长的指挥;双方都必须忠于事实真相;双方都必须遵守国家的有关法律、法规的规定;双方都必须遵守法庭纪律;等等。

二、辩护律师与审判人员的法律关系

辩护律师与审判人员的关系,具体体现在三个方面:

(一) 互相协作,共同查明案情的关系

在刑事诉讼中,审判人员代表国家利益行使审判职能,即通过听取公诉人的发言和辩护律师的辩护,在查明案件事实的基础上,根据有关法律对被告人作出有罪(罪轻、罪重或免予刑事处分)或无罪的判决。在整个审判过程中,辩护律师通过调查取证、会见被告人和阅卷了解案情,在此基础上,向审判人员提供有利于被告人的证据;在法庭辩论阶段,针对公诉人控诉不当或适用法律不当之处进行反驳,使罪与非罪、罪重与罪轻越辩越明,从而帮助审判人员既了解公诉人指控的事实、证据和理由,又了解到辩护律师辩护的理由及根据,实现兼听则明,使案件得到公正、合法的判处的目的。所有这些,都能起到帮助审判人员的作用,体现了辩护律师与审判人员互相协作、共同查明案情的关系。

(二) 权利和义务平等的关系

1. 权利平等。是指行使职权上的平等。主要包括:开庭审判时,审判人员有权参加,辩护律师也有权参加,这种权利的实现,表现为法院在开庭前用通知书通知而不得用传票传唤辩护律师参加；在法庭上，审判人员尊重和保障辩护律师依法行使辩护职责，不得随意责令律师退庭，而辩护律师尊重审判人员，听从审判长的指挥；凡有辩护律师参加辩护的案件中，审判人员在判决书上有署名权，辩护律师也有在该判决上列署姓名的权利等。

2. 义务平等，是指各自在行使权利的过程中，必须履行的义务平等。主要包括：双方都必须忠于事实真相；双方都必须遵守国家的有关法律、法规的有关规定；双方都必须遵守纪律等。

（三）互相制约

在刑事诉讼中，辩护律师与审判人员之间存在互相制约的关系。具体表现在：审判人员对辩护律师指出的辩护意见或提供的证据，在判决时依法采纳一部分或不采纳全部，实现对辩护律师的辩护活动的制约；在审判人员作出一审判决后，若被告人不服，经被告人同意辩护律师帮助他提起上诉，实现对审判人员的审判活动的制约。

三、辩护律师与被告人的法律关系

（一）提供法律服务与接受法律服务的关系

在刑事诉讼中，凡是被告人委托律师参加刑事诉讼，为他进行辩护以便帮助他维护基本合法权益，双方之间属于委托与被委托的法律服务关系。凡是经法院指定为辩护律师的，他与被告人之间属于被法院指定的服务与被服务的法律关系。在上述两种情况下，辩护律师都属于诉讼参与人，他们享有参加诉讼的权利。在刑事诉讼过程中，他们不是被告人的代言人，不受被告人的意志束缚和左右，只根据事实和法律，提出证明无罪、罪轻或者减轻、免除其刑事责任的材料和意见，维护被告人的合法权益。

（二）互相配合与互相制约的关系

在诉讼过程中，双方存在互相配合、互相制约的关系。具体表现为：被告人主动、如实地向辩护律师陈述案情和提供证据线索，为律师为其进行有效的辩护提供方便或协助他提出上诉；辩护律师通过调查取证和参加法庭辩论尽职尽责地依法为被告人进行辩护，这就形成了辩护律师与被告人之间互相配合的关系。

关于辩护中的逻辑运用[*]

律师在进行辩护过程中,为证明己方观点的正确或反驳对方的观点,往往需要运用形式逻辑中的某些形式进行推理。由于篇幅所限,现就几种常用的逻辑推理形式的运用作如下研究和阐述。

一、归纳推理的运用

律师在辩护过程中,有时运用归纳推理证明自己的观点及其正确性。

归纳推理,又称为"归纳法"。它是从个别到一般的间接推理。也可以说,它是从一般性程度较小的知识过渡到一般性程度较大的知识的推理。

现举一案例释明:钱某(男,17岁)被朱某胁迫去为其撬门盗窃梁某的财物放哨和接应。钱某在朱某的帮助下,盗窃梁某的人民币5000元、美金300元、录像机1台。作案后,钱某在其父母的带领下到当地派出所投案自首,公安机关赖以迅速破案。根据上述案情,律师指出,根据《刑法》第14条第2款的规定,被告人钱某因不满18周岁,具有从轻或减轻处罚的情节;根据《刑法》第24条、第25条的规定,被告人钱某又因胁迫参加,具有从轻、减轻处罚的情节;根据有关法规和刑事政策规定,被告人钱某因投案自首,具有从轻、减轻处罚的情节;因此,根据刑法、有关法律的规定和刑事政策,被告人具有三种从轻减轻处罚的情节。

二、演绎推理的运用

演绎推理是相对于归纳推理而言的,它是从一般到个别的推理。"一般"是指一般原则;"个别"是指一般原则中包括的个别现象。"从一般到个别",就是根据一类事物具有或不具有某种属性以判明其中的部分对象具有或不具有某种属性。

现举一案例释明:某日下午3点多钟,被告人B(女),正在乡村公路上行走,迎面碰上被害人A(男)。A拦住B进行调戏,并提出要与她发生性关

---

[*] 本文刊载于《律师与法治》1994年第2期。

系，B不从，A拿出杀猪刀（因A是屠夫，卖完猪肉回家），对着B威胁说，你不同意我就杀死你。B考虑自己身单力薄，若与A硬拼定会遭不测。为了保护自己的性命，就提出到一个比较隐蔽的地方，再发生性关系。A听后大喜。于是A同B一起到了一个比较偏僻且有一口大粪坑的地方（粪坑旁有小树林），B说，就在这里吧。B先脱上衣，再脱裤子，A见B已表示愿意且有行动，于是，脱了上衣，再脱裤子。当A正在脱一只脚的裤子，另一只脚站立着时，B突然将A推到深粪坑边，并打他的手，往下推，直至A没有多少力气再往上爬时，B就跑到附近的村庄去找村民来抓A。等到村民同B赶到时，A已死在粪坑里。然后，B向公安机关报案。公安机关以过失杀人罪移送起诉，公诉人也以B犯了过失杀人罪起诉。

律师经过会见被告人B，查阅案卷和到现场查看等，根据已有的证据，认为被告人B的行为属于正当防卫，而不构成过失杀人罪。

根据B的情况，律师作了如下演绎推理：

第一，根据《刑法》第18条的规定，正当防卫的条件是：（1）必须有不法的侵害行为；（2）必须是正在进行的侵害行为；（3）防卫必须是针对不法侵害者本人实行的；（4）防卫行为不能超过必要的限度。

第二，被告人B把A推进深粪坑，是在A有强奸行为前提下进行的；B把A推向深粪坑，是在A正在作强奸准备时进行的；B把A推向深粪坑，是针对A而不是其他无关的人；B把A推向深粪坑，没有超过必要的限度（因为，B只有这样才能摆脱被强奸并保护自己的生命安全）。

第三，本案中的上述四个条件，完全符合正当防卫的四个条件，因此，B的行为属于正当防卫，是合法行为，而不是犯罪行为。

上述三段论的证明方法是：正当防卫必须具备四个条件，被告人B的行为完全具备四个条件，所以，被告人B的行为属于正当防卫行为。在此基础上，律师又用排除法证明被告人B的行为是合法行为。其证明方法是：被告B的行为，要么是合法行为，要么是违法行为，要么是犯罪行为，而被告人的行为是合法行为，不是违法行为，也不是犯罪行为。

三、反证法的运用

律师在制作辩护词或辩论过程中，为了反驳控方的观点，可采用反证法，驳倒控方的观点。

反证法，就是用证明与原证题相矛盾的反证题是虚假的办法，来确定原论题的真实性。反证法的证明步骤是：先假定一个与要证明的论题相矛盾的反证题，然后，用一个否定式的充分条件假言推理来推翻反论题，再根据排中律确认原来要证明的论题是真实的。

现举一案例释明：某晚。王某（男，20岁，临时工）见其母与邻居李某某在院内打骂，为了帮助其母打架，就从居室中拿出一把小菜刀，照李某某头部连砍两刀。经诊断，李某某头部受外伤（头皮、头颅骨被砍伤），中度脑震荡。对此案，起诉书指控王某用菜刀砍李某某的头部，实施了间接故意杀人行为，定为杀人罪。律师通过会见被告人王某，查阅案卷和调查取证后，了解到王某只是为了帮助其母打架而不是为了杀害李某某，因此，王某只有伤害李某某的故意而无杀害李某某的故意。

为了证明这个论题，律师先假设反论题为真，即王某有杀人的故意，然后根据反论题进行推论，即如果王某有杀害李某某的故意，那么，王某用菜刀连砍李某某两刀，就会将李某某的颅骨劈开或将李某某砍死才罢休。但是从王某陈述他只是想砍伤李某某和李某某只受了重伤的结果来看，王某并不是欲置李某某于死地而后快。由此可见，认定王某有杀人的故意是不正确的。根据排中律便可推导出原论题"王某没有杀人的故意只有伤害的故意"是正确的。

四、排除法的运用

排除法，就是把要证明的论题看作几个假设之一，这几个假设总括起来就包括了这个问题上的一切可能的假设，然后排除其他可能，从而证明只有论题这个可能才是真的。排除法，也叫假言式的间接证明法。

现举一案例释明：起诉书指控被告人A于某晚到被害人B家行窃，盗走人民币3000余元、金项链和金戒指各一个，并认定A犯了盗窃罪。律师通过会见被告人A、查阅案卷和调查取证，得知被告人A于某晚没有到发案现场，而是到某姐姐家与C、D、E三人共同打麻将，一直从晚饭后至第二天天亮。C、D、E三人都出具证人证言证明了这个事实。

律师为证明被告人没有作案时间，于是先假设：要么被告人A有作案时间是真的，要么被告人A没有作案时间是真的。而证人C、D、E三个证人的证言证明被告人A在发案当晚始终同他们在一起，没有作案时间是真的，因此，剩下来的就是被告人A有作案时间是假的。

既然被告人A没有作案时间，因此，他就不是该案的作案人。既然被告人A不是作案人，故起诉书指控被告人犯了盗窃B财物的罪行的认定就是错误的。

五、归谬法的运用

在辩论过程中，为了反驳控方的观点，必要时，律师可采用归谬法。归谬法，又称导谬法，即暂时假定要反驳的论题是真实的，然后，根据充分条件的假言推理的否定式，推导出荒谬的结论。

充分条件假言推理的大前提是充分条件假言判断，小前提和结论分别由否定前件而肯定后件或由否定后件而肯定前件组成。归谬法使用的是充分条件假言推理中的否定式，即小前提否定大前提的后件，结论否定大前提的前件。

现举一案例释明：被告人李某与赵某因宅基地发生口角，开始互相对骂，互相推打。赵某将李某推倒，李某爬起来后往赵某胸前重打一拳，赵某拾起半块砖头砸伤李某的左脚，李某抄起身旁一条扁担朝赵某的头打去，赵某当时昏倒在地。李某见此状，连忙叫人帮他把赵某送进医院抢救。经诊断，赵某受伤后有轻微脑震荡，头部有轻伤的痕迹。住院半月后，由李某付款接赵某出院。对此案，起诉书认定李某犯有故意杀人罪。律师认为李某犯的罪行不是故意杀人罪，而是故意伤害罪。于是，在辩护中律师就采用归谬法反驳控方的观点。其方法是：采用充分条件假言推理的否定式，即如果被告人李某犯有故意杀人罪，那么就会在将被害人赵某打昏后继续猛打，直至打死，而客观事实表明被告人李某没有将被害人赵某打死，只是将被害人赵某打伤，并且送其去抢救，因此，被告人李某没有犯故意杀人罪。

对于此案，律师不是不认为被告人李某没有犯罪，而是认为他犯有故意伤害罪。对此采用三段论的推理形式（演绎推理中的一种形式）作出如下推理：凡是故意伤害他人后果严重而不是剥夺他人生命的行为是故意伤害罪的行为，被告人李某故意伤害赵某后果严重而不是剥夺赵某的生命，因此，被告人李某的行为是故意伤害罪的行为。

试谈律师论辩的技巧*

法庭审理中,在律师发表辩护词后,一般的,公诉人与辩护人之间会进行口头辩论。笔者把这种口头辩论称为法庭上的"论辩"。论辩,是指论理和辩驳。由于论辩是在公诉人与律师之间采用口头形式进行的,因此,必须注意采用以下技巧。

一、表达鲜明的观点

发表辩护词之后,当公诉人对如下问题进行质疑时:被告人的行为不构成犯罪或其行为虽构成犯罪,但应从轻、减轻或免除其刑事责任;或认为起诉书对被告人有利的事实、情节未予认定;或认为起诉书定罪不准确或适用法律不当等。此时辩护律师就应当针锋相对地再次表明自己在辩护词中的观点和理由,这么做,既使双方观点形成鲜明的对立,又强化自己观点正确的力度。如果公诉人不服,继续进行反驳,那么,律师若认为有继续进行辩论的必要,还应与其进行论辩。

这样做,一方面是为了始终阐明自己的观点,坚持自己的观点,让公诉人得知自己的观点;另一方面也是为了让合议庭成员了解自己的观点。

要做到这一点,既要求律师思维敏捷,反应灵活,正确理解公诉人驳辩的原意,又要求律师敢于坚持自己的观点,鲜明地表述自己的观点。

二、阐明充足的理由

律师在表明自己观点的同时,应当阐明支持自己观点的充足理由。充足的理由,包括确凿的事实和依据。事实,既包括案件本来就存在的对被告人有利的事实,又包括能证明这些事实存在的证据。依据,既包括法律、法规、条例、司法解释中与此有关的内容,又包括人所共知的规则、常理,等等。

这样做,既是为了用事实和根据强化自己的观点,使公诉人感到自己是用事实和根据说话,不是无理狡辩,进而力争使其接受自己的观点;又是为了使

---

* 本文刊载于《四川律师》1994年第2期。

合议庭成员理解和信服自己的观点,力争使其采纳。

三、保持谦和的态度

保持谦和的态度,是指律师在进行论辩过程中应始终保持谦虚、谨慎、心平气和与公诉人进行辩驳的风度。保持谦和的态度,表现为在神态外观上彬彬有礼,不卑不亢,落落大方,虚心认真地听取公诉人的发言;阐明和论证自己的观点,不强词夺理,不盛气凌人。在你来我往的论辩过程中,讲话适度、有力,举止得当,不扣帽子,不抓辫子,不打棍子;对公诉人的口误不挑剔;对枝节问题不纠缠。同时,对公诉人反驳有理的,应当不再反驳,以沉默不语表示支持等。

之所以要这样,是为了与公诉人搞好互相配合,使论驳有一个正常的论辩气氛和环境;也为了使公诉人感到律师既正确地行使辩护权,又是以理服人;还使公诉人在感情上和思想上不反感,从而达到易于接受己方观点的目的。

要做到这一点,就要求律师既明确公诉人的职责是控诉,他对己方观点进行反驳是理在其中,而不是故意找岔子与自己过不去;又要求律师有大将风度,有较高的品德和情操。而要做到这些,则要求律师在平时加强业务素质和职业道德的修养。

四、恰当地运用语言

恰当地运用语言,是指律师在论辩过程中,使用有利于论辩的词语、句式、语气和语调。有利于论辩的词语,是指既能正确表达自己观点和理由,又不伤害对方感情的词语;有利于论辩的句式,是指既能增强表达自己观点,又能使对方接受的句式;有利于论辩的语气,是指说话语气平和有力;有利于论辩的语调,是指说话抑扬顿挫适度。

做到恰当地运用语言,一是为了正确表明自己的观点和理由;二是为了使公诉人、合议庭成员易于接受自己的观点;三是为了使听众感到律师具有丰富的语言知识和高尚的道德情操。

要做到恰当地运用语言,就要求律师在你来我往的辩论过程中,不得使用歪曲公诉人原意和辛辣、尖刻、奚落、嘲笑、讽刺等伤害公诉人人格尊严和自尊心的词语;要求律师善于使用能增强表达自己观点的设问句、排比句等句式;要求律师不得大声喊叫和使用严厉斥责公诉人的语气;要求律师不得使用阴阳怪气、油腔滑调的语调;等等。

五、使用多种论辩方法

使用多种论辩方法，是指在论辩中，为了阐明自己的观点和辩驳对方的论点、论据或结论时所采用的各种方法。包括：直接提问法、归谬法、矛盾法、类比法等。

直接提问法，是指当公诉人的发言表述含糊其词或不能自圆其说时，直接向他提出问题，使其把自己的观点重复表达清楚或让其自圆其说的一种方法。

反问法，就是对公诉人的观点依实据理进行直接反驳的一种方法。

归谬法，是指假设公诉人的观点成立，进行一番推理，以最终必然得出错误结论驳倒对方观点不能成立的一种方法。

矛盾法，是指以子之矛攻子之盾，抓住对方谬误及时反击的一种方法。

类比法，是指根据两个对象之间某些相同或相似的属性，从而推导出他们其他的属性也可能相似的方法。使用时，将公诉人的论点与某论点相类比，从证明某种论点是错误的而推导出公诉人的观点是错误的。

使用上述方法是为了使公诉人的观点显露出来，再驳倒他的观点，从而使自己的正确观点得以成立。

要做到在论驳中能善于使用上述方法，就要求律师在平时多学习形式逻辑知识，并学会善于在情况急变的论辩场合，能及时运用有关推理形式和方法。

六、运用巧妙的策略

运用巧妙的策略，是指律师在论辩过程中，适时而又灵活地运用有利于论辩的策略和方略。巧妙的策略包括：攻、守、退、避。

攻，是指律师针对公诉人的反驳中不当之处，及时进行辩驳，决不默认。

守，是指据实依法充分论证自己的辩护观点，使之不被公诉人在下轮辩论中驳倒。

退，是指通过听了公诉人的反驳后，发现自己对某一事实确实不了解，感到自己的辩护论点难以成立，就采取实事求是的态度，作出让步，不再坚持。

避，是指对已经辩明的枝节问题或与维护被告人合法权益无关的问题，避而不辩。

之所以要灵活地运用上述巧妙的策略，是因为论辩时的情况千变万化，为了对付突然出现的情况，必须采用相应的策略。这样做，既是为了确保自己在论辩中始终处于主动地位，也是为了不拖延论辩时间，提高论辩效率。

要做到能灵活地运用上述巧妙的策略，一方面，要求律师在论辩之前做大量的调查研究工作，熟知并掌握案情和有关证据以及法律、法规、司法解释等规定；又要求律师有比较广博的社会科学知识和自然科学知识；还要求律师有敏捷的思维和应变能力。而要做到这些，要求律师在平时要加强学习和训练，具备运用上述策略的条件。

律师在论辩中可以采用的技巧很多，笔者仅择其要者进行研究和阐明，以便提供给同行参考和指正。

关于拒绝辩护之研究[*]

在刑事诉讼中,拒绝辩护分两种情况:一种是被告人拒绝律师为他辩护,另一种是律师拒绝为被告人辩护。现就这两个问题进行如下探讨:

一、关于被告人拒绝律师为他辩护的问题

所谓拒绝律师为他辩护,是指被告人认为律师未能或不能为他提供法律帮助的时候,不让律师为他辩护或不让律师继续为其辩护。通观世界各国刑事诉讼法,只有苏俄刑事诉讼法规定了被告人有权拒绝律师辩护。该法第50条规定:"刑事被告人有权在进行诉讼的任何时期拒绝辩护人。这种拒绝只许由刑事被告人本人主动提出,并且不能妨碍国家公诉人或社会公诉人以及其他受审人的辩护人继续参加诉讼。"当遇到下列申请拒绝辩护人的情况时,人民法院或有关侦查员和检察长不一定必须允许:(1)未成年人的案件;(2)哑人、聋人、盲人和其他由于生理或精神上缺陷不能亲自行使辩护权的案件;(3)因犯有可能被判处死刑的案件。由上可见,该条既规定了原则上对被告申请应当允许,也规定了不一定允许的几种特殊情形。这种原则性与灵活性相结合的立法例,值得我国立法时借鉴。

我国《刑事诉讼法》第30条也规定了拒绝辩护,即"在审判过程中,被告人可以拒绝辩护人继续为他辩护,也可以另行委托辩护人辩护"。该条规定的"拒绝辩护",笔者认为既包括被告人对自己委托的律师的拒绝辩护,又包括被告人对人民法院指定律师的拒绝辩护。

(一)被告人对自己委托的律师拒绝辩护

被告人委托律师为他辩护,必须与律师签订委托书,双方的委托与被委托的关系才能成立。当被告人对律师的辩护不满意时,他有权终止委托关系,这既符合被告人的心愿,又符合委托关系解除的法理,因此理当可以。至于被告人为何拒绝律师继续为他辩护,理由完全由其本人决定,律师无权过问。被告人拒绝律师继续为他辩护后,除自己可以进行辩护外,还可以再委托另外的律

---

[*] 本文刊载于《法学学刊》1999年第3期。

师继续为他辩护。从这个角度观之，设立被告人有权拒绝辩护的制度，也是为了保障被告人更好地行使辩护权。

（二）被告人能否拒绝由人民法院指定的律师为他辩护的问题

被告人能否拒绝由人民法院指定的律师为他辩护的问题，在学术界有肯定说与否认说之分。

1. 肯定说

"肯定说"认为，被告人拒绝由人民法院指定的律师为他辩护的，应当允许。其理由是：我国《刑事诉讼法》第30条规定的被告人在审判过程中有权拒绝辩护人继续为他辩护，既包括拒绝自己委托的律师继续为他辩护，又包括拒绝由人民法院指定的律师继续为他辩护。笔者认为，此理由不能成立。因为它犯了偷换概念的错误。被告人有权拒绝由人民法院为他指定的律师为他辩护与拒绝由人民法院指定的律师继续为他辩护是两个内涵不同的概念。前者，是指被告人一开始就拒绝人民法院为他指定的律师为他辩护；后者，是指被告人在接受了由人民法院为他指定的律师为他辩护过程中，感到该律师辩护对他不起作用，于是拒绝律师继续为他辩护，由此可见，《刑事诉讼法》第30条规定的含义并不是论者所言之意思，故其理由不能成立。

至于被告人在接受了由人民法院指定的律师为他辩护的过程中，认为该律师对他没有帮助作用的情况下，能否拒绝该律师继续为他辩护的问题，笔者认为，应当可以。这是因为，既然被告人认为不需要该律师继续为他辩护，就表明再强制律师为他继续辩护是强人所难，违背了被告人的意愿；再说，被告人拒绝了该律师继续为他辩护，还可以委托其他律师为他辩护，这对维护他的合法权益有帮助。若不允许被告人拒绝由人民法院指定的律师继续为他辩护，而一味地让该律师继续辩下去，那么，被告人就没有委托其他律师为其辩护的机会，这也就不利于被告人委托他认为能维护自己合法权益的律师为他辩护，因而也就妨碍了被告人有效地行使辩护权。

2. 否定说

"否定说"认为，被告人无权不接受由人民法院为他指定的律师为他辩护。其理由是：人民法院指定律师为被告人进行辩护是一种强制性规范，因此，其无权不接受。如果不接受，就会使这一强制性规范失去效用。笔者认为，对被告人能否拒绝由人民法院指定的律师为他辩护，应当区别不同情况，分别对待。现分述如下：

（1）在任意指定辩护中，这种指定是人民法院根据案情和被告人的具体情况，考虑到指定律师帮助被告人行使辩护权比他自己行使辩护权更有利才决定的。若被告人认为不需要人民法院为他指定律师，自己就能有效地行使辩护权,而人民法院也认为这样做于他本人和于审判并无不利,在这种情况下,可以允许被告人拒绝由人民法院指定的律师为他辩护。适用这种情况,一般应当是罪行较轻的案件,被告人是懂得法律知识、生理或精神正常、表达能力较强的人。

(2) 在强制指定的案件中,应当不允许被告人无条件地拒绝由人民法院指定律师为他辩护。换言之,就是应当有条件地允许被告人拒绝指定律师为其辩护。所谓有条件,就是首先一定要为被告人指定律师,并向他讲明这样做对他有利。如果被告人能说出拒绝的正当理由,被指定的律师就不为他辩护。否则,不接受他的拒绝,应让律师为他辩护,但应记录在案备查。这是因为:其一,这样做是维护辩护制度的需要。辩护制度的设立,并且行之有效,必须有律师参加辩护。有条件地强制指定律师为被告人进行辩护,就能达到这个目的。其二,为了使审判取得最佳效果。由于律师具有专门的法律知识,又有辩护技巧,有条件地强制律师为被告人辩护,能帮助人民法院全面查清案情,使案件得到公正、合法的判处。其三,为了维护被告人合法权益的需要。特别对于那些未成年人、聋人、哑人、生理或精神上有缺陷、年龄在70岁以上思维欠佳的被告人显得更为重要。即使是除此之外的被告人,如判处死刑、无期徒刑、10年以上有期徒刑或由中级人民法院以上管辖的案件的被告人来说,可能由于被告人的恐惧心理不敢或不能正常进行辩护,有条件地强制指定律师为其进行辩护,也能起到依法维护其合法权益的作用。

二、关于律师拒绝为被告人辩护的问题

《律师法暂行条例》第6条规定:"律师担任辩护人的责任,是根据事实和法律,维护被告人的合法权益。律师认为被告人没有如实陈述案情,有权拒绝担任辩护人。"根据这一规定来看,律师拒绝为被告人辩护,分为两种情况。一种是在委托辩护中,律师拒绝为被告人辩护;另一种是在指定辩护中律师拒绝为被告人辩护。现分述如下:

(一) 在委托辩护中律师拒绝为被告人辩护

对此问题,学界的观点是一致的,即在由被告人委托律师为其辩护的情况下,只要被告人不向律师如实陈述案情,律师就有权拒绝为其辩护。其理由是,律师为其辩护,是根据事实和法律维护其合法权益。而被告人不向律师如实陈述案情,一方面表示他对律师不信任,另一方面不能使律师全面、正确地了解案情,从而失去了准确适用法律的前提,这样律师也就不能正确地履行自己的责任。鉴于此,律师当然有权拒绝为被告人进行辩护,此为其一。其二,若在被告人不如实陈述案情的情况下,一定要律师为其辩护,就等于律师变成

了被告人的附庸和代言人,使其失去了独立行使职责的资格。

(二) 在指定辩护中律师拒绝为被告人辩护

对此问题,学界存在两种不同观点。一种观点认为,律师无权拒绝为被告人辩护。另一种观点认为,律师有权拒绝为被告人辩护。笔者认为,在由人民法院指定律师为被告人辩护的情况下,无论是任意指定或者是强制指定,一般来说,只要被告人不如实陈述案情,律师均有权拒绝为被告人提供帮助。当然,在强制辩护中,应当注意被告人是故意不如实陈述案情,还是由于某种条件的限制(如聋人、哑人、生理或精神上有缺陷、年老思维欠佳等)不能如实陈述案情的区别。遇到前者,完全有权拒绝为被告人进行辩护,其理由如同委托辩护中拒绝的理由;对于后者,则无权拒绝辩护。因为被告人不如实陈述案情不是故意的,而是客观条件造成的。这种客观条件致使被告人不能如实陈述案情,更需要律师接受指定,并在接受指定的辩护过程中帮助他查明案情和适用法律,以维护其合法权益。

关于无罪辩护的几个问题

一、无罪辩护的概念、特点和作用

（一）无罪辩护的概念

无罪辩护，是指律师根据事实和法律，运用充分、确实的证据反驳控诉方指控被告人的行为构成犯罪的一种辩护。换言之，无罪辩护，是指律师根据事实和法律，运用充分、确实的证明论证被告人的行为不构成犯罪。前者，是指被告人不具有犯罪构成的某个要件，其行为不构成犯罪。后者，是指案件中认定被告人的犯罪事实不清、证据不足，不能认定被告人犯了罪。

（二）无罪辩护的特点

1. 从根本上否定控方的指控，使其控诉不能成立。控方在指控被告人犯罪的案件中，可能运用了大量的证据证明被告人犯罪，并根据有关法律条款，提起公诉或自诉。律师根据事实和法律，运用充分确实的证据否定控方对被告人的指控，这样就从根本上否定了控方指控的罪名不能成立，因而也就相应地使控方引用的法律条款失了前提。

2. 能最大限度地维护被告人的合法权益。由于无罪辩护时从根本上否定控方指控被告人犯罪成立，并论证被告人不负刑事责任，因此，就使被告人不受刑事追究，即不负刑事责任。就无罪辩护的结果是使被告人不负刑事责任而言，它比被告人负从轻、减轻、免除刑事责任更符合被告人的合法权益，也就最大限度地维护了被告人的合法权益。

（三）无罪辩护的作用

1. 能最大限度地维护被告人的合法权益，使被告人不受刑事追究。

2. 能保证案件得到公正的处理和保障法律的正确实施。由于无罪辩护，使案件真相大白，并使错误的控告不能成立，因此，就使人民法院对此案作出无罪判决，从而使案件得到符合客观实际情况的公正处理。由于律师在进行无罪辩护的过程中，既准确地适用法律论证被告人无罪，又准确地反驳控方适用

---

* 本文刊载于《福建法学》1994 年第 4 期。

法律错误,这样就保障了法律的正确实施。

3. 能促使公诉人提高执法水平。无罪辩护成功,有罪控诉不能成立,就使得公诉人认识到自己在调查案情方面有哪些失误,在适用法律上有哪些不当,这样就会促使公诉人总结并吸取教训,从而提高执法水平。

4. 能使被告人深刻认识到律师辩护的重要性。由于无罪辩护使被告人不受刑事处罚,亲自享受到了律师帮助其进行辩护的好处,因此,这就使他认识到律师辩护不是履行公事,不是说说而已,而是实实在在地据实依法维护其合法权益,委托律师辩护不是可有可无,而是非委托不可,从而深刻认识到律师辩护的重要性。

二、无罪辩护的原则

无罪辩护的原则,是指律师在为被告人进行辩护的过程中必须遵守的准则。由于无罪辩护具有不同于其他辩护形式的特点和处于十分重要的地位,因此,就要求律师在为被告人进行辩护时,特别注意遵守如下主要原则:

(一) 特别熟知案情

特别熟知案情,是指律师特别熟知和掌握案件的发生、发展和结果的整个情况,特别是熟知被告人确实具有哪个或哪几个无罪的事实或情节。只有这样,才能在特别熟知案情的基础上进行分析和研究,决定为被告人作无罪辩护和如何作无罪辩护。要特别熟知案情,除了仔细查阅案卷、会见被告人询问案情以外,还应当进行调查取证,取得案卷中没有而又能证明被告人无罪的物证、书证、证人证言或鉴定结论等有利的证据。

(二) 特别慎重

特别慎重,是指律师决定为被告人作无罪辩护应采取特别谨慎的态度。之所以如此,因为虽然为被告人作无罪辩护能取得最佳效果,能最大限度地维护被告人的合法权益,但是,毕竟该案经过了具有法律专业知识的公安、检察人员多方收集证据,进行多次研究,他们才认定被告人犯了罪。在案件中一般都有相当充足而又不易驳倒的根据和理由。所有这些就使律师为被告人作无罪辩护应当特别慎重。为被告人作无罪辩护持特别慎重的态度,决定了律师不能轻易向被告人作无罪辩护的承诺,而应当在特别熟知案情的基础上,对照法律规定再作出判定。为了慎重起见,应当与其他律师进行商量、探讨;必要时,还应当向律师事务所的领导汇报案情,共同商定是否为被告人作无罪辩护或如何为被告人作无罪辩护。

(三) 充分论证

充分论证，是指律师根据事实和法律阐述被告人无罪所进行的充分举证。进行无罪辩护，即从根本上否定控诉的事实和理由，完全改变了案件的性质。为此，除了在辩护词中明确指出被告人无罪的观点外，更重要的是在辩护词中写明无罪的事实和情节，尽量运用已有的充分、确实的无罪证据，准确适用有关法律、法规或司法解释进行论证和阐明。在法庭辩论阶段，针对公诉人提出的问题，应及时进行有力的反驳，以维护自己的观点。

三、作无罪辩护的几种情形

(一) 从被告人不具有犯罪构成某个要件方面作无罪辩护

根据刑法规定，被告人的行为构成犯罪，必须具备犯罪构成的四个要件。如果被告人的行为不具有犯罪构成的某个要件，其行为就不构成犯罪。现分述如下：

1. 在犯罪客体方面，若被告人的行为没有侵犯刑法所保护的社会关系，这时应作无罪辩护。例如，被告人的行为是正常的买卖行为，未侵犯刑法保护的社会主义经济秩序，若起诉书指控被告人犯投机倒把罪，此时，应作无罪辩护。

2. 在犯罪客观方面，若被告人具有下列情形之一的，应作无罪辩护：

(1) 从行为方面：被告人的行为，属于违反道德的行为，应作无罪辩护；对无特定义务的被告人，虽有不作为行为，但无论发生何种结果，应作无罪辩护。例如，被告人在河边行走，见一儿童玩耍掉入河中，他为了避嫌迅速躲开，儿童因无人救助而死亡。被告人的不作为行为虽应受到道德舆论的谴责，但因他不具有援救儿童的特定义务，若起诉方指控被告人犯罪，应作无罪辩护。

(2) 从结果方面：被告人的行为虽有过失，但没有发生危害结果或结果显著轻微（如《刑法》第114条规定的厂矿重大责任事故），对此，应作无罪辩护；被告人的行为结果的"数额"未达到刑法或有关法规规定的应当追究刑事责任的标准（如盗窃罪、贪污罪、受贿等），应作无罪辩护。

(3) 从行为与结果关系方面：被告人的行为与危害结果之间无因果关系时应作无罪辩护；危害后果虽已发生，但因被告人不能抗拒或不能预见的原因引起，此时应作无罪辩护。

3. 在犯罪主体方面，若被告人具有下列情形之一的，可作无罪辩护：

(1) 从刑事责任年龄方面：对不满14岁的被告人，无论实施什么行为和造成何种结果,可作无罪辩护;对已满 14 岁不满 16 岁的被告人,除杀人、重伤、抢劫、放火、惯窃罪或其他严重破坏社会秩序以外的行为,一律作无罪辩护。

(2) 从刑事责任能力方面:被告人无刑事责任能力,应一律作无罪辩护,对病理性醉酒的被告人,根据《刑法》第 15 条的规定,应作无罪辩护。

(3) 从特殊主体方面:被告人不是某罪的特殊主体,应作无罪辩护;被告人不是某罪中直接责任人员,应作无罪辩护。例如,在假冒商标罪中,法律规定只追究直接责任人的刑事责任。若被告人是在直接责任人员的指使下实施了一些假冒商标的辅助行为,因此,不受刑事追究。若被起诉,应作无罪辩护。

4. 在犯罪主观方面,若被告人具有下列情形之一的,应作无罪辩护:

(1) 从罪过形式方面:对被告人主观上"不明知"自己的行为会触犯刑律的,应作无罪辩护。例如,《刑法》第 172 条规定的窝赃、销赃罪,以"明知"为构成要件。如果被告人不明知犯罪所得物而收藏或销售,公诉人指控被告人犯窝赃、销赃罪,律师应作无罪辩护。当然,律师应当用确实的证据论证被告人在主观上不是明知。对被告人明知却谎称"不明知"的,不能作无罪辩护。对广大公民来讲,都明知某种行为是犯罪行为,而被告人由于不学法和不懂法而实施了犯罪行为,虽然他不是明知这种行为是犯罪行为而实施,对此也不能无罪辩护。对被告人不是故意而是过失实施某种行为,虽造成了危害,但根据刑法有关条款不构成犯罪的,应作无罪辩护。例如,《刑法》第 17 条规定的破坏珍贵文物、名胜古迹罪,就属此类。对被告人不能预见到行为结果发生会造成严重社会危害的,应作不能预见的意外事件的无罪辩护。对被告人虽已预见危害结果发生,但因不可抗拒的力量对危害结果起了决定性的作用,对此,应作不可抗拒的意外事件的无罪辩护。

(2) 从犯罪目的方面:在刑法分则中,有的法条规定"以……为目的"为构成某种罪的必备条件,如第 10 条规定"以推翻无产阶级专政的政权和社会主义制度为目的",为构成反革命罪的必备条件;如《刑法》第 120 条、124 条、第 164 条、第 168 条、第 169 条、第 170 条、第 177 条等,都规定"以营利为目的"构成各条规定的罪;《刑法》第 125 条规定的以"由于泄情报复或其他目的"构成破坏集体生产罪;《刑法》第 179 条规定以"使用暴力"构成干涉婚姻自由罪;等等。如果律师发现被控告的罪名缺少构成该罪的"目的"或其他法定的必备主观罪过条件,就应作无罪辩护。

(二) 从被告人的行为属于排除社会危害性行为方面作无罪辩护

排除社会危害性行为,是指外表貌似犯罪,实质上并不具有社会危害性而是对社会有益的行为。因此，它是正当的合法行为。对这些行为，应作无罪辩护。

实践中，排除社会危害性行为包括正当防卫行为和紧急避险行为。律师在分析、研究了案情以后，若有充分的证据能证明被告人的行为属于正当防卫行为或紧急避险行为，这时律师可作无罪辩护。

（三）从犯罪事实不清、证据不足方面作无罪辩护

当律师通过查阅案卷，会见被告人，调查取证之后，发现了犯罪事实不清、证据不足时，应提出不能认定被告人有罪的意见，为被告人作无罪辩护。犯罪事实不清，是指犯罪的时间、地点、过程、结果等情况，不能正确、全面地证明案情。证据不足，是指证据不充足，或有的有证据，有的主要案情事实无证据证明，等等。

（四）从被告人的行为属于正当行为方面作无罪辩护

所谓正当行为，是根据法律规定或立法精神，根据正当职务或正当业务，根据一般社会观念所准许的行为。正当行为，从表面上看具备了构成犯罪的主、客观要件，实质上不仅不是危害社会的行为，而且是对社会有益的行为，因此，刑法没有作为禁止性行为列入犯罪。

正当行为渗透到社会各个方面，无法概括全面，常见的大致有如下三类：

1. 执行命令的行为。这类行为范围很广。凡是执行法律、法令、法规的行为都属于执行命令的行为。例如，国家法律、法令、法规规定的职务行为，均属此类。具体讲，如侦查员缉捕犯人时开枪将其打致重伤，对顽抗拒捕者开枪击毙的行为，等等。如果被告人不是假公济私，而是在法律、法令、法规的范围内实施合法行为被指控犯罪，律师应作无罪辩护。

2. 履行正当业务的行为。是指从事一定业务的人员，正当执行业务活动的行为。只要行为人具有一定专业知识和业务能力，按照业务规程或技术操作规定正确履行职务，均属正当行为，即使造成损害结果，也不属犯罪行为。例如，外科医生为了抢救病人的生命经研究和批准而对病人进行截肢的行为，等等。

3. 权利人承诺的行为。是指权利人根据本人的意志并承诺同意实施的行为。只要权利人承诺不违反法律、法令的规定，其他人实施了权利人根据本人的意志并承诺同意实施某种行为，就不属于犯罪行为。例如，防疫人员对患传染病死亡的病人的衣物、用具等，经病人亲属同意后烧毁，就不属于毁坏他人财产的行为，而属于有益于社会的行为。

关于指定辩护之研究[*]

关于指定辩护问题，学术界研究甚少，且不深入。指定辩护，是指司法机关为了使诉讼得以进行，对法律规定必须有辩护人参加或者被告人认为需要有辩护人参加的案件，而被告人未委托辩护人，由司法机关指定律师为其进行辩护。指定辩护，又分为任意指定辩护和强制指定辩护两种。现分述如下：

一、任意指定辩护

所谓任意指定辩护，是指法院可以为被告人指定辩护人，也可以不为被告人指定辩护人的一种辩护形式。其特点是：不为被告人指定辩护人也不算违反诉讼程序。在世界上，有些国家的刑事诉讼对此有明文规定。例如美国纽约州刑事诉讼法规定，对被传讯的被告人，在被传讯时及在此以后任何诉讼阶段，有权得到律师的帮助。如果他应传出庭时没有律师，他有权要求得到律师而暂停诉讼，如果他因经济原因不能得到律师，可以要求法院为他指定律师。《日本刑事诉讼法》第290条规定："在第37条各项规定的场合辩护人不出席时，裁判所可以通过职权提供辩护人。"由上可见，根据日本刑事诉讼法的规定，有具有第37条规定的五种法定情形之一律师不出席时，裁判所可以通过职权为其指定辩护人。《南斯拉夫刑事诉讼法》第71条规定："（1）如果被告人没有自己进行必须辩护的条件，并且无力承担辩护费用又是依法或判三年以上徒刑的刑事案件时，法院可以根据要求，为他指定一位辩护人。（2）只有在提出起诉之后才能按前款规定提出指定辩护人的要求。该要求由审判长作出决定，而辩护人则由法院院长指定。"上述第一款的条件和第二款规定的程序，值得我国立法时借鉴。

我国《刑事诉讼法》第27条规定："公诉人出庭公诉的案件，被告人没有委托辩护人的，人民法院可以为他指定辩护人。"该条规定的"没有委托辩护人"，包括没有委托第26条规定的人当辩护人（即律师）；人民团体或者被告人所在地单位推荐的，或者经人民法院许可的公民；被告人的近亲属、监

---

[*] 本文刊载于《司法研究》1995年第1期。

人。该条规定的"可以为他指定辩护人",既包括可以指定,也包括可以不为他指定辩护人。就可以指定律师为被告人辩护而言,根据我国司法实践和借鉴国外刑事诉讼法的有关规定,笔者认为,在被告人无其他人帮助的辩护情况下,可以为被告人指定的情形是:(1)被告人因无钱委托律师;(2)被告人的犯罪行为可能判处 9 年以下有期徒刑的;(3)人民法院认为可以为被告人指定律师的情形;等等。

二、强制指定辩护

所谓强制指定辩护,是指法院必须为被告人指定辩护人的一种辩护形式。"必须",在法律中表述为"应当""应该"等。其特点是:法院不为被告人指定辩护人,就属违反诉讼程序。

世界上,有的国家刑事诉讼法对此作了明确规定。例如:《法国刑事诉讼法》第 417 条规定:"被告人在讯问前没有选任辩护人时,如果要求有辩护人的协助,庭长应当为被告人指定一名辩护人。""被告人身有残疾足以妨碍辩护时,必须有辩护人的协助。"辩护人只能从律师团体登记的律师中,或者在许可的本法庭进行辩护的辩护人中指定。

关于从轻、减轻、免除刑罚的辩护问题[*]

关于从轻、减轻和免除刑罚的辩护，是除了无罪辩护之外律师维护被告人合法权益的三种辩护形式。研究它们对保障被告人的合法权益、帮助司法人员正确执法具有重要作用。

一、从轻、减轻和免除刑罚辩护概述

（一）从轻、减轻和免除刑罚辩护的概念和特点

从轻辩护，是指律师根据被告人具有从轻处罚的事实或情节，依法提请审判人员在量刑幅度以内给予被告人从轻判处（从轻判处，是指在法定量刑幅度中线以下判处），或适用较轻刑种意见的辩护。减轻辩护，是指律师根据被告人具有减轻处罚的事实或情节，依法提请审判人员在某罪法定最低刑幅度以下给予被告人判处意见的辩护。免除刑罚的辩护，是指律师根据被告人具有的事实或情节，在认同被告人有罪的情况下，依法提请审判人员免除其刑罚处罚意见的辩护。免除处罚，既包括免除主刑，又包括免除附加刑。

从轻、减轻和免除刑罚辩护的特点是：

1. 它们是在同意控方指控被告人行为已构成犯罪的前提下提出辩护意见的辩护。在这三种辩护形式中，律师不是从根本上否定控方指控被告人无罪，而是根据被告人具有的从轻、减轻或免除刑罚的事实或情节，依法提出从轻、减轻或免除刑罚的辩护意见。

2. 部分地维护被告人的合法权益。这三种辩护不像无罪辩护那样，从根本上否定控方指控被告人有罪，最大限度地维护被告人的合法权益，而只是根据被告人具有的从轻、减轻或免除刑罚的事实或情节，提出从轻、减轻或免除刑罚的辩护意见，因此这三种辩护的目的旨在维护被告人应当得到从轻、减轻或免除刑罚的权益，只部分地维护了被告人的合法权益。

---

[*] 本文刊载于《甘肃政法学院学报》1994年第2期。

（二）从轻、减轻和免除刑罚辩护的地位和作用

1. 从轻、减轻和免除刑罚辩护在辩护中的地位。具体表现为：

（1）是处于无罪辩护之下的辩护。这是因为，这三种辩护的效果，只是部分地维护被告人的合法权益，而不是维护被告人无罪的合法权益。它们所处的地位依次是：免除刑罚的辩护、减轻判处刑罚的辩护和从轻判处刑罚的辩护。这种地位的划分，是依据辩护的效果大小而划分的。

由于免除刑罚的辩护，能使被告人不受刑罚处罚，人身得到自由，这比减轻和从轻辩护的效果更好，故处在第一位。而减轻刑罚的辩护效果次于免除刑罚辩护而好于从轻辩护，故处在第二位。由于从轻辩护的效果既小于免除刑罚的辩护，又小于减轻刑罚的辩护，故处在第三位。

（2）从轻、减轻和免除刑罚辩护的难度较小。由于这三种辩护不是从根本上否定控方指控被告人有罪，而是在同意控方指定有罪前提下，只维护被告人的从轻、减轻或免除刑罚的权益，因此，辩护的难度比无罪辩护要小。在辩护过程中，只需要律师列举被告人具有的从轻、减轻或免除刑罚的事实或情节，并运用相应的证据，依据相应的法律、法规进行充分论证即可。

2. 从轻、减轻和免除刑罚辩护的作用。虽然从轻、减轻和免除刑罚辩护的作用不如无罪辩护那么重要，但是，也不可轻视。它们的作用主要体现在：

（1）能维护被告人的部分合法权益。这是指它们虽然不能从根本上维护被告人无罪的合法权益，但是能分别维护被告人得到从轻、减轻或免除刑罚的合法权益。

（2）能保证案件得到正确的处理和保障法律的正确实施。由于这三种辩护形式，使被告人应该受到从轻、减轻或免除刑罚判处辩护意见一旦被审判人员采纳，又使相关的法律、法规得到正确适用，就保证了案件得到正确的处理和保障了法律的正确实施。

（3）能促使公诉人提高执法水平。由于律师提出从轻、减轻或免除刑罚的辩护是公诉人在起诉书或公诉词中遗漏或不愿意承认的内容，经律师在辩护词或辩护意见中提出和论证以后，就使公诉人了解到自己工作的不足，从而保证其吸取教训，这样，就促使公诉人提高执法水平。

（三）从轻、减轻和免除刑罚辩护的原则

从轻、减轻和免除刑罚辩护的原则，是指律师在为被告人作从轻、减轻和免除刑罚辩护过程中应当遵守的准则。虽然这三种辩护的效果次于无罪辩护，但是，为了取得较好的辩护效果，律师也应当遵守某些不可少的原则。现根据辩护实践，将其概括并试述如下：

1. 认可控方指控被告人有罪。如果律师在查清案情之后,根据事实和法律也认为被告人的行为构成犯罪,控方指控的罪名成立,且有事实和证据证明,因此,律师应当尊重案件事实,认可控方指控被告人有罪。如果指控被告人犯有重罪(如伤害等)而律师认为被告人的行为只构成轻罪(如轻伤害等),这时也只能在认可控方指控被告人有罪的前提下,将重罪作为轻罪辩护,而不能作为无罪辩护。当然,如果律师认为被告人的行为连轻罪都不构成,而属于无罪,那么就属于作无罪辩护。作无罪辩护,应当遵守无罪辩护的原则,这不在此文研究之列。

2. 区别情况,准确辩护。律师在认可控方指控被告人行为构成犯罪的情况下,为了维护被告人的合法权益,就必须区别情况,根据案情作相应准确辩护。区别情况,是指区分被告人是具有从轻处罚的事实或情节,还是具有减轻处罚的事实和情节,抑或是具有免除刑罚的事实和情节。准确辩护,是指根据事实和法律,对属于从轻辩护的,就作从轻辩护,而不作减轻或免除刑罚的辩护;根据事实和法律,对属于减轻辩护的就作减轻而不作从轻或免除刑罚的辩护;根据事实和法律,对属于免除刑罚辩护的,不作从轻或减轻的辩护。只有这样,才可以做到既能使辩护意见为审判人员接受,又能有效地维护被告人的合法权益。

3. 据实依法进行辩护。是指律师根据案件事实和情节,依据相关的法律、法规为被告人进行辩护。详言之,是指在为被告人作从轻辩护时,律师应当根据案件中确有的从轻的事实或情节,再运用相关的法律、法规等规定为被告人进行辩护;在为被告人作减轻辩护时,律师应当根据案件中确有的减轻的事实或情节,再运用相关的法律、法规等规定为被告人进行辩护;在为被告人作免除刑罚辩护时,律师应当根据案件中确有的免除刑罚的事实或情节,运用相关的法律、法规等规定进行辩护。要注意,不能根据案件中确有从轻的事实或情节,为被告人作减轻或免除刑罚的辩护;也要注意,不能根据案件中确有的从轻或减轻的事实或情节,为被告人作免除刑罚的辩护。反之亦然。

二、根据案情,为被告人作从轻、减轻或免除刑罚的辩护

在被告人的行为构成犯罪的情况下,一般说来,案情中可能有从轻处罚的事实或情节,也可能有减轻处罚的事实或情节,还可能有免除刑罚的事实或情节,或者两者兼有,或者三者均有之。律师在为被告人进行辩护过程中,应当善于发现案件中已有的上述事实或情节。现根据辩护实践,试作如下研究和概括:

(一) 从案件中具有法定事实或情节方面为被告人进行辩护

法定的事实或情节,是指刑法明文规定的事实或情节。实践表明,凡有下列事实或情节,律师应当为被告人作从轻、减轻或免除刑罚辩护:

1. 从犯罪客体方面,控方指控侵犯的客体属于重罪的罪名,而律师认为,属于应定轻罪的罪名,这时应为被告人作从轻辩护。例如,起诉书认定被告人的行为侵犯了危害公共安全罪而认定为其中的某个罪名(如放火罪),律师根据事实和法律认为其行为属于侵犯财产罪中的所有权关系(如放火烧毁私人汽车),此时律师就应当通过更正定罪的罪名,为被告人作从轻辩护等。

2. 从客观方面,当被告人虽实施了犯罪行为,但具有犯罪预备情节的,律师应当为被告人作从轻、减轻或免除刑罚的辩护。从轻、减轻或免除刑罚的辩护意见,只能根据预备行为的性质、内容、程度和行为人的主观恶性大小进行综合分析。若被告人的行为具有犯罪未遂的情节,律师应当比照犯罪既遂作从轻或减轻刑罚的辩护。若被告人的行为具有犯罪中止的情节,律师应当为被告人作减轻或免除刑罚的辩护。刑法规定有的犯罪必须有犯罪结果发生才构成此罪,若被告人的行为未造成法定的结果,律师应为被告人作从轻或减轻辩护。

3. 从犯罪主体方面,对已满14岁不满18岁的被告人,律师应当为其作从轻或减轻辩护。对身有聋、哑、盲等残疾的被告人,律师应当为其作从轻、减轻或免除刑罚的辩护。

4. 从犯罪的主观方面,对控方认定被告人是故意犯罪,而律师根据事实认定是过失犯罪的,此时,应当为其作从轻辩护;当被告人在犯罪动机方面"情节轻微",犯罪结果又不严重时,律师可以为其作从轻辩护或减轻辩护;被告人在正当防卫或紧急避险过程中,因过失造成超过必要限度的,律师应为其作减轻或免除刑罚的辩护。

5. 从被告人在共同犯罪中所处的地位方面,对处于从轻地位的被告人,律师应当比照主犯为其作从轻、减轻或免除刑罚的辩护;对处于胁从或被诱骗参加犯罪地位的被告人,律师应当比照从犯为其作减轻或免除刑罚的辩护;当被告人教唆他人犯罪,但他人没有实施时,律师应为被告人作从轻或减轻辩护;当被告人教唆的他人还没有着手犯罪,或虽着手但既遂状态尚未出现,被告人就出面制止,并积极采取有效措施防止危害结果发生的,在这种情况下,律师应为被告人(教唆犯)作减轻或免除刑罚的辩护;被教唆的被告人如果着手实施犯罪,但经教唆犯制止后立即中止,在这种情况下,律师应为被教唆的被告人作减轻或免除刑罚的辩护。

6. 从被告人具有自首和立功情节方面,如果被告人罪行较轻的(一般指法定刑3年以下有期徒刑），律师应当为其作减刑或免除刑罚的辩护；若罪行轻重，但有自首情节，律师应当为其作从轻辩护；若罪行较重，但有立功表现，律师应当为其作减刑或免除刑罚的辩护。对于假自首、示威性自首等，因它们不是真正意义上的自首，律师不能把它们当作为对被告人作从轻、减轻或免除刑罚辩护的依据和理由。

7. 从被告人在外国或台、港、澳等地已受过刑罚处罚方面，律师为其作减刑或免除刑罚的辩护。

（二）从案件中具有酌定情节方面为被告人进行辩护

酌定情节，是指法律没有明文规定，由审判机关根据立法精神，结合案件具体情况总结出来的从轻、减轻或免除刑罚的情节（当然，还包括从重和加重的情节）。

根据辩护实践，律师可根据下列酌定情节为被告人进行辩护：

1. 从犯罪动机方面，如果被告人的犯罪动机在同种犯罪中属于一般，律师可为其作从轻辩护。例如，因家庭经济特别困难而贪污与因追求腐化堕落生活而贪污的动机相比属一般，此时，律师可为其作从轻辩护。

2. 从被告人犯罪手段方面，如果被告人犯罪的手段属于一般，律师可为其作从轻辩护。

3. 从危害后果方面，如果被告人犯罪造成的危害结果较小，律师可为其作从轻辩护。

4. 从犯罪时间、地点方面，在某些罪中（如侮辱罪等）如果被告人因实施犯罪的地点、时间（于某日白天在某偏僻的地方）造成的社会影响不大，律师可为其作从轻辩护。

5. 从犯罪后的态度方面，如果被告人犯罪后有坦白交代、积极退赃、主动阻止危害结果扩大或积极抢救伤者等情节之一的，律师可为其作从轻辩护。

值得注意的是，作为为被告人进行辩护的酌定情节，大多数是相对的，如犯罪动机"一般"是相对犯罪动机"卑鄙"而言的；犯罪手段"一般"是相对犯罪手段"残忍"而言的；犯罪危害结果小，是相对犯罪危害结果严重而言的；犯罪后的坦白交代，是相对犯罪后抗拒交代而言的；等等。所有这些，都要求律师注意掌握酌定情节的"度"。对不属于酌定情节的，不能硬将其当作酌定情节，并以此作为为被告人进行从轻、减轻或免除刑罚辩护的理由和依据。

新《律师法》之亮点

2007年10月28日，十届全国人大常委会第三十次会议表决通过了修改后的《律师法》。它是《律师法》实施10年来的第二次修改。经过三年多的研究到最后定稿，新增、修改的条款达40余处，涉及律师执业许可、律师事务所的组织形式、律师业务、律师执业的权利和义务、律师法律责任、律师执业管理诸方面，使我国律师制度得到了改革和完善。修改后的《律师法》将于2008年6月1日起施行。现将新《律师法》之亮点介绍如下：

一、紧缺领域的专门人才经批准可以成为特许律师

目前，在我国约有的13万执业律师中精通国际经贸规则和金融、证券、知识产权等专业以及外语的高端人才仅2000余人，很不适应法制建设的客观需要。为解决此问题，新《律师法》第8条规定："具有高等院校本科以上学历，在法律服务人员紧缺领域从事专业工作满十五年，具有高级职称或同等专业水平并具有相应的法律知识的人员，申请专职律师执业的，经国务院司法行政部门考核合格的，准予执业。具体办法由国务院规定。"

二、个人可以申请开办律师事务所

设立个人律师事务所是国外比较通行的一种方式。我国在此之前，律师事务所的组织形式只有国资所、合作所、合伙所三种。为了适应形势的需要，新《律师法》补充规定个人可以申请开办律师事务所。笔者认为，这样规定是应当的和必需的。

三、增加了保障律师职业权利的内容

以前，实践中律师的职业权利和人身权利常受限制甚至遭到侵害。为了解决这些问题，新《律师法》新增了一些条款。例如，新《律师法》规定，律师凭"三证"（律师执业证、律师事务所证明和委托书或法律援助公函）有权

---

* 本文刊载于《教学通讯》2008年第3期。

会见犯罪嫌疑人、被告人，并不被监听。其第 34 条规定，"律师可以查阅与案件有关的诉讼文书及案卷材料"。在审判阶段，律师可以查阅、摘抄、复制材料的范围扩大到所办案件的全部材料，律师根据案情需要，可以申请检、法机关收集、调取证据或者申请法院通知证人出庭作证。律师自行调查取证的，凭律师执业证书和律师事务所证明，可以向有关单位或者个人调查与法律服务事务有关的情况。其第 37 条规定："律师在法庭上发表的代理、辩护意见不受法律追究。但是，发表危害国家安全、恶意诽谤他人、严重扰乱法庭秩序的言论除外。律师在参与诉讼活动中因涉嫌犯罪被依法拘留、逮捕的，拘留、逮捕机关应当在拘留、逮捕实施后的 24 小时内通知该律师的家属、所在律师事务所以及所属的律师协会。"

四、扩大了律师保密义务的范围

为了解决律师为委托人保密与维护国家利益、公共利益和他人利益的矛盾，与现行法律关于公民作证义务的规定相衔接，新《律师法》规定：律师在职业活动中知悉的委托人和其他人不愿泄露的其他情况和信息，应当予以保密；但是委托人或者其他人准备或者实施的危害国家安全、公共安全以及其他严重危害他人人身、财产安全的犯罪事实和信息除外。新《律师法》还规定："律师应当保守在执业活动中知悉的国家秘密、商业秘密，不得泄露当事人的隐私。"

五、严把律师监督管理关

针对律师在职业中存在的突出问题和今后可能出现的弊端，新《律师法》从四个方面规定了严格对律师执业的监督和管理。

（一）严把律师准入关

新《律师法》规定，申请律师执业，应当提交律师协会出具的申请人实习考核合格材料、律师事务所出具的同意接收申请人员证明；申请人申请从事兼职律师执业的，还应当提交本人所在单位同意申请兼职律师职业的证明。

（二）进一步规范律师的执业行为

新《律师法》规定，律师不得代理与本人或者其近亲属有利益冲突的法律事务；不得与对方当事人或者第三人恶意串通，侵害委托人的利益；不得以不正当方式影响法官、检察官、仲裁员以及其他有关工作人员依法办理案件；曾任法官、检察官的律师，自离开法、检机关三年内，不得担任诉讼代理人或者辩护人。

（三）加强对律师事务所的管理

新《律师法》规定，律师事务所变更名称、负责人、章程、合伙协议的，应当报原审核部门批准。律师事务所应当建立健全执业管理、利益冲突审查、收费与财务管理、对投诉的查处、年度考核、档案管理等制度；对律师在执业活动中遵守职业道德、执业纪律的情况进行监督；律师事务所不得从事法律服务以外的经营活动等。

（四）加大对律师和律师事务所违法行为的处罚力度

新《律师法》为维护律师职业的公正、廉明，对违法的律师和律师事务所规定了严格的法律责任，如吊销律师执业证书、责令律师事务所停业整顿、吊销律师事务所执业证书、依法追究律师个人或者所在单位刑事责任等。

我们在学习和掌握新《律师法》修改、增加的40多条款的内容之外，还应当看到它仍有不足之处。例如，新《律师法》第31条仍然只规定了律师为犯罪嫌疑人、被告人进行实体辩护（作无罪、罪重、罪轻或者免予刑事处罚的辩护），而未涉及律师有权进行程序辩护（对超期羁押、管辖错误、应当回避等所作的辩护），又如律师介入侦查阶段的诉讼地位不明确。世界各国，在侦查阶段，律师的诉讼地位是辩护人，但在我国只有从起诉之日起律师才能称为辩护人，在此之前仅仅是提供法律咨询、代理申诉控告、代为申请取保候审的法律服务人员，而不能称为辩护律师。凡此种种，今后仍有增加和完善之必要。

律师如何适应风云突变的法庭辩论[*]

——律师应变能力探索

法庭亦似战场,虽看不见刀光血雨、硝烟弥漫,却也有阴晴圆缺、风云突变。律师在进行辩护过程中,在做了大量调查研究之后,虽然确立了自己的辩护意见,也备有在法庭辩论阶段临时使用的证据,但是,庭审过程,既是一个控、辩双方互相论驳的复杂过程,又是一个不断出现新情况的过程,因此,这就要求律师应当具有很强的应变能力,以对付临时出现的新情况。只有解决了这个问题,才能使辩护取得最佳的效果。现对此问题作如下探讨和阐述。

一、应变能力的内容

所谓应变能力,是指律师对在庭审或法庭辩论中出现的新情况作出敏捷、快速、准确反应的能力。其中,包括观察能力、分析能力、判断能力和表达问题的能力等。所谓应变,是指相机适应新的变化。所谓观察问题的能力,是指洞察问题的能力;分析问题的能力,是指分辨和理解问题的能力;判断问题的能力,是指判明和断定问题的能力;表达问题的能力,是指口述问题的能力。所谓能力,是指才能和技巧。应变能力表现在如下几个方面:

(一) 对自己立论材料的应变

所谓对自己立论材料的应变,是指当发现自己立论的材料不足或使用不当时,快速地进行补充和修正。这表现在法庭调查中若发现了新证据,就快速地记录和补充进来;在法庭辩论中,若发现自己的论点还可以用新的事实、法律依据或事理帮助进行论证,快速地使用它们加强论证。这样做,就能使自己的辩护变得更持之有据,论证更充分有力。

(二) 对公诉人发言的应变

在一般情况下,公诉人对在起诉书中指控被告人的犯罪事实和罪名是不会改变的,但是,在某些情况下,公诉人可能追加部分犯罪事实,甚至会出现认

---

[*] 本文刊载于《广西律师》1994 年第 2 期。

（三）加强对律师事务所的管理

新《律师法》规定，律师事务所变更名称、负责人、章程、合伙协议的，应当报原审核部门批准。律师事务所应当建立健全执业管理、利益冲突审查、收费与财务管理、对投诉的查处、年度考核、档案管理等制度；对律师在执业活动中遵守职业道德、执业纪律的情况进行监督；律师事务所不得从事法律服务以外的经营活动等。

（四）加大对律师和律师事务所违法行为的处罚力度

新《律师法》为维护律师职业的公正、廉明，对违法的律师和律师事务所规定了严格的法律责任，如吊销律师执业证书、责令律师事务所停业整顿、吊销律师事务所执业证书、依法追究律师个人或者所在单位刑事责任等。

我们在学习和掌握新《律师法》修改、增加的40多条款的内容之外，还应当看到它仍有不足之处。例如，新《律师法》第31条仍然只规定了律师为犯罪嫌疑人、被告人进行实体辩护（作无罪、罪重、罪轻或者免予刑事处罚的辩护），而未涉及律师有权进行程序辩护（对超期羁押、管辖错误、应当回避等所作的辩护），又如律师介入侦查阶段的诉讼地位不明确。世界各国，在侦查阶段，律师的诉讼地位是辩护人，但在我国只有从起诉之日起律师才能称为辩护人，在此之前仅仅是提供法律咨询、代理申诉控告、代为申请取保候审的法律服务人员，而不能称为辩护律师。凡此种种，今后仍有增加和完善之必要。

律师如何适应风云突变的法庭辩论
——律师应变能力探索

法庭亦似战场,虽看不见刀光血雨、硝烟弥漫,却也有阴晴圆缺、风云突变。律师在进行辩护过程中,在做了大量调查研究之后,虽然确立了自己的辩护意见,也备有在法庭辩论阶段临时使用的证据,但是,庭审过程,既是一个控、辩双方互相论驳的复杂过程,又是一个不断出现新情况的过程,因此,这就要求律师应当具有很强的应变能力,以对付临时出现的新情况。只有解决了这个问题,才能使辩护取得最佳的效果。现对此问题作如下探讨和阐述。

一、应变能力的内容

所谓应变能力,是指律师对在庭审或法庭辩论中出现的新情况作出敏捷、快速、准确反应的能力。其中,包括观察能力、分析能力、判断能力和表达问题的能力等。所谓应变,是指相机适应新的变化。所谓观察问题的能力,是指洞察问题的能力;分析问题的能力,是指分辨和理解问题的能力;判断问题的能力,是指判明和断定问题的能力;表达问题的能力,是指口述问题的能力。所谓能力,是指才能和技巧。应变能力表现在如下几个方面:

(一)对自己立论材料的应变

所谓对自己立论材料的应变,是指当发现自己立论的材料不足或使用不当时,快速地进行补充和修正。这表现在法庭调查中若发现了新证据,就快速地记录和补充进来;在法庭辩论中,若发现自己的论点还可以用新的事实、法律依据或事理帮助进行论证,快速地使用它们加强论证。这样做,就能使自己的辩护变得更持之有据,论证更充分有力。

(二)对公诉人发言的应变

在一般情况下,公诉人对在起诉书中指控被告人的犯罪事实和罪名是不会改变的,但是,在某些情况下,公诉人可能追加部分犯罪事实,甚至会出现认

---

* 本文刊载于《广西律师》1994 年第 2 期。

定新的罪名。面对上述的变化情况，律师必须迅速作出反应。处理的方法有：

一是要求公诉人当场出示新的证据，并当庭核实。如果证据客观真实，足以认定，就应当默许。但是，可寻找有利于被告的从轻、减轻或免除其刑事责任的材料。如果公诉人使用的证据与证据之间有矛盾，不足以证明犯罪事实存在，应快速地指出事实不清、证据不足，为被告人作无罪辩护。

二是当律师认为公诉人追加犯罪事实缺少证据或证据不足时，就应当立即向合议庭提出补充调取证据的意见，并建议合议庭暂时休庭，待调取了新证据以后，再开庭审理，以保证审判得到公正、合法、正确的效果。运用上述方法，律师能变被动为主动，从不利转为有利。这既能使公诉人将追加的部分事实或罪名建立在客观事实的基础之上，帮助合议庭正确适用法律，又能有效地维护被告人的合法权益。

在公诉人对律师的辩护意见或某个问题的论证进行反驳时，律师应当仔细地听清其反驳的理由和根据，经过分析、判断后，马上运用已有的证据或临时想到的理由或根据进行反驳，使对方及时得知自己的观点。这种你来我往的辩论可能要进行几轮，但是，只要律师认为有进行辩驳的必要，就应当继续进行，当然，在事实已经辩明或审判长告知不要继续进行辩论的情况下，律师可以主动停止与公诉人的辩论。

(三) 对被告人供述和辩解的应变

律师在调阅案卷和会见被告人以后，一般都会了解到案情、证据和他的主张。一般说来，在庭审中，被告人陈述的内容和辩解不会发生变化，但是，有些时候，因种种原因可能发生变化。对这种变化，律师就应当迅速地作出反应，及时地作出分析和判断，并发表自己的看法。例如，被告人在庭审时翻供，而且翻供有充分的理由和依据，在这种情况下，律师就应当重新对此问题进行分析和判断。经过分析和判断，若认为翻供确属有理有据，律师就应当及时采取合理、合法、不失分寸的应变对策，帮助被告人进行辩解；如果公诉人还一味地否定被告人翻供的理由和依据，并指责被告人认罪态度不老实，是无理狡辩等，此时，律师就应当据理辩驳，并要求公诉人就否定被告人翻供进行举证。对此问题，既应当指出在没有事实和证据否定被告人翻供以前，不能指责被告人"态度不老实"，也可以要求合议庭暂时休庭，在调取了新的证据以后再行开庭审理。

(四) 对同案其他被告人及其委托的律师观点的应变

在共同犯罪案件中，一般来说，同案被告人及其委托的律师也会参加庭审。在庭审中，同案被告人及其委托的律师为维护被告人的合法权益，有时会提出涉及加重己方被告人罪责的意见。遇到这种情况，律师可以采取两种方法：一是及时提醒己方被告人与对方被告人进行辩论；二是自己及时同对方律师进行辩论；三是及时与对方被告人进行辩论。辩论的中心应始终围绕着分清各自的罪责和有利于己方被告人的权益进行，但是，要注意既不应对对方被告人进行无理指控，也不应对对方律师搞人身攻击。实践证明，双方争辩的问题，大多是在谁是主犯或从犯等的问题上展开。

（五）对审判长工作的应变

在法庭调查中，应注意审判长对被告人的提问，并作好记录。对辩护词中没有的材料或证据，应当立即注意补充；对辩护词中内容薄弱之处，应当及时加以充实；当审判长未出示有利于被告人的证人证言、物证或书证时，应当及时提请审判长当庭出示和核实。所有这些，均是为了搞好法庭辩论，为有效地维护被告人的合法权益奠定基础。

二、律师怎样才能具备应变能力

律师的应变能力，是由观察、分析、判断和表达等能力组成的综合能力。律师若想具备这种综合能力，就应当从多方面进行努力，笔者试就几个主要方面作如下研讨和阐述：

（一）精通法律

精通法律，既包括律师熟知与自己承办的案件有关的法律、法规、条例、司法解释等内容，还包括正确地理解它们的含义。只有这样，才能在辩护过程中，遇到出现的新情况，能快速地援引法律，敏捷地阐明法律的真实含义，并将它们作为维护自己观点的依据。要达到这个目的，就要求律师加强法律知识的学习，使自己具有丰富的法律专业知识；同时在庭审前，应查阅与自己承办案件有关的法律条款，并反复琢磨其含义。一般说来，应当把有关的条款抄录下来，以备应变时随时使用。在庭审前，若对与自己承办案件有关的法律不清楚或理解感到困难，应当请教有关的专家、教授，补充收集法律条款，加深对法律条款的理解，这样就为应变时迅速地适用法律条款和阐明为何这样适用打下坚实的基础。

（二）熟知案情和证据

熟知案情，既包括熟知案件发生、发展和结果的整个情况，又包括被告人的履历和认罪、悔罪（被告人行为已构成犯罪者）的情况。只有熟知案情，在与公诉人进行辩论时，才能在遇到新情况时根据需要快速地运用案情中的某种事实进行反驳或证明自己观点正确。熟知证据，既包括熟知证明被告人无罪、从轻、减轻或免除刑事责任的证据,又包括熟知被告人有罪、从重、加重被告人刑事处罚的证据。只有熟知证据,才能在辩护词中准确地运用证据;在与公诉人进行辩论时,根据需要快速地使用证据,或据此对其论点进行辩驳,或据以证明自己的观点正确。要熟知案情和证据,就要仔细地查阅案卷,及时地会见被告人,深入地进行调查取证,仔细地听取法庭调查中审判长对案情和证据的核查以及注意出现的新事实、新证据,并作简要的记录,以备待用。

(三) 平时应加强听力和迅速反应能力的训练

所谓训练是指参加培训和锻炼。律师只有具备很强的听力,才能很快地听清楚公诉人反驳的观点,从而得到准确的信息;只有具备迅速反应的能力,才能快速地理解公诉人反驳的用意,继而决定应采用否定或者是默许的态度。上述能力的取得,只能通过在律师实务中注意加强培训和锻炼才能实现。

(四) 平时应加强观察、分析、判断、表达等能力的修养

加强观察、分析、判断、表达等能力的修养,既包括律师在平时加强有关专业知识的学习,又包括在平时对这些能力的锻炼,只有经过上述努力,使自己具备很强的观察、分析、判断和表达能力,才能快速地发现他反驳的问题是什么,分析出其用意,判断出正误,尽快确立自己的辩驳观点和决定采取什么作为依据,进而用流利、准确的语言进行辩驳。律师要使自己具有很强的观察、分析、判断能力,平时就必须经常结合律师实务学习马列主义的辩证唯物主义理论,并在律师实务中做到学以致用,不断地加强这方面的锻炼,并逐步取得成效。律师要使自己具有很强的表述能力,在平时就必须结合律师实务加强语言和讲演专业知识的学习,并在律师实务中学以致用,使自己逐步具备口齿清楚,用词准确、说话流畅的才能。

完善刑事诉讼法，强化辩护权[*]

1996年的《刑事诉讼法》（以下简称《刑诉法》）与1979年的《刑事诉讼法》（以下简称原《刑诉法》）相比，由164条增至225条，增加了61条，多了37%。纵观两法，《刑诉法》比原《刑诉法》在保障人权和增加诉讼程序操作以及维护司法公正等方面均有较大的进步，是一部适合当时中国国情的、先进的刑事诉讼法。但对于律师辩护权的规定仍有改进空间，故笔者特撰此文，供学界同仁研讨，供立法机关参考。

一、辩护律师在刑事诉讼中的地位及重要作用

刑事诉讼由控、辩、裁三方构成，在裁判方主持和有关诉讼参与人的参加下，控、辩双方从立案、起诉到审判的一系列诉讼行为，推动并完成诉讼活动。刑事辩护律师是辩方的重要力量之一，是法定的诉讼参与人，在整个刑事诉讼活动中，处在十分重要的地位，起着诸多方面的作用。

（一）辩护律师是被追诉者合法权益的维护者

根据《刑诉法》，被追诉者有对被控告犯罪的知情权，有为自己作无罪、罪轻辩解的辩护权，有对采取强制措施不服的申诉权，有对刑讯逼供的控告权，有聘请律师解答法律咨询和为自己辩护的帮助权，有与聘请的律师见面的会见权，有对侦查、公诉人员讯问的辩解权，在法庭上有质证权、辩论权和最后陈述权，对一审判决不服有法定上诉权等。而现实中，绝大多数被追诉者根本不知道自己享有哪些诉讼权利；有的虽然知道自己享有法定的全部或者一部分诉讼权利，但是不懂得如何依法维护自己的合法权益；有的不会或者不善于维护自己的合法权益；等等。而辩护律师作为既熟知宪法、刑事诉讼法和其他相关法律，又具有刑辩专业技能的专业人员，只要接受被追诉者的聘请后，就能依据法律规定和专业技能，根据事实和法律，为他们解答法律咨询，代理申诉、控告，代为申请取保候审；收集证据，根据事实和法律，提出证明被追诉者无罪、罪轻或者减轻、免除其刑事责任的证据；在法庭审判阶段，帮助被告

---

* 本文原标题为"早修刑诉法，强化辩护权"，刊载于《人权法评论》2009年5月。

人进行辩解、辩论和发表辩护词等维护其合法权利。凡此种种,均表明辩护律师是被追诉者合法权益的维护者,能起到与其职责相符的重要作用。

(二) 辩护律师是诉讼活动深入进行的推动者

刑事诉讼中的控、辩双方同等重要,且对推动刑事诉讼活动的进程缺一不可。在审查起诉阶段,辩护律师经过了解案情、提出侦查机关移送起诉的证据不足,促使检察机关或者使其让侦查机关补充证据;在审判阶段,经过调查取证,提出公诉机关指控犯罪的事实不清、证据不足,促使其将案件撤回交由侦查机关(或者自侦部门)补充侦查;被告人对一审判决不服,经其同意协助他们上诉等,所有这些均表明辩护律师是诉讼深入进行的推动者,能起到促使诉讼活动高质量进行的作用。

(三) 辩护律师是刑事诉讼中止或者终结的帮助者

刑事诉讼是一个由立案到审判逐渐深入的活动。侦查、起诉、审判人员,对案情都有一个由表入里、由片面到全面的认识过程。从立案阶段开始到侦查阶段,辩护律师通过会见犯罪嫌疑人了解到有关案情和证据,对于犯罪嫌疑人的行为只属于违法不构成犯罪的,对于符合正当防卫和紧急避险法定条件的,帮助他们依法进行辩解;若其辩解意见既有事实依据又合法合理并被侦查机关采纳,侦查机关就会撤销案件,终止刑事诉讼。在审查起诉阶段,若辩护律师也做了上述工作,并提出了辩护意见,符合无罪不起诉、法定不起诉、微罪不起诉或者证据不足不起诉条件的,检察机关采纳后作出不起诉决定时,刑事诉讼终结或者中止。在一审过程中,经过法庭审判,合议庭采纳了辩护律师的辩护意见,并作出宣告被告人无罪、罪轻或者从轻、免除刑事责任的判决,案件在一审阶段暂告终结。在二审阶段,辩护律师帮助被告人进行辩护,促使二审法院改判或者维持原判,也可使刑事诉讼终止。由上可见,辩护律师是促使刑事诉讼中止或者终结的帮助者,在相当大的程度上能够起到尽早结束诉讼、节省诉讼资源的作用。

(四) 辩护律师是控、辩力量平衡的调解者

控、辩平衡是现代刑事诉讼所具有的民主性、文明性、公正性、公道性、人道性等特征的体现。在纠问式诉讼中,追诉者以强大的国家权力为后盾,为达到追诉目的,有时出入人罪,有时重罪轻判等;被追诉者属于追诉的客体而不是主体,不享有任何诉讼权利,无控辩力量平衡可言。随着社会的发展、社会文明的进步,出现了诉讼职权主义和诉讼当事人主义。在职权主义诉讼中,法律赋予被追诉者享有辩解权、辩护权、上诉权和聘请辩护人特别是律师为自己辩护的权利,与纠问式诉讼相比有了很大进步。但是,被追诉者在诉讼过程

中，与拥有强大人、财、物力量的控方相比，仍处于弱势地位。为了全面实现诉讼公正，英美法系国家实行当事人主义诉讼，追求控方与辩方力量的平衡。控辩平衡是刑事诉讼程序的核心要求，是实现司法公正的保障。从理论上讲，控方的控权不应当享有当然的优势，但实际中这种优势仍然存在。为改变这种状况，英美法系国家规定控方不得强迫被追诉者自证有罪；当被追诉者行使沉默权时，不得刑讯逼供；不得采用违法搜查、扣押、查封等方法取证，并实行非法证据排除原则；对证明被追诉者有罪、罪重等事实，控方必须承担举证责任和证明责任。为强化辩方防御之权，被追诉者享有无罪推定原则下的许多权利，如有不被强迫自证有罪之权，沉默权，对违法讯问、搜查、扣押、拘禁等均有控告权和要求有关机关对行为人进行查处等权利。

我国《刑诉法》第12条的规定，虽然不是无罪推定原则，但是，吸收了无罪推定原则的合理内容；《刑诉法》第140条规定，对证据不足的可以作出不起诉决定；《刑诉法》第162条第（三）项规定："证据不足，不能认定被告人有罪的，应当作出证据不足、指控的犯罪不能成立的无罪判决。"凡此种种，都体现了无罪推定的精神。在一审庭审过程中，《刑诉法》将原《刑诉法》规定由法官包揽讯问被告人和出示证据等做法，改变为在法官的主持下由公诉人提出指控主张，逐一出示物证、书证、证人证言、被害人陈述、视听资料、鉴定结论等各种证据，并供被告人查看、审查和质证、辩论。虽然我国《刑诉法》为实现控、辩力量平衡做出了努力，但是，条文不多，力度不够，尚需补充和完善。在刑事诉讼中，辩护律师有权据实依法为增强防御力量尽职尽责工作，如帮助被追诉者收集证明无罪或者罪轻的证据；指出采取逮捕强制措施的证据不足，起诉的证据不足，控方搜查、扣押、查封违法等；为被追诉者代理控告违法收集证据和刑讯逼供者；在法庭审判中帮助被告人核实、查验、辨别控方提交的证据真伪，为被告人进行无罪、罪轻或者减轻、免除刑事责任辩护；征得被告人同意后，协助他上诉；等等。上述诉讼行为，均是刑事诉讼律师为实现控、辩力量平衡所起的重要调节作用。

（五）辩护律师是法律权威的捍卫者

法律权威是法律得以实现的内在要求。刑事诉讼法的权威表现为控方的侦查人员、公诉人、辩方的被追诉者及辩护人和裁判方的法官都应当严格依据刑事诉讼法的规定进行诉讼活动。任何人违反刑事诉讼法行使职权或者行使权利均构成对刑事诉讼法权威的损害，均应被禁止或者受到处罚。实行依法治国，建设社会主义法治国家，必须做到有法必依、执法必严、违法必纠。在刑事诉讼中，有个别公安机关，为了保护地方利益，违反管辖的规定，将无权管辖的案件强行立案和侦查；有的侦查人员将符合刑事诉讼法规定应当取保候审的犯罪嫌疑人采用逮捕措施；少数侦查、起诉人员违反《刑诉法》第43条的规定对被追诉者刑讯逼供和以威胁、引诱、欺骗以及其他非法方法收集证据；检察机关对应当不起诉的案件作出起诉决定；人民法院应当作出证据不足、指控犯罪不能成立而作出有罪判决；人民法院对被告人依法上诉的权利采用种种方法剥夺等，都是损坏刑事诉讼法法律权威的行为。辩护律师通过正常渠道据实依法代理被追诉者控告上述各种违法行为，阻却或者建议上级有关机关制止该违法行为等，就能尽到捍卫刑事诉讼法权威的职责，发挥其应有的重要作用。

（六）辩护律师是司法公正的践行者

司法公正是刑事诉讼追求的理想目标，也是辩护律师为此尽职尽责要达到的目的。刑辩律师接受被追诉者的委托和授权，对依法应当取保候审的被追诉者提出法定的事实和理由；对应当回避的侦查、起诉或者审判人员提出回避申请；对超期羁押的被追诉者提出纠正违法的意见；对询问不满18周岁的证人未通知其法定代理人到场申请通知他们到场；对应当依法公开审判的案件不公开审判或者依法不应当公开审判的案件进行公开审判提出异议；对在法庭审判中该出示、质证的证据不出示、质证时要求出示、质证；对无罪、定罪不准或者错误的指控提出辩护意见；对判处的刑罚提出从轻、减轻或者免除刑事责任的建议；对不服一审判决的被告人协助其上诉等，以及前述辩护律师所作的种种辩护工作，都是践行司法公正的具体行为。当然，辩护律师对控方收集的证据确实属实不反对；对控方指控的罪名定性准确表示默认；对控方针对辩方提出的辩驳如果合法有理而不与之狡辩；对在审判中的合法行为表示认同；对法官主持、指挥、引导审判的行为表示尊重和服从等，也都是践行司法公正的行动，对实现司法公正均具有重要作用。

二、修改《刑诉法》中刑辩条款的必要性

1996年《刑诉法》实施至今已经九年，我国政治、经济、文化等事业都取得了重大业绩，社会生活也发生了巨大变化，与《刑诉法》有关的诸多法律（如《刑法》）为适应新形势、新情况也已作了补充或者修改，而《刑诉法》却一字未变。为适应依法治国、建设社会主义法治国家的要求和及时解决律师在刑事辩护中出现的新问题，修改《刑诉法》中有关律师辩护条款已迫在眉睫，且越早越好。其理由如下：

（一）与原法相比，《刑诉法》中对律师辩护权的规定存在不足

据笔者查对，原《刑诉法》规定律师辩护的条文共计17条（第8、10、23、26、27、28、29、30、36、110、113、114、115、116、117、118、129

条);《刑诉法》规定的条文共计 23 条（第 19、14、28、32、33、34、35、36、37、38、39、47、96、151、154、155、156、157、159、160、175、176、180 条）。二者相比,《刑诉法》增加了 6 条。

将两法规定的条文对比分析,原《刑诉法》中的第 8 条与《刑诉法》第 11 条、第 10 条与 14 条、第 23 条与 28 条、第 26 条与 32 条、第 27 条与 34 条、第 28 条与 35 条、第 29 条与 36 条、第 30 条与 39 条、第 36 条与 47 条、第 110 条与 151 条、第 113 条与 154 条、第 114 条与 155 条、第 115 条与 156 条、第 116 条与 157 条、第 117 条与 159 条、第 118 条与 160 条、第 129 条与 180 条规定的内容相同。

《刑诉法》增加的第 33 条规定:"公诉案件自案件移送审查起诉之日起,犯罪嫌疑人有权委托辩护人。自诉案件的被告人有权随时委托辩护人。""人民检察院自收到移送审查起诉的案件材料之日起三日以内,应当告知犯罪嫌疑人有权委托辩护人。人民法院自受理自诉案件之日起三日以内,应当告知被告人有权委托辩护人。"从此条两款规定的内容观之,仅仅规定了犯罪嫌疑人和被告人在人民检察院或者人民法院自收到案件材料之日起三日内有权委托辩护人,这只是在委托辩护人的期限方面作出了明确规定,有利于被追诉者早日委托辩护律师并得到他们的法律帮助。

《刑诉法》增加的第 38 条规定:"辩护律师和其他辩护人,不得帮助犯罪嫌疑人、被告人隐匿、毁灭、伪造证据或者串供,不得威胁、引诱证人改变证言或者作伪证以及进行其他干扰司法机关诉讼活动的行为。"由于侦查、检察、审判人员和律师对此条中规定的"威胁""引诱"证人"改变证言"的理解不同,侦查人员、检察人员往往出自控方的眼光和习惯,对辩护律师本来不属于"威胁""引诱"证人的行为进行控告,而审判人员也采信并适用《刑法》第 306 条,律师界出现了"谈刑辩色变""讲伪证心惊"的畏惧、胆怯心理,许多律师不敢或者不愿冒风险办理刑辩案件。笔者认为,对于这项法律条文的司法适用,公检法三机关应统一标准,慎重处理。

《刑诉法》增加的第 175 条规定:"适用简易程序审理公诉案件,人民检察院可以不派员出席法庭。被告人可以就起诉书指控的犯罪进行陈述和辩护。人民检察院派员出席法庭的,经审判人员许可,被告人及其辩护人可以同公诉人相互辩论。"第 176 条规定:"适用简易程序审理自诉案件,宣读起诉书后,经审判人员许可,被告人及其辩护人可以同自诉人及其诉讼代理人互相辩论。"这两条规定了辩护律师在公诉案件简易审和自诉案件简易审中享有的权利。鉴于在公诉案件和自诉案件适用普通审程序中,辩护律师也享有与公诉人或者自诉人相互辩论之权,名义上是增加了条文(只是增加了简易程序),但实际上辩护权利并没有增加。

《刑诉法》增加的第96条规定:"犯罪嫌疑人在被侦查机关第一次讯问后或者采取强制措施之日起,可以聘请律师为其提供法律咨询、代理申诉、控告。犯罪嫌疑人被逮捕的,聘请的律师可以为其申请取保候审。涉及国家秘密的案件,犯罪嫌疑人聘请律师,应当经侦查机关批准。""受委托的律师有权向侦查机关了解犯罪嫌疑人涉嫌的罪名,可以会见在押的犯罪嫌疑人,向犯罪嫌疑人了解有关案件情况。律师会见在押的犯罪嫌疑人,侦查机关根据案件情况和需要可以派员在场。涉及国家秘密的案件,律师会见在押的犯罪嫌疑人,应当经侦查机关批准。"细观此条两款之规定,除了允许辩护律师有权在侦查阶段可以接受犯罪嫌疑人的聘请并能会见和了解罪名及与案件有关情况,以及有权代其申诉、控告以外,还规定了涉及国家秘密的案件,辩护律师会见须经侦查机关批准,而且必要时,侦查机关还可以派员在场。由于种种原因,实践中大量存在着辩护律师很难会见犯罪嫌疑人的情况,而即使争取到会见机会,绝大多数情况下,侦查人员也会在场进行监听。因此,笔者认为,第96条在形式上是将犯罪嫌疑人享有律师帮助的时间由原《刑诉法》规定在审判阶段提前到侦查阶段,但实质上很难享有甚至无法享有律师有效的法律帮助,特别是在有侦查人员在场的情况下更是如此。

最后,再审视《刑诉法》第36条和第37条的规定。第36条第1款规定:"辩护律师自人民检察院对案件审查起诉之日起,可以查阅、摘抄、复制本案的诉讼文书、技术性鉴定材料,可以同在押的犯罪嫌疑人会见和通信……"此款规定适用审查起诉阶段。第36条第2款规定:"辩护律师自人民法院受理案件之日起,可以查阅、摘抄、复制本案所指控的犯罪事实的材料,可以同在押的被告人会见和通信……"此款规定适用于审判阶段。根据《刑诉法》第150条规定,人民法院收到检察机关移送的第一审案件的材料中只有载有明确的指控犯罪事实的起诉书和证据目录、证人名单、主要证据复印件或者照片,因此,辩护律师仅仅能"查阅、摘抄、复制"这些犯罪事实材料。就第36条第1款而言,虽然允许辩护律师参与诉讼的阶段由原《刑诉法》规定的第一审提前到审查起诉阶段,但是,只能"查阅、摘抄、复制"本案的拘留证、逮捕证等诉讼文书和伤情、痕迹、毒品等技术鉴定材料,这些对于被告人权利而进行辩护来说,时间上迟早一点并无多大作用,也就是说,增加此款规定作用不大。就第36条第2款而言,由于原《刑诉法》第29条规定"辩护律师可以查阅本案材料,了解案情……",辩护律师能够"查阅本案全部案卷材料",与《刑诉法》第36条第2款、第150条规定能够了解的案件材料相比,原《刑诉法》辩护律师的权利更大。换言之,新修改的《刑诉法》第36条第

2款和第150条规定的辩护律师享有了解案件情况的权利反倒缩小了。

综上观之,《刑诉法》对辩护律师权利的规定仍有待完善,正因为如此,实践中才必然出现辩护律师会见难、了解案情难、调查取证难、辩护难诸多困难。近几年来,许多律师不愿承办刑事案件,甚至"谈刑辩色变",而且有律师参加辩护的案件只占整个刑事案件的3%~7%。由于辩护律师受被追诉者的委托旨在维护他们的合法权益,辩护律师的前述诸多诉讼权利被限制或者被剥夺,实质上是损害了被追诉者应当享有的诉讼权益,说到底,是削弱了辩护方的防御权,造成了控、辩力量严重失衡,从而也损害了司法公正。

由于《刑诉法》规定出现上述问题,开展刑辩工作困难重重。为了改变这些困境,最高人民法院、最高人民检察院、公安部等六机关曾于1998年1月19日制定了《关于刑事诉讼法实施中若干问题的规定》(共48条),其中有关律师辩护的只有8条。对律师辩护而言,这些规定只能解决小问题,不能解决重要问题;只能解决眼前问题,不能解决长远问题;只能解决枝节问题,不能解决根本问题;只能解决形式问题,不能解决实质问题。而要想真正、实质上解决律师辩护工作存在的诸多问题,笔者认为,最佳办法就是早日修改《刑诉法》。

(二)律师辩护规定的域外借鉴

对于刑事辩护,其中包括律师辩护工作,许多国际司法文件和某些国家以及我国香港特区的法律都十分重视,并规定了相当有力、明确的条款。遵照我国对外实行改革开放的方针和借鉴人类先进文明成果的原则,我国立法机关、刑事诉讼法学界均应自省,寻找差距,合理借鉴,修改《刑诉法》,以与世界法治建设步伐趋同。现就有关问题略述如下:

1. 关于辩护律师会见被追诉者的诉讼地位问题

联合国《公民权利和政治权利国际公约》第14条第3款规定:"在判定对他提出的任何刑事指控时,人人完全平等地有资格享受以下的最低限度的保证:(甲)迅速以一种他懂得的语言详细地告知对他提出的指控的性质和原因;(乙)有相当时间和便利准备他的辩护并与他自己选择的律师联络……"由此可见,任何人被指控,都有权选择为自己进行辩护的律师,即辩护的人属于辩护律师。联合国《保护所有遭受任何形式拘留或监禁的人的原则》第11条规定:"……被拘留人应有权为自己辩护或者依法由律师协助辩护。"此条所称协助辩护的律师属于辩护律师,不属于我国《刑诉法》第96条规定的提供法律帮助的律师。联合国颁布的《关于律师作用的基本原则》第1条规定:"所有的人都有权请求由其选择的一名律师协助保护和确定权利并在刑事诉讼的各个阶段为其辩护。"笔者认为,此条规定的"刑事诉讼的各个阶段",自然包括"侦查阶段";"辩护",当然是担任辩护的"律师"刑事辩护权。相比之下,我国《刑诉法》第96条规定的只是律师为犯罪嫌疑人提供法律帮助,他的诉讼地位不是辩护律师的地位,最多也只能视为"准辩护人"。虽然有的学者称其为"辅佐人",有的称其为"法律帮助人"等,但都不认为是"辩护律师"。可见,我国《刑诉法》第96条规定的律师诉讼地位与上述联合国司法文件规定的诉讼地位有相当大的差距。

2. 关于第一次会见的时间问题

《关于律师作用的基本原则》第7条规定:"各国政府还应确保,被逮捕或者被拘留的所有的人,不论是否受到刑事指控,均应迅速得到机会与一名律师联系,不管在何种情况下至迟不得超过自逮捕或拘留之时起的48小时。"与此相比,我国《刑诉法》却无这种时限规定。为弥补不足,虽然"六机关"制定的《关于刑事诉讼法实施中若干问题的规定》第11条规定:"律师提出会见犯罪嫌疑人的,应当在48小时内安排会见,对于组织、领导、参加黑社会性质组织罪、组织、领导、参加恐怖活动组织罪或者走私犯罪、毒品犯罪、贪污贿赂犯罪等重大复杂的两人以上的共同犯罪案件,律师提出会见犯罪嫌疑人的,应当在五日内安排。"笔者认为,这种规定不是《刑诉法》的内容,有待于修改《刑诉法》时增加进去。

《意大利刑事诉讼法》第104条第2款规定:"被当场逮捕的人或者根据第384条的规定受拘留的人有权在逮捕或拘留后立即与辩护人会晤。"此条规定中的"立即"表明即刻、马上的意思。这种法言法语上的措辞值得借鉴。

3. 关于辩护律师在场权和保守会见秘密问题

关于侦查人员讯问犯罪嫌疑人时律师有权在场的问题,虽然联合国司法文件尚无规定,但是,有些国家的刑诉法或者判例已有所涉及。例如,世界刑法协会第十五届代表大会《关于刑事诉讼中的人权问题的决议》第19条规定:"羁押中的被告人有权与其律师秘密交谈,进行任何阶段的侦讯时,律师均有权在场。"《意大利刑事诉讼法》第350条第3款规定:"上述概要情况在辩护人的参加下讯问,司法警察应当及时向辩护人发出通知。辩护人有义务出席有关的讯问活动。"这里所指的辩护律师在场,是指对"未受逮捕或对被拘留的犯罪嫌疑人"[1]进行案情调查时在场。该法第356条规定:"被调查人的辩护人有权出席第352条和第354条规定的活动,有权出席第353条第2款规定的、经公诉人批准的直接开拆邮件的活动,但无权要求预先得知通知。"该法第352条、第354条和第353条第2款规定的内容,包括对人身、地点进行的

---

① 参见《意大利刑事诉讼法》第64条、第384条。

搜查、对地点、物品（第352条）和人员的紧急核查、扣押（第354条）以及对邮件的拆封（第353条第2款）。2001年11月22日通过的《俄罗斯刑事诉讼法典》第53条第1款第（4）项规定，辩护律师有权在"提出指控时在场"。美国通过米兰达诉亚利桑那州一案的判例，明确要求警官在讯问时告知犯罪嫌疑人有委托辩护律师的权利；无论在指控前或指控后，讯问时均应当有律师在场才能视为合法。① 在英国，当警官对犯罪嫌疑人进行讯问时，律师有权自始至终在场。② 以上国家刑诉法的规定及有关判例，对我国修改《刑诉法》均有借鉴作用。

4. 关于辩护律师与犯罪嫌疑人会见时的保密权问题

联合国《保护所有遭受任何形式拘留或监禁的人的原则》第18条第2款规定："应当允许被拘留人或被监禁人有充分的时间和便利与其法律顾问进行磋商。"该条第3款规定："除司法当局或其他当局为维护安全和良好秩序认为必须并在法律或合法条例具体规定的特殊情况外，不得中止或限制被拘留人或被监禁人接受其法律顾问来访和在既不被搁延又不受检查以及在充分保密的情形下与其法律顾问联络的权利。"该条第4款规定："被拘留人或被监禁人与其法律顾问的会见可以在执法人员视线范围内但听力范围外进行。"《关于律师作用的基本原则》第8条规定："遭逮捕、拘留或监禁的所有人应有充分的机会、时间和便利条件，毫无迟延地、在不被窃听、不经检查和完全保密情况下接受律师来访和与律师联系协商。这种协商可在执法人员能看得见但听不见的范围内进行。"1985年5月25日批准的《囚犯待遇最低限度标准规则》第93条规定："未经审讯的囚犯为了准备辩护，而社会上又有义务法律援助，应准申请此项援助，并准会见律师，以便商讨辩护，写出机密指示，交给律师……警察或监所官员对于囚犯和律师的会谈，可用目光监视，但不得在可以听见谈话的距离以内。"

与上述联合国司法文件规定相比，我国《刑诉法》不仅没有规定这些内容，反而在第96条规定："律师会见在押的犯罪嫌疑人，侦查机关根据案件情况和需要可以派员在场。"由此可见，我国《刑诉法》的这种规定急需改变。

2001年11月22日通过的《俄罗斯联邦刑事诉讼法典》第46条第4款第（3）项规定："自本法典第49条第3款第2项和第3项规定的时间起获得辩护

---

① 程味秋主编：《外国刑事诉讼法概论》，中国政法大学出版社1994年版，第61页。
② 陈瑞华：《刑事诉讼的前沿问题》，中国人民公安大学出版社2000年版，第291~292页。

人的帮助,并有权在第一次询问犯罪嫌疑人前单独会见辩护人,会见内容保密。"也就是说,律师会见犯罪嫌疑人时谈话的内容有权保密而不让警察听见。我国《刑诉法》却无此种规定。笔者认为,修改《刑诉法》时,应当吸收其合理内容。

5. 关于律师的阅卷权问题

《关于律师作用的基本原则》第21条规定:"主管当局有义务确保律师能有充分的时间查阅当局所拥有或管理的有关资料、档案和文件,以便使律师向其委托人提供有效的法律帮助。应当尽早在合适时机提供这种查阅的机会。"而我国《刑诉法》第36条第1款规定,在审查起诉阶段,辩护律师"可以查阅、摘抄、复制本案的诉讼文书、技术性鉴定材料";同条第2款规定,在审判阶段,辩护律师"可以查阅、摘抄、复印本案所指控的犯罪事实的材料"。相比之下,这些规定与上述第21条的规定有相当大的差距。在美国,联邦法院规定了一条"先悉权"原则。根据此原则,辩护律师可以查阅被告人向警察官员或大陪审团所作的陈述,尤其是在被告人声称他不能准确地记住他对检察官说了一些什么,而且自从作出陈述以来已经过了相当长时间的情况下,这样做是允许的。①《法国刑事诉讼法》第116条规定,律师选定或者被指定以后,可以到法院查阅案卷。上述美、法两国的规定,对我国修改《刑诉法》均有借鉴意义。

6. 关于庭审中律师享有言论豁免权问题

联合国《关于律师作用的基本原则》第20条规定:"律师对于其书面或口头辩护时所发表的有关言论或作为职责任务出现于某一法院、法庭或其他法律或行政当局之前所发表的有关言论,应享有民事和刑事豁免权。"笔者认为,这里规定的内容有四层含义:其一,律师对于其书面或口头辩护时所发表的有关言论,应当享有刑事豁免权;其二,律师对于其作为职责任务出现于某一法院、法庭之前所发表的有关口头言论,应当享有刑事豁免权;其三,律师对于其作为职责任务出现于法律公布之前所发表的言论,应当享有刑事豁免权;其四,律师对于其作为职责任务出现于行政当局成立之前所发表的有关言论,应当享有刑事豁免权。相比之下,我国《刑诉法》不但无此种规定,第38条规定的内容甚至与此相反。《英格兰和威尔士出庭律师行为准则》规定:"律师在法庭上的发言必须准确和真实。在通常情况下,律师对他在法庭中的言论享有豁免权。"同时还规定:"出庭律师在出庭的时候都必须对法院保持应有的礼貌。"《卢森堡刑法》第452条第1款规定:"(律师)在法庭上的发

---

① 李心鉴:《刑事诉讼构造论》,中国政法大学出版社1998年版,第229页。

言或向法官提交的诉讼文书，只要与诉讼或诉讼当事人有关，就不得对他提起任何刑事诉讼。"但有关法律同时规定："任何人如果恶意地否定宪法或法律的强制力，或者直接唆使他人违反宪法或法律，均应受到处罚。"日本有关法律规定，律师在法庭上进行辩护，即使其在证据不足的情况下为一位有罪的被告人作无罪辩护，也不负任何刑事责任。《德国律师法》第117条规定："不得因执行地区仲裁法院的程序而拘留、逮捕或审讯律师。"这些规定，值得我国修改《刑诉法》时予以借鉴。

我国香港特别行政区颁布的《香港事务律师执业行为操守指引》《香港大律师执业行为准则》和《香港事务所律师执业指令（1990）》等有关章节均明确规定："执业律师和事务律师在出庭代理诉讼时，对第三者不负诽谤罪法律责任。"而我国《刑诉法》却无此种规定。

7. 关于辩护律师申请证据保全问题

《日本刑事诉讼法》第179条规定："被告人、被疑人或者辩护人，在不预先保全证据将会使该证据的使用发生困难时，以在第一次公审日期前为限，可以请求法官作出扣押、搜查、勘验、询问证人的或者鉴定的处分。"笔者认为，此种规定对我国立法很有借鉴意义。

三、修改我国《刑诉法》的主要建议

《刑诉法》是我国的一项基本法律，它对规范其他法律（如《律师法》《人民法院组织法》《人民检察院组织法》《拘留逮捕条例》等）和有关公安司法解释（如《公安机关办理刑事案件程序规定》《人民检察院刑事诉讼规则》《最高人民法院关于执行〈中华人民共和国刑事诉讼法〉若干问题的解释》等）都有很大、很广泛的影响及指导作用。鉴于辩护律师在刑事诉讼中维护被追诉者权益具有重要作用和处于显要的诉讼地位，而我国《刑诉法》对辩护律师辩护地位的规定与其职业地位不太相符且其享有的权利甚少，以及由此造成的刑事辩护难以开展；又鉴于《刑诉法》的某些规定与联合国有关文件和某些国家刑诉法等有关法律、法规的规定相比，辩护律师的诉讼地位和享有的权利有相当大的差距，因此，笔者认为，很有必要提出一些修改《刑诉法》中关于辩护律师条文的规定。

（一）明确规定辩护律师在侦查阶段的诉讼地位是辩护律师，并享有相应的诉讼权利

1. 辩护律师在接受聘请并提出申请会见的48小时之内侦查机关应当安排会见，但涉密案件和重大复杂案件除外。

2. 在第96条第1款中补充规定："在第一次或者以后讯问犯罪嫌疑人时，

辩护律师有权在场。"

3. 在第96条的"……代理申诉、控告"之后增加"为其进行辩护"的内容。

4. 将第96条第2款中的规定修改为"辩护律师在会见在押犯罪嫌疑人时，侦查人员不应当在场和不应当监听"。

5. 在第96条之后，增加规定："辩护律师会见犯罪嫌疑人时有权录音和拍摄其受伤的照片。"

6. 增加规定："侦查人员在讯问时每次讯问不得超过4小时，每次之间应当相隔8小时。对违反此规定者，辩护律师有权记录下来并提交给侦查机关。"

7. 增加规定："辩护律师有权向犯罪嫌疑人告知并解释他们享有'不被强迫自证其罪权'和'沉默权'。"

8. 增加规定："侦查人员在讯问过程中不得采用折磨肉体、精神或者冻、饿、暴晒、侮辱人格等非法方法进行刑讯逼供。对上述侵犯犯罪嫌疑人权利的行为，辩护律师均有权代理犯罪嫌疑人提出控告和请求侦查机关处查处，并建议将由此取得的证据不用作追诉的证据采信。"

9. 增加规定："讯问犯罪嫌疑人应当同时由两名侦查人员进行，并有从开始到结束时的完整记录。对此未做到的，辩护律师有权向其所在机关提出意见。"

10. 增加规定："凡是犯罪嫌疑人写有供述犯罪或者交代同案人的情况或者陈述没有实施犯罪的文字材料，应当及时将复印件转交给辩护律师；若未转交，辩护律师有权索要；索要后，应当及时提供。"

11. 增加规定："侦查机关应当听取犯罪嫌疑人对移送起诉决定书的辩护意见，并完全记录清楚。辩护律师有权获取其辩护意见记录的复印件。对此，侦查机关应当提供。"

12. 增加规定："侦查人员进行人身检查、搜查、扣押、查封等强制性措施均应经人民法院批准，并有辩护律师在场。"

13. 建议删除《刑诉法》第36、37条的规定，并增加规定："在侦查阶段辩护律师有权调查和获取物证、书证的权利；有随时向证人、被害人调查取证的权利。有关单位人员有义务配合。"

14. 增加规定："辩护律师有权申请侦查机关保全证据。"

(二) 在审查起诉阶段

1. 增加规定："辩护律师会见犯罪嫌疑人无须检察机关批准。"

2. 增加规定："检察人员讯问犯罪嫌疑人时适用侦查人员讯问中受到禁止

的诸项规定。"

3. 增加规定："辩护律师会见犯罪嫌疑人时享有侦查阶段第 4、5、6、7、8、9、10、13 条规定的权利。"

4. 增加规定："自辩护律师收到起诉书之日起,有权查阅侦查机关向人民检察院移送的全部案卷材料。"

5. 增加规定："在向被告人送交起诉书时的 48 小时内,将起诉书副本送交辩护律师一份。"

6. 增加规定："在一审审判前,承办案件的公诉人与辩护律师应当相互交换各自掌握的证据材料,但是涉及国家机密的材料除外。"

（三）在审判阶段

1. 增加规定："辩护律师享有在侦查阶段享有的第 13 条规定的权利。"

2. 增加规定："辩护律师对其向法庭提交的辩护词和在辩论中的发言享有豁免侮辱、诽谤罪的权利,但是,辩护律师应当尊重公诉人和法官的职业行为。"

3. 增加规定："人民法院在控诉罪名改变后应当重新开庭,并听取辩护律师的意见。"

4. 增加规定："合议庭在判决书中对不予采纳辩护律师的辩护意见应当逐条阐明其事实、法律依据和理由。"

5. 增加规定："辩护律师提出侦查、检察人员使用刑讯逼供等非法手段获得的证据材料,经调查核实属实后不应采信和用作定案的根据。对辩护律师提交的书证、辩护意见和理由等应当附卷。"

6. 增加规定："一审审判后,人民法院应当在 48 小时内将判决书副本一份寄送给本案的辩护律师。"

附录

跃上葱茏几多旋[*]

——记中国政法大学《政法论坛》
（学报）前主编、编辑学家周国均

周国均，男，汉族，1942年出生，湖北鄂城县（今鄂州市）人。1967年毕业于北京政法学院，先后在广西玉林地区公安处、广西政法干校工作，1979年考回北京政法学院（中国政法大学前身）攻读硕士学位，毕业后留校分配至学报编辑部，历任副主编、主编，兼任第六律师事务所律师。全国高校文科学报研究会成立后，任研究会常务理事兼财务委员会主任。1997年11月调中国法学会任《中国法学》杂志主编。

周国均生长在湖北鄂城县司徒庙祖坟头村农民家庭，在艰难中度过了童年时光。解放后，得以上学。凭着勤奋和聪颖，从小学到初中，不断跳级，最后被保送入鄂州高中，还担任了学生会主席、校团委会宣传委员，成为12名"红旗标兵"学生之一。由于家庭经济困难，无力承担他在校的每月7元钱生活费，父亲多次要他回家务农。对知识的强烈渴望促使他顽强求学。为了筹措生活费，每个星期天他组织全班同学一起勤工俭学，或到鄂城钢厂挑煤，或去江边挑砖。在艰苦的磨练中，培养了意志和毅力，也为他以后在人生道路上不断攀登，积蓄了强大的精神力量。

为了提高写作能力，周国均常常对《人民日报》《中国青年报》等报刊上的好文章进行分析，琢磨这些文章的谋篇布局，并经常自己命题作文。老师见他这么爱好写作，就主动为他批改习作，还将他写的文章作为范文向学生宣读。电影和文艺作品中刚正不阿的包公和现代机智忠诚的侦察员形象，使少年

---

[*] 本文是全国高校文科学报45位有突出成绩的编辑访谈录之一。本文摘自龙协涛、胡梅娜主编：《润物细无声——社科学报编辑专家耕耘录（续集）》，河南大学出版社1998年版，第8~13页。

周国均为之心仪,立志要做一个法律工作者,为老百姓主持公道。1963年,他如愿以偿地考入全国重点大学之一的北京政法学院政法系,从此和法学结下了不解之缘。1967年大学毕业时,身为党员、班长的周国均响应党的号召,奔赴边疆广西,在那里从事公安工作,一干就是十来年。1979年,当他得知"文革"期间被"砸烂"的母校刚刚复校,即将招收第一批硕士研究生时,已经36岁的周国均毅然考回母校,攻读刑事诉讼法学硕士学位。三年苦读,毕业后留校到学报工作。

周国均深知政法学报是反映学校教学、科研的窗口,也是为国家立法、执法、司法提供建议和指导的重要渠道。因此,他提出如下办刊方针:

第一,在坚持党的四项基本原则的前提下贯彻"双百"方针。法学研究直接关系着国家法制建设实践,直接服务于经济建设,服务于统治阶级的政治目标,因此,必须严格掌握学报的政治方向,掌握稿件的政治标准。多年来,他和编辑部一班人防微杜渐,不放过任何有错误政治倾向或有模糊不当提法的稿件,在历次检查中均未发现有任何问题,得到司法部的肯定。同时,在建设有中国特色社会主义的新形势下,法制建设和法学理论都在迅速发展,学报必须及时反映和推进法学研究的新进展,排除来自"左"或"右"的干扰,坚定地贯彻"双百"方针。多年来,对于新兴的法学分学科,对于不同学说,对于解决现实问题的不同见解,特别是关于立法建议的稿件,凡有采用价值的,都不拘一格,支持发表。

第二,坚持学术性。学报是高层次的学术期刊,必须充分体现学术性,及时反映和占据法学研究的前沿。周国均认为在学术上有所建树、能够说明一定问题、有一定分量的稿件,在篇幅上不能过分限制,因此,《政法论坛》常不惜篇幅,刊登确有价值的长篇巨著。法学是应用学科,但在法学基本理论方面,中外都有源远流长的理论学说,反映法学基础学科的研究成果,也是学报学术性的体现。《政法论坛》重视基础学科的稿件,特别是在法史成果难以找到发表园地的情况下,始终为法史稿件提供一定的篇幅,使法史研究为现实的社会主义法制建设提供借鉴。法学基本理论研究的深入是法学各学科得以发展的根本,《政法论坛》始终重视法学基本理论,在篇幅上加以保证,使不少有建树、有深度的法理研究成果得以发表。同时,重视中外法学学术交流,注意反映国外法学研究成果和法制建设实践的新进展。

第三,坚持学报特色。周国均在学报特色上主要抓好三点:一是理论联系实践。法学是应用学科,容易产生重应用而轻理论的偏向,《政法论坛》重视理论研究,对法学各学科的最新理论成果都及时反映,体现了浓厚的理论氛围,与此同时,对于法制建设、立法、执法、司法实践中的新情况新问题,都及时组织稿件,从理论上作出总结,作出回答。如关于刑法修改、行政诉讼法的颁布以及经济法领域中的一些法律现象等,都刊发了既有理论又有实际指导意义的稿件,因而深受理论界和实务界的关注和欢迎。二是突出强项,体现本校特点。中国政法大学在刑事诉讼、民法、法史、行政法、国际法等学科方面,历来都拥有较强的实力,拥有各该学科的带头人,学报注意重点支持这些学科,及时反映这些学科的新进展,形成了自己的特点。三是营造学报的特色形象。在信息激增的新形势下,容易追求"短平快",追求学报的社会化,《政法论坛》始终注意长稿与短稿相结合,给长稿以必要的篇幅;始终注意以内稿为主,并适当采用外稿;始终注意反映重大理论问题和法制实践中的具体问题相结合,做到理论与实践互为促进;始终注意以理论成果来反映政治生活中的大事,而不以应景文章塞责。在学报形式上,一直注意大方、朴实、庄重,符合政法学报的性质。由此,学报一直体现出凝重的富有学术氛围的特色。

这些年来,《政法论坛》受到多方好评,时有读者来信赞誉,多次受到司法部的肯定,认为刊物政治方向稳,文章质量高。安徽、浙江、河南、黑龙江等十多个省的高级职称评审委员会都将在《政法论坛》上发表论文作为评定本省正、副高级职称的重要依据之一。1997年《新闻出版报》以《时代性、学术性、开放性》为题撰文评赞《政法论坛》的三个特点,该文提出:所谓时代性,即从我国国情出发,着力研究社会主义市场经济建设中出现的新情况、新事物和急需创建完善的法律法规等,从理论高度探讨公安司法实践中遇到的热点、难点和重点问题。如专邀法学界著名专家、教授和公、检、法、司机关的负责人笔谈修改后的新刑法;发表了《制订民法典的几点宏观思考》《关于建立我国律师法律援助制度的构想》《试谈依法治国的概念》等,都对市场经济所急需解决的法律问题从理论上进行了深入探讨。所谓学术性,即在强调服务现实的同时,重视基础理论的研究,如有一年就刊发了8篇法史类文章,对于推动古代法学的研究起到了积极作用。所谓开放性,即指虽为学报,却热情欢迎国内外法学理论研究、教学和司法实际工作者投稿,择优刊用,这种兼容并蓄、荟萃精华的胸怀,使之成为全国法学理论工作者乐于交流和研讨的园地,同时也是其之所以充满生机和活力的原因之一。

身在编辑岗位,要从事科学研究,难免受到时间、精力等多方面的限制,但周国均知难而进,一直笔耕不辍。自1979年至今,他致力于刑事诉讼法学、诉讼证据学、律师学、刑法学、编辑学的研究。先后出版了个人专著《侦查程序论》《律师辩护论》《律师制度与实务》等;合著出版了《刑事证据种类与分类的理论与实务》《正当防卫理论与实践》;主编和参与编写了其他著述、教材、辞典等17部，在全国40余种法制报刊上发表论文100多篇，计300多万字。其中他撰写的《律师辩护论》和他主编的《实用律师学教程》等成为已获得律师资格即将走上律师岗位者的必读书，书中的许多立法建议已被新颁布的《律师法》所采纳；发表在《法学研究》的论文《财产保候审》于1987年被中国法学会评为优秀法学论文二等奖；专著《侦查程序论》于1995年获中国政法大学学术专著二等奖。早在1991年，他的学术成果及学术观点就被《中国法学家辞典》收录。由于他在学术研究上的努力和成就，他在学报主编的岗位上评上了研究员职称。

周国均悉心从事法学研究，著作颇丰，但他却并不只重视理论研究。正如他自己所说，只搞研究是不够的，应该致力于从社会实践中总结经验，上升为理论后再还给社会，为实践服务。这一思想也贯穿于他的实践活动中。他兼任北京市法大律师事务所的律师，他认为，一名好律师应该具备深厚的刑事法学理论根底；精通与案件有关的法律、法规、司法解释的内容；有对事实和法律高度负责的精神，并切实做好一切必要的准备工作；敢于依法并运用各种专门知识和辩护技巧，维护被告人的合法权益。他遵循自己的上述信条，为一些大案、要案的被告人进行了成功的辩护，取得了较好的效果。例如，某市一名犯罪嫌疑人，一审时被法院认定为黑社会势力流氓团伙案中的主犯之一，判处死刑，缓期两年执行。该被告人不服，提出上诉。周国均接受委托后，两次前往该市了解情况，多次会见被告人，查阅了8本案卷，写了2万多字的辩护词。在二审中，以雄辩的事实和充分的法律依据提出辩护，最后，省法院将该上诉人改判为无期徒刑。又如某案犯被法院一审认定为贪污罪，判处有期徒刑13年。在二审中，周国均根据调查了解后所掌握的大量有利于被告人的证据，准确地运用有关法律为之辩护，最后二审法院改判为侵占罪，被告人得以改判为有期徒刑3年。

周国均还关注并参与立法活动。他参加了由中国政法大学陈光中教授受全国人大法工委委托起草的《刑事诉讼法修改建议稿及其论证》中侦查部分的全部撰写及论证工作，参加了全国人大法工委拟出的刑事诉讼法修改意见稿（第一稿）的讨论和论证工作。由他首次提出的财产保、查询并冻结被告人的存款和汇款、军队保卫部门和监狱里的侦查部门应列入侦查主体、赋予人民检察院决定拘留权等多项立法建议，已被修正后的刑事诉讼法所采纳。

周国均在法学编辑、法学研究、法制实践中所作的努力，引起各方的关注和肯定，自1988年全国高校文科学报研究会成立以来，一直被选为常务理事，并担任财务委员会主任，1993年被全国高校文科学报研究会评为优秀学报工作者。1996年被中国政法大学评为优秀党员，同年，《政法论坛》编辑部被评为先进集体。1996年被最高人民检察院法律政策研究室聘为专家顾问,《检察日报》的"政法名流"栏刊发了他的人物专访,《北京法制报》也报道了他的事迹。此外,他还被国家民族事务委员会经济司聘为法律顾问,被他的家乡鄂州市人民政府聘为专家顾问。

1997年10月,中国法学界的权威刊物——中国法学会主办的《中国法学》,特调周国均任主编,他服从需要,离开了为之献身十多年的学报岗位。结束学报生涯,难免依恋,但他并未离开编辑岗位。在积极推进法学研究,为我国的法制建设服务方面,《中国法学》无疑为他提供了更广阔的天地,也提出了更高的要求。他正在筹划着、思考着,决心为法学编辑事业作出更大的努力。

《中国法学家辞典》
收录的法学家之一[*]

周国均（1942— ）当代诉讼法学家。湖北鄂城（现为鄂州市）人。1967年毕业于北京政法学院，后从事十年公安司法实际工作。1982年毕业于北京政法学院研究生班，获硕士学位。毕业后留校从事学报编辑和法学研究工作。现任《政法论坛》副主编、副编审、全国高校文科学报研究会常务理事、中国法学会会员、北京市第六律师事务所兼职律师。曾讲授新民主主义革命时期司法制度、法学论文写作等课程。主编了《专利法和商标法教程》[①]，著有《律师制度与实务》[②]《实用律师学教程》[③] 等书，合著了《犯罪构成论》[④]《正当防卫的理论与实践》[⑤]《外国刑事诉讼程序比较研究》[⑥]《应用证据学》[⑦]《1990年全国律师资格考试综合指南》[⑧] 等书。发表了《试论我国判断证据的原则》[⑨]《试论基本证据》[⑩]《论法的继承性》[⑪]《论新中国证据制度的创立与

---

[*] 本文是《中国法学家辞典》收录的中国古代、近代、现代法学家700余人的词条之一。由著名法学大家张友渔作序、由时任全国人大委员长彭冲题书名；王玉明主编、于晓光副主编：《中国法学家辞典》，中国劳动出版社1991年版，第468～470页。

① 中国政法大学出版社1989年版。
② 中国政法大学出版社1989年版。
③ 警官教育出版社1990年版。
④ 法律出版社1987年版。
⑤ 中国政法大学出版社1988年版。
⑥ 法律出版社1988年版。
⑦ 中央民族学院出版社1988年版。
⑧ 学苑出版社1990年版。
⑨ 《北京政法学院学报》1981年第4期。
⑩ 《学习与探索》1984年第6期。
⑪ 《西北师范学院学报》1984年第1期。

发展》①《国外刑事被告人权利义务之比较研究》②《刑事论据关联性初探》③《关于收容审查存废之研究》④ 等论文。

主要学术观点之一：主张对刑事诉讼法学的研究，应着重研究我国公安司法实践中急待解决的新情况、新问题，从理论高度总结、概括出新原则、新经验和对策与措施等，加强和完善我国的刑事诉讼法学和刑事诉讼法。对资本主义国家的刑事诉讼法学理论和法制应持批判继承的态度，剔除其糟粕，吸取其精华，为我所用。

主要学术观点之二：认为我国刑事诉讼法需要从以下几方面进行改革和完善：（1）从全局上应强调如下几点：第一，进一步提高检察院、法院的地位，提高检察官、法官的政治、物质待遇；第二，对检察院实行党中央领导下的垂直领导，对法院实行以系统领导为主、以块块领导为辅的体制，使他们能更好地独立行使职权，抵制各方面的干扰；第三，公、检、法三机关在搞好分工负责、互相配合的同时，应当十分重视互相制约，确保办案质量；第四，对侦查员、检察员、法官实行遴选制、责任制、聘任制，进一步提高他们的政治、业务素质和增强责任感；第五，公、检、法三机关应分别制定警察法、检察官法、法官法，具体规定他们的权利、义务、职权、职责范围及奖惩制度等。（2）公安机关方面：第一，刑事诉讼法应规定确定被告人的程序，即在开展侦查之前，办理确定被告人的手续，制作司法文书，向被告人宣布其享有的诉讼权利和应尽的义务；第二，刑事诉讼法应增加"财物保候审"这项强制措施，即让被告人、他的亲属或所在单位，提交一定数量的财物（钱或贵重物品）作担保，保证被告人在侦查期间随传随到，候审不误。（3）检察院方面：第一，刑事诉讼法应严格规定检察机关直接受理案件的范围，检察院以受理如下案件为宜：贪污案、贿赂案、刑讯逼供案、非法拘禁案、徇私舞弊案、体罚和虐待被监管人案、私放罪犯案、对判决和裁定抗拒执行案、泄露国家重要机密案、检察院认为需要自己直接受理的其他案件（如巨额财产来源不明案等）。第二，加强检察院的法律监督权。检察院除了继续行使批捕、起诉权和小部分侦查权以外，立法机关还应以立法的形式赋予它对民事诉讼、行政诉讼的监督权力；在刑事诉讼中应补充规定检察院对案件坚持起诉的，法院不得拒绝受理审判和检察院对已生效的判决依照审判监督程序提出的抗诉案件，法院

---

① 《新疆社会科学》1986 年第 3 期。
② 《比较法研究》1987 年第 3 期。
③ 《中国政法大学学报》1987 年第 5 期。
④ 《政法论坛》1989 年第 1 期。

必须重新进行审判。第三，从审查起诉开始，刑事诉讼法应规定，允许被告人的辩护律师收集证据、了解案情、会见被告人，为被告人在审判时进行有效的辩护做准备。第四，取消现行的免予起诉制度，建立缓予起诉制度，即人民检察院对罪该起诉的被告人暂不起诉（可能判处3年以下徒刑的普通刑事案件），予以一定的考验期进行自我改造，根据其悔罪情况及表现好坏，再决定提起公诉或不再起诉的一种制度。（4）法院方面：第一，刑事诉讼法应增加"法院受理案件处理庭"的规定，即法院收到检察院起诉的案件后，由审判员2~3人或由审判员和陪审员2~3人组成处理庭，在初步审查案卷后，研究并决定该案受理或不受理。第二，刑事诉讼法应增加规定"未成年人犯罪案件的诉讼程序"。第三，刑事诉讼法应补充规定审理刑事案件的"简易程序"。此种程序只审理案情简单、犯罪情节轻微、处刑不重（5年以下）的案件，可以由审判员独任对被告人进行审判，不要求公诉人起诉，不必强调有辩护人参加辩护，不用公开审判的形式进行，以便加快刑事案件的审判速度和提高结案效率。第四，刑事诉讼法应增加规定错案赔偿程序，对错捕、错判案件中的公民，应赔偿其误工的收入和该单位的月平均奖金；对致伤的应赔偿医药费、残废生活补助费；造成死亡的应支付丧葬费、死者生前扶养人必要的生活费等，以保护公民的合法权益。第五，刑事诉讼法应补充规定"涉外诉讼程序"。随着对外开放政策的实行，外国人在我国境内犯罪并受我国司法程序审判的案件越来越多，因此，应针对此类案件的特点，参考各国刑事诉讼法规定和有关国际公约，结合我国的实际情况，在刑事诉讼法中作出相应的规定。第六，实行以刑事法律为主要依据、以典型判例为辅的审判制度。辅以判例指导审判，一则可以使审判人员依前例比照判案，从而节省时间和精力，提高办案效率；二则可以弥补刑事法律规定的某些不足。第七，刑事诉讼法应补充规定"类推判决核准程序"。这样做是为了使刑法规定的"类推"制度在刑事诉讼中得到具体落实。

  主要学术观点之三：关于刑事证据制度和刑事证据立法问题。具体如下：（1）在批判继承法定证据制度和自由心证证据制度的基础上，根据我国的实际，将我国刑事证据制度定名为"依法确认"，即对证据收集、审查、判断、运用，既强调公安司法人员要依照有关法律规定进行，又强调公安司法人员以马克思主义世界观为指导，运用业务知识积极地进行。（2）在批判吸收国外法制建设的合理成分的基础上，根据我国的实际，确立"罪从证定"的原则。根据这个原则，在侦查、起诉、审判各个阶段，认定被告人犯罪，对被告人既不搞有罪推定，也不搞无罪推定，均以证据作为唯一的根据；对疑罪，先作无罪处理。（3）刑事诉讼法应将记录犯罪行为的电影、电视、录像、录音等视听资料作为证据种类补充进去。

电话采访记录[*]

问：大兵哥（周国君之乳名叫"大兵"），您是从我们司徒村最先闯出去直至到北京的第一人，且功成名就，我想电话采访您，请在百忙中予以接谈，以便记录下来，供晚辈后生学习、参考。

答：好！这是我义不容辞的责任

问：您从读初小到高中时情况如何？

答：我是1953年开始在许家湾读小学一年级的，因学习成绩好，读完第4册（2年级）就允许我跳级去读第7册（四年级上半年），后来，考上将军小学读完高小。

问：高小毕业后，考到了哪里？

答：1957年9月考初中很难，经过竞争，考到鄂城一中初中部（在大西门广场旁）。三年后被保送读本校高中部（在明塘湖旁边）。于三年后的1963年考取了北京政法学院（当时全国26所重点大学之一）。在鄂高时，因品学兼优，被评为过全校十面红旗学生之一，任校学生会主席兼校团委会宣传委员，还被学校推为全县学生代表，在1956年"五四"青年节时，在大西门广场主席台上代表全县青年讲话，当时影响较大。

问：据说，当时从初中起就住校读书，是吗？

答：是。当时，全县只有县一中初中和高中是这样，实行全封闭性管理。

问：高中毕业时，您为什么不报武汉的大学而要报考北京的大学？

答：我想，凭我的政治和学业成绩应当向首都的学校挺进。

问：如果在武汉读书，既离家很近，回家又省时省钱，生活还很习惯和舒服，为何不做这种选择？

答：我当时的目标，就是要闯进京城，在首都学习。

问：为什么要考北京政法学院而不报考其他院校？

答：因为，我从小喜欢包公为老百姓做主和伸冤，秉公审案，所以，就报考了北京政治学院。

---

[*] 访问人：周国金；被访问人：周国均（君）；访问时间：2014年7月10日。

问：当时在校学些什么课程？

答：那时，国家尚未搞法治建设，学校主要开设政治理论课、国家与法的理论课和部分法律专业课等，培养学生毕业后进公、检、法机关工作。

问：当年入校的学生是一些什么家庭出身的青年？

答：是来自全国各地优秀的高中毕业生，在那个时代，要求家庭出身只能是贫下中农子女、革命干部和革命军人子女等。当时强调它，是为了培养到公、检、法机关办案的人才。

问：在校期间，还搞实习吗？

答：当时没有像现在的学校派学生到公、检、法机关去实习几个月，但是校方聘请公、检、法机关的干部到学校大教室或者大礼堂讲实践课和审案技巧等，我们从中能学到一些书本上没有的知识。

问：除此之外还有别的活动吗？

答：1965年8月至1966年6月，学校组织我们政法系的412名同学到河北省廊坊地区香河县搞"四清"，让我们跟随当地干部查处大队、公社干部是否有欺压百姓、贪污受贿、多吃多占、作风霸道等问题，让我们从实践中学习社会工作经验。当时，我们住在农民家中，轮流到各家吃派饭，不许吃肉、蛋、鱼等，最好的也就是吃些白菜炖豆腐。白天下地跟农民出工干农活，实行与农民"同吃、同住、同劳动"的"三同"，以便培养为农民服务的阶级感情。在晚上，组织人民公社社员检举、揭发、批判有问题的干部，使其认错、改错，以改善干群关系，提高生产力。

问：在四年学习期间竟然花了半年多时间，这值得吗？

答：现在看来，我感到值得。我在1963年4月1日加入了中国共产党，成了预备党员（在"四清"期间，当时称"火线"入党）。1966年6月，回校参与"文化大革命"。

问：这样做，是否有点像当今的反腐倡廉？

答：对！确实有些类似。

问：从您的履历表中看到您还到解放军部队农场劳动锻炼过，这是怎么回事？

答：1967年，毛主席号召"知识分子要接受工农兵再教育"，目的是让青年学生向工农兵学习，增强与他们的阶级感情，以便工作后能全心全意为他们服务。

问：去接受"再教育"有多久？

答：我到湖南常德地区益阳县茅草街旁边的洞庭湖军垦农场（解放军干部战士耕种水稻、花生、大豆等农作物，目的是落实毛主席在当年提出的

"深挖洞,广积粮,备战、备荒,为人民"的战略决策,多生产粮食,以便若与苏联打起仗来,几年之内有粮吃),与近 8000 名来自全国各地的大学应届毕业生在一起劳动锻炼了大约一年半时间。

问:由谁组织再教育?

答:由现役解放军的连指导员、连长、司务长和正班长组织。我们学生由 120 余人组成一个学生连(男、女连分开),副排长、班长由选出的学生担任、协助管理。当时,在洞庭区有一个师部、三个团的师、团、营、连、排干部,约万余人管教我们。

问:怎么再教育法?

答:组织我们加固大堤(因水田比堤外湖水低 1 米多)、修路、开渠、种植一季水稻和其他农作物,全连 120 余人,在一个月里要插完约 100 亩的秧苗。因是湖底,泥深 1 米多,劳动强度大。

问:劳动之余是不是就可以休息了?

答:有休息时间,但很少,只有周六、周日两天。但是,还要学习毛主席著作,进行毛泽东思想教育。具体而言,就是由连、排、班干部组织大家学习毛主席著作中的"老三篇"("为人民服务""愚公移山"和"反对自由主义"),边学习边谈体会,边交流心得,并要学以致用,落实到劳动中去。当时我本人当过学生战士,后来又当过炊事班长。

问:劳动结束后,干什么去了?

答:劳动到一年半时,在 1971 年 4 月,广西壮族自治区党委组织部派干部来找我谈话,按原来在学校时分配方案接我到广西玉林地区公检法军管会和保卫组工作,5 天后,随他们到了工作单位,开始参与阅卷和研究审判大小刑事积案,前后共 8 年,在此期间跟着老同志学办案,收获很大。

问:你为什么毕业后不回老家鄂城县工作而到广西?

答:因为毕业时我是共产党员,又是班长,为了响应党的"到边疆去,到基层去、到艰苦的地方去和到祖国最需要的地方去"的"四到"号召,为支援当时正处在我国军队与越南军队作战(抗越自卫反击战)的边疆广西,所以就带头携已婚(临离校前结婚)的同班同学刘根菊报名并奔赴到广西工作。

问:之后又做了什么工作?

答:1978 年 8 月,广西公安厅组织部门上调我和我爱人刘根菊到广西公安干部学校当教员,给经过统一考试招录的高中学生和县派出所干警讲授法律知识(当时只开设法理、宪法、婚姻法、刑事政策等)。不到一年,于 1979 年 5 月我参加了全国统一招生的研究生考试,被母校——北京政法学院刑事诉讼专业录取，回到了阔别12年的母校，已年满37岁的我，再次入校读书。三年学习期满，获得研究生毕业证和硕士学位证后，被母校留下任教，前后15年。其间，先后被评为讲师、副教授、教授；优秀共产党员，先进党总支部书记和优秀教师等。

问：由此看来，您先是从鄂城县到北京，又从北京到南方广西；再从广西考回北京，真可谓是"走南闯北"，道路曲折呀！

答：是的，但我不后悔，因为，实现了我的理想。

问：再没去别的地方工作吗？

答：去过。1997年12月，由司法部代管的中国法学会调我去担任《中国法学》杂志总编辑，自此工作到2006年，前后共9年。

问：听说您在那里工作很出色，是这样吗？

答：还可以。《中国法学》杂志是国家级权威法学双月刊。我任总编期间，《中国法学》杂志被国家新闻出版总署授予过三项国家级期刊奖：政治和经济效益双赢的"双效"学术期刊、国家期刊提名期刊奖（全国8000余种，只评出60种）和国家期刊奖（全国只有30名）。这种荣誉，不仅在《中国法学》杂志的前身《政法研究》的40余年中从未获得过，即使在全国期刊界亦属罕见。为此，国家新闻出版总署授予我全国优秀编辑、中国法学会授予我优秀共产党员和先进工作者称号。时至2006年退休。

问：您是当代中国法学名家，能否说一说有哪些名作和名著？

答：好的。如果想了解我的较详细情况，请阅人民法院出版社于2005年出版的《当代中国法学名家》第四卷（第2596~2606页）。简单讲，我已在《中国社会科学》《中国法学》《法学研究》三种国家级权威期刊和《中外法学》《政法论坛》《法学家》等21种法学核心期刊，以及81种一般法学期刊上发表多篇论文。在《光明日报》《法制日报》《检察日报》等12种报纸上，共发表论文165篇；个人专著3本：《侦查程序论》《律师辩护论》《政治防卫理论与实践》，二人合著3本；主编、参编《刑事诉讼法学》《刑法学》教材共9本。其中，《中国律师制度理论与实务》一书，全文被日本早稻田大学出版社翻译成日文出版，这是整个法学界极少数的著作，截至2010年底，以上的专著、一般书籍、学术论文，共计约400万字。

问：您的学术理论成果这么多，难道没有记者采访过您吗？

答：有。主要有：《光明日报》（2000年12月19日）记者黄晓，《检察日报》（1996年6月9日）记者沃文佳，《北京法制报》（1996年7月1日）记者蔡淑芸、曹铁柱，《鄂州日报》（2002年5月12日）的记者余惠敏等9种报纸记者。

问：退休后您还想做些什么？

答：致力于多写一些高水平的学术论文，以及完成《理论刑事诉讼法学》等专著。

问：您有什么业余爱好吗？

答：有，但不多。一是喜欢旅游；二是喜欢写诗词、练书法。

问：您是当代中国法学名家、著名教授、资深编辑学家、名律师等，已年逾古稀，为何还要勤思不怠，奋斗不止，成果屡出？

答：我觉得自己做得还不够，贡献不多，成绩不大。我认为，只要活着一天，就得做点利于国家、益于人民的事情。

问：请跟大家谈谈您的经验和体会？

答：在这里，我用一首自己写的自由体"攀登歌"来回答你的提问。"不靠爹，不靠妈／续婴匍匐朝前爬／流自己的血，出自己的汗／靠自己的本事，吃自己的饭／有了成绩不自满／赶超强者永登攀／为国为民作贡献／损人利己永不沾"。

问：您对晚生后辈有什么劝诫？

答：这里我还是用一首自己写的自由体"劝勉歌"来说吧！"从小爱学习／理想心中记／做事学榜样／生活看齐低／做人要诚信／孝顺须第一／进步有快慢／都需争朝夕"。

问：我一定会把上面两首诗转达给晚生后辈，供他们学习，吸取营养，付诸行动，像您一样做一个栋梁之才，甚至是名人、大家！耽误了您不少时间，就先谈到这里。最后，望您劳逸结合，祝您健康长寿！

答：好！一定！感谢您的采访！

心中有颗"定盘星"*

——记鄂州籍中国当代法学名家周国均

引子:

秤杆子准不准,要看定盘星。定盘星准了,法律,这根秤杆子才会称出社会的公平正义。打小开始,周国均心中就有一颗"定盘星",他说:"我从小喜欢包公为老百姓做主和伸冤,秉公审案。"

已过古稀之年,周国均仍旧关注着国家的法治建设。春节前夕,老人家通过电子邮件告诉记者,撰写达到中国社会科学、中国法学、法学研究等"国家级"学术期刊发表水平的学术论文、写作《理论刑事诉讼法学》等专著依然是自己赋闲后的主业。

人物简介:

周国均,1942年9月出生,湖北省鄂州市(原鄂城县)司徒村人,北京政法学院(现中国政法大学)法律系毕业获法学硕士学位。1982年8月至1997年11月,在中国政法大学工作;1997年12月至2004年6月,在中国法学会任《中国法学》杂志总编辑、教授。曾任中国法学会理事、中国诉讼法学研究会副会长兼刑事诉讼专业委员会主任,现为中国刑事诉讼研究会顾问。曾被中宣部、教育部、司法部聘为"四五"普法高中级干部讲师团教授,2005年被评为"中国当代法学名家"。

理想追求——当法律工作者为百姓办实事

19年前,在最高人民检察院的一间会议室里,15名法学专家被聘为高检院政策研究顾问,他们要参加高检院重要司法解释文件和疑难案件、有关法案以及检察理论和法律政策问题的论证与研究。其中,就有周国均,那时,他还是一位精力充沛、意气风发的中年学者、法学专家。

与许多出生在农村的孩子一样,周国均的童年也是在艰难中度过的。不过,在进校学习的过程中,自己刻苦加上天资聪颖,周国均不断跳级,并被当

---

* 作者:李洪江,《鄂州日报》记者。本文刊载于《鄂州日报》2015年2月27日第5版。

时的鄂城一中保送进入鄂城高中就读。在校期间，他曾任鄂城高中学生会副主席、校团委会宣传委员，并成为全校 12 位"红旗标兵"学生之一。

由于家里生活困难，无力承担当时每月 7 元的生活费，父母多次要求周国均回家务农。对知识的强烈渴望支撑着周国均的信念，为筹生活费，他到鄂城钢铁厂挑煤，或去长江边挑砖；为提高自己的写作水平，他常常对《人民日报》《中国青年报》等报刊上的好文章进行分析，琢磨这些文章的谋篇布局，并经常自己命题作文。

"我从小喜欢包公为老百姓做主和伸冤，秉公审案。加上当时的《虎穴追踪》《徐秋影案件》等影片中英勇机智的侦查员形象给我留下了深刻的印象，要当一名法律工作者，为老百姓办实事，成为我的理想。"周国均说。

理想与信念的支撑，让周国均参加高考时选择了远离家乡的北京，1963 年 9 月，他考入了北京政法学院（现为中国政法大学）政法系。从此，他和法律结下了不解之缘。

1967 年，大学毕业，周国均与自己同班毕业的妻子奔赴广西，在那里从事公安和教学工作，一干就是 10 多年。1979 年，母校将招收第一批研究生。闻听此消息，已是 36 岁的周国均又毅然加入考研大军，回母校苦读 3 年获得刑事诉讼法学硕士研究生学位。此后，周国均留校，任中国政法大学学报主编，从事法学研究，还做了兼职律师。

学术贡献——参与制定我国首部《刑事诉讼法》

作为一名学者，周国均教授的学术成果可谓硕果累累。长期以来，他致力于刑事诉讼法学、诉讼证据学、律师学、刑法学、编辑学的研究与写作，独著专著 5 本，参著专著 16 本，二人合著 3 本，主编、参编书籍、教材、辞典等 9 本。其中，《中国律师制度理论与实务》一书，全文被日本早稻田大学出版社翻译成日文出版，这是整个法学界被外国出版社全文翻译的极少数著作之一。截至 2010 年底，他的专著、一般书籍、学术论文，共计约 400 余万字。

1979 年，我国制定并颁布第一部《刑事诉讼法》，这里面就有周国均的心血。他说，当时，全国人大法制工作委员会委托自己的硕士生导师也是中国政法大学校长的陈光中教授率领 12 位教授、专家、学者组成起草小组，根据我国司法实践经验，借鉴国外立法资料，运用法学理论等，他本人负责草拟《刑事诉讼法（草案）》"侦查"一章，共 8 节，34 条。其中，绝大部分内容被 1979 年由全国人大通过的《中华人民共和国刑事诉讼法》所吸纳。以后，又参加研究、修改 1996 年和 2012 年《刑事诉讼法》。此外，还参与讨论公安部、国家安全部、司法部、最高人民法院和最高人民检察院制定司法解释的活动。

在周国均众多的学术专著中，他的许多学术理论观点也被相关的法律法规所采用。

独著《侦查程序论》是新中国成立以来最早的一本侦查程序专著，他的"财产保候审"观点被1996年版的《刑事诉讼法》采纳；他的"预审"制度观点，被1996年版的《刑事诉讼法》采纳。

独著《律师辩护论》，论述我国律师性质是为社会服务的法律专业者，这一论点被立法所吸收。

最早出版的《刑事证据种类与分类理论与实践》，书中首创证明力强的证据与证明力弱的证据分类，突破了传统的四分法，并被实际部门所吸纳。

最早论证我国的刑事诉讼证据制度是"依法确认"；证明标准应当是"法律真实与客观真实相统一，以法律真实最大限度符合客观真实为依归"。

他还提出，我国的刑事审判制度宜确定"诉讼民主集中制"模式。

实践求真——律师不能成为被告人的代言人

他是学者，却又不是一位"纯学者"。正如他自己所说，只搞研究是不够的，应致力于社会实践，并从中总结经验，上升为理论后再还给社会，为实践服务。

担任《政法论坛》主编期间，他十分青睐从理论高度探讨实际问题的文章。他认为，一篇论文应该具有指导意义，才有更高的价值。担任《中国法学》杂志总编期间，他就像园丁一样，既要保证花园里百花齐放，又要尽力发现和培养新苗。为此，他曾专门开辟"杰出中青年法学家论坛""博士学位论文精萃"等推出新人新观点的栏目。他认为，法学研究的花园里，不仅要老花常开，更要新花怒放。

为了更多地接触社会、了解社会，周国均还做起了兼职律师。他认为，律师的职责应该是法律尊严的维护者，在为被告人进行辩护时应坚持以事实为依据、以法律为准绳，追求对案件的定性和量刑的准确，而不应一味地迎合被告人的愿望进行无罪辩护，成为被告人的代言人。

说到怎样才算一名好律师时，周国均认为，一名好律师应具备以下几项素质：有深厚的刑事法学理论和专业知识功底；精通与案件有关的法律、法规、司法解释的内容；有对事实和法律高度负责的精神并切实做好一切必要的准备工作；敢于依法和运用各种专门知识、辩护技巧维护被告人的合法权益。

在实践中，周国均曾在一些大案、要案中成功地为被告人进行了辩护，彰显了法律的公平。如，某市一名案犯，一审时被法院认定为黑社会势力流氓团伙案中的主犯之一，判处其死刑，缓期两年执行。该犯不服，提出上诉，周国均受委托后，两次前往该市了解情况，多次会见被告人，查阅了8本案卷，写了 2 万多字的辩护词。在二审中,他以雄辩的事实和充分的法律依据,使省高院将该案中的上诉人改判为无期徒刑。在另一案中,案犯被法院一审认定为犯贪污罪,判处有期徒刑 13 年。在二审中,周国均根据调查了解后掌握的大量证据,准确运用有关法律为其进行辩护,使二审法院将该案改判为侵占罪,被告人得以改判为有期徒刑 3 年。

遥寄心声——一首《攀登歌》勉励家乡子弟

退休赋闲,仍是闲不住的人。撰写达到中国社会科学、中国法学、法学研究等"国家级"学术期刊发表水平的学术论文、写作《理论刑事诉讼法学》等专著依然是老人家赋闲后的主业。

挂念家乡,2014 年 10 月,老人家特作"赋"一首《诉衷情》,赋中写道:"我家紧傍洋澜湖,食鱼虾鳖蚌。我村邻城挨长江,水陆商贸忙。稻麦丰,百鸟唱,花果香。身居北京,四十余载,常赞。"

"我觉得自己做得还不够,贡献不多,成绩不大。我认为,只要活着一天,就得做点利于国家、益于人民的事情。"周国均说。

对家乡子弟,老人家特赋诗一首《攀登歌》,诗中写道:"不靠爹,不靠妈,续婴匍匐朝前爬。流自己的血,出自己的汗,靠自己的本事,吃自己的饭。有了成绩不自满,赶超强者永登攀。为国为民作贡献,损人利己永不沾。"

参考文献

一、总参考

（一）学术与自由

1. 马克斯·韦伯著：《学术与自由》，生活·读书·新知三联书店 2013 年版。

2. 蒋连华著：《学术与政治——严复观思想研究》，上海三联书店 2006 年版。

（二）马克思主义哲学

3. 艾思奇著：《辩证唯物主义与历史唯物主义纲要》，人民出版社 1998 年版。

4. 常绍舜主编：《马克思主义哲学》，中国政法大学出版社 1999 年版。

5. 韩树英主编：《马克思主义哲学纲要》，人民出版社 2004 年版。

（三）政治学

6. 马润青主编：《政治学导论》，北京师范大学出版社 1992 年版。

7. 孙关雄等主编：《政治学概论》，复旦大学出版社 2009 年版。

8. 王浦劬等著：《政治学基础》，北京大学出版社 2006 年版。

（四）法律语言学

9. 刘红婴著：《法律语言学》，北京大学出版社 2003 年版。

10. 廖美珍著：《法庭语言技巧》，法律出版社 2009 年版。

11. 余致纯主编：《法律语言学》，陕西人民教育出版社 1990 年版。

12. ［英］尼尔·史密斯等著：《现代语言学》，外语教学与研究出版社 1983 年版。

13. 高名凯主编：《语言学概论》，中华书局 1963 年版。

14. 黄林编：《语言的力量》，兵器工业出版社 2004 年版。

15. 张占磊著：《说服术》，中华工商联合出版社 2012 年版。

（五）法律逻辑

16. 欧阳中石主编：《逻辑》，北京大学出版社 1985 年版。

17. 于绍元等著：《诉讼逻辑》，法律出版社1995年版。

18. 雍琦主编：《法律适用中的逻辑》，中国政法大学出版社2002年版。

19. 陈金钊、熊明辉主编：《法律逻辑学》，中国人民大学出版社2012年版。

20. 梁庆寅主编：《法律逻辑研究》，法律出版社2005年版。

21. 雍琦著：《法律逻辑学》，法律出版社2004年版。

22. 陈波主编：《逻辑学概论》，北京师范大学出版集团2007年版。

23. ［德］黑格尔著：《逻辑学》，商务印书馆2006年版。

24. 周光明编著：《法庭辩护演讲与逻辑推理》，重庆大学出版社1987年版。

二、怎样写学术论文

1. 吕亚力等：《论文写作研究》，三民书局印行（台湾）中华民国七十二年版。

2. 宋楚瑜著：《如何写学术论文》，北京大学出版社、九州出版社2014年版。

3. 梁慧星著：《法学学位论文写作方法》，法律出版社2006年版。

4. 于志刚著：《学位论文基本结构与写作规范》，国家行政学院出版社2006年版。

5. 于志刚著：《学位论文写作指导》，中国法制出版社2013年版。

6. 陈瑞华等著：《法学论文写作与资料检索》，北京大学出版社2011年版。

7. 朱景文主编：《研究生学位论文写作笔谈》，中国人民大学出版社2009年版。

8. 肖东发等著：《学位论文写作与学术规范》，北京大学出版社2009年版。

9. 李坤生著：《警察科学论文写作》，中国人民公安大学出版社2005年版。

10. 徐有富著：《政治方法与论文写作》，南京大学出版社2003年版。

11. 林桂军编：《论文规范指导与研究方法》，对外经济贸易大学出版社2004年版。

12. ［苏］娜·康·克鲁普斯卡亚著：《列宁是怎样写作学习的》，人民出版社1973年版。

13. 王力等著：《怎样写学术论文》，北京大学出版社1981年版。

14. 李景隆著：《学术论文与其他科研应用文写作》，中央广播电视大学出版社 1990 年版。

15. ［美］唐纳德·肯尼迪著：《学术责任》，新华出版社 2002 年版。

16. 徐振宗等著：《汉语写作学》，北京师范大学出版社 1995 年版。

17. 吴宗铭主编：《毕业论文指南》，中国展望出版社 1986 年版。

18. 吕文源著：《论文写作发凡》，湖北教育出版社 1990 年版。

19. 陈美霞等译：《研究是一门艺术》，新华出版社 2009 年版。

20. 陈宗明著：《说话写文章中的逻辑》，求实出版社 1989 年版。

21. 于冰著：《写作构思技巧》，中国青年出版社 1991 年版。

22. 邓正来著：《中国学术规范化》，法律出版社 2004 年版。

23. 杨玉圣等主编：《学术规范导论》，高等教育出版社 2004 年版。

24. 熊中民著：《论说文章修辞》，红旗出版社 2002 年版。

25. ［日］高桥浩著：《怎样进行创造性思维》，科学普及出版社 1987 年版。

三、侦查研究

1. 周国均著：《侦查程序论》，中国政法大学出版社 1994 年版。

2. 杨维根主编：《侦查程序》，中国人民公安大学出版社 2000 年版。

3. 熊则坤著：《侦查辩证法》，警官教育出版社 2001 年版。

4. ［英］柯南·道尔著：《福尔摩斯探案集》，中国致公出版社 2005 年版。

5. 宗剑峰著：《职务犯罪侦查与孙子兵法》，中国检察出版社 2001 年版。

6. 张弢著：《刑事侦查程序研究》，中国人民大学出版社 2000 年版。

7. 黄豹著：《侦查构造论》，中国人民公安大学出版社 2006 年版。

8. 黄豹著：《侦查权力论》，中国社会科学出版社 2011 年版。

9. 赵永琛：《刑事侦查学理论研究综述》，群众出版社 2002 年版。

10. 巩富文著：《中国侦查监督制度研究》，法律出版社 2015 年版。

11. 任惠华著：《中国侦查史》（古近代部分），中国检察出版社 2004 年版。

12. 杨宗辉等：《侦查方法论》（修订版），中国检察出版社 2012 年版。

13. 邓思清著：《侦查程序诉讼化研究》，中国人民公安大学出版社 2010 年版。

14. 徐美君著：《侦查讯问程序正当性研究》，中国人民公安大学出版社 2003 年版。

15. 陈永生著：《侦查程序原理论》，中国人民公安大学出版社 2003 年版。
16. 韩德明：《侦查原理论》，中国人民公安大学出版社 2005 年版。
17. 王德光：《侦查权原理：侦查前沿问题的理性分析》，中国检察出版社 2010 年版。
18. 张步文：《刑事侦查权研究》，中国检察出版社 2007 年版。
19. 蒋石平：《侦查行为论》，群众出版社 2004 年版。
20. 刘小和：《侦查主体论》，中国人民公安大学出版社 2008 年版。
21. 毛立新：《侦查法治研究》，中国人民公安大学出版社 2008 年版。
22. 苑军辉等：《反侦察行为研究》，群众出版社 2003 年版。
23. 马海航：《刑事侦查措施》，法律出版社 2006 年版。
24. 杨郁娟：《侦查权的逻辑与经验》，中国人民公安大学出版社 2010 年版。
25. 周欣：《侦查权配置问题研究》，中国人民公安大学出版社 2010 年版。
26. 刘方权：《法治视野下的强制侦查》，中国人民公安大学出版社 2004 年版。
27. 张健康主编：《犯罪新手法与侦查新思路》，群众出版社 2005 年版。
28. 张毓泰编：《犯罪侦查的理论与技术》，中山大学出版社 1990 年版。
29. 王国民、邓立军：《犯罪侦查前沿研究》，中国人民公安大学出版社 2007 年版。
30. 齐文祥、王洪林、谷野：《个案侦查方略》，中国人民公安大学出版社 2006 年版。
31. 贡振茂：《计算机辅助侦查》，中国人民公安大学出版社 2008 年版。
32. 杨振江主编：《检察机关侦查监督问题研究》，天津科技翻译出版公司 2003 年版。
33. 陈颖达：《狱内侦察工作》，黑龙江人民出版社 2008 年版。
34. 孙长永：《侦查程序与人权——比较法考察》，中国方正出版社 2000 年版。
35. 谢佑平、万毅：《刑事侦查制度原理》，中国人民公安大学出版社 2003 年版。
36. 何家弘编著：《外国犯罪侦查制度》，中国人民公安大学出版社 1995 年版。
37. 汪岩焯、汪永全、周冰冰编著：《现代私人侦探（完全手册）》，中华工商联合出版社 2002 年版。
38. 艾明：《秘密侦查制度研究》，中国检察出版社 2006 年版。

39. 俞波涛：《秘密侦查问题研究》，中国检察出版社 2008 年版。

40. 李明：《监听制度研究——在犯罪控制与人权保障之间》，法律出版社 2008 年版。

41. 金星：《诱惑侦查论》，法律出版社 2009 年版。

42. 蒋石平：《特殊侦查行为研究》，暨南大学出版社 2008 年版。

43. 周欣主编：《中外刑事侦查概论》，中国政法大学出版社 1999 年版。

44. 孙长永著：《现代侦查取证程序》，中国检察出版社 2005 年版。

45. 周治汉著：《预审心理对策学》，云南人民出版社 1985 年版。

46. 任伊铨主编：《预审学概论教程》，群众出版社 1994 年版。

47. 《预审学术论文集》，公安部第十三局、中国人民公安大学编。

48. 许昆主编：《侦查讯问学》，学苑出版社 2000 年版。

49. 王传道主编：《讯问学》，中国政法大学出版社 1999 年版。

50. 沈廷是主编：《讯问对策教程》，群众出版社 1996 年版。

51. 陈瑞兰著：《侦审导论》，中国人民大学出版社 1997 年版。

52. 散运贵著：《审讯学》，群众出版社 1995 年版。

53. 薛宏伟著：《审讯对策学》，群众出版社 1988 年版。

54. 马海舰著：《刑事侦查措施》，法律出版社 2006 年版。

55. 林晶修著：《侦查心理学》，群众出版社 1987 年版。

56. 吴克利著：《审讯心理攻略》，中国检察出版社 2004 年版。

四、刑事辩护研究

1. 周国均著：《律师辩护论》，中国人民公安大学出版社 1995 年版。

2. 熊秋红著：《刑事辩护论》，法律出版社 1998 年版。

3. 汪礼华、杨诚主编：《美国刑事诉讼中的辩护》，法律出版社 2001 年版。

4. 周国均主编：《实用律师学教程》，警官教育出版社 1990 年版。

5. 周国均著：《律师制度与实务技巧》，中国人民公安大学出版社 2003 年版。

6. 周国均著：《律师制度与实务》（日文），日本株式会社成文堂与早稻田大学出版社。

7. 王政挺主编：《中外法庭论辩选萃》，东方出版社 1990 年版。

8. 赵英才著：《学位论文创作》，吉林大学出版社 2009 年版。

五、如何写毕业、硕士、博士学位论文

1. 高瑞卿著：《学术论文写作》，吉林文史出版社1991年版。

2. 周淑敏著：《学术论文写作》，中国建材工业出版社1997年版。

3. 周永兴、李素芳著：《学术论文撰写与发表》，浙江大学出版社2007年版。

4. 周水涛著：《新编文科毕业论文写作教程》，甘肃教育出版社2007年版。

5. 刘健等著：《法学类学生专业论文导写》，中南大学出版社2000年版。

6. 张天定等著：《学年论文、毕业论文、学位论文、学术论文指导》，河南大学出版社2001年版。

7. 陈力丹著：《硕士论文写作》，中国广播电视出版社2001年版。

8. 陈燕等著：《研究生学术论文写作方法与规范》，社会科学文献出版社2004年版。

9. 刘剑云著：《怎样撰写学术论文》，中国展望出版社1985年版。

10. 戴知贤著：《大学生、研究生论文写作15讲》，中国广播电视出版社1991年版。

11. 马立明等著：《法学毕业论文写作》，南开大学出版社2008年版。

12. 叶振东等著：《毕业论文的撰写与答辩》，浙江大学出版社1995年版。

13. 王玉德著：《大学文科论文写作》，华中师范大学出版社2006年版。